战西北

瓮志义 著

陕西新华出版
陕西人民出版社

图书在版编目(CIP) 数据

战西北/瓮志义著. —西安：陕西人民出版社，2020.12（2025.7重印）

ISBN 978-7-224-13891-7

Ⅰ. ①战… Ⅱ. ①瓮… Ⅲ. ①兰州战役-史料 Ⅳ. ①E297.43

中国版本图书馆 CIP 数据核字（2020）第 269026 号

书名题字：瓮志罡
责任编辑：程家文
封面设计：郭梦妮

战 西 北
ZHAN XIBEI

作　　者	瓮志义
出版发行	陕西人民出版社
	（西安市北大街 147 号　邮编：710003）
印　　刷	陕西龙山海天艺术印务有限公司
开　　本	787 毫米×1092 毫米　1/16
印　　张	33.5
字　　数	495 千字
版　　次	2021 年 2 月第 1 版
印　　次	2025 年 7 月第 2 次印刷
书　　号	ISBN 978-7-224-13891-7
定　　价	108.00 元

前 言
Preface

历史是活的，无法被烟尘"掩埋"。

历史是具有生命力的，即便是被掩埋了也能长出"新芽"，"活"起来，作为历史重要组成部分的战争亦是如此。

战争一直伴随着人类社会演进的脚步，是有关安全感的至关重要的话题。

个体的安全需求是与生命相伴而生的，襁褓中最为明显，维护婴幼儿安全是家庭责任，族群、社区、区域、阶层、国家对安全感的追求是群体的责任，维护群体安全责任极端的终结的方式便是战争。

所有战争都是背景与场景和人物之间构成的画卷，背景是底色，场景是画面，人物是灵魂。整幅画卷对当下和后世的影响力是自身的价值。

战争史是常说常新的历史。新资料的发现、档案解密、口述者佐证、讲述人的立场、战争当事人的后代执着的研究等都是让历史"活"起来且常说常新的原因。

也有例外。清人龚自珍说："欲知大道，必先为史。灭人之国，必先去其史。""去其史"的套路很多，但方法只有三个，要么篡改背景，要么涂抹场景，要么抹黑人物。

解放战争又被称为第三次国内革命战争，很多人的关注点不在解放却在"内战"，而且对"内战"二字在字面意思上做足了文章。这么做的目的在于混淆内战的挑起者。所以在讲述兰州战役战史前需要对"内战"作简要交代。

当年西北多战事。解放战争进入向全国大进军阶段，称得上西北大决战的只有两场：一场是起点战，叫扶眉战役；一场是终结战，叫兰州战役。作为最大的一场战役，兰州战役是军事歼灭战、政治争取战、心理打击战综合运用的一场战役。战役发端于1949年5月23日中央军委发出的进军部署，历经了钳马打胡的扶眉战役、两马分割的千里追击战、钳胡打马的兰州决战，打拉结合的决胜西北四个阶段，结束于当年的12月30日。

兰州，是西北的锁钥。兰州决战是敌我双方以不擅长的战法进行的恶斗，马家军和第一野战军都不擅长打山地战。但英勇的人民解放军指战员克服困难，战胜了强敌。胜败之际彻底改变了西北战场上长期存在的敌强我弱的状况，把国民党一统西北的局面打成了各地分割互不相顾的格局，实现了"一战定四省"的战略目标。

兰州战场决战的胜利，标志着政治解决西北问题的开始。作为向全国大进军阶段西北最大的战略决战，兰州战役首先让蒋介石"划江而治"愿望破灭后还想依托西北来屏障西南，图谋在西南立足东山再起的最后一丝念想也破灭了，为新中国的成立献上一份大礼，及时化解了新疆危局，开启了人民解放军战斗队、工作队、生产队的新时代。

兰州战役是西北解放战争史上最后一个战略大决战、西北战争史上规模最大的城市攻坚战、西北战争史上战斗最激烈的阵地争夺战。

重大决战必有重大英雄壮举。沈家岭战场上的"黄继光"、营盘岭战场上的"董存瑞"、马家山上的孤胆英雄、英雄的红旗手以及智取飞机场的十九团二营四连，不论时代如何变幻，这股英雄气概一直与日月同辉，在人间激荡。

在庆祝中华人民共和国成立70周年大会上，战旗方队100面荣誉旗帜整齐列阵，浩荡而来。方队里有"长攻善守英雄团""勇猛顽强英雄团""英勇顽强攻取皋兰山"三面在兰州战场上授予的旗帜，还有带着荣誉走进兰州战场的"牺牲决胜团""顽强抗敌红一团""大渡河连""黄土岭功臣炮连"等多面荣誉旗帜，气势如虹地通过天安门广场，昭示着人民解放军红色血脉代代相传。

战争烟尘远去了，历史不能在记忆中朦胧，更不能随着时代的变迁而消逝。忘记历史就意味着背叛，忘记历史就忘记了初心，而忘了初心，前程必然迷茫，甚至会跌入新一轮的探索与苦闷，直至苦难。

这场战争值得品读，因为它一战毕，四省定；这场战争值得赏析，因为它有历久弥新、时读时新的力量；这场战争值得讲述，因为它能够照进现实、告诉未来。

为此，我愿意伴着您一起走进那硝烟弥漫的战场，一起走进那千里追击和千里接管的征程，为您讲解，看清那一张张鲜活的脸，看看那些历史人物的格局、品格和不同的格调，聆听、铭记那段渐行渐远的历史。

目 录
Contents

第一章　决战前夜 / 001
 第一节　无底线备战　/ 003
 第二节　边谈边打　/ 012
 第三节　接收美国援助　/ 020
 第四节　内战第一枪　/ 025
 第五节　战前战况　/ 036

第二章　西北血脉 / 041
 第一节　山丹丹开花：从清涧到照金　/ 043
 第二节　山丹丹花再次开放：南梁革命根据地　/ 049
 第三节　中央红军到陕北　/ 057
 第四节　陕北的山丹丹花与兰州的百合花　/ 065

第三章　西风烈马 / 073
 第一节　牡丹园长出的奇异草　/ 075
 第二节　马鸿宾当上宁夏省主席　/ 081
 第三节　在军阀身边长成的马鸿逵　/ 083
 第四节　从"青海王"到独揽西北大权的马步芳　/ 088
 第五节　马家军分化　/ 096

第四章　一战四省　/ 101

第一节　广袤国土上最凶残的武装　/ 103

第二节　如虎添翼的两支劲旅　/ 106

第三节　"4+4"构成的陆战经典　/ 112

第五章　个性兰州　/ 125

第一节　谁筑牢这座城市谁就拥有小半个中国　/ 127

第二节　国民党各个层级的谋略　/ 130

第三节　中共中央的战略部署　/ 144

第四节　初战后双方的态度　/ 150

第六章　砸开东门　/ 157

第一节　马家军把窦家山和马家山作为一个战场　/ 159

第二节　为西路军复仇之战　/ 161

第三节　大炮向大刀阵地轰去　/ 166

第四节　十里山的秘密　/ 174

第七章　尖刀东南　/ 177

第一节　马家军的"精锐"遇到红一师　/ 179

第二节　炮兵跟着突击队前进　/ 185

第三节　最后的搏杀　/ 191

第八章　镇住南山 / 195

第一节　"红星师""亮剑师"齐聚皋兰山　/ 197

第二节　初攻后的功课与总攻的炮声　/ 202

第三节　营盘岭打的是峭壁　/ 206

第九章　血熔锁钥 / 213

第一节　开局就是血战　/ 215

第二节　第一、二道战壕之间的较量　/ 222

第三节　绞肉机战场　/ 229

第四节　打断掎角狗娃山　/ 237

第十章　夺桥攻城 / 239

第一节　桥之梦　/ 241

第二节　桥之魂　/ 246

第三节　城之幸　/ 251

第四节　桥之运　/ 260

第十一章　两河较量 / 267

第一节　洮河架桥　/ 269

第二节　进占临夏　/ 276

第三节　强渡黄河　/ 279

第十二章　东打西接　/ 287

第一节　胡宗南支援兰州的"秦岭防线"　/ 289

第二节　决胜支援马步芳的秦岭战役　/ 292

第三节　接管西宁　/ 296

第十三章　横扫河西　/ 305

第一节　化解河西危局　/ 307

第二节　张掖会师与酒泉起义　/ 314

第三节　保护玉门油矿和守护敦煌莫高窟　/ 322

第四节　甘肃省政府投诚　/ 328

第十四章　风雨宁夏　/ 333

第一节　两次宁夏战役　/ 335

第二节　马鸿宾起义　/ 343

第三节　解放宁夏　/ 350

第十五章　遥向天山　/ 357

第一节　天山谋略　/ 359

第二节　经营危局　/ 367

第三节　挺进天山　/ 372

第四节　接管新疆　/ 381

第十六章　陇南甘肃　/ 387

第一节　解放陇南　/ 389

第二节　岷县联络临潭、卓尼一道起义　/ 396

第三节　陇南成立了甘肃省政府　/ 402

第四节　甘肃解放大事记　/ 408

第十七章　英雄团长　/ 411

第一节　陕北回望　/ 413

第二节　大河流韵　/ 421

第三节　家书万金　/ 429

第十八章　山脉英魂　/ 435

第一节　李应邦　沈家岭战场上的"黄继光"　/ 437

第二节　曹德荣　营盘岭战场上的"董存瑞"　/ 440

第三节　杨顺文　马家山上的孤胆英雄　/ 443

第四节　李锡贵　一线战场上的政工模范　/ 445

第五节　马克忠　触雷献身的副团长　/ 450

第六节　周万顺　王成般的红旗手　/ 451

第七节　滑宏坤　沈家岭战场上的"神炮手"　/ 454

第八节　数不尽的战斗英雄　/ 456

第十九章　支前情怀 / 461

第一节　高规格大范围支援　/ 463

第二节　地下党、鸡毛信与农民向导　/ 469

第三节　胡兴国带路　/ 476

第四节　临洮女学生徒步进疆　/ 482

第二十章　城市接管 / 485

第一节　执纪在前的军管会　/ 487

第二节　法治思维　/ 493

第三节　接管成就　/ 495

第四节　抢修黄河铁桥　/ 503

第五节　建立新政权　/ 506

尾声　英雄征路 / 511

参考书目 / 517

结　语 / 521

第一章
决战前夜

中共党史曾经是一门公共课，后来成了专业课。这样使得一些人大放厥词，歪曲解构解放战争史。尽管共产党是被国民党拖上内战战车的，但为了厘清责任，有必要回顾内战的起源，看看是谁挑起了这场内战。

历史是很容易被误读的。

历史是前人创造的，却需要后人不断去订正。

对历史的解读和讲述总是受制于讲述者的历史观。同一个历史事件不同的研究方向和不同的研究目的往往会得出不同的结论。解放战争也不例外。

解放战争还被称为第三次国内革命战争，却被简单地称为"内战"。汉语语法是有简称这一法则的，但简称必须合乎规范。如果不遵守这一法则，便会产生歧义。歧义往往会使事物走向本来面目的反面。"内战"当为歧义的典型。因为，当下提及"内战"，很多人想到的首先是阿富汗、叙利亚，等等。而这类场景一旦飘过脑际，人们会对"内战"产生思想上的抵触甚至情感排斥。

历史是讲缘由的。果由因而生，世上不存在无因之果，自然也不存在无果之因。即便国共两党之间的"内战"，也该有谁先发动了战争、谁站在正义的一方这些基本的事实真相吧？

其实，只要察看起源就很容易发现，共产党是被国民党拖上第三次国内革命战争的战车的，这是不争的历史事实和早有的历史结论。但是，还是有人恶意用"打内战"来混淆战争真相，贬损人民解放战争的性质。这就使得我们在讲述兰州战役时有必要对解放战争的历史背景稍加回忆，厘清其中的责任。

第一节 无底线备战

1945年8月14日，日本政府照会中、美、英、苏四国政府，接受《波茨坦公告》。8月15日，日本天皇裕仁广播《终战诏书》，宣布无条件投降。

毛泽东和延安军民是在广播里听到日本投降的消息的。时任第二次世界大战亚洲战区总司令、中国国民政府主席的蒋介石也是在广播里听到的，只不过比延安早了一天。这一天的上午10时，蒋介石以国民党总裁、国民政府主席兼军事委员会委员长的名义在重庆中央广播电台对全国军民和全世界发表了广播演说。

1945年9月2日，美军"密苏里"号巡洋舰威风凛凛地停泊于日本东京湾。巡洋舰上，日本外相重光葵和日军参谋总长梅津美治郎终于低下了傲慢的头颅，分别代表日本天皇、日本政府和日本帝国大本营在日本投降书上签字。

中国抗日战争胜利结束，世界反法西斯战争也落下帷幕。后来，9月3日成为"中国人民抗日战争胜利纪念日"。

在此前的8月21日，中国陆军总司令何应钦在湖南芷江接受了日军代表的投降；此后的9月9日，在南京举行了中国战区日军投降签字仪式。中国战区日本投降代表、中国派遣军总司令官冈村宁次在投降书上签字，侵占中国领土14年目前还在中国作战备战的侵华日军128万余人开始向中国投降。10月25日，台湾地区的受降仪式在台北举行，与祖国分离50年的台湾重新回到祖国的怀抱。

在延安的毛泽东十分兴奋，全国军民都十分兴奋，人们用各种方式欢庆这来之不易的胜利。

抗日战争的胜利，是中华民族自1840年鸦片战争以来的第一个全胜之战，中华民族将迎来一个休养生息的机会，中国社会将迎来一个民主的和平发展的历史机遇。

然而，蒋介石却不顾共产党和各民主进步力量追求和平、民主的愿想，坚持他一贯的绞杀政策，逐步显露出他对共产党人和人民军队一贯的绞杀嘴脸。

一、"桃子"该谁摘之争

早在日本投降前的1945年5月，也就是共产党正在召开第七次全国代表大会，提出动员全国人民，在共产党领导下打败日本侵略者的时候，在全国民主运动高涨，建立联合政府呼声高涨的大势面前，蒋介石就已经在国民党第六次全国代表大会上说道："今天的中心工作，在于消灭共产党！日本是我们国外的敌人，中共是我们国内的敌人！只有消灭中共，才能达成我们的任务。"

抗战胜利后，他腾出消极抵抗日本的那只手，将要攥紧两只拳头，围绕他的"中心工作"，全力消灭共产党了。但是，国民党军大部远离中国大中城市。因此，此时最重要的就是抢占胜利果实。

抗战胜利果实就是接收日本军队占领的战略要地和武器装备。蒋介石采用的是"1+3"抢夺式，即一个原则：国民党政府要独吞抗战胜利果实，三个途径：命令伪军抢、通知日本军抢和请求美国协助抢。

日本投降后，中国境内有128万日军和68万伪军等待投降。那么，谁是有权接受投降的"中方"？用毛泽东主席的话说，就是"桃子"该谁来摘？

当时，共产党在敌后建立了拥有全国四分之一人口的解放区，钳制了半数以上的侵华日军和大部分伪军，抗战胜利的果实理应大部分归解放区军民。

由于日本强大的军备和蒋介石的消极抗战，使得当时国内主要城市都被日军占领。但是广大乡村驻扎着八路军、新四军、南方游击队、东北抗联以及热爱和拥护共产党的人民群众。

当时，国民党军的势力大都在西南、西北一隅，距离中国东北、东部很远。整个中国东部，尤其是沿海的主要地区大部分都被日军占领了。只要日军放下武器，日军占领的城市大多数会被共产党接收。

1945年8月11日，毛泽东起草了一份电报发往驻扎在各个敌后抗日根据地、各战略区。这份《关于日本宣布投降后我党任务的决定》的电报预言，日本投降后，国民党军会向解放区"收复失地"。对此，共产党领导的人民武装目前的任务是"应集中主要力量迫使敌伪向我投降"。毛泽东针锋相对地指出，对不投降的日伪军按具体情况发动进攻，直至逐一消灭。他要求部队迅速走出城市周边的农村，占领一切可能的和必须占领的大小城市和交通要道；要放手武装基本群众，夺取武器与资源，不应该稍有犹豫。

蒋介石和美国政府对此是断然不能容许的。蒋介石在同一天一连下了三道命令，分别下达给日本军队、解放区的抗日军队和国民党军。

蒋介石的命令有三个重点：一是要求日伪军继续"负责维持地方治安"；二是要求解放区的抗日军队"原地驻防待命"，不许接受日伪军投降；三是要国民党军前线各部队对日军放弃的要点，立即派部队进驻，对日本军队遗留的武器弹药材料财物，"必须派兵严为看管"，共产党部队"如有争夺城镇，妨碍我之行动，应断然剿办为要"。

8月15日，美国总统杜鲁门给日本下令，明确要求日军只能向美军或者国民党军投降。

到了1945年8月21日，蒋介石唯恐共产党领导的军队不听他的命令，便以中正名义直接给第十八集团军朱德总司令发电，要求"所有该集团军所属部队，应就原地驻防待命"。电文明确指出，对于日本军队投降时缴获的军械物资以及需要收容的敌俘、需要处理的伪军、日本军队占领地区秩序的管控、政权等，由他和各战区长官分别下令决定，而十八集团军"各部勿再擅自行动"，要求朱德总司令恪守、严饬所部一体遵照。

接着，蒋介石紧锣密鼓地向各战区长官做出了详细的称为"接收"的抢占果实的部署：

——第一战区司令长官胡宗南，接收洛阳；
——第二战区司令长官阎锡山，接收山西；

——第三战区司令长官顾祝同,接收嘉兴、金华、杭州;

——第五战区司令长官刘峙,接收郑州、开封、新乡、南阳、襄阳、樊城;

——第六战区司令长官孙蔚如,接收武汉、沙市、宜昌地区;

——第七战区司令长官余汉谋,接收曲江、潮汕;

——第九战区司令长官薛岳,接收南昌、九江;

——第十战区司令长官李品仙,接收徐州、安庆、蚌埠、海州;

——第十一战区司令长官孙连仲,接收天津、北平、保定、石家庄;

——第十一战区副司令长官李延年,接收青岛、济南、德州;

——第十二战区司令长官傅作义,接收察哈尔、热河、绥远;

——第一方面军司令官卢汉,接收越南北纬十六度以北地区;

——第二方面军司令官张发奎,接收广州、香港、雷州半岛、海南岛;

——第三方面军司令官汤恩伯,接收南京、上海;

——第四方面军司令官王耀武,接收长沙、衡阳;

——国民党行政院秘书长陈仪为接收台湾的受降长官,接收台湾的29万日军和警察。

蒋介石抢夺胜利果实的时候丝毫没有底线。

二、用汉奸伪军接收

由于蒋介石的军队远离各大城市,于是他向那些当年帮助日军残忍屠杀平民的伪军军官和伪军发布命令,要他们坚守阵地,不准向八路军、新四军缴械,等待国民党来接收,并以此作为立功赎罪的机会和条件。于是就出现了荒诞的一幕:周佛海,伪行政院副院长,此时被委任为上海行动总队总指挥;任援道,伪海军部部长,被委任为南京先遣军司令;门致中,伪华北治安军总司令,被委任为华北先遣军第九路司令。

这一招，改变了汉奸伪军的命运。日本宣布投降后遍布在中国大地上的百万伪军神情沮丧，本来比日军更恐慌，但他们很快被国民党政府"转正"成了国民党的"自新军"。

抗战胜利时的伪军不含伪满洲国军就有 7 个方面军、1 个集团军、24 个军、64 个师、13 个独立旅，以及其他各种编制单位 134 个，总兵力高达 118.6 万余人。蒋介石此刻"用贼捉贼"，把实力派伪军统编为 10 个路、8 个军（初期编为 28 个军）、2 个骑兵集团、107 个师。这样，仅广州、南京的先遣军等达 68.3 万余人在一夜之间换了军服成为国民党军，就近开始接收。

虽然这些"接收大员"好运不长，待完成接收使命后即被蒋介石强行编遣，那些军长、师长有背景有靠山的便移居海外或香港，背景不深的则被逮捕审判，很多刚刚被委任为师长便被抓起以汉奸罪处决。但当时确实以强大的力量完成了与共产党武装力量抢占胜利果实的重大任务。

三、让日军就地"收复失地"

蒋介石让日本军队继续坚守占领的地方，等待国民党军来接收，在侵华日军占领的沦陷区替他"收复失地"、看管军械，也就是让侵略者继续霸占原来侵略到手的土地。当时，华北和华东地区的 26 万日军没有被共产党武装缴械，何应钦命令日军在此"收复失地"。于是就出现了更荒诞的一幕：美军、国民党的自新军和日军在一起站岗。在刚刚降下日本国旗的地方，又升起了美国星条旗。

抗战期间，美国没有派多少军队来中国抗击和打击日军，这时候美军却成建制出现了。美军与伪军一道共同保护着所谓的战果，等待蒋介石派来的国民党军来接收。

四、保护和重用冈村宁次

冈村宁次，是臭名昭著、罪大恶极的第五任华北敌酋，青年时代就为日本侵略政策服务的中国通，在中国战场"独创"了慰安妇，以贫民为目标的烧光、杀光、抢光"三光"政策，使用化学武器攻击中国空军等多种罪恶手段，是对八路军、新四军和中国人民最为狠毒的日本中国派遣军总司令官。这个恶魔，此时成了蒋介石反共政策的忠实执行者。

参加兰州战役后担任甘肃省政协主席的葛世英，年轻时在老家阜平县就遭受过冈村宁次命令日军发起的"扫荡"。他的老家郎家庄被日军烧光，当天的火光从山头望去，方圆30公里范围内一片火海，80%的百姓房屋被烧毁，许多老人、妇女、孩子和家禽、家畜被烧死。葛世英70多岁的祖父跑不动路就留在家里，日本兵拿着火把过来要烧房子，老人把日本兵当成了人就去劝阻，劝不住就想去阻拦。结果，日本兵端起刺刀朝着他的头上、脸上一通猛刺，刺刀从头顶插进喉咙，老人头部血肉模糊，惨不忍睹。

自以为深谙中国国情的日本政府为了离间国共两党、促成国共内战，给战后的日本留足喘息和发展时间，在日本帝国大本营下达投降命令时曾经密令冈村宁次，要他率部向共产党投降。而从实战中感受到共产党抗日比国民党更坚决的冈村宁次则认为，他若落入共产党之手，就没有好下场。为此，狡猾的冈村宁次不仅没有执行这个密令，还毫不掩饰地说："现在我们驻在中国的完整部队还有一百几十万人，装备都是齐全的，趁现在尚未实行遣散，用来打共产党当能发挥一定的力量。"

果然，冈村宁次不但听从了蒋委员长的指示，还把他长期与共产党作战的经验写成了《毛泽东的兵法及对付办法》等文章奉送给蒋介石用于"剿共"。随后，这位双手沾满中国人民鲜血的刽子手就担任了国民党的高级军事顾问。此后，远东国际军事法庭多次要求提审冈村宁次，国民党政府却以其身体有病为由拒绝交出。后来在军事法庭公审中，国民党又多方庇护，结果这个一号战争罪犯被判无罪释放。

1949年2月5日，毛泽东以共产党发言人的身份发表谈话，要求将冈村宁次押送给人民军队，重新审判。蒋介石却授意汤恩伯，用美国的"维克斯"号轮船偷偷地把冈村宁次送回了日本。

五、用空军和海军快速抢占地盘

在中国第三次国内革命战争中，不能缺少了美国这个关键的酵素和支撑力。美国要继续维系中国做美国附庸国的地位，维系其在华利益。以蒋介石为首的国民党要在中国继续实行大地主大资产阶级的独裁统治，共同的政治方向加速了美国与蒋介石政府走到了一起。

美国对国民党当局的帮助有四招：运送国民党军队抢占地盘、提供武器装备、派遣军事顾问团帮助指挥打仗、直接派兵援蒋内战。

1945年，美国驻华大使赫尔利公开宣布"只与蒋介石合作，不与共产党合作"，要帮助蒋介石武力"统一"中国，使中国成为美国在亚太地区围堵和遏制苏联的"桥头堡"。其实，二战后期，罗斯福总统之所以不断支持中国，提升中国在全球的政治地位，就是要建立一个完全亲美的政府，以便遏制苏联在远东的影响和防范日本重新崛起。这与蒋介石的动机不谋而合。

由于国民党军主力远在西南，而美军驻在距北方较近的日本和韩国，为了防止北方领土被共产党抢先，美国总统和美国远东战区司令部下令，美国在远东的两个主要航空队集中了几百架C-46和C-47运输机，连天赶运。从1945年9月到1946年6月，美国派出飞机和军舰从国民党军队各个驻地向日本占领区的华南、华东、华北、东北各地运送的国民党军达到14个军共41个师，外加8个交通督察总队，共计54万余人。

美国人先后向葫芦岛海运了第九十三军，向秦皇岛海运国民党第十三军、第五十二军、第五十三军、第六十军、第七十一军和新一军、新六军，向青岛海运国民党第八军、第五十四军。

向北平空运了国民党第九十二军、第九十四军，向济南、潍坊空运了国民党第七十三军；向南京空运了国民党第七十四军。这些抢先到达沦陷区的国民党军队从日伪军手中抢占了大量的重要城市和战略要地。

《杜鲁门回忆录》中写道："事情是很清楚地摆在我们面前，假如我们让日本人立即放下他们的武器，并且向海边开去乘船回国，那么整个中国将会被共产党人拿过去。我们就必须采取异乎寻常的步骤，利用敌人来做守备队，直到我们能将国民党的军队空运到华南，并将海军调去保卫海港为止。"杜鲁门还说，我们命令日本人守着他们的岗位和维持秩序，等到蒋介石的军队一到，日本军队便立即向他们投降，并开进海港。然后美国飞机和军舰便把这些日本军人送回日本。这种利用日本军队来阻止共产党人的办法虽然是美国国防部和国务院联合决定的，但杜鲁门自己说，是经过他批准的。

美国政治家也是为了达到目的不择手段。他们除了派飞机、军舰紧急运送国民党军外，美国军队甚至赤膊上阵，派出6万海军陆战队从冲绳基地起航，直接在天津、上海、青岛这些地方登陆。9月30日，美国海军陆战队第一师在塘沽登陆；10月初，第三师、第六师先后在秦皇岛、青岛登陆；10月4日，大批美国军舰侵入烟台港海面，但这里早已经被人民军队解放，在人民军队严阵以待和强烈抗议下美舰才怏怏离去。但随后的10月10日，美国海军航空队三个大队又进驻了青岛、北平。至11月底，直接登陆进入中国的美军已经有了11.3万余人，他们控制了部分大中城市，也控制了上百座县城及周边广大农村。

世界上最强大国家的军队走到贫弱国家的土地上，这些美国大兵所到之处带着吉普女郎招摇过市，在中国恣意妄为，横冲直撞，耀武扬威，不断制造事端，并肆意干涉中国内政。刚刚摆脱了日本帝国主义蹂躏的中国人民，又遭到了美帝国主义的践踏。

国民党的接收，按照当时民间的表述简直就是一场"劫收"。国民党的接收大员和军队所到之处，第一件事就是抢"五子"：房子、车子、条子（金条）、票子、女子，"五子登科"一个不落。一栋楼房几个单位争着抢着贴封条，经常拔刀相向，有时候还会发生火拼。

六、用货币兑换率敛财

当时国民党干得最不得人心的一件事，就是调整国民党统治区的法币与沦陷区的伪币的兑换率。当时国民党的法币与沦陷区的伪币的购买力是差不多的，但国民党一旦接收某个城市，首先调整兑换率，把所谓法币和伪币的兑换率调整为1：200。这样，被接收城市的人民瞬间变为赤贫，而带着法币而来的接收大员顿时暴富。

经历过这种掠夺式接收的李宗仁后来说，这样的政府如果不瓦解，就是无天理。共产党的军队在接收中小城市后用接收的住房先解决城市贫民居住问题，而且个人不准捞私财。对此，老百姓是看在眼里记在心里的。

尽管这样，蒋介石"1+3"的抢夺方式还是取得了巨大成功：光美国就帮助国民党军队成功地接收了100多万日军和几十万伪军的武器装备，收编了大量伪军，而且到1945年底，美国还帮助国民党装备了39个陆军师，建立了八又三分之一的空军大队，促使其军事实力进一步膨胀。

第二节　边谈边打

蒋介石要实现他"消灭共产党"这一"中心工作",但他没想到日本人会投降得这么快。经过无底线的抢夺甚至掠夺加上美国的帮忙,使他战果颇丰,但他的军队四处分散,在西南、西北后方的部队以及部分嫡系部队还远在缅甸、印度。就美国帮着他调集的这54万人,有过五次"围剿"红军经历的他很清醒,这点力量在广阔的国内战场上依然没有取胜把握。

一、邀毛泽东去重庆谈判

当时,苏联、美国、英国都不同意他打内战。如果还靠这种无底线的手法公开调集大量的军队,会引起国际社会和全国人民的谴责。蒋介石便拿出"一石三鸟"的"套路":谈判。既给自己调兵留足时间,又能避免遭到全国人民和各进步力量的强烈反对及国内外舆论的谴责,更重要的是,他可以把发动内战的责任推到共产党身上,把国内各种力量关注的焦点转移到谈判桌上。而他料定毛泽东是不敢也不会跟自己谈判的。这样,在国民党没有任何具体方案的情况下,蒋介石于1945年8月14日、20日、23日连续三次电邀中共领袖毛泽东到重庆谈判。

中国共产党早就公开了和平建国的思想并进行了实践探索。共产党主张的联合政府的实质是建立新民主主义国家。1945年4月23日至6月11日,中国共产党第七次全国代表大会在延安举行。毛泽东用《论联合政府》的书面政治报告提出党的政治路线:"放手发动群众,壮大人民力量,在我党的领导下,打败日本侵略者,解放全国人民,建立一个新民主主义的中国。"

这里提出建立联合政府的新中国,既不应是大地主大资产阶级专政的国家，也不应是民族资产阶级统治的旧民主主义的国家，也不能是社会主义国家，而应当是在工人阶级领导下各革命阶级民主联盟的国家，即新民主主义的国家。

联合政府首要任务是废止国民党的一党专政。国民党的一党专政突出的特征是反人民性。这种专制制度破坏着中国各民族的团结，导致了国民党正面抗日战场的接连失败，是动员和统一中国人民抗日力量的根本障碍物，又是内战的祸根。只有废除国民党的一党专政，才能成立民主的联合政府，达到打败侵略者、建立新中国的目的。

民主联合政府的地位性质是抗日民族统一战线在政权上的最高形式，是各个民主组织和全国人民的呼声和要求。共产党提出建设一个独立、民主、和平的新中国，力争避免内战或使全面内战尽可能地推迟爆发的政治主张，深受各民主力量的广泛欢迎。

共产党在陕甘宁边区具有建立民主政权的成功示范。抗日战争胜利后，陕甘宁边区于1945年10月至12月，进行了乡、县、边区三级政权的改选。人民军队大力支持选举活动。民主选举通过自下而上进行，共选出边区参议员169名。参议员选出后，1946年4月2日至27日召开了边区第三届参议会第一次会议，推选林伯渠为边区政府主席，李鼎铭、刘景范为副主席。

民主选举是推行"三三制"原则的延续。在全民族抗战时期，陕甘宁边区就首倡并推行了"三三制"原则。1939年1月17日至2月4日，陕甘宁边区在延安召开第一届参议会。145名参议员选举了边区参议会议长、副议长，选举了边区政府主席、副主席，选举了边区高等法院院长等，成为抗日民主政权建设的实验区。1940年3月6日，中国共产党在关于《抗日根据地的政权问题》指示中，规定抗日根据地政权在人员分配的比例上应该是共产党员占三分之一，非党的左派进步分子占三分之一，不左不右的中间派占三分之一。"三三制"被美国记者埃德加·斯诺认为是真正的民主制度。民主选举是共产党早期对建立联合政府的有益尝试。

毛泽东赴重庆谈判就是中国共产党人为和平建国拿出的最大的诚意。毛泽东准备在国际上通过与美、英、苏三国合作，国内通过国民党、共产党、民主同盟三个政党的合作，对蒋介石不采取"杀头"的办法，而是采取"洗脸"的办法改造国民党政府，实现国家和民族进入一个和平发展的新阶段。但毛泽东丝毫没有放松防止国民党打内战的准备。

毛泽东有足够的智慧对付蒋介石。收到8月14日的电报后，毛泽东主席在回电中并不急于答复谈判事宜，而是询问他对朱德回电的意见。原来，在8月16日朱德给蒋介石发电，批驳了蒋8月11日给朱德发电命令八路军"原地待命"的错误，同时向蒋介石提出了制止内战的六项主张。毛泽东有意将了蒋介石一军，回电要求蒋介石"待表示意见后，我将考虑和你会见的问题"。

8月20日，蒋介石洋洋洒洒地给毛泽东回了一电。电文的前半部分是对朱德的指责，借口"受降程序未尽明了"，指责朱德的电报"破坏我盟军共同之信守"，指出"朱总司令对于执行命令，往往未能贯彻"，以居高临下的姿态指责朱德这么做"对我们国家与军人之人格将置于何地"。后半部分摆足了他委员长的架势，坚持力邀毛泽东主席赴重庆谈判；如若不去，就说明你共产党不"体念国家之艰辛"，不"悯怀人民疾苦"。可以对外称共产党没诚意，把自己即将挑起内战的责任顺势推到中国共产党身上。这364个字的电文，既明确指责了朱德，又向毛泽东发出咄咄逼人的攻势。

第三份邀请电文中，蒋介石似乎已经连飞机都准备好了，随时要来接毛泽东去谈判。如此这般的急电催促，并把每一次电报都公开发表，公布于众。国内外舆论对中国共产党十分不利，《大公报》《纽约时报》配合蒋介石发出了社评。如果毛泽东再晚几天动身，内战的责任就能很轻松地被他完全推卸到中国共产党的身上了。

于是，中共中央于8月23日召开政治局扩大会议，抓紧讨论去重庆谈判问题，就和平建国基本方针、解放区的人民政权和人民军队，甚至谈到同意"让蒋介石当总统，我们当副总统"这些细节。

毛泽东早认清蒋介石假和谈真备战、推卸内战责任的本性。党内很多人不同意毛泽东去重庆谈判，许多民主人士也不同意毛泽东去冒险。因为在历史上，蒋介石用谈判的办法扣押和暗算对手的例子不止一次，去重庆很有风险。但毛泽东以他过人的胆识，做好各种最坏的打算，依然做出赴重庆谈判的决断。中共中央于8月26日发出通知，向全党通报了毛泽东将深入虎穴，以弥天大勇参加重庆谈判。

中共中央充分考虑了社会各界对毛泽东赴重庆过程中的安全担忧。决断做出后，中共中央向美方提出了条件，发电报给中国战区盟军参谋长、驻中国美军指挥官魏德迈，要求美军派专机、并邀请驻华大使赫尔利同专机来延安迎接毛泽东赴重庆。8月27日，赫尔利与张治中乘专机抵达延安。28日下午5时，毛泽东连同另两名谈判代表周恩来、王若飞与陪同人员赫尔利、张治中同机抵达重庆，开始了长达43天的重庆谈判。

二、谈判中蒋介石的心路历程

这次谈判一开始就是不对等的，国民党政府虽然没有制定具体的谈判方案，但蒋介石居高临下的态势似乎就是方案。

毛泽东到了重庆，蒋介石派去机场迎接的规格不高。《大公报》记者记下了这次"没有口号，没有鲜花，没有仪仗队"的接机仪式。下车后毛泽东被安排到一辆车牌号为"2819"的美国大使馆的防弹车。蒋介石只派了空军司令周至柔作为他的个人代表去接机，但民盟领导人和著名的民主人士几乎都到了机场。

当天晚上，蒋介石举行的欢迎晚宴也属于礼节性的一般的晚宴，只是寒暄、互相祝酒，希望国内和平。习惯夜间工作、上午休息的毛泽东一夜未眠，住在蒋介石官邸的他一大早就走出林园2号楼去拥抱重庆的朝阳。一出门他就看见蒋介石也在林园的小道上享受阳光。其实，蒋介石也是一夜没睡，他对毛泽东的如期到来没有充足的思想准备，晚上和他的心腹幕僚长夜研究，寻找谈判效果最大化的策略。

晨间相遇，坐在路旁的小石凳上聊了起来。蒋介石提出，这次会谈的中心是党令、军令的统一问题，就是要求军队、政权都要统一。毛泽东则提出解放区多年的努力应该承认。这次偶遇，实际上亮出了双方的底线，是一次非正式的其实是至关重要的第一次谈判。

在重庆谈判之前，周恩来已经通过内线搞清楚了蒋介石谈判的底线。这个底线是要把解放军由 120 万人缩编到 16 个师，还要编到他的部队里由他指挥；在政权问题上，蒋介石只允许在国民党政府的五个院内可以为中共增加一位副院长。省主席一职蒋介石说可以考虑邀请中共人士担任。但如何安置毛泽东则没有明确说法。国民党内部人士的说法是，到非让步不可的时候，蒋介石准备让毛泽东担任新疆省政府主席。

国民党方面也大概知道中国共产党的谈判底线，就是要先维持现状，然后建立联合政府。这是蒋介石无论如何不能答应的。

双方都知道底线的谈判是艰难的。谈判，本是让步的艺术，但蒋介石始终保持着最高长官的心态，始终保持着领袖和元帅的心态，始终保持着倚强凌弱的心态和改造共产党消灭人民武装的心态。这种不对等的谈判本质上就不是谈判。

毛泽东本来准备在重庆待 10 天左右，但因为谈判不顺利，他在重庆待了 43 天。在这漫长的谈判中，他与蒋介石单独长谈就达 11 次。这种长谈是私密的，所谈的内容是外人无法知晓的。

但历史是活的，只要有一点发现，便能或多或少地揭开这种私密，让当年的历史场景立即活起来，让历史人物回到历史原场。

蒋介石有记日记的习惯。他的孙媳妇蒋方智怡把《蒋介石日记》捐给斯坦福大学胡佛研究所。2007 年，这本日记对外公开，从此揭开了蒋介石与毛泽东谈判的心路历程。

从这本由蒋介石自己做的最原始的记录可以看出，蒋介石对毛泽东的心路历程大概经历了感化、审制、训诫三个阶段。

8 月 28 日到 9 月中旬是第一个阶段。蒋介石采取的政策是感化。他对毛泽东说了许多好话，还告诉毛泽东，中国将来是要改革的，这种改革离不开中国共产党的合作。所以只要这次能谈好，以后一切都好办。所谓谈好的基本条件是共产党必须把政权和军队都交出来。这种为以后好而本次谈好的条件，毛泽东是断然不可能答应的。

到 9 月中旬以后，蒋介石态度变了，打算把毛泽东扣留、审制，即抓起来审判。谈判中蒋介石直接找到周恩来，让他告诉毛泽东，要和就照着条件和，不然的话，就让他毛泽东回延安派兵来打。听到这话，毛泽东当天就找到蒋介石，给他说，现在打，我打不过你，但我可以用对付日敌的办法对付你。你占点和线，我占面，你看能解决问题吗？蒋介石自然明白毛泽东是用对付日本人的游击战来对付他了。此话一出，惹得蒋介石恼羞成怒，干脆不谈了。他以休息的名义带着宋美龄飞到西昌待了一个星期。

这一周的日记显示，他在考虑用什么办法把毛泽东扣留起来审判。他深知，一旦扣留毛泽东后果会很严重。国际上他主要顾虑苏联的态度，国内顾虑的是共产党还有100多万军队，加之民主力量，他感觉后果难以预测，不便下手，他要实施另一种解决的办法。

10月初蒋介石回到重庆，进入第三个阶段："训诫"。此后的蒋介石对毛泽东态度变得很强硬，谈判坚决不让步。在最后一次两人谈判中，蒋介石给毛泽东说，中国的事，你我只要合作就好办。毛泽东建立联合政府的原则依然不变，蒋介石听后断然说"政府不能再迁就"。谈判依然没法打开僵局。

面对即将无果而终的谈判，共产党没有放弃努力，国民党内部有一些力量，包括张治中等人提出，既然是谈判总得有个协议，这样也好给全国人民有个交代。于是到1945年10月10日午后，在张治中家里，双方签订了《政府与中共代表会谈纪要》即著名的"双十协定"，国民党代表王世杰、张治中、邵力子和共产党代表周恩来、王若飞分别代表双方在协定上签字。

签字时毛泽东在场。签字后，蒋介石一身戎装，佩特级上将军衔、挂着佩剑，姗姗来迟。他到来后即与毛泽东握手，陪坐了10分钟算是为中共代表团送行。10月11日，毛泽东在张治中的陪同下乘专机飞回延安，周恩来、王若飞留在重庆继续谈判。

重庆谈判形成的"双十协定"在具体问题上是各说各话，各自表述。但达成了重大共识：和平建国，也就是以毛泽东为首的中共代表迫使国民党承认了和平、民主、团结的方针。尽管这种承认只是口头上的，但却使蒋介石后来发动内战后在政治上陷入了被动。

在43天磕磕绊绊并充满杀机的谈判过程中，毛泽东会见了国民党左派，会见了民主同盟和社会知名人士，还分别会晤了国民党军政要员和苏联、美国大使，英国、法国、加拿大等国驻华使节，会见了工商、文化、妇女、新闻等各界代表。毛泽东、周恩来等开展的广泛会谈，使中国共产党的立场得到了各阶层的理解、同情和支持，留下许多奇闻佳话。会见了当时著名的民族企业家刘鸿生，打消了他共产党要对民族资本家进行"共产"的担忧；和著名诗人柳亚子进行互动，《沁园春·雪》随后在重庆《新民报》晚刊上发表，并经《大公报》转载，引起轰动，成了共产党人与民主党派、爱国人士肝胆相照、同舟共济的生动写照。这些都让根本不把民主运动放在眼里的蒋介石始料未及。

更让蒋介石始料未及的是，谈判桌上得不到的，战场上也没能得到。

三、谈判期间蒋介石发动的战争

重庆谈判期间，国民党军第二战区司令长官阎锡山秉承蒋介石命令，向上党发起进攻。山西长治一带10多个县总称为上党，这里是共产党7个较大的解放区——晋冀鲁豫解放区的腹地。阎锡山部配合北上的胡宗南部占领了这里的6座县城，给解放区的中心地带插上了一把刀子。毛泽东在重庆发出指令：放心打，你们打得越好，我越安全，谈得越好。

9月10日，战役正式发起。阎锡山的国民党军既看不懂共产党的军队，也看不懂这支军队的打法。共产党官兵冲锋而来，他分不清官和兵，分不清军和民，分不清哪里是真刀实枪，哪里是虚晃一枪。这些官兵大多数穿着老百姓的衣裤，颜色五花八门，不少人头上还系着一条羊倌一样的白毛巾；枪和弹药不足，打起来只见人多不见枪响；缺乏攻占城市的经验，整个一个山区游击队的打法。阎锡山的部队不但自带弹药充足，还给长治守军带了增援的弹药。刘伯承的打法十分简单：先打增援部队，获取枪支弹药。阎锡山明白，这是打日本的战法，但他不明白的是，他苦心经营多年的9万多人的部队，在这一战中投入3万人损失3万人。国民党第七集团军副总司令彭毓斌被击毙，第十九军军长史泽波被生俘。这一战极大震动了国民党统治集团，加强了中共代表团在谈判中的地位，有力地配合了谈判斗争。

上党战役，是抗战胜利后国共的第一战，还不是全面内战的开局之战。"双十协定"就是在上党战役接近尾声的时候签署的。

第三节　接收美国援助

在不到一年的备战期间，蒋介石至少三次撕毁国共双方的协定、协议和各种决议。

被迫承认了"和平建国"方针的蒋介石到了 1945 年 10 月 13 日，也就是签署了"双十协定"第三天，就向各战区印发了他在 1933 年"围剿"红军时编写的《剿匪手本》，并要求"督励所属，努力进剿，迅速完成任务"，"双十协定"被撕毁了。

国民党当局当时的野心很大，其战略企图是迅速占领长江以南地区，夺取华北战略要地和交通线，打开进入东北的通道，利用 1945 年 8 月 14 日中苏条约对其有利的条款出兵占领整个东北。

自日本投降到 10 月 17 日两个月内，有 30 座解放区城市已经被国民党军队占领。

毛泽东主席对蒋介石有清醒的认识。他坚持告诫全党，要用革命的两手对付反革命的两手，解放区军民也奋起反击，取得绥远、上党、邯郸三次自卫反击战的胜利，在一个月的时间歼灭国民党军 11 万多人，给蒋介石国民党军以沉重打击。

一、蒋介石为什么要发起内战

既然共产党愿意和国民党建立联合政府，拥护蒋介石的领导地位，蒋介石为什么还要坚持挑起内战？

可以用三句话概括：本质使然，美国支持，军力强大。

这是由他所代表的阶级本质所决定的。国民党代表着帝国主义、封建主义和官僚资本主义的根本利益，他要建立的国家和政府必然是代表他们的根本利益，所以他要维持国民党政府现状。这样的政府根本不可能改变中国半殖民地半封建的社会性质，也不能代表最广大人民的根本利益，更不能实现中国人民梦寐以求的民族独立、国家富强、人民安居乐业的夙愿，它所代表的是大地主大资产阶级的利益。而中国共产党所代表的是广大劳动人民的利益，所主张的新中国则是由国内各阶级、各阶层人民共同当家作主不受任何帝国主义国家支配的、独立自主的新民主主义国家。这种根本目标的不同，决定了蒋介石不可能接受也不能容忍共产党参与政权建设。

国民党当时拥有绝对强大的军事实力。《中国人民解放军全国解放战争史》记载，当时国民党军总兵力约430万人，其中陆军200万人，特种兵36万人，非正规部队74万人，空军16万人，海军3万人，后勤、机关和院校101万人。而中国共产党部队总兵力约为127万人，其中野战部队61万人，地方部队66万人。

据《中华民国史》记载的数据，在所占领的地区、人口等方面有更翔实的记录。

全面内战爆发时国共双方力量对比表(1946年7月)

项 目	共产党方面	国民党方面	百分比
兵力(万人)	120	430	1∶3.58
地区(平方千米)	228.5800	731.1720	1∶3.20
城市(座)	464	1545	1∶3.35
人口(万人)	13606.7	33893.3	1∶2.49
外援	0	13.3亿美元(1946年上半年)	

资料来源：张宪文等著《中华民国史》第四卷，南京大学出版社2005年版，第69页。

二、美国的支持是蒋介石挑起内战的重要原因

美国从抢占抗战胜利果实开始，就一直保持对国民党政府的支援。到1946年3月，美国分别派遣了2000人的陆军和海军两个顾问团帮助指导国

民党训练军队和进行军事谋划，双方组成了联席会议这样一个由美国直接参与中国内战的军事机构。同时，美国政府宣布以租借物资的方式援助国民党政府。马歇尔来华"调处"期间给蒋介石的武器、物资、借款达到了 49 亿美元。1946 年 6 月 14 日，美国国务卿贝尔纳斯向国会提出《美国军事援华法案》，赋予了总统为中国国民党编练军队，提供武器和装备的权力。6 月 17 日，通过签订《中美处置租借物资协定》，国民党获得 5170 万美元的装备和物资。蒋介石于 6 月 26 日发动了对解放区的全面进攻后，27 日美国国务院就批准替国民党当局建立一千余架飞机的空军。7 月 16 日，美国国会正式通过决议，把 271 艘军舰"赠送"给蒋介石集团。8 月 31 日，美国把在西太平洋的原价值 8 亿多美元的剩余物资以 1.75 亿美元的低价售给国民党当局，就是为了助其组建机械化部队。

国民党军进攻晋察冀以后，马歇尔曾经暂停了对国民党当局的军援，时间为 8 个月。但 1947 年 4 月 9 日美国海军陆战队撤出中国时，却把 6500 吨军火交给国民党。当年 5 月 26 日，马歇尔宣布解除对华武器禁运后，随即就有 1.3 亿发子弹于 6 月 27 日低价卖给国民党军队。

1948 年到 1950 年，美国国会和美国政府多次对国民党当局给予援助。1948 年 4 月 2 日，美国国会通过了《1948 年援外法》，对有关援华条款单称《援华法》，在总额为 4 亿美元的援华款项中，有 1.25 亿美元为特别赠款，其实就是用于军事。但到 9 月，这 1.25 亿美元军援还悬而未决，蒋介石便催促司徒雷登大使，称国民党军已经没有军火守住东北了。为了减轻国会的压力，10 月 29 日，杜鲁门把存在日本的 700—800 吨军火直接运到了中国。

从 1946 年 6 月到 1950 年初，美国提供给国民党当局的军火大致有 71450 吨。其中，1947 年提供了 650 吨军火和 13 亿发子弹，1948 年提供了 70800 吨军火和 1.25 亿美元军火。美国敢于这般支持国民党当局打内战，就是当时美国已经拥有原子弹，且自以为在全球都是不可战胜的；蒋介石敢于掀起规模空前的全面内战，就是依仗着有"不可战胜"的美国做后台。美国以军援和美元援助蒋介石国民党政府，也是要有"报酬"的，这个"报酬"就是战后控制中国。因此国民党当时所代表的是一条充当美国附庸，继续维持中国半殖民地地位的道路。而共产党要坚持建设一个和平、民主的新中国。因此，两条路线是不可调和的。

三、蒋介石边谈边打的嘴脸

抗日战争的胜利极大地促进了中国人民民主意识的觉醒。蒋介石大举进攻解放区的做法，在全国人民面前暴露了其假和平、真内战的面目，国民党统治区的人民和进步团体掀起了大规模的反对美帝国主义侵略、反对蒋介石发动内战的民主运动，强烈要求按照"双十协定"召开政治协商会议。

面对国内民众的反对声浪，美国站出来了。高度关注中国的杜鲁门为了扩大其在中国的主导权，接受赫尔利辞去驻华大使职务，便任命马歇尔为美国总统特使，斡旋各方政治力量。1945年12月27日，苏、美、英三国外长莫斯科会议，在关于中国问题的公报中要求"内部冲突之停止"。蒋介石同意停战，召开政治协商会议。他既是想用政治手段遏制并消灭共产党，同时争取更多时间继续调兵准备内战。

12月27日，周恩来等中共代表团向国民党政府代表提出无条件停战的书面建议。1946年1月5日，国共双方初步达成停战协议。1月10日，双方在马歇尔主持下正式签订停战协议，约定于1月13日午夜生效，双方停战。

1月10日至31日，由国民党政府主持召集的政治协商会议在重庆召开。参加会议的有代表大地主、大资产阶级政治主张的国民党及其追随者青年党代表13名，代表民族资产阶级、小资产阶级及其知识分子政治主张的民主同盟代表9名，中国共产党代表7名，无党派代表9名。通过22天的政治协商，会议否定了国民党的一党专政、个人独裁的政治制度，否定了国民党的反人民的内战政策，共产党和民主同盟还迫使国民党承认党派存在的合法性和各党派的平等地位。

这次政治协商会议的成果很明显：民主力量发挥了重要作用，共产党认为统一战线取得了重大胜利，蒋介石认为国民党受到重大损失。所以，本次政协会议又变成了蒋介石缓兵的机会。

抢占东北是国民党发动全面内战的重要步骤。东北本来是蒋介石在1931年九一八事变时以不抵抗政策"送"给日本侵略者的。当苏联对日宣战，苏联红军向盘踞在东北的关东军发起进攻时，蒋介石的军队远在川滇边陲，是中共中央派遣四分之一以上的中央委员率领两万多干部和十万大军，与原在东北的抗日力量会合，配合苏联红军消灭了日军，收复了失地，还建立了各级地方民主政府。1946年3月12日，苏联红军撤离沈阳，第二天国民党军队就进攻占领了沈阳。

作为监督执行停战协定而成立的由国民党政府代表张群、共产党代表周恩来、美国政府代表马歇尔组成的军事三人小组于3月27日派遣代表调处东北军事冲突，还达成了《东北停战协议》。但蒋介石随意撕毁这个协议，集中5个军11个师约160万正规军调到东北前线，于5月19日攻克四平、21日攻克公主岭、23日拂晓攻占了长春、28日占领吉林。

保卫和平的办法是赢得战争。于是，中国共产党领导的东北民主联军集中主力实施了四平保卫战，给国民党军不同程度的打击。国民党军由于战线太长，抢占地盘太多，致使兵力分散，无法继续组织大规模进攻。6月6日国民党提出"东北停战半月"，实际停战近4个月，经中共同意，6月7日生效。

东北停战后，1946年6月26日，蒋介石又撕毁政治协商会议期间签订的停战协定和政协决议，大举围攻关内的中原解放区。从1月到5月，国民党违反停战协议，调动了42个军118个师130多万人，向解放区发动大小进攻达4365次，侵占解放区的城市40座，村镇2577处。

有便宜就打，兵力不足就停，这种把戏中国共产党人坚决不干。6月21日，中共代表团提出由军事三人小组宣布东北长期停战，重申全国停战，遭到蒋介石的拒绝。

国内民主团体掀起了反内战请愿和游行示威，惨遭国民党镇压。内战一触即发。

第四节　内战第一枪

是谁最先打响了内战的第一枪？

1946年6月26日，这一天被载入史册。

这一天，蒋介石命郑州绥靖公署主任刘峙指挥10个整编师30余万人的兵力，首先对中原军区部队发起大规模进攻，全面内战爆发。

范汉杰，曾任国民党政府国防部参谋次长，1964年写的《国民党军进攻中原军区宣化店点滴回忆》一文中，详细介绍了其携蒋介石亲笔信，命刘峙进攻宣化店打响内战第一枪的经过。按照《中国共产党历史》（第一卷）记载，这一天起，国民党集中使用全部正规军的80%即193个旅（师）160万人，以围攻鄂豫边宣化店为中心的中原解放区为起点，向解放区展开大规模进攻，全面内战开始。

一、内战开始时国共两党军事力量对比

内战打响后，国民党参谋总长陈诚在10月17日对其《中央日报》记者放言：对中共军队"也许三个月至多五个月便能解决。对于交通，任何一线可于两个月打通"。1946年10月18日，蒋介石在南京召开秘密军事会议，宣布要在"五个月之内打垮中共军队"。

依仗着强大的军事力量，1947年3月，国民党向延安等解放区发动重点进攻，18日中共中央撤出延安，19日国民党胡宗南部占领延安。

全面内战爆发后人民革命力量面临着相当严峻的形势。

从兵力总数看，国民党军队和解放军的总兵力对比为3.4∶1。

从兵种看，国民党军队拥有陆军、海军、空军，且装备精良；解放军首先没有海军和空军，装备基本上是缴获的日伪军的步兵武器，装备的最强的

武器是火炮，数量还很少。

从战区数量看，抗战结束时，国民党当局就有10个战区、4个方面军；到全面内战爆发前，人民军队只有7个战略区，分别是陕甘宁晋绥联防军、晋绥军区、晋察冀军区、晋冀鲁豫军区、新四军兼山东军区、中原军区、东北民主联军。

从经济力量上看，国民党政府统治的区域约占全国76%的土地面积，人口3.39亿，国民党通过接管日本占领区，控制了几乎所有的大城市和绝大部分铁路交通线；解放区只有占全国24%的土地面积，人口大约1.36亿，缺乏近代工业，传统农业是主要的经济来源。

从国际形势看，美、英等国与苏联之间开始了"冷战"，国民党有美国做依靠，苏联却担心如果中国打内战把苏联卷进去，会引起第三次世界大战，所以对中国革命持消极态度。

敌我力量对比如此悬殊，中国共产党将何去何从？毛泽东坚定地告诉全党两句话：我们必须打败蒋介石，我们能够打败蒋介石。

毛泽东的定力和自信来自思想家和战略家的精准研判。他认为，蒋介石发动的战争是一个在美帝国主义指挥之下的反对中华民族独立和中国人民解放的反革命战争，所以必须打败他；中国人民解放军与国民党蒋介石的战争具有爱国、正义、革命的性质，必然要获得全国人民的拥护，所以能够打败他。这就是战胜蒋介石的政治基础。

1946年8月6日，他跟美国记者安娜·路易斯·斯特朗笑谈"一切反动派都是纸老虎"，这成为中国共产党和中国人民在思想上、战略上藐视一切貌似强大的敌人的口号。

被蒋介石国民党当局拖上战车的共产党和解放军经过了自卫战争和战略防御阶段、战略进攻阶段、战略决战阶段、向全国进军阶段四个阶段，从而取得了从自卫、内线阵地作战、跳出根据地向国民党占领区作战以及战略进攻、决战的逐步胜利。

二、解放战争的第一个阶段

第一年，解放军战略防御阶段，也称内线作战阶段，经历了自卫作战的

"战争初期"和打破国民党军的全面进攻、击退国民党军重点进攻的积极防御三个阶段。

1946年7月至10月，全面内战爆发的最初这四个月在军事上称作"战争初期"，是积极防御的第一个阶段即自卫作战阶段。经过这四个月的军事斗争实践，党中央毛泽东掌握了战争的发展趋势以及确定了今后指导这场战争的基本思想。解放军经历大小战役、战斗80余次，共歼灭国民党正规军32个旅包括非正规军共29.8万余人；人民解放军损失约12.2万人，解放军的兵力上升到137万人。占领的城市变化是：国民党军队占领了解放区县以上城市153座；解放军则收复和攻占了48座县城，解放区损失105座城市。一方得地失人，另一方失地得人，战争的形势正在向着有利于人民解放军的方向发展。

积极防御的第二个阶段，即打破国民党全面进攻阶段。1946年11月至1947年2月这四个月，解放军经过华中、山东野战军的宿北、鲁南、莱芜战役，晋冀鲁豫野战军的滑县、巨(野)金(乡)鱼(台)、吕梁、汾(阳)孝(义)战役，晋察冀军区部队的易(县)满(城)战役和保南战役，东北民主联军三下江南、四保临江战役，共歼灭国民党正规军折合34个旅，包括非正规军共约41万人；解放军损失约12万人。占领的城市情况是：国民党军侵占解放区城市87座，解放军收复城市87座。解放军所占领的城市虽然与国民党军相当，但战役规模逐渐增大，解放军打破了国民党军队的全面进攻，战争形势开始向有利于解放军的方向发展。

在这一阶段，国共两党各召开一个重要会议。1946年10月15日至12月25日，国民党召开了一党包办的"国民大会"，彻底破坏了政协协议，解散军事三人小组等调处机构，摧毁了两党和谈的基础。11月21日，中共中央召开会议，提出了由"自卫战争"到"解放战争"，由"制止内战，恢复国内和平"到"打倒蒋介石"来最终解决国内问题，标志着中国革命发展进程中党的战略指导思想的一个根本性的转变。

积极防御的第三个阶段，即击退国民党军重点进攻阶段。从1947年3月至6月的4个月内，解放军开始局部反攻。国民党军集中兵力对山东解放区和陕甘宁解放区实行重点进攻。陕北战场上的第一纵队和中央从晋绥地区抽调的第二纵队在毛泽东、彭德怀、习仲勋指挥下，经过延安保卫战和青化砭、羊马河、蟠龙战役，基本稳定了陕北战局。华东野战军经过孟良崮战役，打破了国民党军对山东解放区的重点进攻。晋冀鲁豫、东北、晋察冀的解放军则发动反攻。国民党军仍然占领解放区95座城市，但人民军队收复和解放了53座城市，并歼敌40余万人。

整个战略防御阶段，从1946年7月至1947年6月，人民军队在一年的内线作战中，前八个月粉碎了国民党军队的全面进攻，后四个月打破了国民党军队的重点进攻。平均每月歼敌8个旅，共歼敌112万人，自己损失35.8万人；人民解放军的总兵力发展到190多万人。在这一年中，国民党军攻占解放区城市335座，解放军解放和收复城市288座。解放军缴获各种火炮6100门，坦克87辆，缴获和击毁飞机60架，舰艇19艘。一年的内线作战，解放军不仅粉碎了国民党军的全面进攻，而且基本上挫败了其对山东、陕北的重点进攻，还进行了局部战场的战略性反攻，以新的态势跨入人民解放战争的第二个年头。

三、解放战争的第二个阶段

第二年，1947年下半年到1948年上半年，解放军战争转入战略进攻阶段。这一时期，中央军委做出将战争引向国民党统治区的战略决策，毛泽东提出十大军事原则，三路大军挺进中原，内线和外线协调作战，解放军开展了新式整军运动，战略进攻继续推进。

1947年7月，国共两党的军队兵力又一次发生变化：国民党军队总兵力已从战争开始时的430万人下降为373万人，其中正规军由200万人下降为150万人。人民解放军的总兵力则由127万人增加为195.4万余人，其中正规军近103.5万人。部队的武器装备也因大量缴获而得到很大改善。国民党统治区，人民奋起斗争；解放区内，大部分地区进行了土地改革，后方已得到巩固。

国民党统治区发生严重的经济危机，导致经济接近总崩溃。1937年能买两头牛的钱，到了 1947 年 7 月，只能买三分之一盒火柴。成都国民小学教师平均每小时授课费 4000 元，而当时的一碗茶水就要 8000 元。严重的经济危机，把各阶层人民推上了饥饿与死亡的绝路，迫使各阶层人民团结起来为生存而斗争。1947 年下半年，国民党统治区的爱国民主运动新高涨，已形成了人民革命的第二条战线，直接配合了解放区武装斗争的第一条战线。

为了转移国内矛盾，蒋介石在 1947 年下半年想出了他认为是"对共匪重大之打击"的好办法：通缉毛泽东。1947 年 6 月 28 日，国民党政府最高法院对毛泽东下了一道"通缉令"，罪名是"意图颠覆政府，其为内乱犯"。7 月 4 日，国民党政府国务会议通过了蒋介石交议的所谓"厉行全国总动员，以戡平共匪叛乱，扫除民主障碍，如期实施宪政，贯彻和平建国方针案"并颁布了"总动员令"，18 日向全国公布。蒋介石期盼用这一招"不仅军心一振，而民心亦得一致矣"。可惜这张"通缉令"与一纸"总动员令"既没有挽回战场上的败局，国民党统治区的爱国民主运动却愈演愈烈。

1947 年 10 月 10 日，中共中央以解放军总部的名义发布了《中国人民解放军宣言》，针锋相对地公开提出了"打倒蒋介石，解放全中国"的口号。但国民党军队在数量上仍居优势，在装备上的优势更明显，人民解放军面临的形势仍然相当严重。

蒋介石于 1947 年 7 月 4 日颁布《全国总动员方案》，向解放区发起全面进攻，用破坏和消耗解放区的人力、物力来争取战争主动。中共中央则做出出人意料的决策，不等完全粉碎敌人的战略进攻，不等解放军在数量上占有优势，把主力打到外线去，在国民党统治区域作战，破坏和消耗国民党统治区的人力、物力，扭转在解放区防御作战的局面。

中共中央选择地处中原的大别山作为主要突击方向。1947 年 6 月 30 日夜，刘伯承、邓小平率领晋冀鲁豫野战军主力 12 万人突然行动，一举突破黄河天险，先在鲁西南寻机歼敌，而后逐步向大别山地区进击，揭开了解放战争战略进攻的序幕。

刘邓大军到 11 月歼敌 3 万余人，建立 33 个县的民主政权。同时，陈赓、谢富治率领的晋冀鲁豫野战军一部 8 万人 8 月下旬渡过黄河，挺进豫西，到 11 月底歼敌 5 万人，建立了 39 个县的民主政权。9 月，陈毅、粟裕指挥的华东野战军主力越过陇海铁路南下，11 月下旬完成在豫皖苏地区的战略部署。

三路大军逐鹿中原，4 个月歼灭国民党军 19.5 万人，解放县城近百座，吸引了国民党军南线全部兵力 160 个旅中的 90 个旅于自己周围，致使国民党军从此陷入被动，充分表现了党中央和毛泽东的智慧和勇气。

11 月 6 日到 12 日，晋察冀野战军和地方武装攻克华北重镇石家庄，全歼守敌 2 万余人，是解放军转入战略进攻后对较大城市的第一次成功的攻坚战。这时内线作战的各野战军也加紧发起进攻。林彪、罗荣桓率东北民主联军于 9 月 14 日发起秋季攻势，1947 年 12 月 15 日至 1948 年 3 月 15 日东北野战军发起冬季攻势，从根本上改变了东北战局。

半年的作战中，解放军歼敌 75 万余人，国民党军队从此由战略进攻转入战略防御，标志着中国革命高潮的到来，标志着中国革命战争达到一个新的转折点。

1948 年 1 月下旬，解放军中原一部分部队向长江以南挺进。2 月，刘邓大军转出大别山，开始发起中等规模歼灭战。

1948 年 3 月 23 日，毛泽东率中共中央机关和解放军总部东渡黄河，随后进驻晋察冀解放区平山县西柏坡村。4 月 21 日，人民解放军收复革命圣地延安。

3 月 29 日，国民党于南京召开第二届国民代表大会，主要议程便是选总统。结果在选举前，蒋介石"坚决辞让"做总统候选人。一是因为美国人要让时任北京大学校长的胡适做总统，蒋介石当行政院长兼军事委员会委员长。既让蒋介石掌实权，又可以止沸民怨。二是蒋介石发现在宪法中缺少一条"总统在特定时得有紧急处置权"。4 月 17 日，国民党中常委开会决定在宪法外增加临时条款，授予了总统"紧急处置权"。该条款于 4 月 18 日国民大会上通过后，蒋介石在总统候选人会上立即改变了说法："我要完成总理遗志，对国民革命负责到底。我不做总统，谁做总统！"

四、解放战争的第三个阶段

1948年下半年起,解放战争进入了战略决战阶段。

济南战役,揭开战略决战的序幕。1948年9月16日至24日,在华东野战军代司令员兼代政委粟裕的统一指挥下打响了济南战役(也称济徐战役),经过8昼夜的激烈攻坚作战,全歼守敌10.4万余人(包括起义一个军2万人),南京与天津间的最大城市山东省省会济南宣告解放。济南战役的胜利,是人民解放军解放大城市的开始,也是蒋介石以大城市为重点的防御体系总崩溃的开始。

济南战役使华北、华东两大解放区连成一片,在整个军事力量的对比上也发生了重大变化:人民解放军已由127万人增加到280万人,国民党军队数量已由430万人减少到360万人,其中能用于一线的兵力只有170万人,人民军队与国民党军的总兵力对比,已经由战争之初的1∶3.4缩小到1∶1.3,而且在一线的机动兵力已超过国民党军。

国民党当局在军事上只好放弃"全面防御",实行"重点防御"。人民解放军则进入夺取全国胜利的战略决战阶段。

辽沈战役,战略决战三大战役中的第一个大战役,歼灭卫立煌集团。辽沈战役从9月12日开始,中央军委指挥林彪、罗荣桓、刘亚楼等集中东北野战军主力70万人,发动了声势浩大的辽沈战役。到11月2日东北全境解放,辽沈战役历时52天,歼灭1个"剿总"总部、4个兵团部、11个军、45个师,歼敌47.2万人。人民军队也付出重大牺牲,共损失6.9万余人,牺牲团以上干部18人。同时,华北军区第二、第三兵团钳制傅作义集团,策应东北野战军作战,发起察绥作战,歼灭国民党军2万多人,胜利配合了辽沈战役。当月,人民解放军总兵力增加到310万人,国民党军队下降到290万人。中国人民革命的军事形势达到一个新的转折点。

淮海战役,战略决战中三大战役中的第二个大战役,全歼刘峙集团。1948年9月24日,粟裕提出发动淮海战役建议,国民党称这次战役为"徐蚌会战"。淮海战役是华东野战军、中原野战军在以徐州为中心,在东起海州(今连云港)、西至商丘、北起临城(今枣庄市薛城)、南达淮河的广大地区,与国民党军进行的战略大决战。

1948年11月6日,华东、中原野战军发起淮海战役,华东野战军先围歼黄百韬兵团,而后中原野战军围歼黄维兵团,华东野战军再围歼杜聿明集团。到1949年1月10日战役结束时,共消灭徐州"剿匪"总司令部总司令刘峙指挥的5个兵团部、22个军部、56个师及一个绥靖区,共55.5万人,其中俘32万人,投诚3.5万人,起义2.8万多人,解放军总共伤亡13.4万人。淮海战役是三大战役中解放军牺牲最大,歼敌数量最多,政治影响最大,战争样式最复杂的战役。

平津战役,战略决战三大战役中最后一个战役,围歼傅作义集团。平津战役是在辽沈战役刚刚结束,淮海战役还在进行中,以北平、天津为中心展开的战略决战。战役从华北军区杨成武第三兵团于1948年11月29日向张家口发起突然袭击开始,1949年1月31日结束,共64天。林彪、罗荣桓、聂荣臻、刘亚楼指挥中国人民解放军东北野战军和华北军区部队共100万大军,以伤亡3.9万人的代价,消灭及改编国民党军3个兵团、13个军、50个师,共计52.1万人,解放了北平、天津在内的华北大片地区。平津战役中创造的"天津方式""北平方式""绥远方式",是人民解放军对国民党军实行军事打击与政治争取相结合原则的发展,对后续解决其他地区的国民党军具有重要的战略意义。

这一时期,西北野战军发起澄(城)合(阳)战役、荔北战役及冬季攻势,配合了全国战略决战。

五、人民解放军称谓

最早提出解放军称谓的是刘少奇。他在1944年8月20日中央军委高级干部会议上的发言时提出"正规军、游击队合起来叫解放军"。这是文献档案资料中第一次出现解放军的称谓。9月22日,在中共六届七中全会主席团会议上,刘少奇再次提出可成立解放军。10月14日,中央军委致新四军第五师电文中提出"建立河南人民解放军等"。这些都是内部提出,尚未公开使用。

1945年8月11日，朱德在受降命令中提出山西解放军的名称。13日中共中央机关报《解放日报》社论中，多次出现解放军称谓，如"解放军向敌占区全面进军"等，是第一次公开提出解放军名称。8月15日，山东军区司令员兼政委罗荣桓提出："部队番号一律称山东解放军某某师、某某旅"等。8月26日，中共中央在《关于同国民党进行和平谈判的通知》中再次正式使用解放军称谓。这时部队中有的已开始使用解放军的名称，如广东粤中部队使用了广东人民抗日解放军，山东部队编成山东解放军8个师、12个警备旅等。此时各地使用的称谓既不一致也不规范。

1945年8月29日，重庆谈判开始后，中共中央、中央军委不再提出和使用解放军的称谓。

1946年6月全面内战爆发后，《解放日报》再次提出人民解放军的称谓。10月3日，《解放日报》在《为实现一月停战协定及政协决议而斗争》的社论中，第一次正式提出"中国人民解放军"的称谓。1947年2月10日，朱德第一次以"人民解放军总司令"的名义与毛泽东签署了组成陕甘宁野战军的命令；10月10日，毛泽东起草《中国人民解放军宣言》，这是全军改称"人民解放军"的重要标志。

1948年11月1日，中央军委做出《关于统一全军组织及部队番号的规定》，对全军的编制、番号做了统一规定，用规章规定了正式使用"中国人民解放军"。所以，由中央军委正式发文做出规定的称谓，是1948年11月1日。

各部队把1948年11月1日的这次番号规定称为全军整编命令。按照这个命令，解放军把野战部队改为野战军。野战军以下依次辖兵团、军（原纵队）、师、团。各野战军以所在地区分为西北、中原、华东、东北、华北野战军。1949年1月15日，又改西北野战军为第一野战军，中原野战军为第二野战军，华东野战军为第三野战军，东北野战军为第四野战军，华北野战军的三个兵团直属中国人民解放军总部。

六、解放战争第四阶段

三大战役用4个月零19天的时间歼灭国民党军队154万余人，尚存的兵力共有204万人。能够作战的只有146万人，大都集中在白崇禧、胡宗南、汤恩伯和马步芳手中，其余的都是机关、学校和地方部队以及特种兵等重新补充起来的，没有什么战斗力。加上国民党政府滥发纸币，导致国民党统治区恶性通货膨胀，物价飞涨，以上海为例，上海物价上涨了8.3万倍。国民党政府财政赤字高达900万亿元。

1949年元旦，蒋介石在请求美国经济、军事援助未果的情况下，他召集国民党高级官员在南京总统府举行"团拜"仪式后向李宗仁表示了他"不能再干下去了"的意思，随后作为一国总统的他便开始了疯狂的资金转移和藏匿。

1月10日蒋介石派蒋经国去上海，命令中央银行将现金移存台湾。1月16日，蒋介石下令把中央银行、中国银行的外汇化整为零，存入私人户头，以免遭到接收。1月18日，蒋介石重新部署人事任免。1月21日，蒋介石于正午约宴五院院长后，正式宣布隐退。

"隐退"后的蒋介石回到溪口，夫人宋美龄讨美援助不成便滞留在大洋彼岸不归。1月29日，在蒋介石授意下，国民党中央将党部先迁至广州。2月1日，行政院长孙科将政府机关也迁到广州。2月初，蒋介石亲笔下令，将中央银行库存的92万两黄金（其中4200余两是蒋介石私人存的）、3000万两白银全部运往台湾，让同意与共产党和谈的代总统李宗仁有名无实。

1949年元旦这一天，毛泽东为新华社撰写新年献词《将革命进行到底》，提出了"坚决彻底干净地消灭一切反动势力""在全国范围内推翻国民党的反动统治……"1月14日，毛泽东主席发表了《关于时局的声明》，提出八项和平条件。这个声明得到各民主党派、无党派人士和各阶层群众的热烈拥护，但蒋介石视为毛泽东要他无条件投降，坚决不予接受。蒋介石"隐退"后的1月27日，代总统李宗仁致电毛泽东主席，同意以"八项条件"为和谈基础进行和谈。但真正和谈还需要蒋介石首肯。

蒋介石给和谈定的"基调"是："确保长江以南若干省份的完整，由国民党领导"；"使双方在未来政府中保持同等的发言地位"；关于军队改编问题，由双方确定比例，"自行整编"。这个和谈方案实质上是一个"划江而治"的所谓"平等的和平"方案。与中共中央提出的八项和平条件相距十万八千里。

4月15日，中共中央拟定了8条24款的《国内和平协定》最后修正案，让南京方面必须在4月20日以前表明态度。4月16日，蒋介石看后气急败坏，拒绝签订这个协定。

1949年4月21日，毛泽东主席和朱德总司令发布向全国进军的命令。解放战争进入到全国大进军阶段。

第五节　战前战况

蒋介石被迫"隐退"后却以总裁身份总揽军事大权，加紧部署长江防线，到 1949 年 4 月，国民党军在湖北宜昌到上海之间的 1800 公里长江防线上部署了 115 个师约 70 万人的兵力。

一、打过长江去

渡江战役是大进军阶段的首战。渡江战役不仅解放了南京、杭州，打退了英国军舰，攻占了上海，还歼灭了汤恩伯集团的主力。

当年的 3 月初至 4 月初，参加渡江作战的人民解放军各部队，先后进抵长江北岸，开展战役的各项准备工作。当南京国民党政府拒绝签字后，人民解放军即遵照中共中央军委命令，于 20 日午夜发起渡江作战。4 月 20 日夜至 21 日，发起渡江战役。在西起湖口、东至江阴的千里战线上，百万雄师分三路以木帆船为主强渡长江，歼灭国民党军 43 万人，解放军用伤亡 6 万人的代价，让国民党苦心经营的长江防线顷刻瓦解。

4 月 20 日、21 日，当人民解放军渡江作战时，侵入中国内河长江的英国皇家海军远东舰队"紫石英号"等 4 艘军舰溯江而上，不顾三野部队鸣炮警告，闯进三野部队防区江面，双方展开激烈炮战。在连续两天的炮战中，英舰打死打伤三野部队指战员 252 人。三野炮兵击伤英舰"紫石英号"，其余 3 艘英舰挂起白旗逃走。丘吉尔主张派出航空母舰到中国海上"实行武力的报复"，解放军总部立刻发表"中国的领土主权，中国人民必须保卫，绝对不允许外国政府来侵犯"的声明。这表明，外国侵略者依仗船坚炮利在中国领土上横行不法的时代一去不复返了。

4 月 23 日，解放军占领国民党统治中心南京，宣告了延续 22 年的国民党政府对中国大陆的统治覆灭。5月27日，解放军攻占中国最大的城市——上海，并陆续向中南、西北、西南各省大进军。

由蒋介石国民党当局一手制造和挑起内战，在经历了全面进攻、重点进攻、各种会战，到1949年四五月间，随着蒋介石最后一次下野，国民党政府也从南京迁至广州，再搬迁至重庆。

国民党胡宗南部进攻延安后，毛泽东主席和中央机关于1946年3月19日主动撤离延安，转战陕北；1948年3月23日，毛泽东率中央机关和解放军总部离开陕北进驻西柏坡；1949年3月25日，中央及所属机构由西柏坡迁至北平，毛泽东进驻香山双清别墅办公。

但蒋介石并不甘心失败，7月14日，蒋介石忽然率领大批党政要员从台湾飞抵广州。自7月15日至20日，蒋介石以国民党总裁身份连续召开国民党中央常务委员会、中央政治委员会联席会议。最后以中国国民党中央常务委员会的名义通过议案，设立"中央非常委员会"。决议规定："非常委员会"为非常时期的最高权力机关，政府一切措施必须先经非常委员会议决通过，方为有效。蒋介石以国民党总裁身份兼任非常委员会主席，公开恢复了独裁，不再在幕后操纵了。

回到广州的蒋介石紧锣密鼓地部署了"广州的保卫战"，随后又飞抵重庆为"保住西南这最后一个反共堡垒"而奔波。一直到1949年12月10日下午两点，蒋介石在成都凤凰山机场无奈地登机升空，飞去了台湾。

蒋介石始终是左右当时中国政治局势的中心人物，即便是丢了南京总统府，他依然决然坚持反人民、反对共产党、反对共产主义，并为之丝毫没有停止挣扎的脚步。

二、全国大进军到西北

第三野战军进军东南，1949年7月2日进军福建，先后解放福建、浙江和舟山群岛等沿海岛屿。

第四野战军进军中南，1949年4月四野70多万主力分三路南下，6月向中南进军，历时7个月，解放了鄂、湘、赣、粤、桂5省。1950年2月部署解放海南岛，4月13日进行战斗部署，23日海口解放。5月1日，海南岛全岛解放。

华北解放军攻克太原。太原战役从1948年10月5日开始到1949年4月24日结束，历时6个月，歼灭1个绥靖公署、两个兵团、6个军、17个师及地方武装共13.5万人。9月19日，国民党绥远省主席、西北军政长官公署副长官董其武率领第十九兵团6万多人宣布起义，华北全境解放。

兰州战役就发生在全国大部分城市解放，唯有西北、西南、华南部分地区依然在国民党军阀统治之下，而西北与西南不同的是，这里的主力胡宗南、马步芳、马鸿逵都是反共最坚决的死硬派，是必须予以歼灭打击的顽固派。整个兰州决战期间，马步芳的国民党军队没有出现整师、整团，甚至没有一个营、连起义的。这与随后解放西南的战斗截然不同。

三、全国省会城市解放时间

为了便于了解兰州战役时国内的战局背景，按照时间顺序将现有的省、自治区、直辖市的解放时间用图表展现出来。

全国省会城市解放时间表

年　份	省会城市名称	具体解放时间
1946年	哈尔滨	1946-04-28
1947年	石家庄	1947-11-12
1948年	济　南	1948-09-24
	长　春	1948-10-19
	郑　州	1948-10-22
	沈　阳	1948-11-02

续表

年　份	省会城市名称	具体解放时间
1949年	天　津	1949-01-15
	合　肥	1949-01-21
	北平(今北京)	1949-01-31
	南　京	1949-04-23
	太　原	1949-04-24
	杭　州	1949-05-03
	武　汉	1949-05-16
	西　安	1949-05-20
	南　昌	1949-05-22
	上　海	1949-05-27
	长　沙	1949-08-04
	福　州	1949-08-17
	兰　州	1949-08-26
	西　宁	1949-09-05
	银　川	1949-09-23
	归绥(今呼和浩特)	1949-09-19
	迪化(今乌鲁木齐)	1949-09-25
	广　州	1949-10-14
	贵　阳	1949-11-14
	重　庆	1949-11-30
	南　宁	1949-12-04
	昆　明	1949-12-09
	成　都	1949-12-27
1950年	海　口	1950-04-23
1951年	拉　萨	1951-05-23

第二章

西北血脉

陕北,曾经有一个学着井冈山建起来的根据地,后来被誉为"两点一存"。这里还有一支长期驰骋在西北大地上的劲旅,肩负着保卫毛主席、保卫党中央的神圣使命。后来这支部队踢开胡宗南,千里追击来到兰州,谱写了从西北革命根据地到兰州战役的血脉传承。

在陕北绵延起伏的山梁上，有两点至少在当代中国是家喻户晓的，一个是信天游，一个是根据地。

早期，因为这里有红军，陕北成了国民党当局的眼中钉；后来，这里来了党中央、毛主席，陕北又成了国民党当局的肉中刺。

解放战争时期，全国有多个主战场，以陕北为重点的西北战场一直是全国主战场之一。诞生在西北并与后来长征红军整编组建的西北人民军队在极端艰难困苦的条件下担负着保卫党中央、保卫毛主席、保卫陕甘宁边区的重大历史任务。

解放战争时期，作为人民解放军五大主力之一的第一野战军，为西北地区的解放，为全国解放战争的胜利，为中华人民共和国的创建，做出了巨大的贡献，立下了不朽的历史功勋。

第一节　山丹丹开花：从清涧到照金

西北革命根据地，也称作陕甘革命根据地，是在中国共产党早期创建的陕甘边革命根据地和陕北革命根据地这两块革命根据地的基础上发展起来的。这两块革命根据地，特别是陕甘边革命根据地与兰州战役有浓厚的血脉传承。

一、从清涧起义到寺村塬

大革命失败后，中国共产党依靠自己创建的武装力量，先后开辟了如井冈山、中央苏区、湘鄂西、鄂豫皖等十多块革命根据地。但在"左"倾冒险主义和"左"倾教条主义错误路线主导下，白区党的组织损失殆尽。在反对国民党对根据地的第五次"围剿"失败后，中央红军被迫撤离根据地，开始了著名的长征。

在西北，刘志丹、谢子长、习仲勋等人开展武装斗争探索。在坚忍不拔的探索中，唐澍、李象九、谢子长、白明善等人于1927年10月12日在陕北军阀中组织千余官兵，发动了清涧起义，打响了西北地区武装反抗国民党反动统治的第一枪。

1928年5月10日，刘志丹、唐澍等人率领陕西党组织掌握的一支革命武装——许权中任旅长的新编第三旅，在渭南、华县发动万余名农民起义，爆发了轰动全国的渭华起义。由起义部队组成的西北工农革命军近千人，在渭华地区形成200平方公里、拥有数十万人口的红色武装区域，成为南昌起义、秋收起义和广州起义之后全国有影响的起义之一。

此后，陕甘两省各地领导的武装起义相继爆发，除陕西各地农民抗税斗争和农民暴动外，甘肃就发生了两当起义、凤翔路口起义、靖远起义、巉口起义、天水起义、蒿店起义等。

6月，渭华起义失败后，保存下来的革命力量转入隐蔽斗争。1929年4月16日和6月22日，中共陕西临时省委收到了中共中央的两次指示信以及《陕西问题决议案》，按照中央要求，省委派刘志丹、谢子长、习仲勋等一批共产党员深入陕甘一带开展兵运工作。

兵运是继工运（即工人运动）、农运（即农民运动）、学运（即学生运动）之后，在蒋介石的镇压和残酷屠杀中寻觅机会的士兵运动，是中国共产党从事武装斗争的重要手段之一。

主持陕北特委工作的特委军委书记刘志丹在榆林红石峡石窟古寺内的天门洞召开的中共陕北特委第二次扩大会议上提出了"三色"建军方针，即三种武装斗争的形式：白色的，做国民党军队及民团的工作；灰色的，即做土匪武装的工作；红色的，建立革命武装。

按照"三色"建军方针，许多党员打入国民党内部去做兵运工作。刘志丹、谢子长、习仲勋等共产党人开展的一系列兵运与百色起义、宁都起义、大冶兵暴一起列入中国历史著名的兵运。

1932年4月1日，习仲勋主持召开十七路军警备骑兵第三旅团营营委扩大会，决定于4月2日举行两当起义，起义的部队在太阳寺改编为陕甘游击队第五支队，准备与陕甘游击队刘志丹部会合，转移途中遭围攻而失败。两当起义标志着习仲勋由一个主要从事学生运动的革命青年向一个职业革命家的转变。

刘志丹等陕北革命先辈们在艰难的探索中深刻地认识到，搞革命武装，光依靠在旧军队里的合法地位招兵买马是不行的，"还是要走井冈山的道路"。

1931年9月中旬，刘志丹来到陕甘交界的甘肃合水县太白镇，10月1日打响太白战斗，建立了南梁游击队，开始了从军阀手中拉队伍到在农村建立革命武装的转变，揭开了陕甘边区党领导武装斗争的序幕。1931年9月，陕北游击支队来到南梁林锦庙即今天的华池县林镇，与刘志丹领导的南梁游击队胜利会师。12月下旬，陕西省委将这支部队改为西北反帝同盟军，

1932年1月初，在正宁县月明乡北柴桥子村召开军人大会，谢子长、刘志丹分别任西北反帝同盟军正副总指挥，同盟军下辖两个支队，其中陕北游击支队为第一支队，南梁游击队为第二支队。2月12日，陕西省委将西北反帝同盟军改编为中国工农红军陕甘游击队。

1932年3月18日，谢子长率领陕甘游击队来到正宁县北柴桥子，19日夜围攻山河城失利后召开游击队队委会，会后，陕甘游击队移驻甘肃正宁县寺村塬一带。

1932年3月22日，经过陕甘游击队的积极努力，72个村镇的赤卫队、农会代表和游击队指战员1000多人在寺村塬选举成立陕甘边革命委员会，陕甘边区第一个红色政权由此诞生。

陕甘游击队在建队仅仅70天的时间里，依托寺村塬革命根据地，取得了一系列军事斗争胜利，为照金、南梁革命根据地的创建积累了经验。

二、二十六军和创建照金根据地

陕甘游击队撤离寺村塬以后，一直依托桥山山脉就地开展游击战争。

1932年4月20日，中共中央批准陕西组建中国工农红军第二十六军第四十一师，这是西北的第一支红军队伍。6月1日，陕西省委提出了建立根据地的要求。

中共中央特别重视这支队伍。6月26日，中共中央在上海召开的北方六省委代表会议通过了《开展游击运动与创造北方新苏区的决议》，强调北方党的基本任务是创造与发展陕甘边新苏区，要求正式组建红二十六军并锻炼成为一支强有力的红军。8月25日，陕西省委决定创建红二十六军，并立即组建一个团。9月，陕甘游击队袭击照金国民党富(平)同(官)耀(县)三县民团，歼敌400余人。11月返回照金。

12月上旬，陕西省委派杜衡来陕甘游击队组建红军。由于"左"倾冒险主义和瞎指挥，导致陕甘游击队人数由1500余人锐减至200余人，达不到中央组建一个师的要求，杜衡只好用这200多人组建了一个团。24日，在宜君县转角镇(今属旬邑县)举行了授旗仪式，陕甘游击队正式改编为中国工农红军第二十六军第二团。杜衡自任军政委兼团政委，王世泰为团长，郑毅任参谋长，刘志丹任政治处处长，下辖骑兵连、步兵连和少年先锋队，共200多人。

红二十六军的建立标志着建军任务的完成，按照陕西省委的要求，红二十六军一边在陕甘边开展游击战争，建立以照金为中心的陕甘边革命根据地；一边在这里完成了建党、建政以及建立各种群众组织的任务，把照金建成了陕甘边的新苏区。

照金自古是要塞之地。照金的薛家寨是桥山山脉南端的一座石山，这里森林茂密，中心地带石山耸立，壁立千仞，箭穿崖海拔1600多米，地势十分险峻。山寨形似葫芦，仰视不见寨形，重峦叠嶂，东南西三面均为石山悬崖。民间一直流传这里是薛刚反唐的地方，故称薛家寨。整座山寨走势雄奇，军事上易守难攻。1933年春，刘志丹、谢子长等人极具战略眼光地看准了照金，率领中国工农红军第二十六军及党政领导机关迁驻薛家寨。

红二十六军第二团成立后，一方面投入到创建根据地的游击战中，另一方面协助地方党组织建立了五支游击队。

1933年1月4日，陕西省委派习仲勋、金理科等人到达照金地区工作。习仲勋任红二团先锋连指导员，年龄尚不足20岁。

3月8日，中共陕甘边区特委在耀县照金镇成立，金理科任特委书记，习仲勋任军委书记，下辖中共旬邑县委和耀县县委。为了从政治和组织上彻底整顿边区的20多支游击队，3月中旬，在照金成立陕甘边区游击队总指挥部，李妙斋、黄子文、吴岱峰先后任总指挥，习仲勋、张秀山先后任政委，从而形成了红军和游击纵队两支革命武装。

边区特委和游击纵队成立后，各区、乡、村普遍组建了农民赤卫军和少年先锋队，在薛家寨建起了寨楼、堞墙、战壕、哨卡、碉堡、吊桥等，在5个岩洞中分别设立了军医院、修械厂、被服厂、仓库等。

1933年4月5日，在照金召开陕甘边工农兵代表大会，选举产生了陕甘边新的革命委员会。按照当时规定，主席必须是农民，所以雇农周冬至当选主席，习仲勋当选副主席，由他总揽全局，负责日常工作。革委会下设经济、土地、粮食、肃反等部门，领导群众成立区、乡、村革委会，开展土地斗争，建成了基本完整的地方政权。

此时，以照金为中心的陕甘边革命根据地，横跨耀县（今铜川市耀州区）、淳化、旬邑、宜君4县边界，东西宽25公里，南北相距40公里，面积数百平方公里。

陕甘边革命根据地照金苏区的创建，有力地震撼了国民党的黑暗统治，造成了国民党内部的恐慌和混乱；牵制了国民党大量兵力，配合支援了陕北、渭北、陕南、陇东地区的革命斗争；唤起了千千万万陕甘边人民在中国共产党领导下开展土地革命的觉悟，鼓舞了西北人民争取解放的勇气和信心，是红二十六军发展壮大、走向胜利的坚强阵地。

红二十六军转入外线作战后，游击队总指挥李妙斋、政委习仲勋以薛家寨为中心坚持斗争，习仲勋还腰部中弹，在农民家养伤。6月中旬，红二团返回照金后，被胜利冲昏头脑的杜衡坚持要红二团南下渭华地区，开辟渭华、华县、蓝田、洛南新苏区。结果红二团渡过渭河后，遭到敌人重兵包围，全军覆没。红二团被"左"倾路线的忠实执行者杜衡一手断送，他跑到西安被捕后当了叛徒，中共陕甘边特委书记金理科等人就是他在西安大街上盯梢抓人时被逮捕的。

三、陈家坡会议

红二团南下失败，陕西省委被破坏，敌人调动大批兵力妄图一举荡平陕甘边根据地，根据地的组织和干部对革命形势的判断出现了严重分歧。在此关键时刻，秦武山、习仲勋主持召开了中共陕甘边区特委党政军联席会议。8月14日，会议在照金和薛家寨中间的陈家坡召开。会议决定成立陕甘边区红军临时指挥部，统一指挥当时在照金的红四团、耀县三支队、西北民众抗日义勇军大队和陕北一支队及各路游击队。会议决定，王泰吉任陕甘边区临时总指挥部总指挥，刘志丹任副总指挥兼参谋长，只是在刘志丹未归来之前暂不宣布。会议纠正了错误思想和错误主张，为恢复和扩大红二十六军奠定了基础，是关系陕甘边生死存亡的关键会议。

陈家坡会议后，红军临时总指挥部先后出击耀县，进攻合水，第二次捣毁旬邑县政府，促进了陕甘边革命根据地的发展。

红二团南下失败后，刘志丹、王世泰、杨林、曹士荣、黄子文、吴岱峰、高锦纯、刘约三、朱子休、王兆相、康建民、黄罗斌、牛钢、王有福、谭生彬、韩志成、王安民、赵清杰、魏武、芮四、赵铁娃、师八牛等20多名南下幸存的指战员，历经千难万险，在渭华地区党组织和人民群众的帮助掩护下辗转回到照金。

刘志丹回到照金后任红军临时总指挥部参谋长。为了应对国民党疯狂的"围剿"，红军主力转战外线，北上甘肃陇东，调动钳制敌人，减轻苏区压力。习仲勋领导地方武装，在根据地坚持内线斗争。10月12日，国民党向根据地发起大举进攻。在主力红军转入外线作战远在甘肃的情况下，习仲勋动员红军医院、修械所、被服厂和后勤人员投入战斗。陕甘边游击队总指挥李妙斋、政委张秀山率领部队从绣房沟返回薛家寨，与留守军民发起保卫薛家寨的激烈战斗，取得保卫战初步胜利，李妙斋在激战中不幸中弹英勇牺牲。

10月15日，国民党又增派部队、出动4架飞机向薛家寨发起总攻。红军打退了敌人10余次冲锋。当晚在敌军偷袭中由于叛变投敌的陈克敏带路，红军腹背受敌。为了保持红军力量，中共陕甘边特委决定兵分两路，一路突围，一路撤退。

10月16日，薛家寨失陷，突围出来的游击队离开照金苏区。

第二节　山丹丹花再次开放：南梁革命根据地

在薛家寨失陷前的10月中旬，陕甘边区红军临时总指挥部总指挥王泰吉、副总指挥刘志丹和政委高岗率领红军主力部队红四团、西北抗日义勇军大队、耀县三支队和陕甘游击队第一支队等300余人离开照金，北上甘肃陇东开展外线作战，取得了奇袭合水县城、城壕川战斗、毛沟门战斗的重大胜利。但根据地问题依然困扰着陕甘边党政机关和红军部队，刘志丹建议在军情稍有缓解的情况下召开联席会议研究这个重大问题。

一、恢复红二十六军

1933年11月3日至5日，陕甘边区党政军领导人在甘肃合水县蒿嘴铺乡张举塬村的包家寨召开联席会议，会议以毛泽东建立红色政权的理论为指导，总结了照金苏区失陷的教训，讨论了主力红军改编、根据地重建和红军今后行动方针等重大问题。会议做出了三项重大决定：恢复红二十六军，建立以南梁为中心的革命根据地，建立三路游击区。撤销陕甘边区红军临时总指挥部，恢复红二十六军，成立红二十六军四十二师。会议决定划分陕北、南梁、关中三个游击战略区。

包家寨会议采纳了刘志丹的正确意见，贯彻了陈家坡会议精神，加速了陕甘边革命形势的发展。

刘志丹在残酷复杂的斗争环境中巧用中国谚语提出了"狡兔三窟"的根据地战略，当时的西北广袤的国土之上，只有一块根据地，面对强敌必然会孤木难支。于是他提出以南梁为中间带，以安定县为中心建立第一游击区，成立第一路游击总指挥部；以耀县照金为中心建立第三路游击区，成立第三路游击总指挥部；庆阳的南梁为第二游击区，成立第二游击总指挥部。三路游击区皆以南梁为中心，向南向北发展，建立更大的革命根据地。这就为后来陕甘边革命根据地的发展确定了基本格局。

1933年11月8日，刘志丹、王泰吉率红四团、西北抗日义勇军大队、耀县三支队和陕北一支队等部队来到合水县葫芦河北岸平定川口的莲花寺，在这里进行了著名的莲花寺整编，正式宣布恢复红二十六军，成立四十二师。根据包家寨会议决定，宣布王泰吉任师长，高岗任政委，刘志丹任参谋长，黄子文任政治部主任。

新成立的第四十二师下辖两个团、五个连，全师500多人、战马200多匹。红三团由西北抗日义勇军大队、耀县三支队和红四团少年先锋队及红二团南下失败后回归的百余人组成，下辖三个连，约280人，王世泰任团长，李映南、黄罗斌先后任政委；骑兵团由红四团一、二连组成，约180人，黄子祥任团长，政委先是杨森，后由张秀山接任。

红二十六军第二十四师成立后即建立了师、团党委和连队党支部，加强了党对军队的领导。随后，红二十六军兵分两路扫荡了当地反动地方武装，完成了建立以南梁为中心的陕甘边革命根据地的战略任务。

三路游击区随后开展了游击作战，第一路游击区由陕北一支队100多人组成，还抽调了魏武、惠泽人、康健民充实了领导力量。但在北上陕北作战中由于求战心切，对敌情估计不足，经过激烈战斗后部队分散行动。

第二路游击区建立了20多支游击队，其中人数发展最多的是庆阳游击队。这支由三支步枪闹革命起步的队伍当时只有8个人，1933年11月下旬在南梁小河沟组成，杨培盛任队长，习仲勋任政委。到1934年1月，该游击队发展到100多人枪，当年夏天发展到200多人，扩编为2个支队1个骑兵队。兰州战役沈家岭战场上那支英雄部队，现某红军师师史馆陈列展览显示，这支游击队就是该师最早的一支血脉。

第三路游击队挥师南下，英勇作战，然后挥师北上，建立了平子游击队、回民支队、宁县三支队、宁县一支队等。其中回民支队是陇东最早的一支回民武装，在以后的抗日战争和解放战争中为保卫陕甘宁边区屡建奇功。

1934年1月，经四十二师党委同意，王泰吉去豫陕边一带从事兵运工作,不幸被国民党逮捕后遭杀害,刘志丹继任师长,高岗被撤职,师政委由杨森担任。

二、南梁革命根据地和最高临时政权机关

2月,以南梁为中心的陕甘边红色区域经过4个月发展,迅速扩大到14个县的部分地区。2月25日,在红四十二师党委领导下,由习仲勋、张策主持在南梁小河沟召开陕甘边区第二次工农兵代表大会,选举成立了根据地最高临时政权机关——陕甘边区革命委员会,习仲勋任主席,白天章任副主席,后为贾生秀。陕甘边革命委员会的恢复重建,标志着以南梁为中心的陕甘边革命根据地基本形成。到当年9月,在陕甘边革命委员会领导下,区、乡、村都建立了政权组织。

在南梁建立革命政权的同时,陕甘边红军取得了西华池大捷等反"围剿"斗争胜利。

由于中共陕甘边区两任特委书记相继离开边区,派去西安寻找陕西省委,特委委员李妙斋、周冬至先后牺牲,中共陕甘边区特委只有习仲勋、张秀山仍在陕甘边从事革命斗争,其中习仲勋在南梁从事创建中心苏区和领导陕甘边革命委员会的工作,张秀山在红二十六军第四十二师任政委。为了既要加强党对南梁苏区的工作,又要确保四十二师党委集中精力加强部队党的建设,1934年5月28日,红四十二师在南梁寨子湾召开了会议,史称南梁会议。

南梁会议决定恢复成立中共陕甘边区特委,张秀山任书记;成立陕甘边区革命军事委员会,刘志丹任主席;杨森接任四十二师师长,高岗任政委,刘志丹兼任参谋长。

中共陕甘边区特委恢复以后,到7月,陕甘边区特委就提出目前的任务是:以华池为中心向四周发展,恢复照金苏区,打通与陕北苏区的联系,创造条件把临时政权转变为正式政权,实行土地革命。

1934年7月下旬,在刘志丹、习仲勋的主持下,陕甘边区特委在南梁的荔园堡召开会议,陕甘边区特委做出了《关于陕甘边区党的任务的决议》即

著名的《七月决议》，随后将做专门表述。

1933年夏，谢子长在上海"受训"期满。1934年1月，中共中央驻北方代表孔原安排他以西北军事特派员身份回到陕北安定，在这里先后恢复了陕北一支队，扩大了二、三支队，2月3日成立第四支队，3月18日在绥德成立了陕北第五支队。陕北游击战就遍布了11个县。

1934年7月8日，陕北红军在安定西区阳道峁正式宣布成立了红军陕北游击队总指挥部，谢子长任总指挥，郭洪涛任政委，贺晋年任参谋长。下辖红一支队、红二支队和红五支队，共300余人。1934年8月25日，陕北根据地成立了第一个县级工农民主政权——安定县革命委员会，11月改为赤源县苏维埃政府。

陕北革命根据地与陕甘边革命根据地是党领导的两块革命根据地。此时，国民党第八十六师井岳秀部和地方民团万余人开始对陕北游击队进行疯狂"围剿"。面对危局，谢子长决定到南梁与刘志丹商议对策。

1934年7月下旬，为了粉碎国民党军对陕北根据地的第一次"围剿"，谢子长等率领红军陕北游击队南下。1934年7月25日，谢子长率红军陕北游击队第一、二、五支队来到南梁附近的阎家洼子，这里距离荔园堡仅三四里地。

7月28日，中共陕甘边特委、红二十六军党委与陕北军政主要负责人在阎家洼子召开联席会议。参加会议的有刘志丹、谢子长、习仲勋、张秀山、杨森、龚逢春、郭洪涛、贺晋年、高岗、张邦英、张策、王世泰及二十六军连以上干部，陕北游击队支队长以上干部，共30多人。

会议由谢子长以驻西北特派员的身份主持。会议对红二十六军和刘志丹进行了无端指责，刘志丹、习仲勋、张秀山、杨森等陕甘边党和红军领导干部对无端指责进行了坚决抵制，坚持了以南梁为中心逐步扩大根据地的正确主张。

会议决定红二十六军四十二师第三团由谢子长率领北上陕北，协助红军陕北游击队粉碎敌人对陕北根据地的"围剿"。谢子长率领这支部队北上陕北作战，到8月底，胜利粉碎了国民党军对陕北苏区的第一次"围剿"。但在

8月27日强攻清涧县河口镇时,谢子长身负重伤。红三团在完成掩护谢子长到安定一带养伤的任务后,于9月中旬回到南梁。

红三团北上后,刘志丹指挥骑兵团和各地游击队坚持在陕甘边南线和北线作战,既策应陕北根据地的反"围剿"斗争,也保卫和发展了陕甘边苏区,使南梁革命根据地扩大到纵横3万平方公里的区域。

1934年10月,陕甘边区军政干部学校在甘肃华池县南梁荔园堡成立,刘志丹兼校长,习仲勋兼政委。这是党在陕甘边创立的第一所军政大学。军政大学的创立使与中央失去联系的陕甘边红军仍能保持政治建军原则,各级指挥员政治觉悟和军事素质得以保证,为陕甘红军发展壮大发挥了重要作用。

11月4日至6日,陕甘边区特委和边区革命军事委员会在南梁荔园堡召开陕甘边区工农兵代表大会,成立了陕甘边区苏维埃政府,选举习仲勋为主席,贾生秀、牛永清为副主席。工农兵代表大会的召开和苏维埃政府的成立,实现了临时政权到正式政权的转变,标志着不稳固的游击区域已经转变为巩固的革命根据地。

三、《七月决议》

1934年7月,中共陕甘边特委、陕甘边革命委员会领导人刘志丹、张秀山、习仲勋、高岗、杨森、张邦英等在南梁荔园堡召开会议,形成了《七月决议》,做出了第二路游击队和第三路游击队两个月内各扩红一个团,红四十二师帮助陕北游击队完成扩红一个师的任务,并把红二十四师扩大为一个军的决议。《七月决议》标志着陕甘边党组织和红军进一步成熟,在1941年延安整风时,《七月决议》被收入到毛泽东主持编辑的《六大以来》一书中。

随后,陕甘边红军游击队开始创建了庆北苏区、巩固了陕甘边南区,开辟了陕甘边东区,陕甘边区地方武装力量不断发展壮大,也壮大了红二十六军的力量。

红一团成立。1934年9月中旬,中共陕甘边特委和军委决定以第三路军为基础,组建红二十六军四十二师第一团,陈国栋任团长,张仲良任政委，下辖两个连，共200余人。

红二团成立。1934年11月，中共陕甘边特委、陕甘边区军事委员会决定，以第二路军的庆阳、保安、安塞游击队为基础，重新组建红二十六军第二团。刘景范任团长，胡彦英任政委，下辖2个步兵连和1个少年先锋队，全团180多人。

西北抗日义勇军成立。1934年10月，黄龙山一带的"山大王"郭宝珊于20日带领120多人到达华池新堡后宣布起义，参加了红军。11月10日，陕甘边特委、军委和苏维埃政府在南梁荔园堡召开欢迎大会，宣布将郭宝珊部改编为"西北抗日义勇军"，郭宝珊任司令员，任浪花任政委，于振学任参谋长，下辖三个大队。该义勇军统一归红二十六军第四十二师指挥。

红一团、红二团、西北抗日义勇军成立后加上原来的红三团和骑兵团，红二十六军第四十二师共下辖5个团，兵力达到了2000余人。

四、陕甘边政府成立

荔园堡是玉皇庙川与二将川交界处的一个古城寨。1934年11月1日至6日，陕甘边区工农兵代表大会在南梁荔园堡召开。11月7日，正值苏联十月革命纪念日，参加大会的除了100名正式代表外，还有南梁地区的群众、红军、游击队、赤卫军、列宁小学学生、儿童团、少先队等共计3000余人。

10时鸣炮后，习仲勋、刘志丹宣布陕甘边政府成立了。

习仲勋任苏维埃政府主席，刘志丹当选军事委员会主席。由于陕甘边革命委员会在1934年2月成立时，驻地在南梁堡，当时群众就叫"南梁政府"。现在，政府驻地在寨子湾，但群众一直叫"南梁政府"。据张策回忆，"南梁政府"，群众叫成"南洋政府"，豪绅们就害怕，有一定的威慑力。

在陕甘边革命斗争蓬勃发展的同时，谢子长等领导下的陕北革命斗争形势也出现了大好局面。在刘志丹、谢子长领导下，红二十六军四十二师和红军陕北游击队取得了第一次反"围剿"的胜利。

1935年1月30日，中国工农红军第二十七军在安定县白庙岔宣布成立，下辖第八十四师，杨琪任师长，张达志任政委。

五、山丹丹花开成了并蒂莲

陕北的革命形势依然严峻。1935年春，蒋介石调集6个师的兵力和各县民团近6万人，对陕甘边根据地和陕北根据地发动第二次大规模"围剿"。为了应对严峻形势，2月5日，陕甘边区特委和陕北特委在赤源县周家崄召开联席会议，决定成立中共西北工作委员会和西北革命军事委员会，统一领导陕甘边和陕北两块革命根据地，统一指挥红军游击队反"围剿"作战。选举惠子俊为工委书记，习仲勋等为工委委员；刘志丹为军委主席（一说谢子长的），高岗为副主席。

中共西北工委成立后，中共陕北特委撤销，原陕北特委领导的各县县委由西北工委直接领导；陕甘边区特委保留，其所属的各县县委仍由其领导。

在反对国民党军"围剿"的部署完成后的2月21日，陕甘红军和陕甘革命根据地的创始人之一的谢子长因伤势恶化不幸逝世，时年39岁。

1935年2月的周家崄会议，标志着西北革命根据地（即陕甘革命根据地）的正式形成。

5月3日，在安定县玉家湾成立"中国工农红军西北革命军事委员会前敌总指挥部"，刘志丹任总指挥，高岗任政委，白坚任政治部主任，统一指挥红二十六军和红二十七军的作战行动。

西北革命根据地的第二次反"围剿"，从1935年1月31日安定南沟岔战斗开始到8月21日绥德定仙焉战斗结束，历时8个月。西北红军创造了以少胜多，连战连胜的辉煌战绩，歼敌正规军5000多人，民团武装3000多人，主力红军发展到了5000多人，游击队发展到了4000多人，解放了6座县城，在20多个县的农村建立了工农民主政权，红色区域发展到30个县，其中陕西25个县，甘肃陇东5个县，使陕甘边和陕北两块革命根据地连成了一片。北线敌人完全失败，南线敌人撤回原地，敌马鸿宾部从南梁退出。9月，红军主力回到南梁，第二次反"围剿"取得全面胜利。

1935年9月20日，毛泽东主席在甘肃宕昌县哈达铺从报纸上得知陕北有"刘志丹的红军""赤化二十余县"的消息，随即做出到陕北去的重大决定。

土地革命战争时期"硕果仅存"的西北革命根据地成为红军长征的落脚点，八路军抗战的出发点。中央红军到陕北后，这块革命根据地发展为陕甘宁革命根据地。

1935年9月，中共陕甘边区特委、军委得悉红二十五军到达永宁山的消息后，立即派陕甘边苏维埃政府主席习仲勋、陕甘边军事委员会主席刘景范前往迎接。16日（一说是18日），刘志丹率红二十六军、红二十七军到永坪镇，与红二十五军会师。次日，红二十五军、红二十六军、红二十七军合编为红十五军团。10月，红十五军团取得劳山、榆林桥战役胜利。

11月初，到达陕北的中国工农红军陕甘支队与红十五军团在甘泉会师。

11月3日，中国工农红军西北革命军事委员会成立，并宣布恢复红一方面军番号，红十五军团编入红一方面军序列。

第三节　中央红军到陕北

1935年11月6日上午10时许，在陕北甘泉县象鼻子湾村，红一方面军各部和红十五军团部分指战员从驻地向这个村集结。

12时许，天上下起大雪，300余名红军战士看到毛泽东主席还是他那身长长的灰色上衣、长长的头发，消瘦的脸庞，精神抖擞地从漫天大雪中走上大树下的土台子，操着浓重的湖南口音，发表了著名的"雪地讲话"。第一次总结了红军二万五千里长征。他从瑞金算起，中央红军总共走了367天，走过了11个省，跨过万水千山到达陕北，首次提出了二万五千里长征，首次阐述了长征精神。他用宣言书、宣传队、播种机对长征的意义做了高度的评价，指出，"长征以我们的胜利和敌人的失败而告结束。长征是历史记录上的第一次，它将载入史册"。与长征一并载入史册的还有他的"雪地讲话"。

中央红军是在饱尝流离颠沛之苦后到达陕北的，是在越过无数雄关险道到达陕北的，是在经历了艰难探索找到方向后到达陕北的，所以全军上下一个个像回到阔别已久的家乡一样来到了陕北；而西北革命根据地的红军和人民群众也像盼望亲人一般张开了臂膀欢迎。

听到咱们的队伍回来了，当地的支部书记与乡政府主席带着老百姓都赶了回来，他们和战士们热烈握手；战士们把乡干部和老百姓围在一起，南腔北调的话语里，感情却是一致的，一张张动情的脸上写满了相见的共同期盼。

从此，中国共产党将把全国革命大本营放在西北，将以西北革命根据地为中心领导全国革命，带领各族人民夺取更大胜利。

一、一杆杆的红旗一杆杆枪

中央红军到达陕北，蒋介石国民党军便尾随而来，而且是连续不断地大举"围剿"，陕北这块土地上不时就有中华优秀儿女的鲜血渗入黄土地，鲜血和黄土凝集在一起。远方到来的红军和当地的红军会合在一起，红军和这里的老百姓团结在一起。这种团结在一起的力量，是敌人打不垮的。

面对着国民党军的不断进攻，1936年5月18日，红一方面军的红一军团、红十五军团和红八十一师、骑兵团组成中国工农红军西方野战军，彭德怀任司令员兼政委，兵分左、中、右三路，向陕、甘、宁三省国民党统治区实施西征战役。从陕北向着宁夏的盐池县一带还击，作为右路军的红十五军团先后解放了定边、盐池、同心、豫旺等县城，给国民党军以沉重打击。

对陕北，蒋介石开始启用重兵"围剿"战术。从10月20日起，蒋介石调集十几个师追堵红军。毛泽东授权彭德怀全权指挥，红十五军团和一军团、红三十一军、红四军以及红二方面军、陕甘独立师发起山城堡战役，取得胜利。山城堡战役的胜利，粉碎了敌人对陕甘宁革命根据地的"围剿"，是长征的最后一战，也是第二次国内革命战争的最后一战；战役的胜利，对于抗日民族统一战线的建立和全民族抗战局面的形成起到了重要推动作用。

10月22日，蒋介石偕宋美龄自南京飞往西安，部署东北军、西北军对红军作战。29日转到洛阳，部署中央军及马鸿逵部进攻红军。10月31日，蒋介石在洛阳度过50岁生日，国民党向美国购买了68架新式军用飞机向蒋介石"献机祝寿"。

大军进攻陕甘宁，东北军却按兵不动，胡宗南率领的中央军第一军孤军深入，第一军第一师是蒋介石起家部队，在山城堡损失两三个旅的兵力，蒋介石大为震怒，立即电斥了张学良。随后蒋介石逮捕了要求抗日救国、反对内战的"七君子"。12月3日，张学良到洛阳面见蒋介石，第一次直接建议停止"剿共"，共同抗日，当面受到蒋介石的严厉训斥。随后，蒋介石又调集蒋鼎文等所属20个师，加上原有西北嫡系，总兵力已经达到60多个师260个团，要向陕甘宁进攻。12月10日，张学良又到临潼面请蒋介石"停止内战，一致抗日"，蒋介石不仅严词拒绝，还下令屠杀西安抗日请愿青年。一直效忠蒋介石的张学良此刻对蒋介石感到绝望。1936年12月12日，张学良、杨虎城实行兵谏，扣留了蒋介石，这就是震惊中外的西安事变。

西安事变促进了国共两党的再度合作,成为国内革命战争走向抗日战争的转折点。

二、边区的太阳红又红

全国抗战爆发以后,8月25日,中共中央军委发布中国工农红军改编为国民革命军第八路军的命令;9月22日,国民党通过中央通讯社发表《中共中央为公布国共合作宣言》,次日,蒋介石发表了承认中国共产党和陕甘宁边区合法地位的谈话。

1937年8月,中国工农红军主力改编为国民革命军第八路军,各部队开赴了抗日前线。谁来保卫陕甘宁边区?

陕甘宁边区是党中央、中央军委所在地,是抗日战争敌后战场的指挥中枢,陕甘宁边区首府延安,下辖陕西的延安、延川、延长、清涧、绥德、米脂、葭县(今佳县)、吴堡、安定(今子长)、安塞、靖边、定边、保安(今志丹)、甘泉、鄜县(今富县)、淳化、旬邑,甘肃的宁县、庆阳、

1936年9月,习仲勋任中共关中特委书记。1937年9月,任中共关中分委书记、专员、军分区政委,守卫陕甘宁边区南大门。图为习仲勋(右三)和战友们在关中分区时合影

合水、镇原、环县,宁夏的盐池等23个县及神府特区。全区北起长城,南至泾水,东临黄河,西接六盘山,南北长近500公里,东西宽400公里。边区拥有土地面积约13万平方公里,人口约150万。

八路军主力开赴抗日前线后,为了保卫边区,1937年8月25日,中央军委决定先成立八路军后方留守处,把八路军第一二〇师第七一八团、第一二九师的第三八五旅和第七七〇团、一一五师的部分直属营共9000人划归留守处,萧劲光为主任。

12月,八路军后方留守处改为八路军留守兵团。1938年4月,陕甘宁边区保安司令部划归留守兵团指挥。1939年7月,直属于中央军委的炮兵团划归留守兵团。1941年底,留守兵团已经有3个旅、2个警备团、1个骑兵团,还有关中警备司令部和保安司令部等共3.4万人。

1942年2月25日,中央把晋西北军政委员会书记、晋西北军区司令员、一二〇师师长贺龙调回延安。1942年5月13日,中央军委成立陕甘宁晋绥联防军,直属中央军委指挥,贺龙任司令员,对外保留留守兵团名义。在贺龙领导下,边区部队开展了轰轰烈烈的大生产运动。

在被日伪军封锁的陕甘宁边区,这些留守部队开荒种地,基本实现自我保障。1943年就开荒20余万亩,占了全边区开垦荒地总数的三分之一,共收细粮3万石。三五九旅做到了粮食自给,三五八旅、独一旅等其他部队基本做到粮食大部自给,蔬菜全部自给。边区部队共养猪1万余头,羊1.5万只,每人每月可吃到3斤肉。边区部队还建立了年产布40万匹的11个纺织厂。通过大生产运动,留守部队做到了丰衣足食,兵强马壮,不但渡过了难关,还创造了近代中外军事史上的奇迹。

1945年8月21日,中共中央、中央军委在对全国各解放区军队的序列进行大调整,将晋绥军区从陕甘宁晋绥联防军建制内划出,直属中央军委领导。驻陕甘宁解放区的其他部队,仍沿用陕甘宁晋绥联防军番号,司令员贺龙、政治委员高岗,副司令员徐向前、王世泰,副政治委员谭政,参谋长阎揆要。下辖教导第一旅、教导第二旅(兼延属军分区)、警备第一旅(兼关中军分区)、警备第三旅(兼三边军分区)、新编第四旅、第三五八旅(兼陇东军分区），陕甘宁晋绥联防军仍保持了 3.2 万余人的规模。

陕甘宁晋绥联防军下辖部队，教导第一旅，旅长兼政委罗元发；教导第二旅（兼延属军分区），旅长黄永胜，政委邓华；警备第一旅（兼关中军分区），旅长高锦纯，政委张德生；警备第三旅（兼三边军分区），旅长贺晋年；新编第四旅，旅长张贤约，政委徐立清；第三八五旅（兼陇东军分区），旅长王维舟，政委马文瑞。

1946 年 4 月，根据中共中央的指示，陕甘宁晋绥联防军进行精兵简政。陕甘宁晋绥联防军教导第一旅与教导第二旅合并为教导旅；第三八五旅留下的部队并入警备第三旅，警三旅兼陇东军分区。

整编后的陕甘宁晋绥联防军由王世泰任司令员（代），习仲勋任政治委员（代）；随后，中共军委又任命王维舟、阎揆要为联防军副司令员，张仲良为副政治委员，张文舟为参谋长，徐立清为政治部主任。下辖五个旅、五个军分区：

警备第一旅兼关中军分区：旅长、司令员兼政治委员高锦纯；

警备第三旅兼陇东军分区：旅长、司令员黄罗斌，政治委员李合邦；

教导旅兼延属军分区：旅长、司令员兼政治委员罗元发；

新编第四旅：旅长张贤约，副政治委员黄振棠；

新起义的新编第十一旅兼三边军分区：旅长、司令员曹又参，政治委员高峰；

绥德军分区：司令员吴岱峰，政治委员白治民。

整编后的陕甘宁晋绥联防军只有 2.8 万人，在面对 6 倍以上的敌人重兵严密封锁、包围及频繁的袭扰和局部进攻的情势中，以高度的警觉认真地履行了保卫陕甘宁边区和党中央的重大任务。

三、陕北有了野战军

到了 1947 年，陕北有了西北野战军。为了防御国民党军的重点进攻，陕北先组建了野战集团军，一个月后组建了西北野战军，两年后改称第一野战军。

1947年2月28日，国民党军准备进攻延安，中央军委决定以晋绥军区第一纵队及联防军所辖4个旅组成陕甘宁野战集团军，张宗逊为司令员，习仲勋为政委。

3月中旬蒋介石调集西北地区34个整编旅25万兵力向陕北发起重点进攻，国民党军于3月10日集结完毕，3月15日向延安进攻。3月12日，中央军委、毛泽东主席由枣园搬到王家坪解放军总部办公。

3月16日，毛泽东以中央军委名义发布关于保卫延安的作战命令，明确要求集中5个旅组成西北野战军，"一切部队，自3月17日起，归彭德怀、习仲勋同志指挥"。这是毛泽东和党中央撤出延安时发出的最后一道命令。接着，专门致电彭德怀、贺龙、习仲勋、李井泉说，这里的人民、地势均好，中央决定率数百人转战陕北，并不离开陕北，表现出了对陕甘宁边区军民最大的信任。

当时，彭德怀是中国人民解放军副总司令、中央军委副主席兼总参谋长，习仲勋是中共中央西北局书记，毛泽东把指挥边区部队同十倍于己的敌军作战的重任交给彭德怀、习仲勋，无疑是中共中央、中央军委和毛泽东的英明决断。

西北野战军组成时只有第一、第二两个纵队，共6个旅2.6万余人，接着就编入了三纵、四纵、六纵、七纵、八纵。

第一纵队：司令员张宗逊，政治委员廖汉生。所辖第三五八旅，旅长黄新廷、政治委员余秋里；独立第一旅，旅长王尚荣、政治委员朱辉照。

第二纵队：司令员兼政治委员王震。辖第三五九旅，旅长郭鹏、政治委员李铨；独立第四旅，旅长顿星云、政治委员杨秀山；教导旅，旅长兼政治委员罗元发；新编第四旅，旅长张贤约、政治委员徐立清。

西北野战军指挥机关拟定由中央军委、陕甘宁晋绥联防军抽调人员组成。陕甘宁晋绥联防军辖警备第一旅、警备第三旅、新编第十一旅和骑兵第六师，共1.6万余人划归西北野战军。

将晋绥军区第三纵队（辖独立第二、五旅）调入陕甘宁边区，编入西北野战军序列。

1947年九十月，将陕甘宁晋绥联防军警备第一旅、警备第三旅、骑兵第六师编成西北野战军第四纵队。将新编第四旅、教导旅编成西北野战军第六纵队。后来组建的第七、八纵队建制归西北野战军，但长期留晋绥地区作战。

3月20日，西北野战军指挥机构在延安东北的梁村正式组成：张文舟任参谋长，徐立清任政治部主任，王政柱任副参谋长。4月又任命陕甘宁边区政府副主席刘景范为后勤司令员。

西北野战军在1947年3月至7月的内线防御作战中，历经较大的战役战斗8次，以伤亡6400余人的代价，歼灭了国民党军4个旅部、13个团及2个保安总队，俘敌1.5万人，毙敌1.1万人，初步改变了西北战场的形势，牵制了国民党军的战略预备队，有力配合了其他战场的作战。

1949年1月24日，西北野战军遵照中央军委1948年11月1日和1949年1月15日关于整编野战军的命令，将中国人民解放军西北野战军改称中国人民解放军第一野战军。1949年2月1日，陕甘宁晋绥联防军区改称西北军区，贺龙任司令员，习仲勋任政治委员。

各原西北野战军的纵队改称军，即第一纵队到第四纵队、第六纵队改为第一军到第四军、第六军，各旅一律改为师。具体改动如下：

> 第一纵队之三五八旅为第一师、独一旅为第二师、独七旅为第三师；第二纵队之独四旅为第四师、三五九旅为第五师、独六旅为第六师；第三纵队之独二旅为第七师、独三旅为第八师、独五旅为第九师；第四纵队之警一旅为第十师、警三旅为第十一师、警四旅为第十二师；第六纵队之教导旅为第十六师、新四旅为第十七师（第十八师待补）。

各团的新番号按每个师三个团类推之，如第一师辖第一、二、三团，第十六师辖第四十六、四十七、四十八团。各纵队所属的炮工团、教导团仍不变，但番号要改称第某军炮工团或第某军教导团等。第一野战军到各团单独称呼时，番号前加中国人民解放军，如中国人民解放军第一野战军，中国人民解放军第一军，中国人民解放军第一师，中国人民解放军第四十六团或中国人民解放军第二军炮工团等。

各营、连的番号前要加中国人民解放军第某团，如中国人民解放军第一团第某营，中国人民解放军第四十六团第二营第六连等。

这一称呼的改变也标志着中国人民解放军走上了正规化的道路。这些军、师、团、营按这个时候的编制一直打到兰州战役，到第一野战军取消后，各个保留的军后来一直到解放军集团军成立之前。

第一野战军成立后，总兵力发展到15万人。1949年4月，太原战役结束后，中央军委决定将直属的第十八、十九兵团和中原军区的第十九军划归第一野战军建制，命令第七军(原第七纵队)归建第一野战军。

1949年6月，野战军设置兵团，将第一、二、七军归属第一兵团，第三、四、六军归属第二兵团。第十八兵团辖第六十、六十一、六十二军，第十九兵团辖第六十三、六十四、六十五军，第一野战军的总兵力增至35万余人。

第四节　陕北的山丹丹花与兰州的百合花

纵横驰骋在西北战场上的第一野战军从最初组建到兰州战役，主要经历了五个阶段，取得了九场战役、战斗胜利的辉煌战绩。

一、五个阶段

内线防御阶段（1947年3月至8月），是西北野战军打击国民党军重点进攻，扭转陕北战局所经历的最严峻、最艰难的阶段。面对10倍于己、装备精良的国民党军，西北野战军发挥陕甘宁边区优越的群众条件和有利的地形，正确运用毛泽东主席所制定的"蘑菇"战术，出其不意地打击敌人，经延安保卫战和青化砭、羊马河、蟠龙三战三捷，消灭了胡宗南集团一个整编旅和两个旅的大部，挫伤了胡宗南集团的进攻锐气，使蒋介石"三个月解决陕北问题"的企图化为泡影。随后西北野战军挥师西进，打击青海马步芳集团和宁夏马鸿逵集团，收复了被其侵占的陇东、三边地区。8月上旬发起榆林战役和沙家店战役，全歼胡宗南集团三大主力师之一的整编第三十六师，基本粉碎了国民党军对陕北的重点进攻。内线防御作战，扭转了战局，有力地配合了全国各个解放区战场的作战。

内线反攻阶段（1947年9月至1948年1月），是西北野战军在全国解放战争转入战略进攻阶段以后，连续发起反攻作战，逐步收复失地，巩固与扩大解放区，配合全国战略进攻的阶段。沙家店战役后，西北野战军乘胡宗南集团慌忙南撤之机，连续进行了岔口、关庄追击战和黄龙、延（长）清（涧）、第二次进攻榆林等战役战斗，收复了陕甘宁边区被敌人侵占的大部分失地，消灭了胡宗南集团的有生力量。随后进行了冬季整训，为转入外线进攻创造了有利条件。

外线进攻阶段(1948年2月至1949年6月),是西北野战军为配合全国战略进攻和战略决战,挺进到国民党统治区,继续发动攻势作战,不断取得重大战果的阶段。1948年初,面对5倍于己的敌人,果断地转入外线作战,先后发起宜川、黄龙山麓、西府、澄(城)合(阳)、荔(大荔)北和冬季攻势等战役,歼敌1个整编军、5个整编师,其中包括毙伤俘整编二十九军军长刘戡、整编九十师师长严明、整编七十六师师长徐保、七十六军军长李日基等以下共11.5万余人的重大胜利。辽沈、平津、淮海三大战役结束之后,全国解放战争已进入了战略追击阶段。但西北战场上敌强我弱的态势仍然没有得到根本改变。在此形势下,西北野战军先后发起春季攻势和陕中战役,解放了陕西省会西安和关中广大地区,击退了胡宗南和青宁二马的联合反扑。

战略决战阶段(1949年7月至8月),是第一野战军集中优势兵力,分别歼灭胡、马两军主力,决定西北战局胜利的关键阶段。第十八、十九兵团入陕后,第一野战军先后发起扶眉战役和在西北战场上具有决定意义的兰州战役,攻克了"铁城"兰州。

追击歼敌阶段(1949年9月至12月),是兰州战役后第一野战军贯彻中共中央关于军事打击与政治争取相结合的方针,实施决胜西北战略,分兵发起宁夏战役、河西战役,配合第十八兵团向西南进军,扫清陕南、陇南残敌,解放了陕、甘、宁、青四省全境,并争取了国民党新疆警备总司令陶峙岳部共7万余人起义,使新疆得到和平解放。

西北战场与全国解放战争其他战场密切相关。东北、华东、中原、华北战场所取得的巨大胜利,有力地支援了西北战场;西北战场取得的胜利,也直接支援了华北战场和中原战场。

西北战场上第一野战军战绩辉煌。在人民解放战争中,西北军民共消灭国民党军(包括起义、投诚)1个绥靖公署,1个长官公署,5个兵团部、4个省保安司令部、2个警备总部、1个补给区司令部、25个军部、61个整师,连同团以下兵力计算在内,共俘敌24.3万余人,毙敌17万余人,争取起义、投诚15.9万余人,合计51.9万余人。

决战兰州、决胜西北之后,第一野战军开展了3年剿匪斗争,又歼灭匪特12.9万人。在此期间，第一野战军和西北军区的广大指战员不怕牺牲、英勇奋战，为中国人民解放事业建立了伟大的功勋。1995年5月，中国人民解放军第一野战军战史编研室核实，在解放战争中，第一野战军有7.6万余名指战员负伤，1.8万余名指战员牺牲。其中营以上干部负伤920人，牺牲258人；在剿匪斗争中，指战员共伤亡4300余名。革命烈士用鲜血和生命所构筑的精神丰碑，为社会主义建设和中国特色社会主义事业提供着源源不断的精神给养。

二、西北战场上的九次战役战斗

在整个解放战争时期，第一（西北）野战军在中共中央军委、毛泽东主席的直接领导下，在中国人民解放军副总司令、第一野战军司令员兼政治委员彭德怀和西北军区（陕甘宁晋绥联防军区）司令员贺龙，中共中央西北局书记、西北军区政治委员、西北野战军副政治委员习仲勋的指挥下，英勇奋斗，艰苦征战，不仅粉碎了国民党军对陕北的重点进攻，而且胜利地完成了解放大西北的光荣任务，为中国人民的解放事业立下了不朽的功勋，在人民军队的战史上写下了光辉的一页。

内线防御首战获胜的延安保卫战　延安保卫战是西北人民解放军对国民党发起的重点进攻陕北实施的有准备的运动防御作战。此役，西北解放军以5000余人的兵力抗击了国民党第一战区司令长官胡宗南8万人的疯狂进攻，1947年3月13日到3月19日，经过6昼夜激战，以伤亡700余人的代价，歼敌5200人，粉碎了胡宗南"三天占领延安"的妄想，完成了迟滞敌人进攻、掩护中央机关、学校安全转移和疏散群众的任务，取得了内线防御作战的首次胜利。

撤离延安后的三战三捷　三战三捷是西北野战军撤离延安后，于延安东北的青化砭、羊马河、蟠龙三地，针对国民党对陕北的重点进攻而打响的三个战役。1947年3月19日，西北野战军撤出延安，胡宗南占领延安空城，为了尽快完成把中共中央和解放军总部逐出西北，然后调兵华北，对人民军队实施各个击破的战略计划，胡宗南用5个旅在延安以南做后方保障，5个旅守备延安，用10个旅分别在延安的西北方向与马步芳、马鸿逵集团配合围追和堵截解放军；在延安的东北方向与榆林邓宝珊集团配合实施围追堵截，形成三面夹击，妄图连同西北民主政权一起摧毁在延安周围。

彭德怀、习仲勋则要把胡宗南拖在陕北，使其不能增援其他战场，遵照毛泽东主席关于诱敌深入、待机歼敌的指示，在1947年3月25日到5月4日期间，率西北野战兵团用6个不充实的旅和当地人民群众一道与胡宗南31个旅在山区周旋，通过青化砭伏击战、羊马河伏击战、蟠龙攻坚战，以"蘑菇"战术，三战三捷，歼灭国民党军1.4万人，稳定了西北战局。

扭转西北战局的沙家店战役　1947年8月6日，西北野战军根据中央军委的战略安排，为了配合陈赓、谢富治部南渡黄河出陇海、豫西，发起了榆林战役。次日，蒋介石亲飞延安，命令要将西北野战军主力消灭在榆林、米脂、佳县地区。于是胡宗南命刘戡率5个旅向北边的佳县急进，命钟松率三十六师南下，夹击西北野战军。西北野战军为了争取主动，便于12日主动放弃榆林，寻机伏击歼灭狂傲的"王牌师"三十六师。1947年8月18日至20日，西北野战军在陕西米脂县沙家店地区进行了针对国民党军胡宗南部三十六师的一次歼灭战。由于刘戡被西野三纵阻截在西北部无法增援，敌军整编第三十六师6000余人被歼灭。此役是西北野战军在内线防御作战中最大的一次歼灭战，战役的胜利粉碎了胡宗南集团对陕北的重点进攻，扭转了西北战场的战局，从此西北解放军由内线防御转入内线反攻阶段。

围城打援歼灭刘戡兵团的宜川战役　宜川战役是在全国解放战争转入战略进攻阶段后，西北野战军在陕西宜川及其西南的瓦子街地区，用围城打援的战法，对运动中的国民党军胡宗南部刘戡兵团进行的一次干净彻底的歼灭战。战役从1948年2月24日西野第三、第六纵队对宜川城实施了包围，守敌整编第二十四旅旅长张汉初向胡宗南求援，胡宗南命整编第二十九军军长刘戡轻装驰援。29日，西北野战军完成围城打援的集结后于拂晓打响战斗。3月1日发起总攻，16时许，狂妄的军长刘戡拉响手榴弹自尽，整编第九十师师长严明被击毙，17时刘戡部全军覆灭。3月2日晚，解放军对宜川城守敌发起总攻，到3月8日，全歼守敌整编第二十四旅5000余人。围城打援的宜川战役，全歼援敌整编第二十九军，攻克宜川城歼灭守敌，取得一仗歼敌 5 个整编旅的重大胜利，为西北野战军转入外线作战奠定了基础。

收复延安的西府战役 宜川战役后，在渭河以北、洛河两岸 20 余县的广大地区，国民党军只驻守了一些重点城市。于是西野利用敌后空虚，曾发起黄龙山麓战役，歼敌 3000 余人后直逼洛川。但由于洛川之敌凭险顽抗，西野缺乏必要的攻城器材和弹药，加之山区粮食困难，大部队不宜久留。随后，西野决定大踏步向敌占区后方进军，佯攻宝鸡，调动敌人，在运动中寻找战机歼灭敌人。于是，在 1948 年 4 月 16 日至 5 月 12 日期间，西北野战军向陕西省西部泾、渭两河之间的西府地区（包括当时的西府分区辖彬县、长武、宝鸡、岐山、千阳、陇县和甘肃陇东等 15 个县）发起西府战役。西府战役一开始兵分三路向着宝鸡进军，26 日中午进入宝鸡，到晚上 10 点宝鸡解放。西野的行动果然调动了胡宗南部队向西进攻，马步芳集团第八十二师 9 个团奉命从甘肃镇原东出长武、彬县，马鸿逵倾巢出动，胡、马第三次密切配合。

西野出击西府，胡宗南调兵追击，延安、洛川守敌处于孤立状态。4 月 21 日凌晨，延安守敌整编第十七师何文鼎率部弃城南逃，国民党军侵占一年一个月零三天的革命圣地延安被解放军胜利收复。25 日，延安逃敌与洛川守敌 3 万人集体向南逃走，洛川被第三旅解放。随后，蒋介石命胡宗南、马步芳围堵西野部队，西野撤出宝鸡转战陇东，占领崇信。此时，第三个主力师尾随西野，青马整编第八十二军占领长武、旬邑、彬县后迅速与胡宗南部相接，企图南北夹击，围歼西野于长武、灵台、泾川、镇原一带。西野英勇奋战，在歼敌和杀伤敌 4000 多人，自身也付出较大代价的情况下，摆脱了胡、马两军夹击，转移到关中分区领地。

西府战役是西北野战军在陕西西府和甘肃陇东地区对国民党军胡宗南集团举行的一次长途奔袭战。此役，西北野战军攻占胡宗南的后方补给基地宝鸡，第二次歼灭敌整编第七十六师并迫使胡宗南放弃延安、洛川。4 月下旬，西野回师陇东，粉碎胡宗南、马步芳的围追堵截，转进至解放区。整个战役历时 27 天，转战 750 余公里，收复了延安，解放了洛川，还一度攻克县城 12 座，共歼敌 2.1 万余人，粉碎了蒋介石利用西府战役歼灭西北野战军的企图。

转被动为主动的澄合战役 西野主力离开陕北后，胡宗南一度欢欣鼓舞，随后就集中优势力量，以 4 个整编师 7.8 万人的兵力杀向黄龙山解放区。这便是 1948 年 8 月 8 日至 13 日在陕西澄城、合阳一线打响的澄合战役，是西北野战军粉碎国民党军胡宗南部进攻的反击战役。是役，西北野战军面对优势之敌的进攻，以部分兵力阻击和钳制敌两翼，集中 5 个纵队主力共 5 万余人，反击澄城以北冯原镇地区的国民党军整编第三十六师，歼敌近万人，收复了澄城、合阳、韩城，巩固和扩大了黄龙新解放区，粉碎了胡宗南企图封锁西北野战军于黄龙山区的计划。

配合中原、华北作战的荔北战役 荔北战役是中央军委在全国战场发起的空前规模的秋季战役中，为配合中原、华北作战，遏制胡宗南抽兵东援的企图，西北野战军以黄龙山区为依托，选择开进距离不远的荔北地区，于 1948 年 10 月主动出击，在陕西省大荔县以北对胡宗南集团进行的一次较大规模的平原地区攻坚战。本次战役，西野集中全部 5 个纵队的 7 万人，与装备和机动条件都优于自己的胡宗南部 8 个整编师 12 万人在荔北鏖战。战役分两个阶段：第一阶段，西北野战军面对兵力优势装备精良的敌军，采取纵深穿插、割裂围歼的战术，歼敌整编第十七、三十八师；第二阶段，粉碎了胡宗南集团的反扑，给整编第六十五师以歼灭性打击。10 月 17 日战役结束，共计歼灭国民党军 2.5 万余人。

配合淮海战役的冬季战役 这是全国解放战争进入转折时期，西北野战军为配合华东、中原两大野战军联合发起的淮海战役，继续歼灭胡宗南集团有生力量，在胡宗南集团兵力数量和武器装备仍然保持优势的前提下，西野于 1948 年 11 月 15 日至 28 日在陕西蒲城地区粉碎胡宗南集团所谓"机动防御"的一次运动战。西野 5 个纵队在洛河东西分为两个兵团，张宗逊指挥右翼兵团控制洛河以西，王震、许光达所部组成左翼兵团，控制洛河以东，一个战区、两个拳头，彭德怀称为"乒乓球战术"，在东西呼应、有分有合中各个击破。此役共歼灭胡宗南部 1 个军部、3 个师部、9 个团外加 7 个营的

2.5万人，俘虏了中将军长1人、少将参谋长和少将师长共3人，拖住了胡宗南不能东援，达到了战役目的。

打击胡、马联合反扑西安的咸阳阻击战 这是西北野战军改称第一野战军后与部分归建一野的华北野战部队第一次联合完成的一次重大战役，是六十一军与第一野战军没有任何"演练""磨合"就直接投入战斗且作为西北战场主力的第一次战斗，也是兰州战役前，一野于1949年6月11日至15日与胡马联军的艰苦战斗。此役粉碎了国民党军西安绥靖公署主任胡宗南与西北军政长官公署代理长官兼甘肃省政府主席马步芳、副长官兼宁夏省政府主席马鸿逵联合反扑西安的图谋。

自1949年第一野战军发起春季战役，4月中旬胡宗南开始大规模后撤。5月8日，第一野战军抓住胡宗南后撤机会发起进攻，第六军直指西安，迫使胡宗南撤离西安。5月20日，一野二兵团六军占领西安。22日，解放军举行了盛大的入城式。

刚被任命为西北军政长官公署代理长官的马步芳向国民党统帅部请求，愿全力配合胡宗南反攻夺取西安。广州国民党政府批准二马请求，令胡、马全力夺回西安。

于是马步芳集团的第八十二、一二九军组成陇东兵团，马鸿逵集团第十一、八十一、一二八军组成宁夏兵团，由陇东兵团指挥官兼第八十二军军长马继援（马步芳之子）统一指挥，于6月上旬集结于平凉以东，准备沿西（安）兰（州）公路东进，夺取咸阳；以第一一九军附一九一师组成陇南兵团，由胡宗南集团第五兵团司令裴昌会指挥，于6月上旬集结于陇县东北地区；以胡宗南部第五兵团司令裴昌会指挥第三十八、六十五、九十军和第三十师及陇南兵团，沿渭河北岸东进，协同宁夏、陇东兵团，围歼第一野战军于咸阳地区；以胡宗南部第十八兵团司令李振指挥第三十六、十七、六十九、三军，由斜峪关、子午镇、大峪口分路出击西安渭南线；以第一军由凤县向虢镇以南沿渭河南岸东进，掩护第五兵团南侧。

胡、马双方指挥官议定，6月10日发起攻击。当日，宁马和胡宗南部就遭到了第一野战军痛击。12日，第六十一军用一个师开进咸阳执行西安防守任务，两个师进入咸阳阻击战主战场。

13日，马继援部在炮火掩护下向第十八兵团第六十一军一八一师阵地发起猛烈进攻；14日，前沿阵地多次丢失，五四二团八连50余名指战员连续击退青马二四八师整营兵力的7次猛攻；五四三团一连9次陷入青马包围。一八一师浴血奋战13个小时后，午夜在炮火支援下，各阵地对青马发起全线反击，于15日拂晓夺回失去的所有阵地，歼敌2000余人，守住了咸阳，保卫了西安，胡、马联合反扑的计划彻底破产。

咸阳阻击战是第十八兵团进入西北的第一战，这一战首先发挥了原华北野战军炮火的优势。第十八兵团3个炮兵团和第六军及野战军直属各1个炮兵团共400余门火炮，部署在咸阳城外围，当青马骑兵冲来并改为步兵攻击时，各炮兵团向敌群猛烈轰击。在炮火掩护下，步兵也向近距离的敌人展开进攻，这是青马从未遇到过的强大炮火打击。这种被指战员们形象地比喻为"炮吃马"的打法打出了十八兵团的威风，也为后来兰州战役中步炮协同作战积累了经验。

第三章

西风烈马

先造反后归降,逐步坐大,通过三代的"变脸术",马家军成型并开始权倾西北。后"野马"马步芳、"滑马"马鸿逵听命于蒋介石,对人民军队和人民群众欠下了累累血债。

军阀就是凭借掌握军队的权力支配某个地区的个人、家族或集团。军阀，曾在近代中国的历史舞台上占据主导地位长达半个世纪之久，是一种政治不统一、国家控制权力弱化导致的"军人干政"泛化的独特政治文化现象。

在中国，依仗军队支配一方甚至支配国家权力的历史应该缘于清朝末期。《辛丑条约》的签订使清王朝开始畅行"新政"，改革军制，拟编练新军以取代八旗、绿营等旧军队。这支朝廷的新军改称陆军，清兵部也改为陆军部，编练在全国展开。1894年，清廷派袁世凯在天津小站训练新式陆军。1895年，袁世凯接管这支部队后把它训练成唯命是从的私家部队，为日后军阀登上政治舞台提供了人力准备。

1898年戊戌变法，袁世凯通过告密受到慈禧太后的赏识被重用。1901年，李鸿章去世，袁世凯任北洋大臣，所建军队正式称为北洋军。这便是北洋军阀的开始。1912年袁世凯依仗北洋军走上政治舞台。1916年，袁世凯病逝后，没有人具有足够的能力来统领整个北洋军队及政权，北洋军阀各头领在各个帝国主义的支持下，以省割据，互相侵占地盘和利益，开始了军阀混战、军阀割据的时期。1926年到1928年，先后出现了皖系军阀段祺瑞被赶下台，直系军阀被国民革命军消灭，随后奉系军阀政府垮台，统治中国17年的北洋军阀结束。

北洋军阀统治国家权力的结束并不是全国军阀干政的消亡。一方面，蒋介石正在蜕变成新军阀；另一方面，地方军阀依仗军队干预和控制地方政权的事实依然存在。马家军就是依仗军事实力控制地方政权的典型。

第一节　牡丹园长出的奇异草

古河州临夏，与兰州一山之隔，坐落在祁连山余脉马衔山与西秦岭太子山之间的临夏盆地，盆地内洮河、大夏河贯穿南北。这里在1440万年前到440万年前曾是封闭的古湖，240万年前到160万年前古湖核心区水深100米以上，170万年前大夏河发生结构断裂，东山古湖消失。古河州有大禹治水的记录，有马家窑文化、齐家文化遗址，有彩陶之乡的美誉，有唐代万寿山乾元塔，有800年牡丹种植史。所以临夏还有"牡丹随处有，决胜在河州"的赞誉。

这里群山环绕，两河穿过，秦汉起就设置县、州、郡。不仅自古繁华，而且商贾云集，是兵家必争的"河湟重镇"，而且是丝绸古道上的茶马互市，西北较著名的"旱码头"之一。这里也有植牡丹、赏牡丹、唱牡丹、刻牡丹、绣牡丹、绘牡丹和"浪牡丹"的优雅习俗。

却偏偏在这块土地上，在那个特定的时期，兴起一支西北最大的军阀队伍。这支军阀的创始人和最后成为西北最大的军阀的终结人都曾是潜心念经的读书人。

不过西北军阀和北洋军阀不一样，它是清末以来在甘肃河州也就是今天的甘肃临夏回族自治州逐步发展起来的一支地方武装。其主要特征是他们以"甘、河、回、马"（即甘肃人、河州人、回族、马姓）这四条作为用人标准，采取父死子继，兄终弟承的封建继承方式，是经数十年，通过三代逐步坐大的。他们的基本关系是：

第一代：祖籍陕西大荔，来甘肃河州做生意起家的马占鳌，他的左膀右臂是心腹马海晏、堂岳父马千龄，马占鳌是马千龄的同族侄女婿。第二代：马海晏的儿子马麒、马麟，马千龄之子马福禄、马福祥。第三代：马麒的儿子马步青、马步芳、马福禄之子马鸿宾，马福祥之子马鸿逵。从辈分论，马鸿宾、马鸿逵是平辈，又比马步芳长一辈。

这支军阀队伍是从清朝暴动起家，通过造反—收编—再造反—再收编逐步坐大，由于其首领皆为甘肃河州回族马姓，故称"马家军"，民间常叫"马家队伍"。

第一步，通过招安，有了自己的队伍。马占鳌少时学伊斯兰经典，24岁在老家大河家也就是今积石山境内自然景区内开学校当阿訇。清末的1863年（同治三年），已是甘肃河州莫尼沟大阿訇的马占鳌受陕西、宁夏回民起义影响，起兵反清。陕甘总督左宗棠发现湘军不善北方战事，于是便招安了马占鳌，由他镇压起义军并处理宗教事宜。随后的8年时间内清政府再没有给河州委派官员，由马占鳌总负责河州一带。随后，他们表面上接受清政府"抚局"，实际上并不满足招安给予的官衔，于是就用朝廷给予的俸禄、装备，自立山头，开始与朝廷对抗。

第二步，通过归顺，换来了"红顶子"官衔。从1865年5月25日起，马占鳌先后发动了多次针对清军的"战役"。先是发动了3万余人配合马化龙"打通河湟道路"，攻打西宁的牛站堡，打通了河州通往西宁的通道；随后，连续六次打败了陕甘总督穆图善的清军。1871年，左宗棠在宁夏金积堡战役后，兵分三路进攻河州，马占鳌发起"太子山之战"，利用地理优势，打击清军；2月3日与清军大战于石坡梁。1872年，马占鳌率马海晏用"黑虎掏心"战术打死了凉州镇总兵傅先宗，后又打死总兵徐文秀。

取得这一连串的胜利后，马占鳌感觉到左宗棠不会善罢甘休，依着他对湘军的了解，他能想到这帮湖湘子弟一旦做好战斗准备，马家军会被满门抄斩。于是他果断率领马海晏的儿子马麒等"十大少爷"到今天的定西与左宗棠部谈判。他的惯用伎俩是先归降后领赏。

后来在兰州与左宗棠会面，见面后马占鳌率"十大少爷"集体下跪请求归降。为了表达归降忠心，他主动上缴战马4000余匹，杈子枪等武器14000余件。下跪，上缴武器，加之言辞恳切，态度诚恳，便引起左宗棠的恻隐之心：临夏一带需要有忠于朝廷的人来管理，谁管谁治？目的只有一个：效忠朝廷。左宗棠便使出"以夷制夷"的策略。

左宗棠同意接受马占鳌归降朝廷。然后通过他的劝谏，朝廷批准马占鳌归降。马占鳌的"起义军"顺利被朝廷收编，重要头目封以官爵。这次归降为河州诸马此后的崛起奠定了基础。

1872年，马占鳌主张投降清军的想法曾遭遇极大阻力，但得到心腹马海晏、堂岳父马千龄支持。左宗棠改编马占鳌部为马队三旗时，委任马占鳌为三旗督帮，以马占鳌长子马安良（原名马七五，左宗棠赐名"安良"）为中旗正旗官，马海晏为中旗副旗官。此外，清廷又授马安良、马海晏七品军功顶戴。马千龄因劝降有功，被左宗棠称赞为"良回"，也受到重赏。

马占鳌、马海晏、马千龄等用起义民众的鲜血给自己换取了"红顶子"和清廷的赏赐，从此成为清廷的鹰犬，这也是"河州三马"的子孙们得以发迹的因由。

第三步，镇压起义，变成了正规军。1895年，河湟地区（今甘肃临夏及青海东部黄河、湟水流域）的回族、撒拉族人民再次发动反清起义。熟悉甘肃、青海地形和军情的马海晏父子随清军参与镇压，为清军提供有力支援。在清军被河湟反清群众队伍重重包围时，马千龄父子在家乡组织的民团"安宁军"支援清军对付当地起义民众，成功解救了被围困的清军总兵汤彦和。

战后，愤怒的民众将马千龄家宅院付之一炬，并到处捉拿这位清朝马进士（其子马福禄中武进士）的家人。马千龄急忙逃出临夏避进藏区，其子马福禄、马福祥则率安宁军辗转到兰州，被时任陕甘总督的陶模收编为步骑两营，作为正规军加入进攻河州的清军队伍。此后不久，归入了同样是投降清朝的清末名将董福祥的甘军，马福禄任督带统领，马福祥任帮统。

第四步，护驾"荣升"。1897年，清政府整治军队，编建精锐军，分中、前、左、右、后五军，由荣禄、聂士成、马玉昆、袁世凯、董福祥5人分别率领。不久，董福祥甘军奉调北京附近驻防，马海晏父子及马福禄、马福祥兄弟也随军前往。1900年八国联军进犯天津、北京，马海晏、马福禄等曾参加廊坊之战。当八国联军进攻北京时，马海晏、马福禄等率河湟子弟守卫正阳门(今前门)，与攻城之侵略军展开激战。8月13日晚，马福禄在雨夜激战中身亡。同时战死者还有其族弟马福贵、马福全等百余人。

清朝与八国联军议和后，董福祥被"即行革职"，在镇压西北回民起义中兴起的甘军至此瓦解，马海晏等偏偏遇到了"救驾"的机遇。

当时的慈禧太后和光绪皇帝慌忙逃离北京，马海晏父子及马安良、马福祥等率众护驾。行至宣化，马海晏病死。马麒由哨官提升，接任了其父的旗官职务。在晋南风陵渡过黄河时，马安良、马麒亲自掌舵，护驾过河，博得了慈禧的赏识。在马安良、马麒、马福祥等的护卫下，慈禧和光绪总算平安逃到了西安。

护驾有功的马麒随后便升任花翎顶戴副将衔循化营参将，驻兵甘肃扎巴镇；其弟马麟升任管带、都司等职。而马福祥则升任甘肃靖远协副将，1904年又升任西宁镇总兵兼阿尔泰护军使，1910年率所部昭武军移防宁夏。

第五步，依附袁世凯，当上了总兵。辛亥革命爆发，陕西革命党人举行起义，陕西巡抚升允逃往兰州，与陕甘总督长庚组织"东征军"讨伐，并有意迎銮西来，把西北作为重振清室的基地。

当时，马占鳌长子马安良出任精锐西军总统，马麒任帮统，马安良第三子马廷勷任分统。他们组织了一支有步兵5000人、骑兵1000人，共24个营旗的队伍，镇压革命，反对共和。1912年清帝退位，中华民国成立，这支精锐西军也发生了分化，马安良父子及马麒、马麟兄弟都转而依附北洋军阀袁世凯，马安良出任甘肃提督；马海晏之子马麒则攫取了西宁镇总兵一职，从此，马麒兄弟抛开了依靠多年的马安良，另树一帜。

第六步，三马瓜分西北。马千龄的两个儿子，次子马福禄已经离世，四子马福祥在辛亥革命爆发后，在宁夏、内蒙古一带镇压反清义军，后因大势所趋，宣布"赞成共和"。中华民国成立后，出任宁夏护军使。此时的马福祥把重点放在宁夏，以其侄马鸿宾及其子马鸿逵为左右手。

马鸿宾是马福禄之子，马福禄在北京阵亡时，马鸿宾年仅16岁，还在家乡练武习文。马福祥为报答先兄马福禄之恩，便一意栽培侄子马鸿宾。1905年，马福祥任西宁镇总兵，成立西宁矿务马队，交由马鸿宾率领，这支队伍后来发展成了马鸿宾的基本武装力量。1910年，马鸿宾随马福祥的昭武军到宁夏，任骑兵营营长，后任甘肃新军司令，授陆军少将衔。1921年初，马福祥调任绥远都统，马鸿宾出任宁夏护军使后改镇守使兼新军司令，晋升陆军中将衔。

马鸿逵为马福祥之子，8岁时在西安行营中得见慈禧、光绪等人。12岁由其父以一千两纹银捐得一"蓝翎知县"的虚缺。1909年考入兰州陆军小学堂。1912年毕业后在其父部下任营长，后升任宁夏亲军统领。马福祥为了进一步依附袁世凯，于1914年将马鸿逵送到北京，担任袁世凯的侍从军官。袁世凯死后，马鸿逵又担任黎元洪的侍从武官。1917年7月，马鸿逵潜离北京，跑到天津，参加段祺瑞的马厂誓师，年仅25岁的马鸿逵，当了讨逆军的中将参谋。段祺瑞重新上台后，让其回宁夏扩编宁夏新军。1919年，马鸿逵升任宁夏第五混成旅旅长。

在西北马家军中，马安良是最短命的"明星"。他在清末官至总兵和提督大员，在北洋政府任甘肃精锐军统领兼甘肃提督，在国民党时期任国民党甘肃支部长，被授予陆军上将军衔。他曾拥兵自重，操纵甘肃省省政，是民国初期甘肃的"太上皇"，是早期"西北三马"中的甘马。后来从陕西撤军回到兰州，干预甘肃政治，先与省议会不合而迫使李镜清去职，他派人将李镜清刺杀于临洮家中；但又与甘肃督军张广建不合，被张广建排挤，马安良被迫率部回驻河州老家，不久病亡于临夏。其父马占鳌早于清光绪十二年（1886年）57岁时病逝于大河家别墅。此时，对西北马家军具有"开创"和"奠基"作用的马占鳌一族一支，随之暗淡。

马步芳是马麒次子，相对于长子马步青，他的"进步"较晚。马麒自幼让马步青随父入军旅，准备培养成带兵打仗的汉子，所以马步青十七八岁就出任了马队的管带。而马步芳，马麒本来是准备让其"从文"的，故一直在西宁东关清真寺当"满拉"（学习经文的小学生）。但哥哥马步青一身戎装、几个护卫的炫耀让马步芳对马步青很羡慕，在两座清真大寺攻读了《古兰经》即将开始阿訇职业生涯之际，他坚持要从军的愿望在14岁时如愿。马麒让马步芳在马步青部当了个帮带，到1921年，17岁的马步芳才转任骑兵营长。

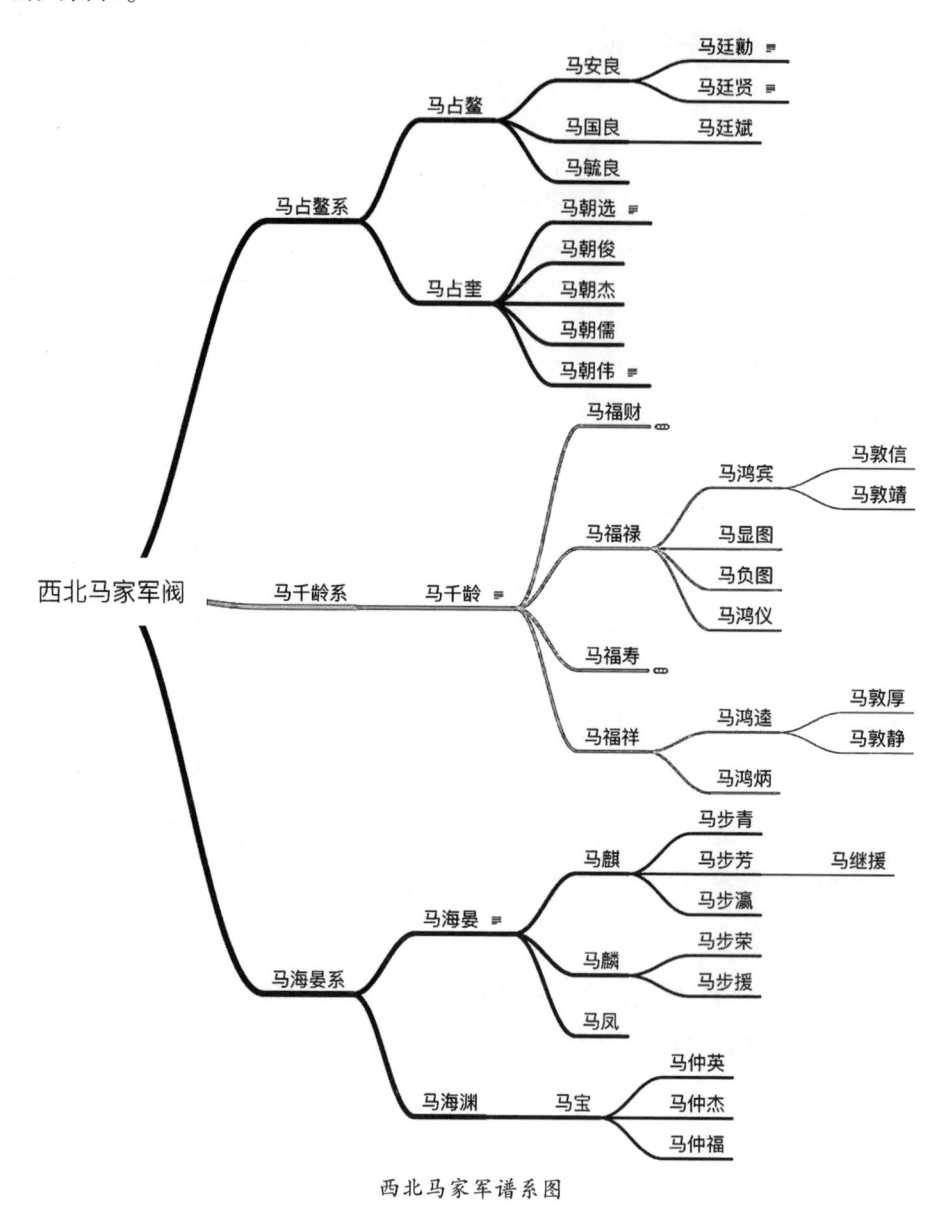

西北马家军谱系图:

- 西北马家军阀
  - 马占鳌系
    - 马占鳌
      - 马安良
        - 马廷勷
        - 马廷贤
        - 马廷斌
      - 马国良
      - 马毓良
    - 马占奎
      - 马朝选
      - 马朝俊
      - 马朝杰
      - 马朝儒
      - 马朝伟
  - 马千龄系
    - 马千龄
      - 马福财
      - 马福禄
        - 马鸿宾
          - 马敦信
          - 马敦靖
        - 马显图
        - 马负图
        - 马鸿仪
      - 马福寿
      - 马福祥
        - 马鸿逵
          - 马敦厚
          - 马敦静
        - 马鸿炳
  - 马海晏系
    - 马海晏
      - 马麒
        - 马步青
        - 马步芳 — 马继援
        - 马步瀛
      - 马麟
        - 马步荣
        - 马步援
      - 马凤
    - 马海渊
      - 马宝
        - 马仲英
        - 马仲杰
        - 马仲福

西北马家军谱系图

但马步芳进入军队很快就显示出诡计多端、铁腕残暴的一面，受到马麟赏识，他成了同胞3兄弟和同族9位堂兄弟中发迹最快、权力最大、地位最高的一位。

马步芳的出场，完成了马鸿宾、马鸿逵、马步芳三马瓜分西北的局面。

第二节 马鸿宾当上宁夏省主席

1921年7月,马鸿宾出任宁夏镇守使,开始了对宁夏的统治。当时,宁夏属甘肃管辖,甘肃共分8个镇,镇守使中汉族人、回族人各半。回族中有宁夏马鸿宾,西宁马麒,凉州马廷勷,甘州马璘。马鸿宾凭着自己的势力,加上得到担任绥远都统的叔父马福祥的照应,统治宁夏数年。1923年12月,被北京政府授予将军府锐威将军。

1925年,冯玉祥就任西北边防督办,马鸿宾成了冯玉祥隶下的宁夏镇守使。1927年4月,冯玉祥取消宁夏镇守使建制,改马鸿宾为国民革命军第二集团军第二十二师师长兼甘边剿匪司令。9月,冯玉祥组建第四方面军第二十四军,由马鸿宾任军长,由于其部队在外地,马鸿宾只掌握着一个师。

1928年春,蒋介石复职后,马福祥设法靠拢蒋介石。他趁蒋介石、冯玉祥率部北上之机,秘密到徐州晋见蒋介石,陈述其"统一安定北方"大计,博得蒋介石的好感。7月,马福祥即被蒋介石任命为青岛特别市市长,不久,又升任安徽省主席。

马福祥、马鸿逵父子倒冯投蒋,马鸿宾仍留在冯玉祥部。1928年,宁夏设省。1930年5月,中原大战全面爆发,冯玉祥要调宁夏省主席吉鸿昌到河南前线,便派马鸿宾继任宁夏省主席。

1930年11月,冯玉祥于中原大战中战败,马鸿宾则因马福祥是蒋介石的人这层关系,被委任为暂编第七师师长兼甘凉肃边防司令,接着又任代理甘肃省主席。1931年1月15日,马鸿宾赶到兰州就职。8月初,马鸿宾正式被蒋介石任命为甘肃省主席。8月25日,国民党雷中田、马文车发动政变,扣押了马鸿宾,史称"雷马事变"。

雷马事变发生后,由吴佩孚出面使马鸿宾获释。蒋介石深恐吴佩孚利用甘肃政局东山再起，遂令军队进攻兰州，雷中田、马文车、吴佩孚仓皇出逃。1932年，蒋介石任邵力子当甘肃省主席，渐渐控制了甘肃。

马鸿宾获释回到宁夏后，企图再主政宁夏，但蒋介石任命马鸿逵为宁夏省主席，让马鸿宾前往河南任第三十五师师长，马鸿宾借故仍留在宁夏。

1932年8月，马福祥在涿州琉璃河病逝，马鸿宾、马鸿逵在国民党中央失去靠山。蒋介石深恐"诸马"在西北坐大，便设法让他们与地方军阀火并而相互消灭。

1933年冬，蒋介石命令孙殿英为青海西区屯垦督办，孙殿英数万之众西进，使西北诸马感到威胁。蒋介石派往西北的甘肃绥靖公署主任朱绍良，暗中指示三马合兵堵截，阻止孙殿英部进入西北。

1934年春，马鸿宾、马鸿逵与马步芳、马步青联合起来在宁夏大战孙殿英，史称"四马拒孙"战役，双方损失惨重。三个月之后，孙殿英退归太原，所部3万余人由胡宗南、阎锡山整编。

1935年和1936年，马鸿宾奉蒋介石的命令，率第三十五师移防陇东，参加堵截和追击北上陕西的红军。马鸿宾指挥部队先后与先行到达甘肃的红二十五军进行了多次交锋，但都损兵折将，屡次被红军打得大败。但红二十五军政委吴焕先却在甘肃泾川与马鸿宾部作战中英勇牺牲，这是宁马欠下的一笔血债。

1937年七七事变后，马鸿逵、马鸿宾两部合编为国民革命军第十七集团军，马鸿逵为总司令，马鸿宾为副总司令兼第八十一军军长。1942年，蒋介石任命傅作义为绥西防守总司令，马鸿宾任副总司令，驻防在包头之南。1943年，马鸿宾率部撤回宁夏休整。

第三节 在军阀身边长成的马鸿逵

1914年至1917年，马鸿逵先后任袁世凯、黎元洪侍从武官，在军阀身旁逐渐养成了奸谋善变的性格。

1919年段祺瑞安排马鸿逵到宁夏，任第五混成旅旅长。马鸿逵虽然投靠的是皖系段祺瑞，但到1920年7月直皖战争爆发后直系获胜，便立即倒向直系，本想攫取甘肃督军一职，却未成功。1922年4月，第一次直奉战争爆发，双方都想拉拢马福祥父子，但马氏父子模棱两可，待直系取胜，即通电讨伐张作霖。1924年9月，第二次直奉战争中，马鸿逵被曹锟、吴佩孚任命为骑兵总指挥，率部开往热河。冯玉祥发动北京政变，马鸿逵权衡利害，跟随冯玉祥把部队带到了北京。1925年3月，冯玉祥就任西北边防督办，马福祥父子顺从冯玉祥。马福祥还将绥远都统一职交给冯玉祥手下大将李鸣钟，自己只担任没有实权的西北边防会办。冯玉祥为安慰马氏父子，委任马鸿逵为国民军新编第七师师长，驻防宁夏的金积、灵武。

一、追随冯玉祥官升军长

1926年9月，冯玉祥从苏联回国，宣布响应南方北伐。马鸿逵部扩编为国民联军第四路军，马鸿逵任总司令，率部进军甘、陕，参加了西安解围战。1927年初，马鸿逵部又改编为国民革命军第二集团军第一方面军第四军，马鸿逵任军长。5月，冯军东出潼关参加北伐，随后又被调往山东一线作战。

1929年，随着冯玉祥和蒋介石的关系日益恶化，马氏父子决定向有英、美做后盾的蒋介石输诚。5月，冯玉祥决定反蒋，马福祥策动马鸿逵，与韩复榘密议反冯投蒋，然后又联合石友三、庞炳勋等通电拥护"中央"。韩复榘、马鸿逵、石友三、庞炳勋的倒戈，打乱了冯玉祥的作战计划。

二、投靠蒋介石增加实力

马鸿逵公开投靠蒋介石以后，冯玉祥在追击无效时屡电马鸿逵，劝其回心转意。蒋介石闻讯后给马鸿逵带去百万元重赏。随后又在南京召见马鸿逵，举行了高规格款待宴会，又拨款几十万元补充马鸿逵的部队。至此，马鸿逵便铁了心投靠蒋介石。

1929年12月，唐生智联合韩复榘反蒋，韩复榘争取马鸿逵支持。马鸿逵表面应诺韩复榘的要求，暗中立即向蒋介石报告一切。蒋介石急调大军进攻唐生智并将其击败。1930年5月，中原大战爆发，冯玉祥、阎锡山联合反蒋。蒋介石将马鸿逵部正式扩编为讨逆军第十五路军，又委任韩复榘为山东省主席。最后，马鸿逵等协助蒋介石打败了冯玉祥、阎锡山。蒋介石便给马鸿逵增加了两个旅的编制。

1931年1月，马鸿逵部被调往河南许昌、漯河一带，参与进攻鄂豫皖革命根据地。马鸿逵为保存实力，行动迟缓，招致蒋介石的不满。后来，马鸿逵部又丢失了鸡公山，河南省绥靖公署主任刘峙大为震怒，派兵包围了马鸿逵设在信阳的总指挥部。后经马福祥出面斡旋，刘峙才撤兵。

三、独揽宁夏大权

1932年8月，时任国民政府蒙藏委员会委员长的马福祥在涿州琉璃河病逝。马鸿逵失去靠山，刘峙要将他逼离河南。于是，蒋介石任命马鸿逵为宁夏省主席，马鸿逵在河南的部队基本不动，由马鸿宾接带，马鸿宾在宁夏的部队则交马鸿逵，双方互换番号。马鸿逵借蒋介石允许他可带直属部队返宁夏为由，连夜选拔精壮，密藏优良武器，乘寒冷冬日，将部队运往包头，再由包头步行，星夜兼程进军宁夏。留在河南的仅剩一些老弱病残。马鸿宾得知这个情况，再一次托词不去河南而留在宁夏。作为同一个爷爷的堂兄、堂弟，由于马福祥一直照顾、迁就马鸿宾，致使马鸿逵心中不悦，堂兄弟的关系原来就不好，马福祥去世后，同处宁夏的这二马，为地盘和军饷产生了越来越多的矛盾。最后，马福祥的侄子马鸿宾只好对马福祥的儿子马鸿逵做出让步，常驻中宁县，其部驻在固原、海原一带。

宁夏可以说是马福祥家的"领地"。中华民国成立后，马福祥就出任宁夏镇守使，宁夏省主席。1933年初，马鸿逵正式就任宁夏省主席。马鸿逵上任之后，大肆"扩军""抓权""刮钱"。马鸿逵上任时，手下有兵员1.2万人，随后通过不断地抓壮丁当兵，迅速扩大到数万之众，他以军管政，以政管党，处处安插亲信，独揽大权，横征暴敛，是一个让人民怨声载道的"宁夏王"。1934年初，"四马拒孙"后，他收编了孙殿英的一个旅，实力大增。

1935年底，中央红军到达陕北，马鸿逵极力防备和阻遏红军在陕甘宁的发展，多次向蒋介石呈进意见书，使蒋介石很满意，亲自飞往宁夏，布置防务。马鸿逵即赶在蒋介石到来之前，在省城中山公园内专修"怀远楼"，以宣扬蒋介石"关怀"塞北边陲。蒋介石到宁夏后，马鸿逵亲自担任守卫，竭尽忠诚。蒋介石走后，马鸿逵立即划分全省为三个警备区，不断骚扰红军，一度攻占三边（安边、定边、靖边），但很快被红军逐出。

全国抗日战争时期，马鸿逵巩固了宁夏。由于马鸿逵、马鸿宾两部合编为国民革命军第十七集团军，马鸿逵出任第八战区副司令长官兼第十七集团军总司令，大权独揽的马鸿逵在整个抗战期间，并没有进入对日寇作战的战场，他过了8年土皇帝的生活。倒是马鸿宾与日寇进行了大小数次战斗，给日寇和伪蒙军给予了一定的打击。

四、攫取财富

马鸿逵统治宁夏17年，采取各种手法攫取巨额财富，他在逃离宁夏前租用美国人陈纳德的飞机，运走了7吨半多的黄金。

虽然处在西北一隅，但这里却是号称"天下黄河富宁夏"的富饶之地。在宁夏掠夺财富的首选途径是购置房产和实行"土地清丈"攫取土地财富。马鸿逵家在宁夏占有上等水田1800亩，湖田湖地千余亩，霸占陶乐等县的荒地5000余亩。他占有的各种土地都不用缴纳田赋。但对其他人耕种的土地却反复使用"土地清丈"来盘剥。

1934年，他自制木弓丈量土地，称为"以弓量亩"并"分土定等"，到第二年就从金积、灵武、中卫、中宁、宁夏、宁朔、平罗七县"增溢地亩"即多量出100万亩耕田，然后增收田赋200万元。对于其中133万元愿意折缴和无银可缴的按每升两角的价格折收粮食，共折收小麦7.32余石。当年，宁夏的农民就要负担7.3万石粮食的盘剥，农民不堪重负逃荒不断，土地荒芜。但马鸿逵并不管农民的死活，针对农民外出逃荒，粮食减产致使他连续三年田赋减少了约50万元的状况，又开始了第二轮土地清丈。

1937年的土地清丈，马鸿逵采用了先进的平板仪测绘，即"小三角测量"，比第一次又多测出30万亩。到1940年，马鸿逵使用第二次清丈的成果将田赋改为地价税，一次性增加收入3.5万元，全省粮食征收总数达到了8万石。

为了完成征粮任务，马鸿逵实行多征多奖，奖金按比例提成。除了财政厅有奖金，县级完成八成以上任务，给县长提一成四，县助理员提一成三，各区、乡长一成六，县府经征员一成六，军粮分局职员一成二。重赏之下，县、区门前，刑具累累，饥民哭声不绝。

马鸿逵还是西北国民党军阀中比较早的房地产经营大户。从1930年到1932年他驻兵山东、河南期间，就通过走私贩卖私盐和克扣军饷在上海徐家汇购买房屋500间，在天津购买300间，在北京购买150间，在兰州购买1000间。统治宁夏后，采取以官换地、以权谋地、低价购地等方式在宁夏拥有土地1.5万亩，房产750间，房产年租金1.2万银圆，地租750石。这些都是他的"家产"，与土地清丈后上缴到省财政厅再由他支配的收入不同。

马鸿逵在宁夏独揽军政大权外，还独揽经济大权。他贪婪地强占土地、购置房产敛财。马鸿逵把隶属西北银行的宁夏省银行改成官民合办宁夏银行，他任董事长，除了在宁夏各县开设分行外，还在定远营（今内蒙古巴彦浩特）、兰州、西安开设了办事处。通过宁夏银行，马鸿逵几乎垄断了宁夏所有的存款、贷款、汇兑、贴现等业务，国民党中央派驻宁夏的其他银行几乎难以开展业务。在该银行下开设的富宁公司就是个无所不经营的公司，马鸿逵就是这个公司的董事长。

宁夏有"五宝"，简称红黄蓝白黑，枸杞、干草、贺兰砚台石、羊毛和驼毛、发菜等宁夏特产都归他专营。这还不够，富宁公司还为马鸿逵个人暗设了"光明号"账户，专司号称"九道湾"的滩羊二毛皮以及羊毛、驼毛。1948年，国民党已经"时局艰难"了，但马鸿逵却用8万斤羊毛在南京、兰州大量套购黄金。宁夏枸杞由于受富宁公司垄断经营，压价收购、动用军警限制药商采购，导致枸杞价格狂跌，果农们只好挖掉枸杞树改种水稻，到宁夏解放时，枸杞园已被破坏了三分之一。

除了土地、土特产外，宁夏本来没有工业。马鸿逵觉得有利可图，便开了几处工厂，开设了12个炼铁和翻砂炉。逐步控制了兴夏毛织公司、兰鑫机器厂、光宁火柴股份有限公司等宁夏较大的企业。三家公司中，第一家股份公司中有11家公司，马鸿逵任其中8家公司的董事长。兰鑫和光宁公司则由他的侄子马继德负责经营。

马鸿逵还通过石嘴山出境通道扼制内蒙古冰碱，把鄂托克旗的冰碱放到石嘴山炼制。全国抗日战争开始后，内地产碱治碱地区沦陷，冰碱价格飞涨。宁夏用600峰骆驼源源不断地向兰州、平凉、宝鸡、西安运送冰碱，全年运出120万斤，一直经营了10年。同时，他通过控制食盐运输和掌控烟土，大肆敛财，养活他越来越多的军队。

第四节 从"青海王"到独揽西北大权的马步芳

青海曾经是马麒父子的"独立王国",马步芳是这座"独立王国"里的"青海王"。

一、依附冯玉祥当上师长

进入军中的马步芳很快深得马麒的信任。1921年,马步芳被任命为宁海军骑兵营营长,派驻巴燕戎格,即河州与西宁之间的青海省化隆县巴燕镇,这里是黄土高原与青藏高原的分水岭。化隆与毗邻的循化县并称为"二化"。这里农业发达,回族、保安族、撒拉族男子高大剽悍,精于骑射,搏斗异常凶猛。青年马步芳到此后利用民族、宗教关系,招兵买马。一时间"二化"的逞强之人纷纷前来投奔。

马步芳主动结交强人,培植军中力量。他的私人厨师、撒拉族人韩起功,靠着案板上练就的一身臂力和一手刀法与警卫发生冲突,他一人轮番打败了一个排的士兵。马步芳便任命韩起功担任警卫排长。此后,韩起功紧跟马步芳,一直干到军长。在河西攻打西路军时,韩起功担任师长的一〇〇师便是主力。

后来,马步芳使用"以教治回""以回制汉""以藏制藏"等统治手段,建立了自己的绝对权威。马步芳在他的兄弟之中取得领导地位,马步青也要让他三分;年少即出名的堂弟马步英,被马步芳气走另立门户,改名为马仲英。

1925年3月,冯玉祥就任西北边防督办,马麒父子依附冯玉祥,保住了西宁镇守使的职位。1928年5月,马仲英在凉州马廷勷(马占鳌三孙、马安良三子)、甘州马麟等地方军阀的支持下,发动了河州事变,率军围攻河州,与冯玉祥的甘肃军务督办刘郁芬展开大战。这时，马麒已被冯玉祥任为国民军暂编第二十六师师长，仍驻防西宁，对马仲英发动河州事变，马麒父子作壁上观，致马仲英败退甘肃，转入青海。12月，国民政府决定宁夏、青海分别建省，孙连仲任青海省主席，马麒只做了个省府委员兼建设厅厅长。马步芳极力拉拢孙连仲部将，很快得以从团长升任旅长，并允许扩编宁海军。1929年，马步芳在化隆、循化大肆招兵，组编了三个团，两个独立营，实力大增。

1929年10月，冯玉祥调孙连仲部参加中原大战，将马步芳调入西宁，并让马麒代理青海省主席一职。1930年1月，马麒被正式任命为青海省主席，实现了马麒父子要控制青海全省的图谋。马麒出任省主席后，马麟则任甘肃省保安总司令，马步青任旅长，而马步芳则出任青海暂编第一师师长。

二、背叛冯玉祥投靠蒋介石

中原大战中，马麒一方面派出马步青一旅随冯玉祥部参战，另一方面暗中与蒋介石联系。1930年9月，冯玉祥反蒋失败，马麒父子立即通电拥蒋，蒋介石终因青海鞭长莫及，顺势承认了马麒父子在青海的统治地位。

马麒父子投靠蒋介石后，积极为蒋介石效劳，追剿马仲英部，致马仲英败走新疆。

1931年8月5日，马麒在西安病逝。青海省地方官员黎丹等人推举马麟继任省主席，但马步芳虽只有28岁，也图谋其父的地位。不料，南京拟让青海民政厅长王玉堂暂代省主席。此时的马步芳权衡利害，不想先辈创立的基业拱手让人，于是与青海官员以联名推荐形式，举马麟继任。最终，蒋介石任命马麟继任青海省主席，马步芳任新编第九师师长。

1932年初，胡宗南的国民党中央军第一师进驻天水，欲剪除马家后患。马步芳则利用玉树藏僧和青海商人因货物价格问题发生纠纷之机，扩大事态，爆发了青藏战争。蒋介石只得命令马步芳出兵反击藏军。1933年4月10日，双方签订了《青藏和约》。青藏战争不仅使马步芳渡过难关，而且还巩固了他在青海的统治地位。

三、独揽青海大权

在河西走廊屠杀西路军以后，1937年夏，蒋介石将马步芳部队扩编为第八十二军，下辖第一〇〇师和三个骑兵旅；将马步青的骑兵第五师扩编为骑兵第五军。随后有名无实的青海省主席马麟被逼走麦加朝觐，其省主席一职由马步芳代理。1938年3月，南京政府正式任命马步芳为青海省主席，到此，马步芳实现了他的"青海王"之梦。马麟只挂了个国民政府委员的空衔，1941年马麟卸职，1945年1月26日病逝。

1943年7月，国民党第八十二军与骑五军合编为第四十集团军，马步芳、马步青分任正、副总司令。1944年春，马步芳玩了一把给晚辈"交权"的阴谋。他把八十二军军长一职交给儿子马继援接任，还劝说马步青把骑五军军长职位交给外甥马呈祥。马步青交权后受到马步芳的冷落，成了个光杆副司令。最后，马步青只好以养军鸽为消遣，马步芳实际吞并了马步青的骑五军。1945年，马步芳派马呈祥率骑五军进入新疆，为日后的新疆局势埋下了祸根。

四、马步芳家族经济掠夺

马步芳家族经济掠夺具有封建性、独占性、垄断性的特性，具体表现在权力操控、征收苛捐杂税、接受现金和献礼等方面。

首先，是以权力操纵经济，实现的途径是凭借着军权、政权来实现的。马步芳既是军政当权人，也是财经操纵者，他的整个军政体系也是这样亦官亦商的。他的第一〇〇师师长韩起功每年以骆驼运送子弹为由，经常用空弹药箱运送黄金、白银。

其次，是征收各种苛捐杂税，大税种至少有六种。

1. 粮食税。大致分粮草两项，分正额粮草、附征粮草、零时附征粮草；正额粮草又有屯粮、番粮、新垦粮三种。每种又有各种征税标准，如每正额粮一石征1斗5升6合等。1946年，所征粮除了缴足军公粮外，余粮30万

9339 石 6 斗 5 升 3 合七勺。造成存粮霉烂，曾经有 2800 余石填于沟壑。大通县北区和凉州庄的农民不堪重负，弃田外出逃荒，占当地总农户的 60%。所遗田地马步芳转赏部属，但所有的赋役仍由当地没有走的农民负担。西宁周边的 110 户农家由此变成了赤贫，甚至出现了 18 岁的大姑娘出门没有裤子穿，路有冻死骨的惨象。

2. 牧业税。草原牧区的人头税，后改为草头税，1941 年起改为建设税。这些税一年一征，大部分征的是羊毛、牛羊皮，或者虎豹皮、冬虫夏草、鹿茸等。

3. 政权机关征收的经常税和差役。①国税。②地方税 27 种。③地方自治税捐 6 种。包括营业牌照税、使用牌照税、屠宰税、娱乐捐、筵席捐等。1945 年，仅西宁就收了 9.9 万余银圆。④杂税，包括燃料税等大小 7 种。⑤差役。1947 年修青新公路时，向西宁派夫 1200 名，乐都 1400 名，同仁县 1200 名等；人员不足时可以缴纳代雇费，200 元可以代雇 1 名，西宁一地就收到 24 万银圆。此外，植树、修建工厂、学校，甚至修建私邸"馨庐"都是征集民夫和驮牛完成的。

4. 军事机关征收的经常税和差役。从 1931 年起征，1936 年加税。①民骡，1945 年，互助县一年就负担民骡 8900 余头，赶脚的民夫 4000 人次。②煤车，这是无偿劳役，一个县每年至少派车 3 次，每次 1000 辆以上。③炭骡子，拉炭做燃料，一年共出炭骡子 2230 头，两头骡子配一个民夫。④商会借款和借布。1938 年，三次向西宁商户借 20 余万银圆，随后以旧皮、杂货高价抵还。比如，把市值两银圆的狐狸皮以 4 银圆抵还了。⑤兵价。青海 1934 年征兵 2800 名，1941 年征兵 4500 名，如果体检不合格，每人就要交 100—150 银圆。

5. 临时征收的税和役。①地方机关经费；②丈地费；③契税；④壮丁及军马款：5 匹马定壮丁 1 名，后来无马可征时用上等牛皮 15 张顶军马 1 匹。

6. 牧业区案件罚款。这是专门给蒙古族、藏族群众设置的案件罚款。一般小案件 500 银圆，一般案件银圆 1000 左右，大案件银圆 5000 以上，特大案件罚款1万银圆。

7. 临时摊派的差役，包括修公路、拆城墙、扫街及守夜等。

再次，是献金和献礼。1945年，骑兵第五军开拔新疆是第一次，收到献金折合10.5万银圆；第二次，1947年，八十二师开拔陇东，献金60余万银圆；第三次，1948年，恢复了八十二军，收到120万银圆献金。无力交钱的县，一是可以用布匹、首饰、茶叶、马牛羊折价；二是按照地亩摊派；三是公职人员可以由省财政厅从工资里扣除，第一次扣了一个月工资，第二、三次扣全薪一个月至两个月。马步芳夫妇带头认捐，3次分别捐了4000银圆、10000银圆和20000银圆，由他自己的湟中实业公司做了空头支付。

1938年、1949年，在马步芳授意下，各地祝贺他任省代主席和西北军政长官，第一次集中了全省的奇异珠宝，难以估价；第二次摊收骏马3050匹，全部交给马步芳的西北畜牧公司。而第一次张掖一个县就送来大米200袋，银耳、海参等高级美食200箱、挂面2000斤，全部交给了马步芳的湟中实业公司。

除了上述，青海还是出黄金的地方。此外，还出产鹿茸、麝香等名贵药材，后来他又掌握了清政府在兰州建成的机器制造局等现代工业，青马可以说是一个经济实力雄厚的政治军事集团。

五、"两面人"的残暴

马步芳对蒋介石始终是个"两面人"。全国抗战初期，蒋介石令马步芳派出一个骑兵师上前线，马步芳不动用自己的队伍，从马步青骑五军中要一旅又一团人马，再补充一些民团，组成一个8000人的骑兵师派往前线应付。

1942年夏，听闻蒋介石要来兰州召开军事会议，马步芳可是抓住了这次机会，用足了这次机会。他传下令去，全市彻底大扫除；各主要街道墙壁粉刷一新，悬灯结彩，道路两旁陈列鲜花，重要路口和机关门前用松枝结扎成一个个漂亮的牌楼，类似于今天的欢迎彩门。环境装扮好以后，马步芳亲自安排接待礼仪，所有礼节、仪式、步骤，安排专人反复演练，亲自验收；

蒋介石(左)、马步芳(右)、马继援(后)合影

蒋介石在兰州就餐时的桌布、椅垫等马步芳都亲自挑选。

蒋介石飞抵兰州后,马步芳一改平时着便装的习惯,每天军服挺括,马靴锃亮,手套雪白,侍候于蒋介石左右,唯唯诺诺,干练中故意装出木讷。

马步芳鞍前马后,博得蒋介石开心:"子香为人忠厚!"马步芳受到蒋介石多次这样的夸奖。

在蒋介石即将离开兰州时,马步芳备好骏马500匹,麝香十多箱,专门为宋美龄挑选紫羔皮装200件,先行空运重庆。

六、残暴的马步芳

民国时期,西北当地民歌唱道:"上山的老虎下山的狼,凶不过青海的马步芳。"马步芳在蒋介石那里是"两面人"，在共产党这边，在普通老百姓这边却胜似恶狼。

马家军是靠残暴起家的，也以残暴著称。1929年夏历正月二十五日，被马步芳气走的堂弟马仲英部经过永昌县，因民团打死其旅长马彦海，马仲英不但杀了民团团长和营长，还杀了城内仅有的29个男子，使永昌城成了"寡妇城"。

1932年，马步芳派马忠义镇压果洛贡麻部的反抗，一天之内就割了80个男女牧民的头颅。

1936年，红军西路军进军河西走廊时，马步芳唯恐青海有失，集结其所部对西路军围追堵截。西路军与马步芳部进行了多场血战。马步芳杀害了数不清的西路军战士，仅在张掖，就杀害了西路军俘虏3200多人，有活埋、枪杀、火烧、扒心、取胆、割舌等多种残忍手段。对被俘的女红军战士进行百般凌辱，然后分给部下做妻妾丫鬟，甚至转卖多处，犯下了滔天罪行。2.18万人的西路军，只剩下400多人从安西星星峡进入新疆。

抗战时，青马派出了马彪的骑兵师，被安排在汤恩伯集团内。1941年1月6日，皖南事变发生，八路军第四纵队奉命改编为新四军第四师，彭雪枫任师长兼政委。2月10日，汤恩伯率10万反共顽军大举进犯豫皖苏边区，彭雪枫指挥第四师进行长达3个月的反顽斗争。其间，马彪利用豫皖地区平原多，有利于骑兵运动和作战的优势，先用炮火猛轰，然后骑兵快速突击，在汤恩伯部配合下，第四师遭受了极重损失，最后第四师主力不得不撤离路西进入皖东北根据地。战斗中，国民党军出现了一个番号"骑八师"，就是青马马彪师。

1948年5月，西北野战军在西府战役中收复延安后向陇东转移。5月5日，先头部队六纵教导旅在甘肃镇原县东南屯子镇被马步芳数个精锐骑兵团包围，西野命教导旅拖住并歼灭敌人。在打退敌人几十次攻击后，马步芳增调的10个骑兵团和胡宗南部裴昌会兵团3个整编师已抵达屯子镇及附近。在兄弟部队救援不成，敌我力量极其悬殊的情况下，彭德怀令教导旅6日黄昏突围。教导旅将士浴血相拼，于7日凌晨1时左右撕开了胡、马匪军合围的口子，成功突围，粉碎了敌人全歼我教导旅的图谋，保证了大部队侧翼的安全。

这次战斗双方伤亡惨重。在胡、马重兵合围中，教导旅先后有 1000 多名官兵和伤病员被俘，700 余人被青马整编八十二师特务团输送连押解到宁县，集中运押在宁县城 7 个地坑里，由马继援部八十二师直属工兵营 600 多人、宁县地方保安自卫队 400 多人看押。

7 日晚，城外西野四纵警三旅警七团猛攻县城，马家军便向地坑内准备策应外面进攻的被俘人员大开杀戒，700 人无一幸免，制造了陇东有名的"五八屠俘"惨案。据《镇原县志》记载，当地群众冒着杀头危险掩埋的烈士遗体就有 400 多。西府战役后，彭德怀撤换几名指挥员就与此有关。

第五节　马家军分化

马家军的分化开始于西北战场上人民解放军的节节胜利和马鸿逵、马步芳的权力之争。

抗日战争胜利后，蒋介石极力拉拢西北三马，先后任命马鸿逵、马鸿宾为西北军政长官公署副长官，给马步芳拨了一个整编师的美式装备，希望西北的这两支力量能为自己效力，与胡宗南配合跟西北野战军决战。

一、第一次分化

最早获得提升的是马鸿逵。马鸿逵年长马步芳11岁。1936年9月就获授陆军上将衔，1945年12月即任西北军政长官公署副长官，是西北三马中的老字辈。

马鸿宾于1948年7月出任西北军政长官公署副长官，第八十一军军长职务由其子马敦靖接任。1949年初，蒋介石想以第八十一军和甘肃白海风的骑兵师合编为固海兵团，以马敦靖为司令，希望马鸿宾部配合马鸿逵、马步芳部抵抗人民解放军解放大西北。对蒋介石的命令，马鸿宾有选择的执行，他约束部队，静观局势变化。

1949年4月，西北军政长官和甘肃省主席成了马鸿逵和马步芳分化的直接原因。张治中调回北平，作为国民党与中共和谈的首席代表，西北军政长官一职暂时空缺。这个空缺在马鸿逵与马步芳眼中就不光是"肥缺"，简直就是"西北王"，是他们梦寐以求的宝座。于是二马就紧盯这个目标展开角逐。

当时，甘肃省主席郭寄峤以副长官名义暂时代理军政长官职务。马鸿逵采取的策略是离开银川到兰州活动。4月下旬，马鸿逵以养病为名住到兰州，实施第一招，拢人造势。他在兰州每日宴请各方大员，请他们为自己制造舆论。为了把势造大，他以"西北王"自居，邀请马步芳、马鸿宾来兰州共商西北大局，可惜马步芳、马鸿宾并不买他的账，来电拒绝，不予理睬。

马鸿逵第二招是想办法挤走郭寄峤。正好郭寄峤为甘肃省府经济困扰，准备发行300万元公债，被马鸿逵借机大肆揭露和指责，弄得郭寄峤狼狈不堪。就在马鸿逵得意扬扬，以为大功告成之际，忽然从广州方面得到消息，国民党政府代总统李宗仁和行政院长阎锡山打算委任马步芳为西北军政长官。

经过一番打探，搞清楚时他已经无能为力了。原来，就在马鸿逵在兰州疯狂造势的时候，马步芳却施展"黄金外交"悄悄地走通了李宗仁、阎锡山等的门路。在讨论西北军政长官公署长官人选时，白崇禧认为"马步芳性情暴躁，是匹野马，虽难驾驭，但容易利用；而马鸿逵为人乖张，精明过人，是一匹滑马，有些靠不住"。于是，西北军政长官给了马步芳，同时授予他陆军中将加授上将衔，以资激励。

这位辈分、军衔、职位都比马步芳高的马鸿逵一番恼怒之后自感实力不足，便悄悄回到银川。冷静下来的马鸿逵心想，这西北军政长官向来是外派的汉族，马步芳担任也有好处。好处在哪里？他已经打好了如意算盘。

一个月之后的5月上旬，马鸿逵约马步芳到兰州与西宁之间的享堂会面，一番讨价还价后达成"君子协定"：马鸿逵保举马步芳为西北军政长官公署长官，马步芳保举马鸿逵当甘肃省主席。马鸿逵回到兰州后便致电国民党政府保举了马步芳担任西北军政长官，还电令宁夏第一二八军军长卢忠良出兵陇东，与青海兵团联合进攻陕西。

5月18日，国民党行政院发电任马步芳代理西北军政长官。马步芳率领自己的班底从西宁到兰州上任，天天宴请，夜夜笙歌，不断动员各地献礼礼金，献马献旗，全然不管与马鸿逵的协定。

其实，对于甘肃省主席，二马想当。马鸿逵想当，一是他是甘肃人，在老家当官更能光耀门庭；二是他当了甘肃省主席后，他的儿子马敦静就可以做宁夏省主席了。而马步芳虽然当了西北军政长官，但青海是自己的发迹地，他还得继续做省主席，他要把甘肃省主席留给儿子马继援。所以，马步芳故意留下甘肃省政府主席郭寄峤，一是要制约马鸿逵，二是撵他走的时机还没有到。

待在宁夏的马鸿逵左等右等不见马步芳推举自己当甘肃省主席，而宁夏兵团的近10万人正在马继援指挥下与一野缠斗，马鸿逵一怒之下电令宁夏兵团回撤，导致"平凉会战"流产。这是二马第一次分化。

二、第二次分化

7月，国民政府任马步芳为西北长官公署长官，要他"挽西北的狂澜于既倒"。8月1日，就在任山河战斗一野八十四军与马鸿逵第十一军恶战中，马鸿逵被正式任命为甘肃省政府主席。

为挽救西北危局，李宗仁、阎锡山电召马步芳到广州，在爱群酒店安排与马鸿逵见面，又请出马占鳌之孙、马安良之子马全钦从中说合调解。二马因解放军大兵压境，处境相同，因而表面上又言归于好，甚至还抱上《古兰经》发誓，要同生死，共患难，并商定次日一起乘飞机回兰州。

当天晚上马鸿逵就反悔了。第二天，他不顾马全钦的劝阻，坐飞机直接飞回宁夏。随后，马步芳亦飞回兰州。

马步芳回到兰州后，积极部署兵力，将全部精锐部队四五万人马，凭借兰州南北二山上的防御工事固守。8月20日，解放军在兰州城外会合，呈东、西、南三面包围之势。马步芳请求胡宗南部从汉中来援，派其秘书长马骥专程飞到银川向马鸿逵求救。

马鸿逵本来有一套支援兰州作战的部署，为自己也为了给国民党国防部有个交代。总的部署是一二八军、贺兰军附有骑兵炮兵进援兰州，集结靖远后，斜插西兰公路，以解兰州之围。具体部署是：卢忠良率主力到达中宁附近，先头部队进到海原县属长流水、兴仁堡一带；马全良到达兴仁堡，即停止行动，等待观望；十军附骑炮兵拟进击固原，截击解放军六十四军右侧，先头部队到达吴忠堡。部署完毕后马鸿逵借机向马步芳索要军用物资。

马步芳的秘书长马骥来银川求援时，马鸿逵摆足了"宁夏王"的架子，受到刁难的马骥径自飞往重庆逃命，自然不知道马鸿逵还有这些援兰部署。

8月26日，兰州迅速解放，马鸿逵自然没想到这般神速，立即命一二八军撤至金积、灵武一带，贺兰军撤至中宁一带。

三、兰州战役之后

马步芳以为援军不会来，兰州亦不保，便于8月24日只身飞往西宁，再携眷逃往重庆，所部交由儿子马继援指挥。25日，解放军发起总攻，26日，兰州即告解放，马步芳4.2万人马大部被歼灭，马继援率少数亲信逃往西宁。

9月5日，西宁解放，马步青、马继援亦提前逃往重庆。马步芳进入新疆的骑五军，也在9月下旬参与了陶峙岳、包尔汉的起义，军长马呈祥被"礼送"出境。至此，马步芳家族拥有的武装力量全部瓦解。

兰州决战后，马鸿逵决意死守宁夏。9月1日，蒋介石电召马鸿逵到重庆后再也没有回去，他把宁夏军政大权交给次子马敦静。蒋介石打算把宁夏部队调往四川，马鸿逵当然不愿意。但不几天，马鸿逵长子、骑兵第十师师长马敦厚携眷从宁夏飞到重庆，告知宁夏败局已定。9月19日，马敦静也逃到重庆。就在这一天，宁夏的马鸿逵部队在马全良、卢忠良率领下宣布起义。同一天，马鸿宾及其子马敦靖、马敦信率第八十一军与解放军在中宁县城签订了和平解放的协定，第八十一军改编为解放军第一野战军独立第二军，马敦靖、马敦信分任正、副军长。至此，西北马家军阀的历史宣告结束。

中华人民共和国成立后，马鸿宾历任宁夏省副主席、西北军政委员会副主席、甘肃省副省长、中华人民共和国国防委员会委员等，为新中国的建设事业和统一大业做出了有益的贡献。1960年10月20日，马鸿宾在兰州病逝。

1949年9月底，马鸿逵及其妻妾、儿子飞到了台湾，他先把四姨太刘慕侠送到香港"治病"，不久报称刘慕侠病危，马鸿逵以此请假离台湾赴香港，接着"赴美就医"，长期居留美国洛杉矶。1970年1月14日，马鸿逵病死于洛杉矶。

  1949年9月下旬，马步芳及马步青、马继援等飞到了台湾，后来马呈祥也到了台湾。到台湾之前，马步芳已因"擅离职守"受到"撤职议处"的处分。善走黄金路线的马步芳以3000两黄金贿赂蒋介石的几位亲信，取得了"出国护照"，飞到埃及，后又移居沙特阿拉伯。1957年，台湾当局任命他为"驻沙特阿拉伯大使"，1960年辞职。1975年7月31日，马步芳病亡于沙特阿拉伯。

第四章 一战四省

中华人民共和国即将成立,蒋介石最完整的嫡系部队还占领着全国三分之一的国土。一场为期半年、采用4种打法、经过4个阶段的"4+4"构成的陆战经典兰州战役,在西北大地全面展开。用红旗为炮兵引路,用刺刀与大刀搏杀,开始了血与火的拼杀。

兰州战役的序幕是中央军委的一份进军部署拉开的。

1949年5月23日,中央军委向全国四大野战军发出指示,《军委关于向全国进军的部署》简洁但很清晰地部署了各自的作战任务:

——第一野战军向西北进军,负责歼灭马步芳、马鸿逵等部及胡宗南集团一部,争取年内解放陕、甘、宁、青、新五省,其中一部准备入川,为解放大西南做准备;

——第二野战军主力向西南进军,在第一野战军一部配合下,解放川、黔、康三省(后又加上云南共四省);

——第三野战军向福建及浙东、浙南进军,并准备解放台湾;

——第四野战军及第二野战军第四兵团向赣南及湘、粤、桂进军,歼灭白崇禧集团和余汉谋部,而后第四兵团进军云南。

这个指示的鲜明特点是对各个野战军的作战范围和打法做出了明确规定。换言之,各野战军除了作战范围各自不同以外,打法也各有各的不同:一野是负责"歼灭",二野是"解放"但还需要一野配合,三野是"进军",四野是"进军"兼"歼灭"。

由此可知,兰州战役是在全国解放战争进入到向全国进军阶段,西北战场进入战略决战阶段所展开的最大的战役决战。

第一节　广袤国土上最凶残的武装

我国古代把土地东西长称之为广,把南北宽叫作袤。自古以来,我国西北地区可谓土地广袤,人烟稀少。解放战争时期西北地区包括陕西、甘肃、宁夏、青海、新疆五省,面积320多万平方公里,约占全国面积的三分之一;居住着汉、回、藏、蒙古、维吾尔、哈萨克等近20个民族,人口3209万。西北地区是全国人均土地面积最多,日照时间最长,干旱、旷远、贫瘠、宗教问题复杂的地区。

当时,国民党在西北的军事机构主要有三个:西安绥靖公署,西北军政长官公署,晋陕绥边区总部。以胡宗南为主任的西安绥靖公署是国民党在抗日战争时期保存下来的,1947年6月由国民党第一战区改编的,经过长期反共教育的蒋介石嫡系军事集团,共有9个整编师20个旅,约17万人。以马步芳为长官的西北军政长官公署统辖甘肃、宁夏、青海、新疆的国民党军,是1948年8月由国民政府西北行辕改编而来,主要有三支力量:号称"青马"的长期统治青海和甘肃一些地区的西北军政长官公署副长官、后任长官的封建军阀马步芳集团,辖2个整编师4个旅,2万余人;号称"宁马"的长期统治宁夏的西北军政长官公署副长官、封建军阀马鸿逵集团,辖2个整编师5个旅,3.5万人;以陶峙岳为总司令的新疆警备总司令部,辖3个整编师9个旅,约7万人。以邓宝珊为总司令的晋陕绥边区总部驻守榆林,辖1个军,约1.2万人。

从当时的在编数看,西北国民党军共计17个整编师,30余万人,解放战争后期扩充到40余万人。其实二马的人马复杂,军队人数远大于这个数。

兰州战役时,晋陕绥边区总部的问题已经解决。根据兰州战役战斗情况看，西北战场国民党军的大致情况如下：

西安绥靖公署

主任胡宗南，辖第五兵团和第十八兵团，8个军，20个师。

第五兵团：司令官裴昌会，辖3个军9个师。第二十七军，军长李正先，辖第二十四师、第三十一师、第四十七师；第三十六军，军长刘超寰，辖第二十八师、第一二三师、第一六五师；第六十九军，军长谢义峰，辖第八十四师、第一三五师、第一四四师。

第十八兵团：司令官李振，辖第一军，军长陈鞠旅，辖第一师、第七十八师、第一六七师；第三十八军，军长李振西，辖第五十五师、第一七七师；第六十五军，军长陈武，辖第五十三师、第六十一师；第三军，军长许良玉，辖第十七师、第二五四师；第十七军，军长康庄，辖第二十师、四十八师。

西北军政长官公署

代长官、长官马步芳，辖有陇东兵团、宁夏兵团、陇南兵团9个军，23个师、2个旅，还辖有新疆警备总司令部。

陇东兵团：司令官马继援，辖八十二军、一二九军两个军，兰州战役前又增加了一个新编军。第八十二军，军长马继援，辖第一〇〇师、第一九〇师、第二四八师、骑第十四旅；第一二九军，军长马步銮，辖新编第一师、第三五七师、骑兵第八旅。

宁夏兵团：司令官马敦静，辖十一军、八十一军、一二八军、贺兰4个军，辖13个师。第十一军，军长马光宗，辖第一六八师、第一八九师、保安第四师；第八十一军，军长马敦靖，辖第三十五师、第二九四师、第三五八师；第一二八军，军长卢忠良，辖第二五六师、第三一六师、保安第三师；贺兰军，军长马全良，辖二五七师、保安第一师、保安第二师、骑兵第十师。

其中，第十一军、第一二八军、贺兰军为马鸿逵的部队，贺兰军是马鸿逵1949年8月自己组建的部队，归宁夏兵团指挥，兵团司令官是马鸿逵的儿子马敦静；八十一军是马鸿宾的部队，由其儿子马敦靖(也叫马立青)任军长。

陇南兵团：司令官王治岐，辖九十一军、一一九军、一二〇军3个军5个师。第九十一军，军长黄祖勋，辖一九一师；第一一九军，军长王治岐，辖第二四四师、第二四七师；第一二〇军，军长周嘉彬，辖第一七三师、第二四五师。

新疆警备总司令部：总司令陶峙岳，辖3个整编师9个旅，约7万人(包括马呈祥的骑五军，赵锡光的四十二军，叶成的七十八军)。

这样，中国人民解放军在发起兰州战役时，面对的是20个军，52个师15个旅，共计近50万人重兵把守的西北战场。这些把守西北地区的国民党军队不仅数量多，而且大多数装备较好，有完整的训练机构、供给系统和广阔的后方基地。

第二节　如虎添翼的两支劲旅

　　1949年初，西北战场上的第一野战军只有两个兵团6个军，15万人。面对兵力3∶10的失衡比例，一贯强调集中优势兵力消灭敌人有生力量的毛泽东自然有自己的打算。

　　1949年初，中国人民解放军副总司令、第一野战军司令员兼政委彭德怀，为改变西北野战军转入外线作战后的兵力不足，曾建议调华北部队支援西北作战。1月17日，毛泽东致电彭德怀并告贺龙、习仲勋，指出二三月间拟开七届二中全会，华北部队参加西北作战问题，待他们来中央时面商。

　　一心谋划西北战局的彭德怀于2月8日又致电毛泽东，进一步说明如果三四月间在山西的华北野战军能归建，便可夺取潼关、渭南，进逼西安，四五月第一野战军即可攻击西府、宝鸡。

　　接到电报后，毛泽东看出了彭德怀的迫切心情，12日复电说，太原解放后，华北三个兵团中至少两个兵团17万人可以用于西北。

　　17日，彭德怀离开西北前线，前往河北省平山县西柏坡出席中共中央七届二中全会。会议期间，毛泽东同彭德怀专门研究了调华北兵团入陕问题。

　　3月28日，七届二中全会一结束，彭德怀走进太原前线，他有两个目的：一是学习攻打城市的经验，二是来带兵。他要在打下太原以后，以最短时间把十八兵团、十九兵团带到西北战场与胡宗南、马家军决战。

　　带兵打仗，毛泽东是个细心人。彭德怀便按照毛主席的要求，对十八、十九兵团从山西到陕西的路线包括休整时间等做出初步的部署，报请中央电令各部。4月25日，毛泽东详细研究后明确批复，同意彭德怀5月初回到陕西，在回陕西前对十八、十九兵团的行动做出明确部署，这两个兵团由彭德怀直接指挥。就在毛泽东回电的当日，中央军委决定十八、十九兵团正式归入第一野战军建制。

一、第一野战军战斗序列

十八、十九兵团归建第一野战军后，形成了强大的战斗序列：

司令员兼政治委员：彭德怀；

副司令员：张宗逊、赵寿山；

参谋长：阎揆要；

政治部主任：甘泗淇；

副参谋长：王政柱、李夫克；

政治部副主任：张德生；

后勤司令员：刘景范(三月起黎化南任后勤部长)；

后勤副司令员：方仲如(三月起任后勤部政委)。

第一兵团

司令员兼政委王震，政治部主任孙志远。下辖第一军、第二军、第七军。

第一军军长贺炳炎，政委廖汉生，副军长王尚荣，副政委冼恒汉、余秋里，参谋长陈外欧，政治部主任冼恒汉。下辖第一、二、三师。

第一师(辖一、二、三团)：师长黄新廷、傅传作、罗坤山，政委余秋里、曾祥煌。

第二师：师长王绍南，政委颜金生。

第三师：师长傅传作，政委曹光琳。

第二军军长郭鹏，政委王恩茂，副军长顿星云，参谋长张希钦，政治部主任左齐。下辖第四、五、六师。

第四师：师长杨秀山；

第五师：师长徐国贤，政委李铨；

第六师：师长张仲瀚，政委曾涤。

第七军军长彭绍辉，政委罗贵波，参谋长何辉燕，政治部主任侯维煜。下辖十九师、二十师、二十一师。

第十九师：师长朱绍田，政委孙鸿志；

第二十师：师长张新华，政委龙福才；

第二十一师：师长范忠祥，政委李建良。

第二兵团

司令员许光达，政委王世泰，副政委兼政治部主任徐立清，参谋长张文舟。下辖第三军、第四军、第六军。

第三军军长黄新廷，政委朱明，副军长唐金龙，副政委朱辉照，参谋长朱文清。

第七师：师长唐金龙兼(不久由张开基继任)，政委梁仁芥；

第八师：师长杨嘉瑞，政委孟昭亮；

第九师：师长朱声达，政委王赤军。

第四军军长张达志，政委张仲良，副军长高锦纯，参谋长姚知一。下辖第十、十一、十二师。

第十师：师长高锦纯，政委左爱。

第十一师：师长郭炳坤，政委高维嵩。辖三十一、三十二、三十三团。

第十二师：师长郭宝珊，政委李宗贵。

第六军军长罗元发，政委张贤约，参谋长唐子奇，政治部主任黄振棠。下辖第十六师、十七师、十八师。

第十六师：师长吴宗先，政委关盛志；

第十七师：师长程悦长，政委黄振棠(兼)；

第十八师：师长陈刚，政委肖头生。

第十八兵团

司令员兼政委周士第，副司令员王新亭、陈漫远，副政委王新亭兼，参谋长陈漫远兼，政治部主任胡耀邦。下辖第六十军、第六十一军、第六十二军。

第六十军军长张祖谅，政委袁子钦，副军长白天，副政委桂绍彬，参谋长邓士俊，政治部主任周仲英。下辖第一七八、一七九、一八〇师。

第一七八师：师长温先星，政委刘聚奎；

第一七九师：师长贾定基，政委肖新春；

第一八〇师：师长郑其贵，政委康烈功。

第六十一军军长韦杰，政委徐子荣，副政委兼政治部主任郭林祥，参谋长胡正平。下辖一八一、一八二、一八三师。

第一八一师：师长王诚汉，政委张春森；

第一八二师：师长王海东，政委王贵德；

第一八三师：师长钟发生，政委杨绍曾。

第六十二军军长刘忠，政委鲁瑞林，副军长方升普，参谋长熊奎，政治部主任高德西。下辖一八四、一八五、一八六师。

第一八四师：师长林彬，政委梁文英；

第一八五师：师长涂则生，政委孔骏彪；

第一八六师：师长蒲大义，政委车敏樵。

第十九兵团

司令员杨得志，政委李志民，副司令员耿飚、葛宴春，参谋长耿飚，副政委兼政治部主任潘自力。下辖第六十三军、第六十四军、第六十五军。

第六十三军军长郑维山，政委王宗槐，副军长兼参谋长易耀彩，副政委龙道全，政治部主任陆平。下辖一八七、一八八、一八九师和骑兵第六师。

第一八七师：师长张英辉，政委张迈君；

第一八八师：师长宋玉林，政委李真；

第一八九师：师长杜瑜华，政委蔡长元；

骑兵第六师：师长刘春芳，政委刘光裕。

第六十四军军长曾思玉，政委王昭，副军长唐子安，副政委傅崇碧。下辖一九〇、一九一、一九二师。

第一九〇师：师长陈信忠，政委边疆；

第一九一师：师长谢正荣，政委陈宜贵；

第一九二师：师长马卫华，政委王海亭。

第六十五军军长邱蔚，政委王道邦，副军长兼参谋长王克斌，副政委兼政治部主任蔡顺礼。下辖一九三、一九四、一九五师。

第一九三师：师长郑三生，政委杨银生；

第一九四师：师长赵文进，政委陈亚夫；

第一九五师：师长王志廉代。

第十九军

军长刘金轩，政治委员汪锋，副军长陈先瑞，副政治委员李耀，参谋长薛克忠。辖第五十五、第五十七师，全军共1.5万余人。

二、西北军区

兰州战役时，西北战场上有两支劲旅：第一野战军和西北军区。在西北野战军改编为第一野战军稍后，陕甘宁晋绥联防军区于1949年2月改称为西北军区。兰州战役前，西北军区也具有强大的编制力量。

司令员：贺龙，政治委员：习仲勋；

副司令员：王维舟，参谋长：张经武，政治部主任：李卓然；

副参谋长：朱早观；后勤部部长：陈希云，后勤部政治委员：刘海宾，后勤部副部长：何维忠、周子祯。

下辖晋绥军区、晋南军区两个军区和一所大学：西北军区军事政治大学，有延属、绥德、三边、陇关、关中、黄龙、西府、榆林等八个直属军分区。

晋绥军区，贺龙兼任司令员（不久由陈漫远接任），李井泉任政治委员(后由张子意接任),谷志标任副司令员,张子意任副政治委员,唐健伯任参谋长(1949年5月正式任命),王定一任政治部主任。下辖绥蒙军区(司令员姚喆兼,政治委员高克林兼)及五寨中心军分区(司令员刘仲伍,政治委员郑林)、离石军分区(司令员黄永昌,政治委员泰力生)、雁北军分区(司令员李仲英,政治委员李登瀛)、雁南军分区(司令员苏鳌,政治委员景明远)。

晋南军区(1949年1月成立),马佩勋任司令员,马明方任政治委员,罗志敏任政治部主任,张德同任副参谋长,卫一青任政治部副主任。下辖隰县军分区、新绛军分区、运城军分区。

西北军事政治大学(1948年7月,由"贺龙中学"和陕甘宁晋绥联防军步兵学校合编组成),贺龙兼任校长,李长路、钟师统任副校长,黄荣忠任教育长,戴伯行任副教育长,胡光任政治部主任,金仲华任校务部长,郭一任供给部长,贺凤辉任卫生部长。

西北军区直属8个军分区:

延属军分区:司令员白寿康,政治委员李景膺;

绥德军分区:司令员吴岱峰,政治委员张邦英;

三边军分区:司令员曹又参,政治委员郭炳坤;

陇东军分区:司令员兼政治委员张仲良;

关中军分区:司令员兼政治委员高锦纯;

黄龙军分区:司令员暂缺,政治委员张自修;

西府军分区:司令员陈国栋,政治委员吕剑人;

榆林军分区:司令员王心瑀,政治委员朱侠夫。

至此,第一野战军兵力已由原来的5个军14个师15万人,增加到13个军37个师,共37.4万人。加上西北军区部队,总兵力达42万余人。

第十八、十九兵团,西北军区,十九军这四支力量进入西北战场,改变了西北战场上长期存在的敌强我弱的状况,具备了歼灭胡、马集团,完全解放大西北的条件。

第三节 "4+4"构成的陆战经典

兰州战役可以说是追击运动战、城市攻坚战、诸城围歼战、政治攻心战综合运用的陆战经典。这场战役注定是一场硬仗,彭德怀恰好善于打硬仗。

整个战役两次大规模地使用了"隔断法",一是首先粉碎胡马军事联盟,隔断胡宗南与二马军队的联系;二是粉碎宁马与青马联盟,隔断二马之间的联系。整体战役可以分为四个打法和阶段:第一个打法是"钳马打胡",拉开扶眉战役阶段;第二个打法是"二马分割",陇东追击战阶段;第三个打法是"钳胡打马",兰州决战阶段;第四个打法是"打拉结合",最后决胜西北的阶段。

一、钳马打胡的扶眉战役

1949年7月10日至14日,在陕西扶风、眉县地区,新组建的第一野战军发起了对国民党军西安绥靖公署胡宗南集团和西北军政长官公署马步芳、马鸿逵集团及陇南兵团的大规模围歼战。

作为起点之战,一野通过钳制二马、打击胡宗南的打法,在4天歼敌4个军4.4万余人,取得了第一个阶段即与胡宗南和马步芳、马鸿逵集团决战第一个回合的胜利。

兰州战役在宝鸡一带打响缘起于青马逞强逞能。西安解放后,青马即向蒋介石邀功,发誓要从解放军手中抢回西安。国民党当局即安排胡宗南与二马联合进攻西安。在胡、马联军反扑到咸阳时,一野发起了咸阳阻击战,胡、马联军失败。

胡、马联军不甘心自己的失败,开始重新部署战局。青马主力撤至长武、彬县地区布局;宁马第十一、一二八军集结于彬县、永寿地区;胡宗南集团 4 个军的主力集结于扶风、眉县一带，第一军撤至宝鸡，另 3 个军撤回西安至宝鸡以南的秦岭地区；陇南兵团第一一九军撤至扶风地区。

为了便于攻击来袭的第一野战军，青、宁二马与胡宗南集团互成掎角之势；二马呈分散机动配置。有利时可进击关中，配合胡宗南作战；不利时则可退守平凉。胡宗南将主力集结在扶眉地区渭河两岸，既便于与二马南北策应联合作战，又能在情势不利时保存实力。

此时的第一野战军十八、十九兵团及第七军全部抵达西安、咸阳、三原一带，以 40 余万人对阵胡马王集团 40 万人，在扶风、眉县一带向盘踞在西北的两大凶残势力展开对决。

6 月 26 日，毛泽东指示第一野战军做出"钳马打胡"部署后，7 月 6 日，中共第一野战军前委在咸阳召开扩大会议，彭德怀传达并研究落实毛泽东主席关于歼灭胡马的指示精神，决定发起扶眉战役。

扶眉战役的基本部署是三路进攻，一路阻隔：

> 由于青马驻扎在靠近平凉的长武、彬县，宁马集结于离咸阳较近的彬县、永寿一带，故命杨得志率第十九兵团在乾县、礼泉阻击马鸿逵，隔断胡、马联系；

> 王震率第一兵团，沿咸阳以南、西安以西的户县、周至向宝鸡进发，在击溃敌九十军后，于 14 日攻占宝鸡益门镇；

> 许光达率第二兵团向眉县进攻，先攻克临平，再一夜急行军插至敌军后方的罗局镇，又夺取眉县车站，攻克扶风后与第一兵团围歼胡宗南六十五军一部及三十八军、一一九军；

> 周士第率第十八兵团担任正面主攻，由当时的西安到凤翔的西凤公路、陇海铁路西进，击溃敌二四七师，歼灭一八七师主力，收复武功，继续进军至罗局镇东南与第二兵团会师，合歼残敌。

7 月 10 日，扶眉战役打响。担任钳制青、宁二马的第十九兵团附骑兵第二师首先行动，形成进攻态势，二马不敢轻举妄动。

正面进攻的第六十一军各部向胡宗南第十七军十二师发起突然进攻，歼其两个团和一个师部2000余人。此时，胡宗南和马继援、马鸿逵还没有搞清楚第一野战军总的作战意图。

10日晚，一野主力开始沿渭河两岸向扶眉地区进击前进。提前布防隐蔽于礼泉一带的第二兵团越过漆水河后，从临平镇西侧胡、马两军防线之间楔入，经一夜强行军，于11日拂晓攻占青化镇、益店镇，而后由北向南迂回到胡宗南部第三十八、六十五和第九军侧后。

担任穿插任务的第四军，11个小时连夜急行军70余公里，通过外围迂回，于12日凌晨3时攻占罗局镇，7时攻占眉县车站，截断了敌军西逃退路。

正面进攻的第十八兵团第六十军、六十二军和第六十一军的一个师及第七军，11日20时由兴平分三路沿咸凤公路和陇海铁路西进。12日拂晓，第六十军进至杏林镇，8时于绛帐镇击溃第一一九军二四七师，歼灭第六十五军一八七师主力。第六十二军于12日晨攻克武功，歼第九军二四四师一部。第七军进至绛帐镇南大营寨地区。

第一兵团由渭河南岸向周至、眉县攻击前进，于辛口子、黑山寺地区歼第三十六军一二三师一部。12日拂晓又于哑柏镇、横渠镇及以南地区歼灭第二十四师和第六十师一八八二团，俘虏6000余人。午后攻占眉县及以西地区。

至此，第一野战军仅以一天多的时间，就从东、北、西三面将胡宗南集团第十八兵团部及第六十五、三十八军和陇南兵团第一一九军等部，压缩在扶风、眉县之间的罗局镇以东、午井镇以南的渭河滩。

扶眉战役，第一野战军打的是快速包围战。一天一夜就完成了三路进攻和包围、一路阻隔任务。陷入困境的胡宗南部第十八兵团司令官李振急令部队向西突围，令其九十军一部、六十五军一六〇师一部、三十八军主力退却，以撤向宝鸡重新组织防御。

胡宗南部向西突围是唯一活路，却遭遇一野二兵团四军的坚决阻击。12日拂晓，四军与胡宗南部在罗局镇展开争夺战，胡宗南部先后向四军阵地发起十多次集团式轮番冲击，第四军十师、十一师顽强抗击，始终没让胡宗南部重兵突围成功，为扶眉战役歼灭其主力提供了可能。

随后，第二兵团和十八兵团紧缩包围圈。15时，两个兵团在几百门火炮掩护下发起总攻。胡宗南第六十五军一部泅渡渭河，一部被围堵在渭河以北。结果，泅渡渭河活着的8000人被南岸的解放军一兵团俘获，堵在渭河以北的敌军全部被歼。

13日，解放军第二兵团乘胜西进。14日，解放军第四军攻克宝鸡，第一兵团占领宝鸡以南。胡宗南部三十六、九十军残部退至秦岭。

二马集团彪悍的骑兵部队在整个战役中被第一野战军第十九兵团钳制在永寿县、彬县、崔木镇地区，不敢妄动。在胡宗南反复求援下曾派出小股骑兵侦察骚扰。当胡宗南集团被歼后，二马主力后撤到了陕甘交界的泾川、长武、灵台一线。

扶眉战役进行了4天，共歼国民党军1个兵团部、4个军部、8个整师另3个整团，共4.4万余人。解放军伤亡、失踪4600人，与敌损失兵力之比为1∶10，收复和解放了扶风、眉县、凤翔、宝鸡等8座县城。

扶眉战役是第一野战军在进击兰州过程中四个兵团首次联合作战，表现出了全军严格的大局意识、核心意识和政治规矩。

扶眉战役后，甘肃、青海、宁夏的马家军、陇南的王治岐军、西安绥靖公署胡宗南各军互相抱怨。马步芳抱怨胡宗南部闻风逃窜，事先没有通知他们，致使他们差点被全部歼灭。王治岐抱怨西安绥靖公署战前一点情况都不向他们通报，结果他们三个师开上去糊里糊涂地被歼。胡宗南怨气更大，怨马家军撤退的时候不通知西安绥靖公署，结果让解放军从马家军的防区内插进来，把他的几个精锐军消灭了。

第十八兵团司令官李振既抱怨与自己一起指挥的第五兵团司令官裴昌会不及时接电话，贻误了战机；又责备接替他的第九十军军长的陈武没有得到他的命令，就擅自西撤。第三十八军则抱怨战斗紧急的时候十八兵团司令官李振不适时增援，反说第三十八军两个团叛变。

从某种意义上讲，胜败后指挥官的态度是决定今后战争胜负的基石。

扶眉战役，第一野战军顺利完成了"钳马打胡"的任务，使西北战场敌我力量的对比发生了根本性变化，解放军由相对优势转变为绝对优势，战争的主动权已完全掌握在解放军手中。

扶眉战役是向西进军中第一野战军踢开"拦路虎""绊脚石"的战役，不是针对胡宗南的全歼之战，如果就此展开对胡宗南的全面攻击，势必会逼其迅速向西南撤军，对二野入川不利，甚至会打乱整个西南、西北的战局。

二、二马分割的陇东追击战

扶眉战役胜利打开了进军兰州的快车道，但国民党和狂妄的西北二马不甘心失败。于是，蒋介石于7月间速派"黄埔三杰"之一的国民党特务头目贺衷寒、顾祝同的堂弟顾希平到兰州"慰劳"马家军，给其打气、鼓劲。

贺衷寒、顾希平二人在西北军政长官公署召集师、团军官参加会议，会上两人鼓噪蒋介石关于第三次世界大战即将爆发的论调，以蒋介石的口吻要求二马当前的要务在于团结，在于坚守。拖延时间，就是出路；赢得时间，就是胜利。只听得参会的军官热血沸腾。

蒋介石一直在期盼着第三次世界大战，这样的论调在当时并不新鲜，但在西北军政长官公署确实起到很大作用，甚至成了此后战略上的主导思想。

7月24日，西北军政长官公署副长官兼参谋长刘任代表马步芳在马继援驻地静宁召开军事会议，参加会议的青、宁二马在此次会议上依据个人的推测做出了解放军的主力将集中消灭胡宗南余部，然后大举入川的推断。认为解放军只会在甘、青地区派少数部队于陇东南择险扼守，不会大兵西进。但为了防止一野大举进攻，静宁会议制定了三套作战方案：

第一方案：三路夹击。王治岐指挥的陇南兵团在天水、秦安占领阵地，马继援指挥的陇东兵团扼守六盘山，马敦静指挥的宁夏兵团凭借固原一带有利地形，阻止解放军西犯。各部诱解放军深入，把握战机，相机转守为攻，夹击取胜。

第二方案：华家岭轮战。以华家岭为轴，在该线占领阵地，以逸待劳，轮番夹击，歼击解放军。

第三方案：兰州围攻。如果解放军西进，对己不利时，则继续向兰州转进，占领皋兰山一带既设阵地，控制强大预备队，围攻解放军，确保兰州。

静宁军事会议还认为，平凉是扼宁夏、甘肃的咽喉，是第一野战军进攻西北的必经之地。

静宁会议在制定三套方案的基础上，还制定了与第一野战军在平凉决战的具体计划，这便是《关山会战指导复案计划》。该计划规定：

> 宁马正面作战。宁马为陇东兵团，卢忠良任总指挥官，以马鸿逵的第一二八军和第十一军等共计6个师再加上1个骑兵旅的兵力在平凉东南一带组织防御，在四十里铺、安口窑和华亭一带撑起一个弧形的防御地带，与一野部队正面作战。
>
> 青马两侧反击。青马为陇南兵团，马继援任总指挥，指挥第八十二军、第一二九军与第九十一军位于平凉以西六盘山地区策应，依托有利地形，利用骑兵机动速度快的优势，从两侧进行反击，寻找机会与一野决战。
>
> 胡宗南后方出击。胡宗南从他的守地秦岭向一野后方出击，把解放军主力堵在陕甘边境，确保青海和宁夏的安全。

这个所谓的《关山会战指导复案计划》也叫《平凉决战计划》。其实，马家军的意图早已被第一野战军识破。1949年7月19日，彭德怀在宝鸡虢镇北文广村召开军以上指挥员会议，就制定了实施平凉决战计划。他把平凉决战作为扶眉战役后与胡、马决战的第二个回合。

这一天，彭德怀提出了作战计划并报毛泽东主席：以十八兵团六十军、六十一军留在宝鸡一带牵制胡宗南，集中第一、二、十九三个兵团及十八兵团的六十二军共10个军的优势兵力迎击二马。7月23日，毛泽东主席向彭德怀复电，复电包括了三层意思：一是对第一阶段打击胡宗南取得胜利表示"甚慰"；二是对请示事宜做出批复，对西北战事做出安排；其三，电文说出了后来有关兰州战役作用和地位的话：照我想，主要平凉战役能歼灭两马，则西北战局即可基本解决。往后占领甘宁青新四省基本上只是走路和接管问题，没有严重的作战问题。

7月21日，十九兵团把从华北战场上缴获的几十辆坦克和装甲车组成战车队放在前面为部队开路，一路上战车轰鸣，对二马的骑兵极具威慑力。24日收复彬县、旬邑，25日攻占灵台、长武，27日攻占泾川、正宁、宁县。第一、二兵团作为左翼，也于7月23日和24日出发，于25日攻占陕西陇县。

第一野战军三路大军正浩浩荡荡剑指平凉，"滑马"马鸿逵和"野马"马步芳围绕着平凉会战矛盾迅速发酵。

7月27日，国民党政府行政院任命马步芳为西北军政长官公署长官，手握实权的马步芳想在平凉决战中把宁马置于正前方与一野死拼，他自己的军队则两侧机动，在后面捡便宜，有利时则趁机加入战斗，不利时则牺牲宁马保存自己。

而以狡猾著称的"滑马"宁夏马鸿逵对青马一直存有戒心。7月24日，西北军政长官公署副长官兼参谋长刘任依照马步芳授意，在甘肃静宁举行的军事会议上拿出了这份平凉决战计划。为了促使这一计划实施，马步芳告诉刘任，《关山会战指导复案计划》已经报请蒋委员长批准了，他马鸿逵想不执行也不行。刘任也是依仗着这个在会上做出的部署。

宁马的前线指挥官卢忠良也看出其中端倪，便请示马鸿逵，马鸿逵回电只有四个字，"相机行事"。当一野主力推进到距离平凉很近的陕西陇县一带的时候，卢忠良又发电请示马鸿逵，马鸿逵只回了8个字："保存实力，退守宁夏。"接到电报的宁马军速速撤回宁夏境内。

卢忠良带着宁马军队跑了，马步芳也不管不顾他一手编制的《关山会战指导复案计划》了，急忙下令马继援率陇东兵团向兰州后撤。

二马放弃了"关山会战计划"，第一野战军经毛泽东主席同意，也修正了作战方案，改平凉决战一举歼灭二马主力为陇东千里追击战。

7月27日，彭德怀、张宗逊向各兵团发出指示，按照修订后的作战计划，命令第十九兵团追歼宁马，经泾川、平凉攻击前进，占平凉后向固原、海原方向发展；第一、二兵团兵分两路追击青马。

第一兵团沿宝(鸡)天(水)公路前进,26日解放陇县后,28日晨第一军及第七军1个师,向进军甘肃的门户通道固关镇进发。

固关位于陇县西北30公里陕、甘交界处,与关山相连,四面高山耸立,山势险要,易守难攻。唯一的一条公路夹在东西走向狭长的深谷里,若隐若现。这里是国民党马家军防守解放军进入甘肃的第一个咽喉要道,是第一野战军西进通往甘肃必须打开的第一道大门。

称霸西北,负隅顽抗,是马步芳命其子马继援调集"精锐铁骑"十四旅来此凭险扼守的真实意图。

马家军八十二军的骑兵十四旅、二四八师骑兵团等8个骑兵团的兵力集结在固关、关山岭、马鹿镇一带。骑兵十四旅是马家军精锐,其在固关东小岭依山构筑工事,旅司令部设置在固关镇右边高地。

除了把固关镇构筑成"一夫当关,万夫莫开"的战略要地外,在后方的庄浪、静宁、隆德等县,集结八十二军的一〇〇师、一九〇师、二〇八师和一二九军的两个师共五个步兵师的兵力增援固关地区,马步芳要把住固关大门来打退第一野战军。

彭德怀和王震商议,把这块难啃的硬骨头交给第一军的第一师,由当年的红军师来砸开西进大门。一师派出了创建于1927年的两个红军团二团、三团。7月28日凌晨2时,攻击部队以每小时15公里的速度沿着通往固关的公路急速前进,于拂晓前在炮火支援下以钳形向守敌猛扑过去,此时七军也向敌一侧发起进攻。上午11时,拿下了固关的5、6、7号阵地。此时,第一团也投入战斗,随后七军二十师堵住了骑兵逃跑的唯一道路。

至16时结束战斗,马步芳骑兵第十四旅及二四八师骑兵团大部被歼灭,敌旅长马成贤左臂被炸断仓皇逃走。解放军毙伤并俘获副旅长马继奎(负伤)及部下500余人,缴获战马2000匹。固关不固,关山不关。这是青马部队一个整旅第一次被解放军全歼,给青马带来极大震动。

此后,一兵团继续展开追击战。29日,第一、七军占领马鹿镇、张家川。第二军于31日晨5时解放清水,接着占领张家川。8月2日,第一兵团由清水向天水前进;3日,第七军解放天水,俘敌2000余人,敌第一二〇军向甘谷逃窜。第一军于4日解放秦安，第二军于5日解放甘谷，10日解放武山。

在解放军胜利进军的影响下，国民党军第一一九军二四七师骑兵团及武山、天水等地方武装先后起义。

与此同时，第十九兵团一直沿着宁夏的方向前进，和庆阳分区部队一路斩关夺隘向西挺进。27日，解放泾川、正宁、宁县。28日，庆阳分区部队解放庆阳。29日，解放崇信。30日，十九兵团攻占平凉、镇原。

此时，马鸿逵有点坐不住了，他为了守住宁夏老巢，以第八十一、十一军等部5个团的兵力于宁夏彭阳县的任山河组织抵抗。十九兵团遂以第六十四军及六十三军一八八师、骑兵第二师等部，向任山河展开血拼，经过两次战斗，将其击溃，歼敌5000余人。

任山河像个微缩版的兰州，也是两山夹一河，任山河战斗也是初攻失败，第二次继续仰攻取得胜利。由于这场战斗是一个军与军的"顶牛战"，战后任山河的河水都是红色，很长时间内当地人把任山河叫"人杀河"。

第六十四军夺取任山河，打开了进军宁夏的道路，8月2日解放宁夏南部重镇固原。

六盘山是陇山山脉主峰，地势险要，海拔2800米。六盘山东侧的三关口是西去兰州、北去宁夏的两条公路的重要咽喉；六盘山北侧的瓦亭又是三关口的唯一门户，两侧皆为悬崖绝壁，中间只有一条狭窄通道，是地形极为险要的关口。宁马军队不但破坏了关口道路，还沿着道路两侧埋设了地雷。

身在兰州的马步芳也深知六盘山两侧的重要。在十九兵团进攻到六盘山东、北两侧时，马步芳致电宁马指挥官马敦静称：瓦亭为目前宁青联络之最后生命线，扼守对内对外尚可转变局势，否则青宁从此破裂！一二八军军长也向他的部队下令，哪怕战到一兵一卒也要守住阵地，与阵地共存亡。

8月1日总攻开始，第六十五军一九三师发起强攻，经过5个小时激战，连续粉碎了敌人5次反扑，占领三关口，打开了前往兰州的通道。8月2日，六十五军的一九五师经过激战，控制了陇东要塞六盘山。当年的"西风烈"此时已经变作"六盘山上高峰，红旗漫卷西风"了。到11日，十九兵团又解放了隆德、静宁、海原等城，六十五军攻占固原的黑城镇、海原的李旺堡地区，彻底隔断了二马的联系。

在右路军第十九兵团进攻任山河、六盘山一带的同时，中路军第二兵团于7月28日至29日解放安口窑、华亭、化平（今泾源）。31日向张家川、清水挺进，8月3日进至莲花镇地区，4日第三军解放庄浪，6日第六军解放通渭。

兰州战役的第二个阶段陇东追击战，从7月24日开始至8月11日结束，共解放县城22座，歼敌万余人。一野的报告统计的战绩是：毙伤敌2539名，俘敌骑兵第十四旅副旅长马继奎、伪国防部少将部员杨殿克及部下5898名，起义2110名，投诚1356名，共计11903名，毙伤战马700余匹，缴获骡马2514匹。

六盘山被突破，8月初，马继援一路狂退来到定西，忽然对这里的高山深沟发生了兴趣，坚持用定西山高沟深的地形打阻击战来拱卫兰州。而马步芳却认为定西地区并非军事要隘，四野开阔，无险可凭，主张退守兰州。

受过国民党正规军事训练的马继援顾虑的是一旦集中兵力于兰州一隅，已处于死角，特别是一向倚重的骑兵，必将困死兰州，寸步难行，失去其机动作用。在马步芳父子的争执中，一野已大兵压境，定西周边各县已经被解放军攻克。

对于青马是否坚守兰州，彭德怀司令员说："我们不怕他守，而是怕他跑掉，只要他不跑就到了消灭他们的时候了。"马步芳不跑，一方面因为"兰州有南山屏障，黄河天险，是决战的好地方"；另一方面他给儿子马继援说，过去打孙殿英在宁夏境内，打藏兵在青藏边境，打红四方面军在甘肃河西，这次仍然要把战火燃烧在青海境外。为此，马继援遵父意旨，同意了坚守兰州的作战方案。但在路过华家岭时，马继援走下小车，让参谋打开地图，很留恋地研究了一番定西作战的可行性。

马步芳要固守兰州，彭德怀盼着他固守兰州。在8月4日，也就是陇东追击战途中，彭德怀、张宗逊、阎揆要就向各兵团下达了进军兰州歼灭青马的命令。兵分三路：一兵团一军、二军和十八兵团六十二军为左路，二兵团为中路,十九兵团的六十三、六十五军为右路,十八兵团六十、六十一军及一兵团七军留守宝鸡、天水,实施"钳胡打马"。

8月12日起,兰州战役打响了廓清外围的战斗,解放军几乎每天解放一座城市。

12日,右路军(十九兵团)解放会宁,左路军(一兵团)解放陇西;13日,左路军解放漳县,右路军解放西吉;14日,右路军解放定西;15日,左路军解放会川、渭源两县;16日,中路军解放榆中,左路军解放临洮;19日,左路军二军抢修洮河桥后连夜向西追击;中路军二兵团三军解放洮沙,六军攻占榆中西北要点九条路口,四军进占兰州阿干镇;20日,左路军解放康乐,中路军、右路军会师兰州城郊,做战斗准备。

三路大军9天就解放了11座县城。兰州外围东、南、西南全部解放,北面远郊的海原、同心、靖远一带也被第六十四军完全控制。

三、钳胡打马的决战兰州阶段

兰州决战有三个鲜明特征:第一野战军的作战方针由"钳马打胡"向"钳胡打马"转变,基本战法由先打弱敌向先打强敌转变,作战方式由单一的军事打击向军事打击兼取政治瓦解转变。

当胡宗南退居汉中,虽然还有13个军的番号12.5万余人,但已经不是一野决战大西北的主要障碍。当时青、宁二马共有8个军约14万人,尚未遭受过严重打击,成为第一野战军解放大西北的主要障碍。故决定将"钳马打胡"的作战方针改为"钳胡打马"。

在青、宁二马中先打哪个的考量中,中央军委和第一野战军都认为,从兵力、战斗力和在西北战场所起的作用上,宁马都不能与青马相比。青马兵强马壮,凶狠剽悍,是反共最坚决、跟随蒋介石最彻底、西北敌军中最有战斗力的部队,是国民党军在西北的主力。先打宁马,作为国民党西北军政长官公署长官的马步芳明白唇亡齿寒的道理,青马肯定会配合、会支援;而打青马,宁马则不一定支援。而且,只要消灭了青马主力,就基本上解决了西北问题。所以,中央军委和第一野战军决定第一步攻打兰州,在兰州围歼马步芳主力。

兰州战役，第一野战军把第十八兵团的第六十、六十一军和一兵团第七军留在宝鸡、天水一线牵制胡宗南，第六十四军位于固原、海原监视宁夏马鸿逵部，集中第一兵团第一、二军，第十八兵团六十二军，第二兵团的第三、四、六三个军，第十九兵团第六十三、六十五军，共3个兵团8个军进攻兰州。

决战兰州的战斗从8月19日进入兰州时开始，到8月26日11时红旗插上黄河北的白塔山时结束，兰州全城宣告解放。决战兰州的胜利，彻底扭转了西北战场局势，随后，彭德怀在兰州开始指挥进军其他三省的战斗。

四、打拉结合的决胜西北阶段

兰州决战取得胜利，使西北战场的国民党军完全处于各自分散、相互孤立的境地。

西北军政长官公署及防守景泰、靖远之敌第九十一、第一二〇军等部，沿河西走廊向张掖、玉门逃窜；兰州战场上的残部第八十二军一〇〇师、二四八师，第一二九军三五七师残部逃往西宁以北五庄（拜巴庄），第一九〇师、骑兵第八旅等残部逃往海晏；部分军、师级军官当晚逃到永登、红古一带还有再聚集队伍的想法，但马步芳、马继援均逃往广州，无人统领指挥，国民党军基本上丧失了作战能力。

宁夏援兰兵团由兰州以东迅速撤回宁夏，开始布防，做最后的挣扎。胡宗南集团驻守陕南、陇南的部队，则依据国民党政府总的部署，随时准备入川。

唯新疆尚有驻军7万余人，建制比较完整，有一定战斗力，但孤立塞外，其主要将领认清国民党大势已去，正在考虑出路。为此，毛泽东主席和第一野战军开始着手军事打击兼政治工作两手解决西北问题。

军事打击方面，根据中央军委的指示，第一野战军决定：左兵团以第一、第七、第六十二军及第四军部分别留置西宁、天水、临夏、兰州等地，担负警备、剿匪及维护后方治安任务；第二兵团及第一兵团部率第二军自8

月 27 日休息 5 天，9 月 1 日起分别由兰州、西宁地区向河西走廊进军；第十九兵团率所属第六十三、第六十五军在兰州以东，从 8 月 27 日起休整 10 天或半个月，进军宁夏；第六十四军以一个师进至打拉池夺取靖远、中宁，并在固原、海原建立地方政权，征集粮食等。第十八兵团准备入川，配合第二野战军作战，扫清陕南、陇南残敌，完成解放甘肃任务。

随后，第一野战军发起河西走廊长距离追击战；政治争取周嘉彬、黄祖勋以及曾震五接受改编；陶峙岳接受改编；进军宁夏，打击马鸿逵，争取马鸿宾改编；扫清陕南、陇南残敌；进军新疆，完成西北解放大业，结束了历代剥削阶级对西北统治的历史。

第五章 个性兰州

兰州是因战而设的城市。黄河穿城而过,省会城市中的唯一,是为地域个性;决战,一方是终结式的"抬棺而战",一方是进行式"一战定四省",是为谋略个性;战法,一个要筑"铁阵",一个要打金城,是为战法个性;战至胶着状态,一方聚集力量冲击,一方在撤退中被歼灭,是为心理个性。

一条河流过两座山之间，

远处的烟囱依旧冒着烟。

不管是晴天还是那雨天，

每个清晨的开始都有一碗面。

时光到了2000年前后的某一天，兰州突然冒出一支民间乐队发出的"低吟的懊恼之音"，把西北的干燥韵味和兰州的脾性唱得百转千回，直指人心。

兰州极有个性。这一方水土有个性，当年那场战役的谋略有个性，战役的打法也极富有个性。

第一节　谁筑牢这座城市谁就拥有小半个中国

兰州极富个性，可惜许多人至今提及兰州，仍会联想到大漠深处的黄沙遍野、驼铃声声以及满目荒芜。以至于到了2019年9月3日，兰州市市长张伟文还在跟中新社记者感叹："这是一座被严重低估了的城市。"

但现代人说兰州，更多的是表现她的区域经济个性。比如，兰州是立足西北、辐射西域的区域中心城市。在2300多年的建城史上，兰州是丝绸之路的交通要道、"茶马互市"和商埠重镇，为沟通和促进中西方经济文化交流发挥着重要作用。

一、战城个性

兰州，本来是一座因战而设的城市。秦统一六国置郡县时，即在此设立县治，置金城郡；汉昭帝始元六年（前81年），又置金城郡。汉代起，这里就成为中央政府控制西域的跳板和桥头堡。清乾隆三年（1738年），兰州为甘肃的省府。1867年，左宗棠收复新疆，粉碎俄、英两国分裂中国的图谋时，兰州是后方基地。

兰州城在古代是中原王朝和西北少数民族的缓冲地带。这里地处中国陆地版图几何中心，可以东屏中原，南连巴蜀，西控河湟通西域，北扼朔方接内蒙古，是历代王朝着力打造和用心经营的"捍御秦雍，联络西域，襟带万里，控制强敌"的要冲。古代有"河西群郡，金城为最""兰安则秦安"的定论。清代思想家谭嗣同的诗对兰州有形象的描述，前两句"金城置郡几星霜，汉代穷兵拓战场"，接着转笔，"岂料一时雄武略，遂令千载重边防"。中原王朝和西北少数民族的反复厮杀成就了兰州这座昔日的边防之城，横刀立马威震西北边陲的将军传扬了这座古城的声名。

兰州东南一侧的榆中县有定远镇，是位于兰州到西安的交通要道上的基层政权机构。它其实最早是一座城堡的名字，是唐开元元年（713年）朔方军大总管郭元振率军西征时命士兵们在此修筑的一座城堡。郭元振所率的大军从此被称为定远军，人们将修筑的城堡取名为定远营。大军走后，这里就作为驿站长久地保存了下来。

兰州西北一侧的永登县有武胜驿镇，是兰州通往河西走廊的必经之地，该镇因境内有明代的驿站立名。当年张骞出使西域、李轨反隋、年羹尧平番、林则徐进疆，无不经过武胜驿。武胜驿就是兰州连接河西走廊的门户，河西走廊则是向西北到达新疆、向南到达青海、从酒泉向北到达蒙古国、向东南到达兰州通往中原的战略通道。

作为战城，必须有不可或缺的经济支柱。因此，兰州是西北地区最早接受近代工业文明的城市之一。19世纪70年代，就有了兰州制造局和甘肃机器织呢局，逐步拉开了现代化城市建设的序幕。20世纪初建造了黄河上第一座真正意义的现代桥梁——中山铁桥。

兰州在中国近代有着重要的战略地位。全国抗日战争初期，兰州是苏联援华空中交通大通道。兰州一带建立了兰州机场、榆中境内的东古城机场、西古城机场、中川机场、临洮机场、酒泉机场和一些临时战备机场，是为苏联飞行员驾驶的援华战斗机、轰炸机、运输机加油养护，为中国战区培训飞行员并在兰州编队飞到内地机场的中转基地。从1937年10月22日到1941年苏德战争爆发，运送过往兰州的苏联军事顾问、专家3665人，以志愿队员名义轮流参战的苏联空军达2000余人，先后组建8个航空兵群，运送各类战机、运输机等1235架。

兰州一度成为日军攻击轰炸的目标，1937年12月4日，日本海军航空兵精锐部队的11架轰炸机空袭兰州，被驻兰空军高炮猛烈射击，日军轰炸机遂将炸弹投到拱星墩机场后逃遁；1939年2月20日到23日，中苏空军联手共击落前来轰炸的日军飞机15架，取得兰州空战大捷，创下了抗日战争期间中国空军空战击落敌机最多的辉煌战绩。

兰州自古是西北门户，西北"锁钥"，谁筑牢这座城市，谁就拥有小半个中国。

二、谋略个性

《孙子兵法》中兵圣孙武有句名言：上兵伐谋，意为用兵的最高境界是使用谋略取胜。

十月革命的主要领导人列宁说得更直接：没有不用计谋的战争。谋略在前，谋定而后动等，都说明了谋略在战争中的极端重要性。

谋略不是决定战争胜负的全部因素，但至少是开放在最残酷、最激烈、最凶险地方的智慧之花，是战斗开始前把危局化为最小，实现自身能量最大化的头脑战斗。

胡、马这两支长期盘踞西北的国民党精锐部队和西北军阀，与第一野战军纠缠打斗的国民党顽固派军队，经过不间断的战斗，似乎双方都"知己知彼"了。然而，当第一野战军顺利转入"钳胡打马"的决战兰州阶段，双方都曾出现了把对方不放在眼里的主观判断，因而围绕兰州决战双方的谋略角力各有不同。

扶眉战役和陇东千里追击战，胡宗南集团局部败退，青、宁二马分割。战役的天平已经明显朝着不利于国民党军的方向倾斜。然而，国民党当局却在大背景的判断上出现了严重偏差。一是蒋介石不甘心自己就这样被共产党打败，他认为国民党即使在东北、华中战场上失利，还可以凭借大西南和大西北广袤的土地和优势的兵力与共产党顽抗，过于看重了自身的战役力量和战役环境；二是对国际形势做出了错误判断，他一直认为自己挑起的内战会引发美、苏两国参战从而引发第三次世界大战，只是时间问题。

在蒋介石看来，胡宗南部的十几个军近 20 万人马还在，青海、宁夏的马家军有 18 万人马，又是本地人。这两股力量足以与解放军周旋一段时日，为国民党重新组织反攻争取时间。兰州决战结束后，胡宗南果然聚集起了 25 万军队，这些都使他妄想能东山再起。

第二节　国民党各个层级的谋略

一、国民党当局的谋略

国民党当局为达到盘踞西南的目的，必须依靠西北的胡、马两股力量，最重要的是必须用二马钳制第一野战军主力而不使其入川，让胡宗南重新组织力量，保护西南始终掌握在自己手中。

民国时期，在我国西北实力最强的地方军阀，是宁夏马鸿逵和青海马步芳。李宗仁、白崇禧、阎锡山认为，马步芳是匹"野马"，虽难驾驭，但还可以拿出来拼一拼；而马鸿逵则是一匹"滑马"，常以"保境安民"来保存实力，有些靠不住。

这两匹马，不论是"野马"还是"滑马"，带着他的骑兵师、团在西风旷野中杀将过来，都是风卷云黑、杀气腾腾。因此，国民党方面认为，二马主力战斗力强，反共坚决，必然会全力同解放军作战。

为了把青、宁二马的战斗力发挥到最大化，国民党满足了他们各自利益：7月26日，国民党政府任马鸿逵为甘肃省主席；7月27日，任马步芳为西北军政长官公署长官，马继援为副长官。

1949年8月14日，从太原逃至广州担任了国民党行政院院长的阎锡山电召胡宗南、马步芳和马鸿逵，在广州召开了"西北联防会议"，共同策划兰州决战。阎锡山明知胡、马之间关系微妙，二马之间积怨很深，但同样反共的阎锡山深谙蒋介石、李宗仁的心意，以蒋介石、李宗仁名义大谈以大局为重，捐弃前嫌，团结反共的道理。在共同反共的旗帜下会议制定了兰州作战的基本方案。

广州"西北联防会议"的成果集中体现在会议制定的"兰州决战计划"上。

这一成果仿佛给满是衰相的国民党打了一剂"强心针",寄托着国民党当局满朝文武的期盼。

兰州决战计划:青马退守兰州,吸引第一野战军主力于兰州城下;宁马从固原由北向南转向兰州;胡宗南出击陇南,从东南包围、包抄一野;国民党派飞机轰炸兰州;将一野各部歼灭在兰州外围。

兵力部署是青马用一部分力量边打边撤,诱一野到兰州决战,其他各主力部队进入指定位置。用主力第八十二军、第一二九军据守兰州,吸引、消耗、正面打击第一野战军;由位于临夏、洮沙的新编军和宁马驻靖远的第八十一军断一野的补给后路,然后与驻守在黄河北岸的第九十一军、第一二〇军从左右两翼包抄,内外夹攻,再会同胡宗南集团和宁马的海固兵团第一二八军、第十一军,一举将第一野战军消灭在兰州城下。

对于国民党、蒋介石来讲,在兰州作战至少具有六大优势。

一是政治优势。马家军长期在此经营,军队、官僚、特务、警察、地痞甚至部分工商业业主等,皆是他经营多年的依靠力量。

二是地形优势。兰州是个东西方向的"川道型"带状城市,市区东西长46公里,南北最宽处10公里,最窄处仅两三公里。城内黄河自西向东贯穿流过,汹涌澎湃百余里;南北两山群山巍峨,高耸入云,与黄河构成相互照应的天然屏障,纵横蜿蜒20公里的南山自东向西分别是十里山、窦家山、马家山、古城岭、营盘岭、沈家岭、狗娃山等。兰州"两山夹一河"的地势,南山高北山低、南山长北山短,南山之南是山沟缓坡,南山的顶峰面临黄河,易守难攻。国民党马家军占领的南山制高点,只有从东、从南的长坡逐个突破,才能到达国民党军占领的南山各高峰,占领了这个高峰才能向城区发起进攻。真可谓:一夫当关,万夫莫开。

三是工事优势。抗战时期,国民党第八战区司令长官朱绍良就在兰州修筑了永久性国防工事,随后青马又对其进行了不断加固。主要阵地都有钢筋水泥碉堡群,盘山公路直通主峰,构成了完备的防御体系。抗战时期蒋介石亲自视察兰州,兰州战役前蒋介石又亲自接见了马步芳,使马步芳固守兰州更有信心。

四是所谓的民族优势。蒋介石早就与马步芳策划了利用少数民族反对解放军的政治阴谋，把它作为抵抗解放军的第二道防线，极力向少数民族群众灌输仇共思想，用欺骗手段煽动狭隘的民族情绪，妄想使一野进入其统治的中心腹地——兰州，便陷入泥潭。

五是后勤补给优势。马家军是"主场作战"，兵员、弹药、粮秣提前筹备充足、作战保障便捷且都掌握在马家军手中；而一野千里奔袭，人疲马乏，只要切断后勤补给线路，就可以在兰州和解放军打消耗战。

六是战略方位优势。在兰州决战，以其主力凭靠兰州险要地形与坚固工事，消耗第一野战军于兰州周围，临夏、洮沙的新编军和靖远的马鸿宾八十一军可以断一野补给后路，最后与驻守黄河北岸的九十一军、一二○军从左右两翼实施包抄，内外夹攻；再会同胡宗南集团、马鸿逵的宁夏兵团，让新疆的陶峙岳策应，妄图一举吃掉第一野战军。

二、马步芳的狂妄谋略

自清代以来，对残暴血腥的马家军拉拢利用最甚的莫过于蒋介石。而得到蒋介石支持的马步芳更加利令智昏，实施了许多灭亡前的疯狂行动。

为了备战并确保打赢兰州守卫战，8月11日，马步芳从兰州飞往汉中会晤胡宗南，当日即飞重庆会晤张群，随后又飞广州面见国民党行政院长阎锡山。8月14日又飞往广州，参加国民党中央召开的西北联防军事会议，会后转赴台湾向蒋介石请示汇报。当他8月19日飞回兰州时，解放军已经把兰州包围了。

马步芳认为，西北就是他的地盘，兰州是他的私地，所以他狂妄地喊出"保卫大西北、保卫家乡、保卫宗教、破产保产、拼命保命"的"五保"口号，实施法西斯统治。

招兵买马，疯狂扩军备战。在短短两个月时间内，马步芳在人烟稀少、贫瘠落后的甘、青两省拼凑了1个骑兵军、1个步兵军。

马步芳接连颁布反动法令，加速实行法西斯统治，相继颁布了"戒严法""紧急治罪法""户口连保""邮电检查"等近20部所谓法令。《甘肃民国日报》1949年8月29日第一版马步芳于中华民国三十八年(1949年)8月1日签发的"紧急治罪办法",该办法第二款即主干部分赫然写着8种死刑:

1. 投匪通匪者处死刑;
2. 擅自破坏军事建筑、军用品、交通、通讯武器物资者处死刑;
3. 以军用品或物资资敌者处死刑;
4. 纠众暴动或结伙抢劫者处死刑;
5. 泄露军事或刺探军情者处死刑;
6. 扰乱金融者处死刑;
7. 煽动罢工、罢课者处死刑;
8. 造谣惑众致使军公人员不执行职务或动摇人心者处死刑。

该办法的实施范围是"本署"辖区各接战地及兰州警备区,实施时间是颁布之日。应该说,同样作为国民党高级将领的陶峙岳、马鸿宾都没有他这般恶毒的招数。在陶峙岳、马鸿宾宣布新疆和平起义、宁夏和平起义以后,曾出现过迪化(今乌鲁木齐)、银川兵乱,但他们都没有颁布杀戮如此重的法律文书。

马步芳强化特务统治,实行白色恐怖。国民党"军统""中统"等庞杂的特务机构的特务充斥于兰州各个角落。马步芳还嫌力量不足,于是调进大批马系特务骨干分子,实施特务统治。

马步芳控制舆论,搞新闻独裁。凡省政府各机关的新闻均由甘肃省保安司令部政工处统一发布,凡军事新闻由西北军政长官公署政工处统一发布。新闻从业人员不能如实写消息,不能公正地发表社论,甚至副刊上的文字,也要绞尽脑汁地反复推敲,不然,随时就有杀头的危险。他的城防警备武装收缴了兰州老百姓的收音机,封锁了解放军进攻兰州的消息。

马步芳横征暴敛,搜刮民财。为了维持庞大的战争开销,他变换手法搜刮民财。

一时间,兰州大街小巷贴满了"十杀"布告,叫嚣"宁可错杀一千,不让走脱一人"。一时间，古城兰州警笛长鸣、宪警遍街、特务如麻，一片血雨腥风。一时间，凡是特务认为可疑的，哪怕是普通民众都要抓起来用麻袋套住上身，趁夜晚投入黄河。

有数据显示了当时西北重镇的惨状：

——自1949年1月至5月，拘捕无辜群众3000多人。解放前夕的短短一个月内，逮捕共产党员和革命群众300多人，有75名共产党员和进步人士惨遭杀害，制造了灭绝人性的"沙沟惨案"。

——兰州解放前夕，在马步芳私设的"新闻取缔"禁令下，许多记者和编辑被逮捕，很多人前一天还在采访编辑岗位上班，第二天就莫名其妙地失踪，从此杳无音讯。

——解放军开进兰州之前，马步芳当局成立了"兰州各界战时服务团"，向工商界强征强索。一个行栈业理事长就被两次大勒索：一次是为马继援的八十二军低价强购宽面洋布10万匹，损失7.6万多块银圆；另一次是向兰州市商会索要毛巾8万条，损失800多块银圆。

7月2日，马步芳在九间楼安排冶成荣向青海搬运物资，甘肃造币厂、兰州被服厂、甘肃机械厂和军需署在兰州囤积的器材、军火、机器和空军后勤部门所存的大量航空汽油等纷纷运往西宁的乐家湾、南山寺、小桥和黑嘴子等地。所以，彭德怀进入兰州后收到马步芳往西宁搬运物资的情报是准确的。在解放军围城之前的10天，马步芳还勒令兰州市商会等单位将所有物资不论公私，一律运往青海。仅堆积在享堂的军用物资、西药等就达数百吨。

兰州战役打响前，马步芳对部属发布命令称："本署以诱敌于有利地形与之决战，凭天然屏障筑工严密部署，如敌来犯，决举全力一鼓而歼灭之。"由于兰州南山是天然屏障，加之有钢筋水泥工事，阵地前沿又专门修筑了断崖绝壁，地堡前修筑了外壕，外壕架设了铁丝网和布满了地雷等。同时，马家军在南山重点布防了5万人，在东北侧布防了3万人，在西北侧后布防了一个军。凭借依山夹河的天然有利地形，以重兵布防于战略要地。的确易守难攻，加之城内特务密布，国民党警察把守着各个城门，所以马步芳、马继援父子多次在各种场合公开扬言"兰州是攻不破的铁城"。

　　青马是以家族世袭统治和宗教控制为特点的封建军事集团，是一支凶悍的、有战斗力的部队。马家军士兵长期受反共教育，异常残暴野蛮。作战时往往前有敢死队，后有督战队。土地革命战争时期，红军西路军吃过它的亏，在西府战役中它又占了点便宜。马步芳自恃"无败绩"，因而马步芳和他的这支部队气焰都很嚣张。他当着他的部属多次发誓："中央把西北交给了我，我要负责到底。我要亲自督师南山，抬棺而战。"摆出一副与兰州共存亡的架势。

　　1949年8月14日，阎锡山在广州召开所谓的"西北联防会议"，正式宣布马鸿逵为甘肃省政府主席。随后，马步芳又到台湾受到蒋介石的接见。8月19日，马步芳飞回兰州，狂言要"挽狂澜于既倒，定乾坤于西北"，提出"五保"口号，并大言不惭地说："我不仅要保住兰州，而且要直下西安"。在此之前的8月10日，马步芳曾向其子马继援等高级将领当面重申他死守兰州的决心，并吹嘘他对兰州的作战是"马勺里炒大豆"，作战方案也是自己独创的"马勺里炒大豆"方案。"马勺里炒大豆"是河州方言，马勺是木质大水瓢，遇火便燃。他把自己比作马勺，把解放军比作大豆，可以付之一炬。之后，他信心满满地飞往广州，向国民党当局和蒋介石表达死心塌地的反共决心，恳调空军助战，请求国民党当局电令马鸿逵部向兰州靠拢。得到国民党政府的满意答复后，遂于8月23日飞返兰州，24日命其秘书长星夜赶赴宁夏搬兵。

　　马继援更有意思，他都不知道自己打的什么仗。战后他的部下高官们都把这场战役叫兰州保卫战。他在战前给部下们说，哪怕南山守不住，解放军冲进城里，我也叫他尸骨如山、血流成河，暴露出一副与解放军死磕到底的嘴脸。

三、马家军的各种作战方案与兵力部署

　　围绕着在何处与第一野战军作战，马家军内部意见严重相左。除了马继援想利用定西山高沟深的地形打阻击战外，毕业于国民党中央陆军大学参谋

专业的国民党第八十二军少将参谋长马文鼎就曾提出"河川防御"的作战方案。

马文鼎等不同意在兰州决战,他提出了"河川防御"的作战方案。理由是,兰州有皋兰山为屏障,背靠黄河,有利亦有弊。如大兵团防御作战,胜则在重叠的山峦中机动部队无法进行逆袭,战果不大;败则只有一座铁桥,不能及时退却,就有被动挨打遭受覆灭的危险。

"河川防御战"方案是:

1. 把大兵团完全摆在黄河北岸。在东起宁夏西至甘肃永靖及青海境内的民和、循化做重点防御布置,沿线满布哨卡;这样,第一野战军要与马家军作战就得渡过黄河,而解放军既无船、又无桥。马家军可以以逸待劳,在哪里发现解放军渡河,就在哪里用重兵袭击。

2. 在兰州南部各个险要山头,自东岗镇到皋兰山、沈家岭、狗娃山等险要地带派出少量部队凭险打阻击战;经过一段时间的阻击战斗,完成对一野的消耗任务后主动放弃兰州,撤到黄河北岸。

3. 所有储存在兰州的弹药、粮食及重要物资全部运出;留给解放军一座空城,解放军进城后,面对近20万居民及大部队人马无粮可食就会立即发生恐慌。

4. 陇东、宁夏两兵团的粮食可由宁夏、河西、青海广大地区源源不断地接济,供应能随时保障;弹药可空运到青海、河西、宁夏等机场,随时满足军队需要。

马文鼎这个"河川防御战"方案还是赢得部分马家军高官的拥护,王治岐参加完定西会议回到陇南礼县、西固山区防地后,还给马继援发来电报,大意是在兰州防御作战利客不利主,胜则无战果,败则无退路。

马步芳坚持要在兰州打防御战,理由有两个:

一是兰州地形优越。他的说辞与广州召开的"西北联防会议"一致。兰州北临黄河,南有皋兰山可做屏障,易守难攻,有利于内线防御战斗;和青海、新疆、宁夏有公路脉络相连，接济方便；右翼的新编骑兵军以临夏为基地，配合骑兵第八旅、骑兵第十四旅及附属于五个步兵师的五个骑兵团，兵力不算单薄；化隆、循化还有马全义为军长的新编步兵军，作为后备力量。左翼以黄河沿岸为阵地，有卢忠良率领的宁夏兵团及马鸿宾的第八十一军，以及国民党中央军第一二〇军、第九十一军进行防御，乘机可由靖远出兵定西口，截断西兰公路，断绝共军的运输线等。

二是保护青海。马步芳坚持说，过去青海军打孙殿英在宁夏境内，打藏兵在青藏边境，打红四方面军在甘肃河西，这次仍然要把战火燃烧在青海境外。

马步芳定下的战役只能在兰州打。8月10日以后，马继援看到固守兰州已成定论，便开始了对兰州阵地的布防和兵力部署。马继援在定西军事会议结束后就令八十二军所属一〇〇师、一九〇师、二四八师三个步兵师迅速开赴兰州构筑加固防御工事。把骑兵第十四旅补充完整，安排驻守固关。马继援本人于8月10日乘坐汽车离开定西时，让一二九军及骑兵第八旅殿后，前呼后拥地回到了兰州。

马继援于8月10日晚6时许到达兰州，把指挥部临时设在临近黄河北沙沟的盐场堡地区，也就是今天联勤保障部队某部的院落内。

当夜，马继援行使兰州作战总指挥职权，当晚就召集了军、师、旅长及作战参谋人员，对马步芳提出的作战方案仔细研究，一直到深夜。

经过论证后，马继援和马步密、谭呈祥、韩有禄、马振武及以马文鼎为首的作战参谋人员，组成阵地视察小组，一同沿着环山公路到皋兰山中央的营盘岭，对东面的主要阵地窦家山、古城岭、马家山、西兰公路以北的十里山，对西边的沈家岭、狗娃山都进行了考察。

从阵地返回指挥部后又连夜发布各项命令，命令视察小组连夜将各防御阵地内已有的钢筋水泥工事设施，各阵地内急需补充加固修建的防御工事做出详细报告并绘制防御要图，报到指挥部。

8月12日凌晨5时，各军、师、旅负责人及作战参谋人员全部到指挥部，仔细研究和审核了视察小组提出的作战报告和建议，其内容包括阵地部署和军力部署两部分。其中兵力部署包括兰州周边的兵力部署和兰州城内的兵力部署两部分,整个作战部署有五个部分。

四、马继援部署的南山四大阵地

兰州战役作为马家军的城市防御作战,打的不是城墙,是南山。因为兰州是一河两山的带状城市,第一野战军从东而来,从东南打进城的天然屏障就是南山。所以马家军防御作战的主战场是南山。南山从东到南到西边分别是窦家山、古城岭、营盘岭和沈家岭四大防御阵地。

1. 窦家山阵地。窦家山、十里山是一个相互连接的屏障阵地群。窦家山位于兰州东南约 10 公里,紧扼西兰公路,地形险要,是兰州东南防线的要冲,是兰州的东大门;十里山是兰州城东的屏障,北临黄河,南接窦家岭,西与马家山相接,西(安)兰(州)公路由其东南折向西北,从山谷中通过,由于山势陡峭,地形复杂,易守难攻。

马家军在原有阵地基础上再加强工事,各火力点构成三角或四方形阵地,各阵地核心筑有黄土覆盖的隐蔽地堡,火力网交叉无死角,交通壕连接各火力点。在主阵地周围,挖了两三道外壕,既能独立作战,又可互相机动策应。此外,在山腰部削成两三米不等的绝壁,并在绝壁上挖成轻、重机枪射击孔,在进攻易于接近的地段设置滚木和内装炸药的汽油桶,谓之滚雷或飞雷,加大爆炸后的杀伤力;外围设置铁丝网及埋设地雷群。这样,兰州的东大门就能守住。

2. 古城岭阵地群。古城岭是南山防御体系中兰州东南方向的天然屏障,与马家山、大顶山构成兰州防御体系的主要阵地。该阵地东临窦家山,西临营盘岭,也有城区通往山上的盘山路,有碉堡群,碉堡群外的工事基本跟营盘岭阵地相近,唯一不同的就是这里的铁丝网上安置了航空炸弹,一个炸弹爆炸,能带动周边几十米范围的地雷爆炸。

3. 营盘岭阵地。营盘岭是皋兰山的最高峰,皋兰山是兰州城南的天然屏障,利用皋兰山现有的钢筋水泥碉堡群,以及城内通向皋兰山的环山公路运输物资极为便利这一优势,在此基础上,按照碉堡群—峭壁斜坡—斜坡掩体—夹角沟壕—铁丝网—地雷阵这6道工事构筑防御体系，即在碉堡外按照山体和地形坡度削成高5—10米的斜坡，在斜坡峭壁的腰部挖出机枪侧射的掩体，然后在峭壁外部挖4—5米深的夹沟，各沟壕间筑暗堡和野战工事，使交通沟壕内暗道相通，壕沟阵地前再架设铁丝网，铁丝网前密布地雷群。

4. 沈家岭、狗娃山阵地。沈家岭、狗娃山是城关区与七里河区交界处南山的两座山梁，在西关十字西侧工人文化宫顶端，距离市区5公里左右，两山相连。狗娃山在沈家岭西面，山梁比沈家岭低。在这两架山的东西面，各有一条公路直通兰州城西关。狗娃山西侧是兰临（临洮、临夏）公路，沈家岭东是兰阿（阿干镇）公路，雷坛河从谷地流过，公路沿河延伸，东边就是最高的皋兰山，居高临下。守住皋兰山、沈家岭就能控制兰阿公路；守住狗娃山，就能截断兰临公路。这处阵地实为兰州"锁钥"，如果"钥匙"牢牢地掌握在手中，兰州的防御战就能取得胜利，达到预期的目的。

五、马家军在兰州周围的兵力部署

青马把兰州决战看成是自己生死存亡的关键，进行了不可谓不周密的研究部署。兰州周边的主力配备，是依照坐西北朝东南来布局的，即兰州城内南山一线为主战场、左翼为兰州北岸、右翼为兰州西侧。

1. 陇东兵团主力（马步芳直系的第八十二军、第一二九军附榴弹炮一营）在狗娃山、皋兰山、东岗坡一带既设工事占领阵地，同时部署了强有力的机动部队于四墩坪至七里河之间的地区。该兵团的骑兵部队则配置在兰州、河口间黄河北岸，担任沿河守备。

2. 陇南兵团的黄祖勋部第九十一军、周嘉彬部第一二〇军，配置在兰州盐场堡到靖远之间，驻守黄河北岸，以巩固兰州左翼，时机成熟时，可进军到定西峰口，截断西兰公路交通线。

3. 韩起功骑兵军（兰州战役前不久，由地方部队改编而成）守备洮河，巩固兰州右翼，并看守青海大门。

六、兰州主战场的兵力部署

马继援的八十二军负责兰州战役中城市内线作战的整个战斗任务。所属第一〇〇师负责十里山、窦家山、马家山、古城岭、大顶山一带防御任务。其中一〇〇师第二团和青海保安第一团驻守窦家山，一〇〇师主力和青海保安第二团驻守古城岭。

一〇〇师参加兰州战役作战的有两个步兵团、一个骑兵团，有直属的辎重营、迫击炮营两个营，还有通信连、工兵连、特务连、搜索排、卫生队等兵力1.1万余人，就人数而言是一支超配的部队。配有轻重机枪、迫击炮、火焰喷射器，以及从一二〇军临时调配的山炮，属于多炮种的加强部队，装备精良。

第二四八师与东边第一〇〇师相接，驻守皋兰山、营盘岭一带，执行防御攻击任务；第一九〇师驻守沈家岭及狗娃山。

战前准备的责任人是军参谋长和各师师长。由八十二军参谋长马文鼎会同各师师长到阵地进行具体分工，修补和挖掘工事，所有工事限两天两夜完成；所有部队已经全部进入阵地，做好了战斗准备。

马步銮的一二九军两个步兵师为预备队，三五七师调驻小西湖七里河崔家崖，新一师调驻东教场。黄河以北的庙滩子至永靖一带由马步銮指挥该军直属部队及骑兵第八旅、骑兵第十四旅沿河布置防守。

在临夏的新编骑兵军如需增援时，马步銮统率两个骑兵旅由永靖、莲花渡河增援。马全义新编步兵军在化隆作为右翼骑兵军的后备力量。

马步銮的第一二九军第一八一师在东岗镇飞机场和黄河北岸，西北军政长官公署及骑兵第八军在黄河北岸白塔寺一线。

七、指挥部

成立兰州战役作战指挥部。成员是马继援、刘任、马步銮、卢忠良（缺席）、赵遂、马文鼎，参谋长由马文鼎兼。

宁夏兵团为总预备队。除钳制一部分解放军部队外，要求以两个步兵师策应兰州战斗。马继援命本次会议结束后，将会议纪要即时通报宁夏兵团及各军各师。

会议结束后，马继援即令参谋长马文鼎协同第一〇〇师师长谭呈祥、第一九〇师师长马振武、第二四八师师长韩有禄乘车去十里山、窦家山、马家山、古城岭、大顶山、皋兰山、营盘岭至沈家岭、狗娃山一带防御阵地，督促部队连夜修补削壁等防御设施。

马步芳特别是马继援在调兵布阵上做足了功课，派驻了5万精锐军队，以其战斗力最强的马继援第八十二军之3个精锐师第一〇〇师谭呈祥部、二四八师韩得胜部、一九〇师马振武部，分守窦家山、古城岭、营盘岭、沈家岭四个主阵地，摆开架势要与解放军顽抗到底。

八、"中央派"的算计

在兰州的国民党军中也有两派：马家军与"中央派"，两派各有两个军的兵力。在马步芳疯狂吹嘘要与兰州共存亡的时候，胡宗南、马步芳和马鸿逵之间的矛盾愈演愈烈，以西北军政长官公署副长官刘任为首的"中央派"的陇南集团与马步芳为首的陇东集团之间的斗争也开始加剧。

刘任是桂系伸向西北的爪牙，此时是国民党中央势力在西北的代表。兰州战场上的"中央派"分别在兰州盐场堡到靖远一线，是陇南兵团任军长的黄祖勋部第九十一军、周嘉彬任军长的第一二〇军；另一支则是在陇南的王治岐部即一一九军。和马家军一起的陇南兵团虚有"中央军"之表，其实毫无战斗力。但这些"中央派"外战无能、内讧能力超强，他们工于心计，善于自保。在兰州防御决战即将打响之际，"中央派"经过密议后得出三点结论：

一是宁马马鸿逵虽分得甘肃省主席一职，满足了他的愿望，但兰州是青马势力范围，所以宁马对兰州的得失肯定不甚关心，马鸿逵目前只要保得住宁夏老巢就够了。青、宁二马相互倾轧呈表面化，不可能临难相顾。

二是胡宗南在汉中，自顾不暇，乘解放军西去正好扼守秦岭，苟安整补。况且胡宗南自关中失败后，对青马"见死不救"有切齿之恨，兰州决战肯定按兵不动。

三是马继援的陇东兵团，战斗力虽强，毕竟众寡悬殊，难以应付强大的解放军。他们预料解放军打下兰州后，必将转锋南下，进取四川，决不会深入遍布戈壁滩的河西走廊，更不至于向数千里之外的新疆挺进。

基于上述三点推断，"中央派"决定他们的未来是去河西走廊，在那里养精蓄锐，等待第三次世界大战爆发，再反守为攻。

为了不让马继援窜据河西，"中央派"承袭了蒋介石借刀杀人、排除异己、消灭杂牌、保存自己的一贯做法，主张以陇东兵团独立担当兰州保卫任务，而陇南兵团作为总预备队。这样，兰州防御决战一旦国民党军取得胜利，"中央派"可以与马家军继续合作。一旦战败，被消灭的是马家军，陇南兵团仍可保存无损。

原陇南兵团王治岐麾下的第九十一军军长黄祖勋与他的师长们在一起常常谈论马步芳、马继援。在黄祖勋看来，马步芳自接任西北军政长官公署长官后便狂妄至极，得意忘形。他自己认为"西北是我的，一切应以我为主，以我军守我土，心安理得"。据此，黄祖勋认为马步芳歧视中央军。要想守住兰州这块地盘，马步芳认为只有他自己的部队可靠。其次，青海是他的老巢，大量的军用物资运往青海了，如果兰州保不住，他向青海一缩，又可以去当他的西宁王。

九十一军军长黄祖勋在背后说到马继援时一脸的不屑，不称呼总指挥也就算了，还总说"这小子，这小子"的。他给师长们说，马继援骄傲得很，他一向看不起共军，常常吹嘘共军是他手下的败兵。一野大军挥师西进不可阻挡，马继援吹嘘说他在"诱敌深入"，然后聚而围歼。他看不清共军，也不把国民党军当人，把他们这些"中央派"看作是"豆腐队伍"，总是怕我们作战不力，影响他的士气。黄祖勋背后的这些言论，在兰州的国民党军中起到了分化马家军与"中央派"的作用。

当"中央派"对马家军算计好以后，便派人去做马继援的工作。这位29岁就当上国民党中将军长的兰州战役前线总指挥马继援对"中央派"的建议竟然照单全收，一应许诺，谈话一次成功。

派去的彭铭鼎向马继援"献策"。彭铭鼎说，共产党虽是一时得逞，即将逼近兰州，可是犯了孤军深入的兵家大忌。胡宗南部队蹑其后，宁夏兵团附其背，马家军固守兰州，相机反攻，共军会遭到四路围攻的毁灭性打击。

为了便于指挥，必须划分兵团战斗区域，建立强大预备队。最好陇东兵团以一部守河口，主力在兰州布设阵地，严阵以待。陇南兵团系新编部队，不但战斗力不强，而且将领骄横难制，不要把这支部队放在兰州守城，以免与陇东兵团混杂，不便指挥。为此他建议马继援，把陇南兵团作为总预备队，令其在黄河北一条山一带布设阵地，掩护马家军的侧背。

年轻气盛的马继援还真没想着让"中央派"在兰州作战中沾光扬名，于是彭铭鼎此话正合马继援心思。他通过和已经在西宁的马步芳商量后，对"中央派"派来的彭铭鼎的建议一应照准，决心让自己的军队在兰州大战第一野战军。事后，马继援在兰州惨败，方知上了"中央派"的当，但悔之晚矣。

第三节　中共中央的战略部署

一、毛泽东主席的部署

毛泽东主席把全面解放大西北的希望始终寄托在兰州战役，他部署的兰州战役大致有先打青马、集中优势兵力、战前充分准备、一战定四省及政治瓦解等考虑和部署。

先打青马。早在1949年初，解放兰州的计划就已经在毛泽东的部署之中。面对国民党以及西北军阀企图与我决战于兰州，一野和中央军委、毛泽东主席分析认为：二马退守兰州、银川，处境虽已孤立，但实力较强，我若同时进攻二马，则兵力分散难以奏效；如果先夺宁夏，又会给青马部署甘肃、青海、新疆三省的机会，延误解放整个大西北的进程，甚至可能使敌人从临洮、武都逃进川北，造成我军尔后作战的严重困难。同时认为：二马之间，历来矛盾较深，且青马实力较强，以西北霸主自居，力图吞并宁马；我若先歼灭青马，宁马未必支援。因此决心将计就计，在兰州与敌决战，先彻底歼灭青马反动势力。

集中优势兵力。毛泽东向来战术上重视敌人。他电告彭德怀："打马是一个较为严重的战役，要准备付出较大的代价，千万不可麻痹大意。"8月23日毛泽东又电示彭德怀、贺龙、习仲勋，大致有如下意见：马步芳决心守兰州，有利于我军歼灭该敌。为了彻底歼灭该敌"必须集中三个兵团全力于攻兰战役"。而且指出：王震指挥的第一野战军第一兵团从上游渡河后迂回于兰州后方，切断兰州通青海及新疆的道路并参加攻击兰州的战斗。王震投入的战斗主要是切断通往新疆的路，务不使马步芳退到新疆，危害无穷。

不要急于作战。毛泽东不主张一野到兰州后就投入战斗,要求对兰州实施攻击前应有一星期或更多时间进行休整,详细侦察敌情地形,鼓动士气,做充分的战斗准备。目前要求"并须有一次打不开而用二次三次攻击去歼灭马敌和攻占兰州"的思想准备。毛泽东主席对马家军的战斗力和残暴性是有清醒认识的。

整体部署西北作战。毛泽东在兰州决战之前就多次做出了详细部署。

1949年6月27日,在《关于进军西北和川北的部署》致电彭德怀:占领宝、凤、泾、凉后,看青宁胡王四敌即马步芳、马鸿逵、胡宗南、王治岐主要是青宁两敌被歼程度再决定新的部署,如两马主力被歼,则进一步解决兰州、青海、宁夏及甘肃西部已无重大困难,就可以按照二中全会商定的计划早日分兵为两支。第一支西进,解决甘宁青新四省,并望能在年底前解决甘青宁三省并直达甘凉肃三州(张掖、武威、酒泉),取得油源。这一支的兵力数按照担负完成上述任务为原则。第二支南进,以占领成都解决川北为目的,不可太早,宁可稍微缓一点。

1949年7月7日,按照这一部署,第一野战军发出了关于歼灭胡宗南、王治岐的作战命令。7月23日,毛泽东电示彭德怀,开始提早部署整个西北战场问题。毛泽东认为,如果8月份的上半月能够在平凉完成打击二马战役,部队可以休整半月至一月,9月西进,10月占领兰州、西宁及甘、凉、肃三州,则有可能于冬季占领迪化(今乌鲁木齐)。

毛泽东在部署兰州决战的同时部署了青海、宁夏、新疆问题。8月6日,毛泽东《关于兼取政治方式解决西北地区》致电彭德怀、贺龙、习仲勋。这份长达1300字的电文详尽地分析阐述了敌方各派之间的矛盾与我方的关系以及我军应采取的对策与方针。他指出,马步芳解决后,必须使用杨得志深入宁夏"给马鸿逵部以歼灭的打击"。

1949年8月8日,彭德怀根据毛泽东的电文指示,向贺龙、习仲勋致电,提出解放兰州后向宁夏进军的若干意见。

1949年8月9日,彭德怀提出,在解决了青、甘敌军主力后准备入疆前应该成立甘、青军政委员会或者西北军政委员会的建议,毛泽东随后回电批准了他的提议。

1949年8月19日，针对攻击兰州和进军青海、新疆的部署，彭德怀致电毛泽东，提出解决青海民族问题和陕甘两省干部问题以及入疆的交通问题。随后毛泽东给予批复。

1949年7月23日，毛泽东就举行平凉战役及西进作战计划给彭德怀的复电说"只要平凉战役能歼灭两马主力，则西北战局即可基本上解决。往后占领甘、宁、青、新四省基本上是走路和接管问题，没有严重的作战问题"，确定了"一战定四省"的战略。由于平凉会战计划流产，兰州决战便担当起了这一重任。

1949年8月3日，彭德怀在实施千里追击途中致电毛泽东，提出了打下兰州后进军新疆的计划，计划中提出了由平凉到迪化全长2240公里至2300公里，步行按日行35公里算，每四天安排休息一天，三个月可以到达迪化，并附上进军中的相关要求。

兼取政治方式解决西北问题。1949年8月6日，毛泽东针对西北的特殊地理和政治情况，致电彭德怀并贺龙、习仲勋，提出了兼取政治方式解决西北地区的指示。兰州决战的胜利标志着用政治方式解决西北问题的开始。

当时的毛泽东可谓日理万机。7月他在指挥四野中南各省消灭白崇禧集团作战、宜（昌）沙（市）战役的同时，还在积极筹备中国人民政治协商会议，还在专门为新华社撰写文章，揭露美国政府对华政策的侵略本性。在整个兰州决战和解放西北过程中，据一野战史研究员范文会计算，能够确认毛泽东起草的电文有35份之多。

在战术的运用上，毛泽东坚决要求彭德怀"必须集中三个兵团全力于攻兰战役"，战略上在攻打兰州之前就早早地谋划了对西北诸省的解放问题，他一直在部署兰州战役决战的同时谋划进攻青海、宁夏和进军新疆问题。他制定的作战方案与蒋介石国民党当局及马步芳、马继援死守兰州的战法属于云泥之别。

1949年8月23日，中共中央关于集中三个兵团全力攻兰致电彭德怀、张宗逊、贺龙、习仲勋（毛泽东手迹）

三面布控，5个军直击兰州。兰州是解放大西北必须取胜的战略要地。青马在兰州摆开架势与解放军决战，彭德怀认为这是求之不得的好事情。他说："我们不怕他守，而是担心他跑掉。如果他真的不跑，就到了我们把他消灭的时候了。"8月4日午时，彭德怀、张宗逊、阎揆要向各兵团下达了进军兰州歼灭青马的命令："拟以一部钳制宁马匪军，集中绝对优势兵力，首先歼灭青甘两匪军，并准备歼击新（疆）省可能回援之匪军。"

二、第一野战军对兰州战役的总体部署

第一兵团第一军、第二军并指挥第六十二军为左路，取武山、陇西、渭源，得手后经临夏渡黄河直取西宁，断青马退路。

第七军主力控制天水，与第十八兵团的第六十军、六十一军打通天宝铁路，一部控制陇西，保护左兵团交通运输。

第二兵团为中路，经通渭、马营镇、内官镇、洮沙，向兰州城南、城西攻击前进，并准备以主力于兰州上游渡过黄河，沿兰（州）西（宁）公路东进，从西面形成对兰州的包围，如该敌先退西宁或北窜，该兵团即西进，协同第一兵团进攻西宁或尾敌北追。

第十九兵团第六十三、第六十五军为右路,第六十五军由隆德经静宁沿西兰公路界牌岭、沙家湾、华家岭,第六十三军由固原经兴隆镇、会宁、定西,向兰州城东攻击前进。

第六十四军控制固原城及其以北,对宁马组织积极防御。第十八兵团及第六十军、六十一军留驻宝鸡一带,继续钳制胡宗南。

一野司令部要求各兵团、各军于8月9日前完成进攻兰州、西宁的一切战斗准备。

8月5日,第一野战军政治部发出了解放大西北的政治动员令:"我军决乘胜追击,直捣匪军巢穴——兰州、西宁、宁夏。"号召"全党同志及全军指战员、战斗英雄模范工作者,全军一致,勇往前进,为干净、全部消灭青、甘、宁三省匪军,解放整个大西北而战斗"。这场战役的部署,用贺龙当年给四军军长张达志的介绍最为简洁明快:"现在,我军已经给敌人撒下一张大网:以五个军攻取兰州;以三个军由兰州南侧绕插西宁,去抄马步芳的老窝;另以三个军积极沿川陕公路南进,镇住胡宗南;再以一个军向宁夏方向运动,牵住马鸿逵。这样,不管兰州的敌人或逃或战,都逃不脱被歼灭的命运了。"

但从毛泽东的要求和当时的打法看,兰州和西宁实际上是一个战场。

自此,中国人民解放军第一野战军12个军展开了解放大西北342.5万平方公里的国土的战略大决战。

三、第一野战军对兰州城区战场的具体部署

第六十三军进攻窦家山,得手后,从东向西进攻兰州城;第六十五军进攻马家山、古城岭,得手后,从东向西进攻兰州城;第六军进攻营盘岭,得手后,由西沿皋兰山进攻兰州城;第四军进攻沈家岭、狗娃山,得手后,由西南向东北进攻兰州城;第三军沿黄河右岸由西向东北进攻兰州城,发觉敌有撤退时占领黄河铁桥,切断敌军退路。

这便是三面布控,5个军直击兰州的西北战场上最后的战略大决战。

总体看,兰州战役在敌我兵力部署上,国民党西北行政长官公署计划投

入6个军共13个师，第一野战军共投入12个军35个师。

第一野战军进入兰州城区五大战场决战的有5个军14个步兵师、1个骑兵师、1个战车队、6个炮兵团，还不包括在兰州西作战的第一兵团3个军。进入城区的参战部队有：

  第二兵团第三军第七师、八师、九师，炮工团；
  第四军第十师、十一师、十二师，炮工团；
  第六军第十六师、十七师，炮工团；
  第十九兵团第六十三军第一八七师、一八八师、一八九师，炮兵团；
  第六十五军第一九三师、一九四师、一九五师，炮兵团；
  兵团部骑兵第六师、战车队、炮兵团。

第四节　初战后双方的态度

两军对垒，各自部署完毕。此时，接近兰州的一野司令部得到两份截然不同的情报：一份是国民党军一二〇军和九十一军已从兰州北撤，拟随甘肃省政府退到酒泉，大批物资正由兰州运往西宁，兰州之敌正准备炸工厂，拆除电线，破坏黄河铁桥；另一份是蒋介石集团每日有数架飞机运送弹药到兰州，青马正抢运粮食和磨盘进城，其八十二军主力在兰州加修工事，宁马准备六个师出击，支援兰州之战。

彭德怀分析认为，马家军在兰州决战的计划不会像平凉那样不战而撤，他坚定地要求全军必须尽一切努力迫使敌人在兰州决战，并从各方面做好充分的战斗准备。

鉴于兰州敌情地形，第一野战军只能对敌实行东、南、西三面包围，北面黄河铁桥以及黄河北岸我军无法围歼，客观上给敌人形成了"网开一面"随时逃跑的可能。如果敌军弃城而逃，将为解放大西北造成更大的困难。同时，新疆问题十分紧迫，急需解决。

1949 年 8 月 19 日，彭德怀决定提前发起兰州战役。他在当日午时给毛泽东报告了敌情动态。8 月 20 日 5 时，彭德怀致电中央，本日(20 日)决心进行侦察，21 日扫清外围，22 日攻城。

第一野战军司令部于 8 月 20 日根据彭德怀的决定，命令各军于 21 日拂晓在全线发起攻击。

一、初攻失利后毛泽东的电文指示

8 月 20 日夜各部队向敌逼近。21 日，各兵团开始投入这场残酷的战斗。兰州战役，残酷到什么程度？不到一平方公里的沈家岭，敌我双方投入三个师的兵力，沈家岭的山头被双方的炮火削低打矮了2米！

第十九兵团，担任攻击任务的六十三军一八七师以五六〇团加上军炮兵团、师山炮营，从十里山正面实施主要攻击；以第五五九团在东北面、第五六一团在东南面辅助攻击。21日拂晓，第五六〇团在火力支援下，占领方家泉、柳沟河之敌警戒阵地，并越过柳沟河。6时，炮兵向十里山轰击，第五六〇团第二营五连随即发起冲击。但由于炮火组织不严，炮弹准备不足，火力不够集中，未能压制敌方火力，结果部队遭到敌人反击，冲击受挫，伤亡较大。第一八七师经过重新组织，于22日9时再次发起攻击。约15分钟后，第五六〇团第一营第二连突破敌第一线阵地向第二线阵地发展，并突破敌第一道防线阵地。这时，敌集中火力封锁了突破口，并以一个营的兵力赤膊挥刀，连续疯狂反扑，已突入敌人阵地的第二连二班和第九连第二排即与敌人展开白刃格斗。战斗中，干部大部伤亡，战士们自行代理指挥，仍与敌人进行激烈的肉搏。但终因解放军投入的兵力过少，第二梯队又被敌人火力拦阻，加上解放军炮兵弹药供应不及时而影响了火力支援，突入敌阵的部队被迫撤出阵地。10时，即停止攻击。据当时统计，六十五军一天就伤亡800余人。

第二兵团四军20日晚，按照既定部署，作为担任主攻任务的十一师三十二团接近沈家岭阵地，十师二十八团接近狗娃山阵地。两团按上级规定时间于21日6时发起攻击，经过激烈战斗，几次冲锋均未成功，全线无一处突破。22日晚天降大雨，二十八团领导因怜惜部队疲劳，没有派出侦察分队警戒，疏忽中遭敌偷袭，并突破我一线阵地，使该团伤亡200余人。其中二十八团三营教导员任强等光荣牺牲，副团长呼升荣负伤。

初战，两个兵团派出九个团对敌发起进攻，激战一天，在窦家山、十里山、营盘岭、古城岭、沈家岭、马家山等战场没有拿下一个阵地。21日黄昏时分，彭德怀命令停止攻击，宣布首战失利。

当晚22时左右，彭德怀、张宗逊将兰州外围受挫失利的情况立即报告了中央军委和毛泽东主席。第二天即8月23日，毛泽东电示彭德怀、贺龙、习仲勋，坚决要求必须集中三个兵团全力于攻兰战役。这一回电体现了毛泽东主席的一贯作战原则和对攻打兰州的一贯思想，即不打无准备之仗，不打无把握之仗，集中优势兵力用三个兵团攻打兰州，王震兵团迂回兰州后方，弥补了北面空缺"网开一面"的战役部署。

这样，攻打兰州就已经从5个军变成了8个军，即城区两个兵团5个军，兰州城西北实施堵截的1个兵团3个军，达到了毛泽东主席"集中优势兵力用三个兵团攻打兰州"的要求。

二、青马欢庆"胜利"

21日晚，马继援召集各师长和军长开会，鼓励他们："我对南山诸阵地上的全体将士深表慰问，并通令嘉奖，每个军官发大洋5元，每个士兵发大洋3元，以示犒赏！"

有马继援的鼓励，刘任又搜集了一些大洋，派人把兰州所有的妓女都召集了起来，组成一个"慰问团"，兴冲冲地去见马继援。马继援对这些花枝招展的妓女们说："山上的'娃儿们'人人手里都有白银，他们什么都不缺，就是缺你们，你们可千万别错过了发财的好机会，高高兴兴地去阵地上慰问他们吧。"（'娃儿们'是马继援称呼下级官兵的口头语。）妓女们被分成几个队，刘任带一队上了皋兰山的营盘岭，马继援带着一队去了沈家岭。在沈家岭，马继援察看了几个主要工事，还专门看望了偷袭狗娃山解放军阵地的官兵，当场发给每人5块大洋，专门吩咐留下一些妓女进行慰问。

马家军根本没有想到，第一野战军初战失利了，但自己的各种防御部署和作战特点被完全暴露给了解放军。在这个时候不采取措施，将会遇到灭顶之灾。他们没有顾忌这些，也许是没有想到，但更多的是他们一贯的骄奢淫逸、狂妄自大、傲慢自负的军阀本性，以及走向新的历史节点的他们还依然保持的反动本性，导致了他们随后的必然灭亡。

三、一野主动担当

根据毛泽东主席来电指示，一野各部队用了3天时间做了各方面的准备。

这三天，彭德怀做了三件事：一是要求所有参战部队发动全体指战员认真总结经验教训；二是分析敌军防御特点，侦察敌情与地形，重新调整我军战斗部署与火力配备；三是有针对性地改变战术原则。但最重要的是彭总主动承担了失败的责任，给当时团以上军政主官卸下了思想包袱。

8月22日，彭德怀专门召集攻城部队师以上干部开会，进一步强调在全国胜利的形势下，每一个具体战役都不能有任何松懈和轻敌思想。当天晚上，又让第一野战军司令部向各部队发出指示要求各部队做好克服轻敌思想的动员工作，组织各种座谈会，研究如何打击敌人的反突击和突破外壕等办法。

随后，彭德怀专门将第一野战军司令部通信科长刘克东单独叫去，要求抓好三个方面的工作：第一，必须保证野司和各兵团之间的联络，特别是和马家山、营盘岭、沈家岭三个主攻方向的通信一定不能中断；第二，要防止敌人窃听我们的电话，同时尽量组织人力破坏敌人的通信设施；第三，部队进城后，要利用敌人的通信线路和民用线路为我们服务，争取兰州解放后，我们和各处的通信就能迅速恢复起来。

同日，彭德怀带领部分指挥员到二兵团六军军部驻地九条路口的邵家泉，观察敌人主阵地皋兰山的布防情况，又带六军的军、师领导来到担任营盘岭主攻的五十团阵地视察。

23日，彭德怀来到兰州城东郊外猪嘴岭第十九兵团指挥部时，兵团司令员杨得志和政委李志民就21日试攻失利向彭德怀做检讨。他俩说："十九兵团部队历史上还没有遇到过这样的情况，攻敌人几个阵地，两天没有拿下一个。……这次仗没打好，责任主要在我们兵团领导人身上。"彭德怀说，这次试攻是他决定的，责任在他，让他们放下包袱。

给兵团领导做好"卸思想包袱"工作后，彭德怀深入损失最严重的六十三军阵地，同干部战士一起座谈，仔细地听取大家的意见，耐心地做大家的工作，主动承担责任。随后在隐蔽处展开地图，与兵团领导和军指挥员一起研究选择进攻位置，研究火力配备等问题。

当时，一野许多指战员普遍存在轻敌思想。彭德怀每到一处，都严肃批评了这种轻敌情绪,他总是语重心长地说,马步芳、马继援父子都是反动透顶的家伙,他们是不到黄河心不死的。直到今天,马步芳还自恃"固若金汤"的防线,认为我们是长途跋涉,后方运输线长,补给困难,而他们则是以逸待劳。马家军妄想吸引我军主力于兰州城下,消耗我军的有生力量,等待胡宗南反扑关中。并且说,"守敌又是马军主力,敌人反动、残忍、顽固,所以,千万不能轻敌,要像打日本鬼子那样对待马军。告诉大家,毛主席期待着我们的胜利,兰州市十多万各族人民期待着我们去解放他们"。

四、打法通报

1949年8月24日,第一野战军司令部发出了《关于攻击兰州经验通报》,通报从马家军打法、步兵炮兵配合、敌人的工事特点等方面做出了详细说明。

马家军守备的特点是马家军工事的隐蔽性很好,我军炮火轰击时,敌隐蔽工事内的步兵不轻易射击,待我军冲锋受到阻碍时,即突然猛烈开火。而隐蔽在阵地内的敌人会乘机从我冲锋部队之侧翼出击,敌人出击时的队形密集,动作勇猛,有时还采取步兵骑兵配合反冲。对付这种打法的办法是指定干部掌握一部分轻重机枪,位于我军冲锋部队侧后,专门对付敌侧射火力。在冲锋队形没有采取梯次配备的倒三角形而遭到敌向我冲锋部队侧翼反冲时,配备在冲锋部队侧后的二梯队,就应该立即向敌反冲锋部队侧翼发起冲锋。对于正面阵地上的敌人应严密组织火力,抓紧在敌人离开坚固阵地出击的良机或设法引诱敌出击,大量消耗敌人之有生力量。

解放军步兵与炮兵配合不好,没有发挥我们的炮火的绝对优势。有的冲锋部队还没有接近敌阵,炮火过早射击,待部队冲锋时火力中断;有的因射击过早,防御之事还未摧毁,炮弹已打完;有的炮一开火还没有发挥应有的威力,部队就冲锋;有的炮兵阵地太远,散布面大,不能摧毁敌主要阵地,并有几处误伤自己部队。为了克服以上缺点,除切实执行火力高度集中的原则外,战术上要做到步兵冲锋的计划与炮兵射击计划的一致,炮兵射击的计划要尽量征求突击营、连长的意见。

敌工事特点：有水泥碉，有砖碉，有利用天然地形挖地洞、掏枪眼。敌外壕内有地碉，各碉堡之间火力联系很好，还有交通壕接连。副防御设施有外壕，已经发现壕内有地碉、地雷，有铁丝网，还将陡坡削成绝壁，阵前埋地雷甚多。六军在三营子敌阵前200米的地段上即起地雷百余颗，其中一部分是飞机炸弹改装的。通过外壕绝壁的方法可用连续爆炸或强行坑道爆炸，配合梯子、梯桥通过。各部队应切实研究敌工事，并找出克服的方法。

这份通报对这次试攻失利从战斗、战术上全面、科学地进行了总结，为25日总攻胜利奠定了坚实的基础，并提供了可靠的保证。

按照一野司令部部署，全线总攻准备24日开始，由于23日夜里下雨，到24日天明尚未停歇，总攻时间只能推后。这一天，一野司令部抓紧下发了这一指导性的《通报》，给各级指挥员提出了明确要求。这一天，部队的坚守是艰难的。下雨给军事行动增加了极大的困难，遍地的黄泥巴踩一脚下去鞋都拔不出来。战士们冒雨蹲战壕，浑身湿透，一些临时挖的坍塌了，还砸死了20多个战士。尽管这样，战士们依然斗志昂扬。

五、兰州战役出现的"两个提前"

8月25日中午，午饭后的马继援乘车来到皋兰山。他站在营盘岭一侧朝着沈家岭望去，只见沈家岭满山炮火轰鸣，烟雾升腾。马继援向来把他的士兵叫"娃儿们"。此刻，一向骄横的马继援心戾了，精神垮了，只听见他念叨了一句：娃儿们挺不住了。

此时，南山的所有战场主阵地还在马家军控制之中，白刃战、顶牛战打得难解难分。

8月25日下午3时左右，马继援紧急召集各师长到军部开会。马继援早已没有了昔日的骄横和"少壮派"的气势，面对他的下属师长，也没学会掌控情绪，让这群师长们看出了他的沮丧。

在宁马最终没有来援，胡宗南被钳制在宝鸡一带，国民党政府答应的飞机不到，城里已经没有援兵可派，摆在黄河北的"中央派"两个军他又不想指望的情况下做出了从东到西每隔两个小时撤出一个阵地，然后过黄河，分别撤往永登和西宁的无奈安排。

当时阵地上马家军已出现了败象,但依然继续顽抗,杀气十足。阵地上通知撤退的军官并没有说明撤退的缘由,窦家山的马家军还占领着核心阵地,接到通知后立即从西侧向山下撤退;古城岭、营盘岭战斗还在进行中,沈家岭和狗娃山正在准备夜间战斗。南山各个阵地上的马家军接到撤离阵地马上过河的通知,以为是要转场到黄河以北作战,于是把所有的装备、弹药悉数带走,结果撤退速度过慢,被各个战场上一野的预备队轻装追赶到城内后,在城市巷战中,这些南山战场上的主力几乎被消灭干净。

兰州战役出现了两个"提前":南山阵地决战提前结束,城市追歼战提前开始。

由于马家军提前撤退,一野要求向西固城方向进军的第一兵团不再向兰州城进发。

由于马家军提前撤退,导致兰州决战没有在南山主战场上消灭一名师、旅、团级国民党军官;担负总预备队的三军部分师、团还在连夜赶往狗娃山准备支援第四军第十师,部分师和团还坚守着各自阵地等候支援南山各个战场的命令,从而导致马家军的团以上军官在士兵的掩护下全部从黄河铁桥逃跑,两名被解放军阻拦没法过桥的团长仗着熟悉兰州地形和黄河水情,骑着战马和抓着战马的马鞍或尾巴渡过了黄河,后来逃到了青海。

第六章 砸开东门

兰州的东门窦家山是"铁山",当年屠杀西路军的主力和西路军幸存者13年后在此相遇。这里是最晚开始攻击的却是最早拿下的阵地。满山遍野的马刀在阳光下寒光闪闪,一杆杆红旗指引着火炮把眼前半座山的寒冰打出一片沸腾。

窦家山是兰州城最早见到太阳的山，也是兰州决战最早被解放了的山。

窦家山之战是打开兰州东门之战，也可以说是为西路军雪恨之战。

攻击窦家山，战士们的口号是："为西路军报仇！"

第一节　马家军把窦家山和马家山作为一个战场

兰州东岗出城 10 公里，在榆中县和平镇与城关区边界处那座耸立的山便是窦家山。该山海拔 2073 米，75 度斜坡，比高 250—270 米，长宽 3 里。东北与十里山相连，西与马家山相接，登上主峰可俯瞰兰州东关。十里山南连窦家山，北临黄河，海拔 1793 米，比高平均 240—260 米。西(安)兰(州)公路由东向西穿过。

这里群山相连，山势陡峭，山高坡长，易守难攻，是兰州城东的天然屏障，兰州的东大门，历来兵家有"守兰州，必守窦家山"之说。

这里是马家军防御体系中的主阵地之一。早在 1937 年全国抗战开始后，这里就修筑了大量的永久性防御工事。解放战争开始后，国民党军又反复加强，构成了坚固的环形防御要点。兰州战役前，马家军对原有工事进行加固改造，形成了山头—外壕沟—峭壁—铁丝网—地雷阵—重磅炸弹的多重防御。

这六重防御从大处说可以看作山形防御、壕沟防御和火力防御三道防御设施。

山形防御就是依托这座山的主山和各个小山头、每座山的山梁构筑山形防御，在山前修两道外壕，把山腰的斜坡削成两道垂直约 8 米高的峭壁，让进攻者无法攀爬，守护者以一当十。

壕沟防御是在山前修筑坑道战壕这种外壕，在外壕与峭壁之间埋设地雷、铁丝网，给铁丝网挂上重磅炸弹，让铁丝网、地雷、炸弹相互连接，三者中有一个炸响就会把整个阵地前的爆炸物全部引爆，爆炸面很大。

碉与堡火力防御是一种纵深防御设置。每一处高地都以钢筋水泥碉堡、地堡为骨干，配以具有掩盖性能的交通壕，碉与堡之间步兵能来回接应，火力能相互支援。这样的防御阵地静可以等待对方来犯,动则可以适时调动兵力和运输兵器,既坚固,又有作战的实用性。

国民党马家军把这里和马家山作为一个战场,部署的是马步芳的所谓"王牌"部队——国民党西北军政长官公署所辖八十二军谭呈祥任师长的一〇〇师第二团和他的嫡系警卫部队青海保安第一团。

一〇〇师是马家军的起家部队,青海保安团不是国民党各地一般的安保力量,也不像甘肃保安团那样只能在城市维持治安。青马的保安团有训练士兵、补充主力部队、配合主力作战三项任务,青马士兵恃勇好杀的作战意志和作风就是在保安团养成的。这个保安团具有骑、射、杀"三项全能",是善于打山地战、抡大刀、打近战的精锐,他们经过了长期的骑马挥刀、冲杀抢掠实战,是一伙凶神恶煞、强壮彪悍的亡命之徒。

窦家山上国民党马家军守军是多兵种混合部队,一个团有1万人之多。

第六十三军抵达窦家山下,这伙亡命徒竟然上山骂阵,杀气腾腾,叫嚣"窦家山,是铁山,是火山,十万解放军也攻不破!"

第二节　为西路军复仇之战

彭德怀和十九兵团司令员杨得志把主攻窦家山的任务交给了参加过平津战役和太原战役的六十三军。

一、"3+2+1"，六十三军派出了当年的合成力量

六十三军是在抗日烽火中诞生，在晋察冀战区与日伪军作战的战绩卓著的部队。其前身是从晋察冀野战军第三纵队发展而来的华北野战军第三纵队。解放战争开始后的1947年6月中旬至1948年10月底，第三纵队参加青沧战役、第一次和第二次保北战役、清风店战役、石家庄战役、察南战役、冀东阻击战、平绥东段破袭战等战役战斗，积累了丰富的作战经验。

在著名的平津战役中，六十三军配合六十四、六十五军将傅作义的第三十五军包围于新保安，并接着"围点打援"，把赶来增援的国民党军第十六军和第一○四军击溃在路上。

北平和平解放后，六十三军于1949年3月奉命入晋，在攻打太原的战役中，首先完成了扫清城南外围据点的任务；发起总攻后，六十三军从4处突破敌人的城防，攻入城内。随第十九兵团划归第一野战军建制后，7月初到达三原、富平地区，到1949年8月，六十三军先后参加了扶眉战役、陇东追击战，一路追着仇敌、赶着仇敌打到了兰州。

攻打窦家山战场的六十三军军长郑维山说，他一生与"三"结下不解之缘：过了三次雪山草地，三次与红军主力会师，当了三纵队司令员，三次进军大西北。此时让他最揪心的当属西路军的惨痛经历。

13年前，他是红四方面军三十军八十八师政委，当年在河西与之战斗的就是眼前的马家军一○○师和骑五师。郑维山率部与马家军展开殊死搏

斗，直至战斗到最后一刻，终因寡不敌众，他仅带领十来人杀出重围，回到延安。这是他记忆中最为惨痛的一页。

郑维山曾发誓，有朝一日，一定要为战友们报仇，讨还这笔血债！进入指挥部前他什么都没说，但心里明白，今天，他要和自己的战友们一起，跟眼前这支给他留下惨痛记忆的马家军做最后的较量，清算血债。也因此，窦家山上解放军喊的口号是"为西路军报仇！"从而兰州战役出现了两个口号。

本次和郑维山搭班子的政治委员是王宗槐，易耀彩任副军长兼参谋长，陆平任政治部主任。进入窦家山作战的六十三军有一八七师、一八八师、一八九师，另外还有一个军属炮兵团。

第一八七师，张英辉任师长，刘光裕任政治委员；第一八八师，宋玉琳任师长，李真任政治委员；第一八九师，杜瑜华任师长，蔡长元任政治委员。

8月21日的初攻使他看到了这支顽敌的血腥和凶悍丝毫不减当年。

8月23日，六十三军与第一野战军司令部认真总结了21日首次作战失利的教训，分析了马家军的防御特点，重新调整了兰州战役的作战方案，决心集中兵力，从城东打开缺口，直接突入城内，以中心开花之势，动摇其防御，全歼守敌。

彭德怀还专门来到六十三军阵地亲自对该军师以上干部做战斗动员。告诉各师"兰州战役关系到解放西北的全局，一定要把它打开"，"十九兵团六十三军的担子很重，一定要拿下窦家山"，从城东打开缺口，攻进城市，实现中心开花的效果。彭德怀点名让六十三军一八九师五六六团担任主攻，五六五团助攻，五六七团为第二梯队。

一八九师政委蔡长元是四川省宣汉县人，参加过长征。他和军长郑维山都是当年红军西路军的幸存者。1936年，蔡长元随红九军西渡黄河，转战河西走廊。经过古浪战役、梨园口血战后，他与幸存者开始分散突围。蔡长元当时是军供给部部长吴先恩（后来授予中将军衔）的警卫员，两人突围后，在祁连山躲了3个月，过着野人一样的生活。两人出山后沿街乞讨，在凉州被敌人冲散。几经辗转，他投奔了邓宝珊，后来找到了八路军三五八旅，重回延安。1941 年至 1944 年，据不完全统计，蔡长元率部在晋察冀根据地先后击毙日军伪军 1200 多名，击毁敌汽车 12 辆，缴获大量武器装备。

1949 年，三纵九旅改编为六十三军一八九师，做了多年政工干部的蔡长元出任一八九师政委。这次，彭德怀点名让一八九师的老红军团五六六团主攻窦家山，就是要给蔡长元一个机会，让他给西路军牺牲的战友们报仇。

窦家山战斗，注定是一场血战。在阵前动员时，蔡长元咬破手指，在白色背心上写下五个大字："血债要血还！"全体官兵顿时士气高昂，和蔡长元一起宣誓。

针对窦家山的山形地势，第六十三军将各师的作战任务做了细分：

第一八九师 3 个团加上十九兵团的加强炮兵团、六十三军炮兵团和工兵营共 5 个团 1 个营集中主攻窦家山；

第一八七师以积极的手段伴攻十里山，从侧翼牵制敌人，保障第一八九师侧翼安全；

第一八八师为预备队，在通往兰州的公路两侧待命，随时准备加入战斗，打击从兰州城内支援之敌；同时，如果一八九师主攻失利，接替攻击窦家山的任务，如果一八九师攻下窦家山，该师直接插入兰州城内，追歼残敌。

可以看出，攻打窦家山的共有 3 个步兵团、2 个炮兵团、1 个工兵营，组成了当时陆军兵种的合成作战部队。

二、各兵种的基本打法

第一八九师积极地准备了两个昼夜，召开党委会详细研究了敌人的兵力部署、工事建构、战术特点、地形地貌特点，以及初攻十里山的教训，针对窦家山是许多小山头连绵构成的大山特征，一八九师将敌阵地工事群编为 1—15 号，按照阵地编号，安排进攻的打法。

(一) 步兵的打法

三个团分成左翼、右翼两个第一梯队，一个第二梯队，以营为作战单位，同时向1、2、3号和12、13、14、15号阵地七个阵地发起进攻。

1. 以五六六团和第五六七团第三营为左翼第一梯队，进攻第1、12、13、14、15号五个阵地。

第1号阵地位于青海保安第一团与一〇〇师第二团接合部，五六六团集中两个营，一营在前，二营在后实施主要突击，打开突破口，在炮火掩护下完成突击后向敌青海保安一团防御正面第12、13号阵地突击；14、15号阵地由五六六团三营突击；五六七团三营位于五六六团一、二、三营后面，随时准备向两个方向进攻。

2. 以五六五团为右翼第一梯队主力，攻击第2、3号阵地。

2号阵地由五六五团配合主攻团第五六六团攻击夺取；3号阵地由马家军第一〇〇师第二团守卫，五六五团用一个营攻击。

3. 五六七团和五六五团的两个营为第二梯队，其一部担任右翼警戒。

(二)炮兵的打法

1. 1号阵地由师炮兵营1个连配置在阵地西南400—500米的地域，用直瞄射击方法摧毁1号阵地；

2. 2、3号阵地由军炮兵团攻打，在距敌前沿约1500米的柳沟河村配置炮位，主要支援五六六团打开突破口并支援右翼第一梯队五六五团进攻；

3. 兵团的炮兵团配置在主攻的一八九师指挥所附近，主要突击纵深内的敌火力点，并集中火力打敌反冲击。

4. 另外用一个营做炮火准备，类似于炮兵预备队。

战术确定后，师、团、营、连、排各级干部按照师部的部署反复勘察了地形，步炮指挥员在现场商议了具体的协同配合方法。担任尖刀任务的五六六团一营第三连对进攻道路及其地形、地物进行了三次以上侦察，营里领导还组织突击排进行了沙盘作业。

(三)交通沟战法

一八九师、五六六团都是以擅长打山地战而闻名的师、团。

左翼第一梯队五六六团是善打山地战的红军团，从23日起就用他们在华北作战期间惯用的坑道作业迫近敌前沿的方式，开始挖坑道，官兵们把这种坑道叫交通沟。

交通沟是什么？这座山本来就没有可供上山的路，解放军指战员利用夜间沿着白天进攻的路线挖出来的一条一人或半人深的沟，这条沟既能保证部队快速前进到预定地点，也能较好地保护自己。

用坑道作业迫近敌前沿的方式，减少步兵冲锋距离，降低进击伤亡。他们把太原战役成功的方式直接用于兰州战场。两天两夜，他们和五六五团挖了4条500米长的交通壕，直逼守军第一道阵地的外壕。

作为第二梯队的五六七团挖了两条1500米的交通壕作为部队隐蔽之用。

战斗打响前，担任突击队的五六六团第三连召开了誓师大会，师、团领导亲自到该连给他们授尖刀连旗。第三连全体指战员宣誓，坚决夺取窦家山。与此同时，一八七师、一八八师亦做了战斗动员和充分准备。

第三节　大炮向大刀阵地轰去

8月25日10时30分，窦家山战斗在榴弹炮的怒吼中打响。

窦家山是南山诸战场上火炮最多最强大的阵地，拥有攻打兰州所有部队一半的炮和近一半的炮弹。所以，当总攻开始后，战前部署好的火炮不停歇地猛打了半个小时，战斗进展得出奇顺利。

大口径的炮弹打到窦家山的碉堡上、石头上，青马守军的阵地上硝烟弥漫，山梁上、山坡上升起了巨大烟柱，炸碎的肢体和石片、黄土四下飘落，阵地上的碉堡一个接一个被摧毁。

半个小时以后，炮击向山顶延伸推进，隐蔽在向前延展的交通壕里的五六六、五六五团战士借着还未完全散开的硝烟和灰土发起迅猛冲锋。

一、旗手周万顺

用红旗为炮兵引路，这是解放战争中兰州战役的突出壮举。

因为窦家山不是一座孤立的山头，这座山上大大小小的山头阻碍了炮兵的视线，炮兵根本没法看清楚前方敌情，也无法知道敌人的准确位置。要发挥炮火的威力，全靠突击连的旗手来完成。旗手在步兵的最前面观察敌情，在准确目测后用红旗朝着敌人的方向挥去。远处的炮兵阵地看清红旗所指，朝着红旗的前方50米开炮，便能百发百中，打乱敌人部署和打垮敌方的气势。

五六六团第一营三连在对敌实施炮火准备的同时，就迅速向前运动。10时50分，尖刀三连以旗手周万顺的红旗为先导，如荒漠羚羊般穿过炮火和子弹向前冲击，炮兵群以红旗为标杆，用炮弹在前面为他们开路。

步炮密切协同，尖刀连仅用了15分钟，即从敌人一〇〇师与青海保安

红旗引领作战

一团的防御接合部突破，攻入第 1 号阵地。

尖刀第三连猛打猛冲，接连攻下三个碉堡，打开了突破口，五六六团第一营迅即突入敌人阵地。这时彭德怀从望远镜里看到我突击部队的战斗动作，看到了窦家山的红旗时，高兴地在电话中鼓励说："你们打得很好，步炮协同好！"

国民党马家军不甘心一寸阵地的丢失。在三连刚攻入敌阵还没有来得及改造工事时，一群袒胸的敌人在轻、重机枪的掩护下，举着大刀反扑过来，准备把三连打下去。战士们就地反击，用机枪、冲锋枪、手榴弹向敌群猛扫猛打。

激战中，连长负了伤，连指导员魏应吉让大家撤进战壕，他在战壕里边打边鼓励："同志们，考验我们的时候到了，敌人的主阵地就在面前，我们一定要把红旗插上去！"全连指战员斗志倍增。共产党员苏权铭抹了一把脸上的血，摘下手表和钢笔交给指导员说："如果我牺牲了，这是最后一次党费。""这是我的党费。"又有几个战士向指导员围拢过来。这时，苏权铭突然甩掉上衣，端起冲锋枪，高喊："突击队跟我来！"话音刚落，十几名连队突击队员纵身跃出战壕，十几支冲锋枪一齐向敌人开火，边打边冲。这时，一颗子弹打在旗手周万顺的胳膊上，鲜血直流，他仍然高举红旗，不顾一切向前猛冲。突击队的十几支冲锋枪轮流换弹夹，交替射击，压住了敌人的火力，终于杀出了一条血路，敌人纷纷败退。

很快，敌人的督战队上来了，开枪撂倒几个后退的敌兵后，溃逃的敌人又一窝蜂地反扑回来。阵地在山坡上，仰攻的突击队处境十分危急。指导员魏应吉回头对第三排战士喊："跟我来，搞掉他的督战队！"随即从交通壕里弯腰跑步，带着第三排战士向敌人屁股后面兜去，然后跳出壕坎开始射击。督战队见势不妙，掉头就跑，反扑的敌人也跟着败退下去。

后撤的敌人跳进第二个地堡，准备继续顽抗。七班班长杜英奎随即向敌群投了两颗手榴弹，十几个敌人应声倒下。接着，全班集体投掷手榴弹，消灭了地堡前的敌人。突击队乘机攻下了第二个地堡。后续的敌人分批次冲击，想夺回失去的阵地，都被指战员们击退，不得不逃向第三个地堡。指导员魏应吉带领战士们乘胜追击，堡垒里的敌人怕解放军从射孔里塞手榴弹，惊慌地用棉被堵住了枪眼。三班副班长李福成一个箭步冲上去，一手撕开棉被一手将两颗手雷塞进地堡，硝烟升起，地堡被炸毁。

12时30分，三连完全占领了1号阵地，胜利地打开了攻取窦家山的口子。

红旗手周万顺把红旗插上了窦家山的主阵地，六十三军炮兵的测距仪紧紧盯住这杆旗，报出了准确的数据。紧盯着阵地的炮弹像是长了眼睛不停地向突击队前面的敌人头上倾泻。

阵地上马家军的指挥官看懂了这面红旗的作用，指挥着长枪、短枪向这面红旗猛烈射击。顿时，红旗上出现了十几个弹孔，周万顺多处负伤。突然，旗杆被打断了，周万顺猛地抓住了剩下的半截旗杆，全身是血的他在要倒下去的瞬间借着倒的力量，奇迹般地把红旗牢牢插在了1号阵地上。这时，一营一连、二连也扑上了阵地，全营并肩战斗，巩固了1号阵地。

在一营向1号阵地进击的同时，五六六团二营进攻2、3号阵地的战斗也在激烈进行。担任右翼突破的五六五团也在激战中，他们所面对的首先是一个长长的斜坡。负责右翼突破的该团突击第七连，在炮兵的掩护下奋勇爬过 300 米长的 50 度陡坡，登上了两米高的峭壁。攻击中，班长王致与战士董成章一直冲在最前面，两人用搭人梯的办法跨越了两道 6 米宽的外壕，用刺刀连续挑了 3 个堵截的敌人，然后将敌人逼进地堡，用手雷连续炸毁敌人的暗堡。五六六团二营和五六五团突击连七连相互配合，击退了敌人的轮番冲击，于 13 时夺取了 3 号阵地。

但就在此时，阵地上却突发意外。左翼五六六团三营，由于对敌进攻点和阵地前情况判断失误，遭到敌侧射火力杀伤，突击分队误入雷区，进攻受挫。战前部署在五六六团三营后面的五六七团三营和五六六团二营立即加入战斗，用主要兵力巩固 1 号阵地，以部分兵力向担负左翼攻击青海保安一团的五六六团三营支援，协同该团三营攻占了 14、15 号阵地。

二、调整战术打退第一轮强反扑

窦家山主阵地这么快就被突破，打乱了马家军的防御部署。坐镇兰州的总指挥马继援慌了神，他下令不惜任何代价，夺回阵地，死保窦家山。

也就只有马继援的慌神与发飙才换来一〇〇师赌命一搏。此时的"王牌师"一〇〇师立即组织起大刀敢死队、督战队、执法队，歃血宣誓，然后呼喊着"天门开了"等怪异的口号，杀向被一八九师各团攻占了的阵地。

六十三军首长急令第一八九师立即调整作战部署。一八九师首长命令：除了五六七团一营担任侧翼警戒外，集中 8 个营的兵力梯次行进，连续不断投入战斗，牢牢守住到手的阵地。

马家军在炮火掩护下，派出每批 1000 人的大刀队向阵地杀了过来。这时，原有 3000 多人的主攻团已经有 500 多人战斗减员。但军、师两级领导询问时，第五六六团和第五六五团仍然在电话中表示：一定打掉敌人大刀队的威风，全部占领窦家山。

马家军先向阵地密集地发射炮弹，随着炮弹落地，近 2000 光着膀子，身背短枪，举着大刀的敌军向解放军占领的阵地扑过来。一时间，刀光在太阳照射下寒光闪闪，窦家山的半面山坡、半个山头都一片惨白，这惨白的刀光盖住了山上盛夏的绿草，盖住了黄土地的暖色调，大刀、赤裸的上身夹杂着晃动的短枪，画面阴森、晃眼、恐怖。

这阵势让六十三军的军长郑维山，也让一八九师政委蔡长元看到了当年河西走廊的血腥，这些以杀人为乐的亡命之徒，个个强壮彪悍，如凶神恶煞。这些经历了平津战役、太原战役的年青战士们没有在凶恶的敌人前胆怯，战士们迅速插上刺刀准备血拼。此时，五六六团团长潘永堤迅速向炮兵报告了敌人的方位和距离。配备到窦家山阵地上的74门大炮齐声怒吼，一颗颗炮弹在寒光处开花，赤裸上身的马家军"王牌师"顿时血肉横飞，马刀落地，活着的吓得转身就跑。转身后才发现督战队的手枪正对着他们，顿时又转过身向阵地冲了过来。

最前面的一营官兵严阵以待。当敌人冲到只有50米时，营长张广友一声令下，几十挺轻、重机枪和所有的步枪、冲锋枪一齐开火，马家军一排排向下向后倒下，但他们不能转身，挥舞着大刀像潮水大浪泛着刺眼的白光继续向前冲。已经严重减员的一营面对着数倍于己的敌人，战士们知道，这可能是此生最后一次搏杀了。

在紧急关头，二营赶上来了。

十九兵团指挥部设在猪咀岭。兵团司令员杨得志通过望远镜把这一切看得清清楚楚，他直接给主攻团团长潘永堤打来电话："我看到了，你们打得好，要给你们请功！你们一定要稳住阵地，打退敌人的反冲击！"杨得志司令员接着动员："彭总也在看着你们，表扬你们打得好！"

在指挥所里的郑维山军长也给一八九师杜瑜华师长打电话说："你告诉潘永堤，你们打得很好，不愧为红军团。不仅要把敌人打退，还要把敌人消灭！"

"彭总、杨司令员和军首长在表扬我们""决不辜负首长期望"的口号迅速在阵地上传开。指战员们浑身是劲，一排排愤怒的子弹，一阵阵猛烈的拼杀，把冲上来的敌人打了回去。阵地牢牢地控制在五六六团的手中。

这时，左翼五六五团3号阵地情况紧急。马家军向3号阵地疯狂反扑，突击队第七连只剩下20多人坚守阵地。当马家军以一个营的兵力再次向七连冲击时，团长李轩立即命令一营驰援3号阵地。一营一连、二连突然从左翼杀出，刚把冲向七连的敌人击退，马家军便放下七连向一连、二连反扑，企图通过打掉左翼夺回3号阵地。一连、二连梯次展开与敌人激烈战斗，另一路敌人向一连、二连的接合部乘虚反扑过来。营长王根成迅速调整兵力，副营长王瑞率第三连加入战斗，打退了敌人的反扑。

窦家山所有被一八九师攻下来的阵地，此刻都遭受到马家军猛烈的反扑。五六六、五六五团根本来不及喘息，就要面对马家军一次又一次的集团式反冲锋。

中午时分，吃饱喝足了的马家军来势更加凶猛。又是光头光膀子，一手拿刀，更凶狠的是另一只手里换成了手榴弹，由副团长随队督战。又是一波炮火轰炸，更可怕的是马家军对一八九师各营占领的阵地实施不间断的、波浪式反冲击。前面的打下去了，后面的又喊叫着冲上来，指战员们与敌人展开了白刃格斗。阵地上，满目刀光剑影，敌我双方都在奋力搏杀。战士马占树一人连续刺死了3个敌人，马家军的副团长也被当场戳死。五六五团一营本来牢牢地守住了阵地，但此刻敌人弃尸逃跑，一营即乘胜追击。但这次由于追击过猛，追击过远，后续部队还没有跟上，一营五连被右侧的敌人用强大的火力压制在一个洼地里，200多敌人见机又反扑了过来，战士王永和一颗手雷先轰倒前面十多个敌人，全连迅速跃上沟沿。在这紧急时刻，先是六连一排赶来配合，接着五六五团二营主力及时赶到，配合一营打退了敌人三次反扑，击溃了反扑之敌。回到阵地的五连一直战斗到只剩下十来个人，在阵地上坚守了3个小时。

马家军这样成规模地组织了六次集团式反冲击和无数次小的反扑，都被一一打垮，五六六团三营还攻占了14号和15号阵地。

三、阵地决战高呼"为西路军报仇"

为了加速战斗进程，第一八九师命令第二梯队第五六七团一营、二营由第1号阵地加入战斗，协同第五六六团再次抢夺第2号阵地。同时，六十三军命令一八八师五六二团向阵地送来弹药并同时参加了战斗。第一八九师把第五六六团二营和五六六团一营两个营的37挺轻、重机枪和冲锋枪调到前沿,炮兵装好炮弹,全力迎击顽敌。到14时,窦家山第1、2、3号阵地及其以西一线高地被一八九师全部占领。

到了15时许,马家军组织了阵地上所有的力量约一个团的兵力孤注一掷。他们像输光了的赌徒,继续光着膀子,举着大刀,号叫着向一八九师占领的阵地发起了最后的反冲击。

善于打集团目标的窦家山战场上的炮兵一直在等待机会,此刻瞄准了阵地上的这群敌人,把一发发的炮弹炸向敌阵,一团团烟雾在窦家山上空翻滚,气势恢宏。一直在前沿阵地坚持战斗的一八九师的战士们高呼"为西路军报仇"的口号,开始雪耻战斗。

雪耻之战指挥员冲在前面。蔡长元亲自拿着大刀冲上了战场。第五六六团第二营营长高连喜和五六五团第一营营长王根成,用轻重机枪从侧翼向反冲击的敌人猛烈射击,大片大片的敌人倒在呼啸的子弹之下。受到营长的鼓舞,阵地上的火炮声、手榴弹爆炸声、机枪的扫射声,以及战士们杀敌的怒吼声与敌人的惨叫声响成一片。

主阵地的争夺战整整持续了两个小时,到17时,窦家山上马家军的军官带着残兵从西侧的山沟里逃走。一八九师攻打窦家山的战斗取得胜利,红旗在硝烟中飘扬,战士们在山头上欢呼。

这场持续了7个多小时的血战,连续打退敌人大小近40次反扑,战士们没吃一口饭,没喝一滴水,用超常的毅力坚持到战斗胜利。在整个战斗中,一八七师向十里山守敌展开了猛烈攻击,钳制敌人不能南援,确保了一八九师在窦家山歼灭敌人一〇〇师第二团一部和青海保安团大部,同时保证了六十三军主力沿着西兰公路兰州东门直插兰州东岗进入城区。

兰州东门即将全面打开,郑维山下令追击逃敌。一瞬间,解放军像追赶野兽一般向着马家军逃跑的黄河边追去。

窦家山可以说是决战兰州战役中唯一打完全场战斗的战场。马家军是接到了马继援撤退的命令后才逃跑的,马家军的凶残本性完全暴露,拼死抵抗，解放军完全是凭英勇顽强、敢死拼命所赢得的胜利。

战后，一八九师受到第一野战军嘉奖，第五六六团第三连荣立大功，被六十三军授予"锋利尖刀连"的光荣称号。

8月26日，郑维山将军在黄河边仰天长啸："厚发兄弟，我回来了！西路军战士们安息吧，我给你们报仇了！"

第四节　十里山的秘密

十里山和窦家山同属一个战场。25 日发起总攻到后来拿下窦家山，都没有提到十里山，这里其实与 8 月 21 日的初攻有关系。

十里山是 8 月 21 日初攻时的主战场。初攻时，六十三军一八七师担负十里山总攻任务，一八七师辖五五九、五六〇、五六一团三个团。到 8 月 20 日夜，五六〇团已经占领了十里山以东的营盘山，五五九团攻至营盘山东北面的响水子，五六一团进到营盘山南面的徐家营。当晚，一八七师决定三个团进攻十里山。具体分工是：以五六〇团加军炮兵团、师炮兵营从正面夺取十里山；以五五九团在东北面、五六一团在东北面辅助进攻。

21 日拂晓，五六〇团冒着马家军猛烈的炮火出击，迅速占领了方家泉、柳沟河敌警戒阵地。16 时，一八七师组织的炮火向十里山轰击，16 时 25 分，五六〇团二营开始向十里山进军。在过河时遇到敌火力封锁，部队艰难行进。到 18 时该营突击队第五连才到达指定位置，随即发起了冲击。战士们英勇作战，不断发动冲击，但因炮火组织不严密，步、炮兵协同不一致，炮火没能压制敌人，致使五连多次冲击都没能成功，还造成大的伤亡，进攻停止。

8 月 21 日初攻使郑维山感觉到憋屈。憋屈，在第二天继续发酵。

本来彭德怀下令全面停止进攻了，但不服输的一八七师于 22 日上午 9 时重新组织了进攻。五六〇团还把担任正面进攻的二营换下做第二梯队，让该团一、三营正面进攻。约 15 分钟后，一营二连突破敌第一阵地，并迅速向第二阵地发展。9 时 30 分，该团九连突破了山麓的第一阵地。这时，守候在十里山的敌人用火力集中封锁五六〇团打开的突破口，并集中一个营的兵力在火力掩护下光膀子挥刀，连续疯狂反扑。已经突破敌阵地的二连二班和九连二排与敌人展开白刃格斗，英勇顽强。在大量杀伤敌人的同时，自身付出重大牺牲，连、排指挥官基本伤亡，部队失去了指挥。

正需要炮火支援时出现了炮弹不足，营部火力隔在沟对面不能充分发挥作用；第二梯队在敌火力压制下行动迟缓，突入阵地的战士无力继续进攻。10时，进攻十里山部队停止攻击前进，但保住了原有阵地。所以，25日部队发起总攻时，进击的重点方向是窦家山。因为窦家山、十里山守敌都是马步芳八十二军一〇〇师第二团和青海保安第一团，窦家山打掉这两个团的主力，十里山守住阵地随后发起进攻，就取得了全面胜利。

26日拂晓，六十三军先头部队一八七师五六一团攻下十里山后首先占领了东岗，迅速向市内追击。

从窦家山提前逃下来的马家军一〇〇师残敌以及青海保安团、骑兵团部分残兵败将直奔黄河而来，被第一野战军六十三军一八七师一路追击，五六一团三营追在最前面，这些逃兵一会儿拥向市区，一会儿被卷回野外，像打怕了的野兽到处乱窜。这时，村子里的老百姓走出家门，帮解放军指引方向、带路。侦察排长郝玉珍在老乡的指引下追上敌骑兵，一人俘虏了9个敌人和25匹战马。

窦家山一线战斗，第六十三军共毙伤马家军2732人，俘虏1632人，缴获迫击炮16门，各种武器1300余件，还有大批战马、汽车和其他军用物资。

兰州古城的屏障"东大门"窦家山终于被打开了！

第七章

尖刀东南

毛泽东在江西创建的红一师、强渡大渡河的十八勇士所在的第六十五军打进马家山、古城岭，与马家军王牌一〇〇师血战14个回合，创造了步兵、炮兵、工程兵协同作战的典范和全连一壶水，一个人一天两个土豆坚守阵地的人间奇迹。

眼前的这座山，视野开阔，作战区域宽广。

仰攻中的解放军几乎没有任何障碍物可做依托，只能冒着炮火、冒着倾泻而下的子弹、冒着脚下的地雷阵向上冲杀。

突然，一捆一捆大桶状的火捆借着山风从马家军山头阵地朝着解放军翻滚而来，浇了油的干草熊熊燃烧着砸向冲锋的队伍，一捆捆的火团从山上翻滚下来击倒一大片冲锋的战士。没有掩体，没有壕沟，被火捆撞倒即迅速翻身继续射击。战士们的枪管冒着火，衣服上冒着烟，但一刻不能停止攻击，停止就会倒下。

当年击毙了日军"名将之花"阿部规秀的雄狮被这种打法迟滞在半途，与山上的敌人互相射击。

8月21日早上6时起，信心满满的第十九兵团第六十五军以两个团的兵力先于其他战场率先向马家军阵地发动进攻。战至下午，两个团没有拿下一个阵地，六十五军付出了不小的代价。

下午接近傍晚时分，彭德怀命令全线停止攻击，六十五军的两个团互相掩护着撤下了阵地。

杨得志感叹，这马家军，比日本鬼子还难打！

第一节　马家军的"精锐"遇到红一师

马家山，是兰州东南的天然屏障。与周围大顶山构成兰州防御体系中主要的阵地群，古城岭是马家山的主峰和核心阵地。

这里和兰州南山其他战场一样，早在抗日战争时期，国民党军朱绍良部就在这里构筑有永久性的防御工事。第一野战军逼近兰州时，马步芳又精心进行了加固维修。

一、马家山战场的高山长坡

这个战场利于防御而不利于进攻。马家山战场国民党军布设有八道防线：

（一）弹药供应防线。马家山有上山的环形公路，汽车可以直通城区，弹药等补给方便；

（二）碉堡火力强劲。主峰的钢筋水泥碉堡等核心工事低矮隐蔽，火力点相互交叉，便于进攻不易察觉；

（三）暗道贯通核心工事。各阵地之间有坚固的暗道贯通各核心工事，火力可以相互支援；

（四）核心阵地外围绝壁。借山脉高低和壕沟的深浅，用人工削成3—6米、6—9米高的绝壁；

（五）外壕三重防护。外围阵地又修筑了外壕，外壕的壕内壕外有三重防护：壕内埋设了半米高的尖木桩，壕外埋设的铁丝网，把木棍削尖交叉放置的鹿砦，密如蜘蛛网；

（六）路上雷区。在解放军进攻的山上设置了蜂窝般的地雷区。用每枚航空炸弹连接一片好几颗地雷。这种一人高的飞机空投用的炸弹，五六个并连在一起，号称"王八雷"，只要踏响其中一个，方圆二三十米内的地雷便同时爆炸。

（七）进攻路上密如蜘蛛网的一道道防护网等；

（八）阵地东西两侧多是悬崖绝壁，难以攀登。

这阵地，马家军居高临下，可以以守为攻，人与物相互配合，构成一个十分坚固的阵地群。

纵观整个马家山阵地，马家山战场是高山长坡。驻守马家山的是马步芳的主力八十二军一〇〇师第二九九团、二九八团及一个山炮营。可见，马继援对马家山的守护力量不低于窦家山。其主力和战场设施配置在马家山阵地群的核心阵地古城岭。

二、马家军的"精锐"遇到的是红一师

六十五军的前身是华北军区第八纵队。1949年2月第六十五军组建，军长邱蔚、政治委员王道邦。六十五军是攻打太原战役后调归第一野战军建制的，所辖有一九三、一九四、一九五师和由国民党十六军九十四师改编的独立第三十一师。

扶眉战役结束后，六十五军一路追击马家军，沿西兰公路披荆斩棘，7月底解放甘肃重镇平凉，8月1日，攻占了瓦亭和三关口，粉碎了二马妄图凭借六盘山及其三关口要隘阻挡一野大军前进的阴谋，会师西进，越过华家岭直捣兰州。

8月20日，六十五军命令一九三师以五七九团为主攻，五七八团一个连从敌左侧积极佯动助攻，五七七团集结于九条路口以北，随时准备投入战斗。8月21日，一九四师以五八一团为主攻由南向北，五八二团为助攻由轮沟门右侧向上，对大顶山之敌发起攻击。

一九三师的前身是毛泽东于1933年6月7日在江西永丰县藤田镇亲手创建的中国工农红军第一方面军第一军团第一师，是从井冈山上走出来的英雄部队。

红一师曾先后参加了第五次反"围剿"斗争和二万五千里长征，在突破

湘江、两渡乌江、四渡赤水、强渡大渡河、巧战直罗镇、激战山城堡等著名战役战斗中，骁勇善战，打出了威名。

红一师一团团长杨得志指挥十八勇士强渡大渡河的故事，成为长征史上精彩的一笔。

抗日战争中，红一师改编为八路军第一一五师独立团，后升为八路军独立第一师。1937年11月，部队改为晋察冀军区第一军分区，杨成武任司令员，邓华任政治委员。1939年底，部队在晋北黄土岭击毙日军"名将之花"阿部规秀。

1941年，晋察冀军区第一军分区一团七连六班的五名战士为掩护群众和主力撤退，将敌人引上河北易县附近的狼牙山，最后跳崖自尽，是为"狼牙山五壮士"。

兰州战役打响之前，一九三师（曾先后称冀察纵队第六旅、晋察冀野战军第二纵队第四旅、华北野战部队第八纵队第十二旅）曾参加保卫张家口、绥远、石家庄，进军察南、热西，转战冀东、平绥路，鏖战平津、太原，参加扶眉战役、陇东追击战等战役战斗，是华北军区的主力部队，是一野雄狮。

兰州战役初次攻击发起前，一九三师进至古城岭以南二三公里处隐蔽。针对部队长途征战，远离后方，粮食供应不足，未经休整便投入战斗，事先进行了紧急动员和各项准备工作。全师士气振奋，争先恐后地要求担任主攻和突破任务。从机关到连队，决心书和求战书纷纷送到各级领导干部的手里，一致表示一定发扬勇猛顽强的战斗作风，迅速攻占马家山，打好解放大西北最关键的一仗，解放兰州城。

三、初攻受挫

8月21日6点，晨曦中的古城岭被外围阵地的炮声震醒。五七九团在马家山南麓卜家路口一线向敌主阵地古城岭发起攻击；五七七团由祁家堡向古城岭发起进攻；一九四师五八一团由南向北、五八二团在五八一团的右翼同时向大顶山发起进攻。

五七九团的指战员迅速向着火力封锁区前进，先头分队进入雷区时，踏响地雷，引起航空炸弹和周围地雷的连锁爆炸，一批战士就此倒下。战士们顾不上伤亡的威胁，继续前进，越过铁丝网冲至第一道外壕。

在占领第一道战壕时却再次触雷，又有一批战士倒下。守候在半山上的近百名马家军突然从翼侧蜂拥而出。他们光着膀子，挥舞着鬼头刀，号叫着向冲进外壕的战士们冲了过来，战士们用一排手榴弹把敌人压了下去。

稍停，这些亡命徒狂叫着"升天了"继续往前冲。冲在最前面的三营指战员勇猛地端着刺刀迎上去，与敌展开了激烈的白刃格斗。刚刚把敌人第一次反扑打下去，另一群又从两翼包抄过来，拉锯战在阵地上反复。这样激战到9时，五七九团三个小时未突破敌前沿，指挥作战的一九三师命令该团暂停攻击，重新组织战斗。

第二次攻击仍未突破敌阵地，战士们带着满身鲜血撤退下来。

两次攻击没有成功，部队伤亡较大，官兵很憋屈。接着，第一梯队团、营调整了战斗部署，重新组织了火力，准备再次攻击。为增加突击力量，一九三师决定五七九团一营和五七八团三营加入战斗。16时发起了第三次攻击。由于阵地前地雷密集，当部队冒着密集的火力冲到第一道外壕时，一些战士又触雷牺牲。为了冲锋，一些战士跳进敌人的外壕准备从侧面出击，却被埋设在外壕内的木桩尖扎伤。敌人又开始以一个排至一个多连的兵力连续向解放军反扑，新加入战斗的一连在黄昏前就连续击退敌人十余次反扑，壕内外堆满了敌人的尸体。

马家山、古城岭的阵地防御工事建筑在山顶，敌人居高临下，视野开阔，工事隐蔽，火力可以突然密集发力；而一野进攻部队正面狭窄，地形暴露，不便运动，也无法发挥火力优势，到了17时以后进攻节奏明显缓慢，部队伤亡较大。在胶着状态中，五七九团和五七八团三营依然士气高昂，战士们前仆后继，反复拼杀，终于以血的代价牢牢占领着第一道外壕。

五七八团三营曾一鼓作气朝着第二道外壕冲去，在接近第二道外壕时，遭遇大批敌人火力地猛烈反扑，部队无法继续前进也无法立足，只好先退回到第一道外壕。

同一时间，一九四师在大顶山附近与敌缠打在一起。看到五七八团守住了第一道外壕，而且连续朝着第二、第三道外壕发起几次猛攻，马家军为了保住阵地，傍晚前向古城岭增调了一个营的兵力，敌我对峙，战斗形成了胶着状态。激烈的战斗持续了一天，面对缠打、反扑的马家军，担任主攻的五七九团和五七八团三营进攻部队像钉子一样牢牢地钉在第一道外壕阵地上。

第一天战斗，虽对敌给予严重杀伤，但全军伤亡近800人，仅占领了第一道外壕。

22日下午，彭德怀来到指挥所附近了解战斗情况，要求部队暂时停止攻击，认真总结经验教训，重新调整部署，为总攻做好充分准备。

轻敌思想，对地形、敌情侦察不够，仓促进攻，毛泽东主席在电报中多次提出要注意的几点，大家都忽略了。师、团两级领导认为，这种既不知己更不知彼，加之炮兵同样没有充分准备，仓促上阵，致使初次攻击没有取得应有战果，战斗伤亡很大。

初次战斗却也查明了马家军的设防情况，了解到了对方的作战特点，是初战的收获。

8月22日，十九兵团及时调整部署。一九三师为军第一梯队主攻师，攻歼马家山、古城岭之敌。为了加强主攻师的力量，军部命令，一九四师五八〇团、五八二团由一九三师指挥，向古城岭冲击；一九五师为军第二梯队。

一九三师受领任务后，师长郑三生与政委史进前、副师长杨森、参谋长齐景武、政治部主任刘克宽等召集各团主官和师机关、直属队有关领导干部传达了六十五军的命令，研究部署了各单位任务。而后分成两组，一组到现场勘察地形，一组深入各部队进行动员和战斗的组织准备。

六十五军调一九四师第五八〇团、五八二团归一九三师指挥后，包括一九三师的五七七团、五七八团、五七九团和山炮营，攻打马家山的兵力达到了五个团加一个炮营，实力明显增强。

一九三师决定由五七七团接替伤亡较大的五七九团担负主攻任务，五八〇团为师预备队。第五七七团调整为主攻团后，六十五军王道邦政委、肖应棠副军长专门召集一九三师和五七七团领导到军部指挥所，潜心研究对付敌人的战术。

从 23 日起，兰州连续两天下雨，南山一带雨势更大。根据调整后的战术，一九三师连续两天冒雨挖掘工事，补充弹药、粮食，组织小分队进行夜间摸索行动，为总攻做准备。

六十五军停止进攻后，马家军在山上狂欢庆祝胜利，大吃大喝玩妓女，陶醉在一时的"胜利"当中。乘此机会，23 日，守护第一道外壕的五七七团二营发起突然袭击，突破了敌人第二道外壕，五七九团一连迅速进攻到了第二道外壕附近。由于参加突击的力量单薄，二营和一连被迫返回，但第一道外壕还是牢牢地掌握在自己手中。

第二节　炮兵跟着突击队前进

一、创造了炮兵跟着突击队前进的奇迹

25日拂晓,兰州的东南山区异常寂静,当东边逐渐发亮时,三发红色信号弹腾空而起。

由于兰州决战的南山各个战场情况各异,所以第一野战军只规定了25日发起总攻,具体的作战时间由各军报请一野司令部后自行确定。

随着三发红色信号弹升空,万炮齐鸣、山摇地动,马家山上立即升起一排排浓浓的烟柱,遮天蔽日,无数道火光照红黎明前黑暗的兰州东南山顶。

激越的军号声四面八方响起,中国人民解放军第六十五军向兰州东南的马家山守敌发起全线总攻。

7时,一九三师五七七团和五七八团二、三营在强大的炮火支援下,向马家山、古城岭守敌发起了猛烈进攻。

马家山是炮兵、步兵、工兵配合灵动的战场。"仔细观察,精确瞄准,准确发射,密切协调。"总结了初战受挫教训的炮兵们,在红旗指引下,向着红旗的前方准确发射炮弹。木断石飞,暗堡掀盖;马家军惊恐万状,抱头鼠窜。六十五军用绝对优势的炮火压制了马家军的火力,一发发炮弹准确地落在马家山的暗堡工事上。

笼罩战场的烟雾此刻是解放军可以利用的障碍物。战士们迅速从炮弹炸烂的阵地工事里穿过去,从爆破口中钻上去,把红旗插在了马家军的阵地上,给炮兵指路。

炮火稍做停息,凶恶的敌人便在督战队的威胁下挥舞着大刀,成群地冲下山来,朝着解放军打开的突破口冲了过来。这一冲恰好进入炮兵的观察

第十九兵团准备攻打古城岭

镜。瞬间,六十五军的山炮、野炮轮番呼啸而来,冲过来的敌人血肉横飞,鬼哭狼嚎。

战后,被俘的一名国民党马家军副营长说:"你们的炮声一响,我们的部队就官不管兵,兵不顾官,钻进工事不敢抬头。等到工事打平了,人也给埋了。"

马家山、古城岭战斗创造了炮兵跟着突击队前进的奇迹。战斗中,许多迫击炮、八二炮炮兵战士大胆使用手中武器,在他们手中枪炮一体,把炮当成枪使,而且每发必中。

30米内把炮当手枪打。八二炮按常规要在300米的距离才能射击,但这一刻,在二三十米内发现敌人的机枪工事时,炮手们便把炮口放低,运用手枪对着肚皮的打法,不用瞄准就百发百中。只见他们用手稳住炮身,轰的一声巨响,地堡飞上了天空。

50米以上用炮打点射,50—700米距离时,炮兵们忽而用平射,忽而隔山打,忽而直上直下当成掷弹筒使用。

这种把炮当枪使的打法,由近及远一步步逼向敌人,打开了暗堡,打倒了敌人,在山路上打出弹坑让突击队员们踏着弹坑向前冲,是六十五军在马家山的一大发明。

炮兵在进攻初期打出了威力,打出了自信,打出了战绩。勇士们终于突破了第一道战壕,突破了第二道战壕,开始向核心阵地前的第三道战壕进攻。

二、从第二道外壕攻向第三道外壕的鏖战

在五七七团进攻中,工兵发挥了很重要的作用。一九三师的工兵们冒着枪林弹雨一连挖出了上百颗飞机炸弹。9时40分,踏着工兵开辟的通路,主攻部队迅猛前进。

五七七团三连一直冲在全团的最前面,最先占领了第二道外壕。但外壕的三个暗堡里还不停地打冷枪。三连连续组织了四次爆破,摧毁了两个暗堡,最后一个地堡火力凶猛,机关枪喷吐着长长的火舌。三排长赵山,随手夹起两个炸药包冲了上去,掩护的机枪声和地堡里敌人疯狂的射击声交织在一起。赵排长敏捷地从敌人地堡的侧翼绕过去,时而匍匐前进,时而踩着弹坑跳跃前进,在距离地堡五六步时,一跃而起,猛虎般地扑到地堡前,把拉了火的炸药包塞进枪眼,侧身翻滚,地堡在轰隆声中消失在冲天的硝烟中。全连干部战士精神振奋,越打越勇,连续打垮敌人14次反冲击,把第二道外壕牢牢地掌握在自己手中。

尖刀队战士在炮火掩护下向敌发起冲锋

在五七七团三连占领第二道外壕时，五七七团六连也攻进了敌人的第二道外壕。同一时刻，五七八团三营从右侧攻占了第三道外壕。第三道外壕被占领后，马家军开始集团式反冲锋。

马家军的主力集中在第三道外壕和主峰古城岭上。此刻，马家军在督战队的砍刀、手枪威逼下，分三路沿两边外壕向我阵地连续反扑，阵地上展开了激烈、残酷的争夺战。

五七七团占领的第三道外壕阵地上充满了刺刀的撞击声，勇士们的喊杀声，敌人的号叫声，此起彼伏，战斗完全陷入了胶着状态。

五七八团七连沿右翼峭壁攀上，攻占了敌五、六号阵地，遭敌军三路连续反扑，该连英勇拼杀，坚守阵地，先后打垮敌多次反扑后，终因后续部队未能及时跟上，战至最后一个人、最后一滴血。

英勇无畏的一九三师指战员与穷凶极恶的马家军一〇〇师在此展开了殊死搏斗达5小时，争夺阵地的拉锯战往返20多次，第三道外壕依然是解放军守不住，马家军攻不克。

加强战场力量是此时的关键一招。中午12时，一九三师命令五七九团二营、三营和五七八团一营3个营的兵力投入战斗。新增的3个营的战士迅速越过第二道外壕向第三道外壕进攻。

马家军随即改变了打法，开始实施小群多路反击战。

部队在"宁愿前进一丈死，决不后退一寸生"的口号下英勇冲杀，同敌人展开了殊死的搏斗。

三、小房子阵地

五七八团三连一鼓作气攻占了第三道堑壕前的小房子阵地。五七八团三连，当年在察北根据地被当地人民群众誉为"天下第一军"的连队，此刻把当年人民群众对他们的嘉奖与深情厚谊，转化为对敌人的勇猛冲杀。冲在前面的二排长，在抗击敌人第六次反扑时头部负了重伤，三排长马上代替指挥，带领二、三排一起作战。在打退敌人第七次反扑时，三排长负伤，副排长领着大家又打退了敌人第八次反扑，并接近了主峰。

一班刺杀英雄陈振忠头部负伤，鲜血顺着眼角在流，连长、指导员都劝他下去，他坚决不下，"要为牺牲的战友报仇"。连长大声喊道："向重伤不下火线的陈振忠同志学习！"

五班长同敌人白刃格斗，三处负伤仍然坚持战斗不下火线。该连文书、文化教员、通信员发现四连侧后三个敌人手持大刀向四连扑来，便端起枪迎了上去，击毙了敌人。战士赵文忠，只身与敌白刃格斗，将敌击毙后，又发现远处20多个敌人挥舞着刀扑了过来。他机智地倒地，与敌人尸体躺在一起，当敌人刚过去，他照准敌人扔出两颗手榴弹……

五七八团三连为了守住阵地，连续打退敌人14次反击。他们忍饥耐渴，全连一壶水，一个人一天两个土豆，一直坚持到战斗结束，像钉子一样牢牢钉在小房子阵地上，没有失掉一寸阵地。战后，领导机关授予该连"三关口打得猛，马家山钉住钉"的锦旗一面。

在不断的拉锯战中，五七九团三营的一位叫刘维民的班长指挥全班又攻占了敌第三道外壕，以手榴弹、机枪击退敌连续多次反扑后，只剩下他和于世元二人，在打光了子弹的危急时刻，迅速从敌军尸体身旁扒出一挺机枪和手榴弹，打垮了敌人猖狂的反扑，守住了阵地，坚持到增援部队到来。

五七九团六连的四位战士任喜礼、李新、张有福、吴城英在一轮争夺战中冲在最前面。他们以勇猛的斗志手执红旗最先冲过敌封锁线冲向第三道外壕。敌军火力迅速封锁了后续部队，他们进入敌人心脏，三面受敌，4名英雄的战士毫不畏惧。敌人先用一个连的兵力向他们反扑。他们的枪打断了，刺刀拼弯了，便一个个拧开了手榴弹盖，在凶恶的敌人扑到距他们只有十多米时，迎头一阵手榴弹将敌打退。随后敌人又组织了一个连的兵力冲了上来，4名战士的手榴弹、子弹都打完了，却发现被打怕了的敌人一个个伏在地上把手榴弹成批成批地往他们占领的外壕扔，4名战士就迅速将敌人扔来的咻咻冒烟的手榴弹扔回敌群。正在这危急时刻，敌人后面响起了一阵猛烈的枪声，五八二团冲了上来，4名战士纵身跃出战壕，捡起地上的枪与战友们前后夹击，敌人一片片地倒下了。

四、无名高地上的"血人"杨顺文

杨顺文所在的一九三师是主攻师,所在的五七九团是主攻团,所在的四连是全团的尖刀连,所在的二班为尖刀班。马家山战斗开始以来,作为尖刀连二班班长,他带领全班一直冲杀在最前头,给部队杀开了一条冲锋的血路。

中午,二班拿下了马家山一座小山头。马家山到处都是枪声。唯独他占领的阵地上很安静。敌人也许在做反扑准备,也许在吃午饭。杨顺文已经不期望吃一口饭或者喝一口水了,他没有饥饿、没有疼痛,只有战斗的意志。他是班长,全班战友牺牲了,他这个班长要为战士报仇。他擦了一把流进眼睛的鲜血,让眼睛明亮一点,抓紧给机枪配足子弹,选择最佳的射击位置,还不时地抬头看看山上马家军进攻的方向。

下午2时,吃饱喝足了的敌人又一次反扑。整个无名高地上就他一个"血人"坚守着阵地。100多个国民党马家军朝着他疯狂扫射,子弹在耳旁嗖嗖飞过,身边子弹打在黄土上噗噗作响。杨顺文知道,子弹嗖嗖飞,说明敌人还有一段距离,而当听到噗噗响时,敌人已经就在眼前了,这是他为国献身的时刻。

他瞅着这100多个目标,采用卧姿打出去一排子弹,敌人倒下的倒下,转身的转身,他干脆抱着机枪开始扫射。人不倒枪不停。站立不倒的"血人",分秒不停地扫射,马家军被眼前的"血人"镇住,不敢向前半步。

就在这时,六十五军命令五七七团、五七九团、五七八团、五八一团所有指战员举行集团式进攻。当战友们看见他时,他的头部已再次中弹,僵硬地站在原地,机枪还在不停地射击。战友们冲到他的身边时,子弹打光了,他也流尽了最后一滴血,还以"血人"的姿势站立在马家山阵地上。

战后,解放军第六十五军为这位一人守住一个阵地的"孤胆英雄"杨顺文追记特等功。

第三节 最后的搏杀

午后的马家山都是搏杀的战场。

师山炮一连炮手孙世发,直接瞄准敌军炮兵发射台,七发七中,摧毁敌发射点,我军迫击炮亦以猛烈火力给反扑之敌以重大杀伤,有力地支援了步兵战斗。

祁家堡阵地上,五七九团六连战士王芝瑞耳朵被炮弹震聋,半截身子埋在土里,他迅速爬起来继续与敌人搏斗。

九连七班长卢振生隐蔽在刚刚夺取的碉堡里,端起机枪,向敌人猛烈地扫射。前面的敌人一片片倒了下去,后面的敌人又扑了上来。卢振生跃出碉堡,正要举枪射击,不料伏在碉堡后的一个敌人用鬼头刀向他劈来,卢振生倒在了血泊里。

战士董茂秀在进攻前只吃了两个土豆,在5个小时的战斗中他忘掉了饥饿,端起枪来连着拼死了两个敌人,又一个突刺,一下子捅到另一个敌人的胸膛上,但却再没有一点力气把刺刀拔出来……

马家山的第三道战壕洒满了鲜血。午后,躲在暗堡里的、守在核心阵地的敌人倾巢出动,举着大刀扑下山来。前面的战士倒下了,后续的战友还没有攻上来,阵地又被马家军占领了。

一九三师师长郑三生,从这个战壕跑到那个战壕,组织机关人员和直属分队补入部队,并命令五八二团在一九三师左翼投入战斗。

郑三生师长带领机关人员攻上阵地,他大手一挥,"啪""啪"两枪射向敌人,机关的干部战士端起刺刀像离弦的箭冲向敌群,开始了一场空前激烈的争夺战。

守敌光膀赤背,舞刀高声吼叫,拼命顽抗。我军个个奋勇当先,冲入敌群左砍右刺，越战越勇，杀得敌人难以招架。敌兵后有督战队砍刀、手枪威逼，前遭我军密集火力杀伤，混乱号叫，溃不成军。我英雄的战士们在"只能前进一丈，不能后退一寸"的口号下，士气倍增，英勇冲杀。

冲上阵地的五八二团一连战士贾士安碰上敌人就用刺刀挑，用枪托砸，他的脸被烟尘熏成"黑包公"，被汗水一冲变成了花脸猫。打退眼前的敌人后，他揉眼一看，连里的战友一个也不见了，自己也搞不清楚冲到了哪一块阵地。突然，他发现左侧一股敌人正从山上往下冲，便立即腾地跳到路旁，在敌人死尸堆里寻找武器，他端起敌人的机枪，拼命地左右扫射，瞬间山坡上丢下敌人一具具尸体。

一九三师各团在第二、第三道外壕间拉锯战中，古城岭上各个阵地的马家军如恶浪一般一浪又一浪地围绕着第三道外壕与解放军展开争夺。20多次的拉锯战，阵地前的血流成了小河，前沿的石头被染成殷红色。

五八二团七连的阵地上，面对从地堡里钻出来的敌人，三排战士刘云才一个人打出了130多枚手榴弹，胳膊都甩肿了还在坚持。他的身边是身负五处重伤的共产党员史耀增，他在用尽全力给刘云才拧手榴弹盖。全连仅有的几十名战士奋勇战斗，击退敌五次反冲击，巩固了既得阵地。

"泥人"排长

在通向古城岭敌核心工事的道路上，一只"壁虎"正在密集的火网下迅速地爬动。为了拿下这个阵地，营长郑兰亭派出的三个爆破组都壮烈牺牲了。敌工事附近地形开阔，黄土地上没有任何遮蔽物，唯一的办法是人变成泥人才能迷惑敌人。他把机灵善战的突击排长叫过来，交代一番，排长马上明白了他的意思。

前两天的大雨给马家山的这个山窝里聚出了一个泥潭。只见这位排长脱去衣服跳进泥潭，来回一滚，立刻变成了泥人。机枪手开始交错射击实施掩护，突击排长夹着爆破筒，匍匐加飞跑并用，"泥人"和敌工事周围的黄土色浑然一体，他神不知鬼不觉地爬到了敌人眼皮下，一支爆破筒摧毁了敌方工事。

马家山、古城岭上有数不胜数的英雄在这里流尽了最后一滴血。

战斗到17时,一九三师组织五个团全力进行最后攻击。经过激战,终于全部攻占第三道外壕,迅速向纵深发展,朝着马家山主峰进攻。19时,第一线各部队经过反复激烈冲杀,占据了敌古城岭主峰前的全部阵地。午夜,五八二团七连率先,五七八团三连跟进,一举占领了古城岭主峰,后续部队迅速攻占了敌马家山全部阵地,而后开始追击残敌。

马家军一〇〇师接到撤退命令,向兰州城内溃逃。六十五军令一九五师加入战斗,跟踪进击二十里,直扑兰州东郊,消灭了残敌。

当日夜晚,一九三师肃清了马家山的残敌,马家山、古城岭战斗胜利结束。马家山战场共歼灭国民党马家军2600余人,其余朝着城区逃跑。

8月26日中午,国民党马家军驻守古城岭败逃到城区的一〇〇师残敌被解放军第六十五军和三军歼灭。

当日,十九兵团的解放军战士在秧歌队的引导下开着坦克、拉着大炮进入了兰州城区。身遭国民党马家军残酷压榨的兰州人民笑逐颜开,心花怒放,载歌载舞,连日庆祝。一位75岁的回族老人胡锦云赋诗一首:"马到青海四十年,人民苦死万万千,解放大军来征剿,至时拨云见青天。"

战后,一九三师五七七团三、六连,五七八团三连,五七九团一、二、三、四、六、八连,一九四师五八二团七连荣立大功;实施四次爆破,炸毁敌人三个暗堡的五七七团三连被授予"尖刀插入古城岭的五七七团三连"的荣誉称号,连续打退马家军14次反冲击的五七八团三连被授予"三关口打得猛,马家山钉得住"的锦旗一面。

第八章

镇住南山

皋兰山上的峭壁是六军的拦路虎。为了炸开峭壁,一名指导员用身体炸开了峭壁,一名指导员被炸掉一条腿。一个战场两个主攻师两个主攻团,饿着肚子的和背着银圆的打在一起。阵地上的红旗升起来又落下8次。庆祝中华人民共和国成立70周年阅兵战旗方队百面荣誉战旗中,就有一面"英勇顽强攻取皋兰山"的旗帜。

皋兰山上攀月亮,

白塔山上摘星星。

这是兰州战役胜利60周年后低苦艾乐队在大街小巷传诵的剑胆琴心。70年前攻打皋兰山主峰的战士们就有攀月亮的壮志雄心。

兰州的南山是皋兰山,皋兰山是因为山上有兰草得名,兰州的"兰"就因此而得名。那么"皋"是何意?其实,皋兰、贺兰、乌兰等在匈奴语中是河的意思,皋兰山即河边的大山。2000多年前,游牧在黄河北岸的匈奴人无数次仰望过这座高山。

每座山有每座山的风景,每一座名山有名山的传奇。

这座山每逢风雨或雨后初霁便会有云绕山腰,袅袅娜娜,如仙如幻,明代称为"皋兰山色",清代康熙时起称为"兰山烟雨",一直是兰州古景点中的经典。

然而,这高峻山势,自明代以来就屡次为驻军设防之地,故称营盘岭。在70年前的那场大雨过后,一场事关这座山、这座城前途命运的厮杀在这里上演。

第一节 "红星师""亮剑师"齐聚皋兰山

营盘岭，海拔2171米，是南山的最高峰。皋兰山与其他山的不同处是它挨近城区，山势陡立。北面是兰州市城关区，有盘山路可从城区到达山顶。南坡沟壑纵横，陡峭挺拔，地形复杂，易守难攻，是兰州城南面的天然屏障。

营盘岭东邻红沟、南背三营子、西傍花寨子、侯家岭之间山崖、北面子。从北面去营盘岭自下而上分别是头营子、二营子和三营子；若从南向北前进，则先有三营子，而且靠南的叫下营子，靠北的坡上叫上营子，然后有二营子和头营子。

蒋介石看准了皋兰山的战略地位。抗战时期朱绍良安排一个工兵团外加3000民工用半年时间修筑了钢筋水泥碉堡；解放战争开始后马步芳又派了一个工兵营和数千民工加强维修了三个月；兰州战役前夕，马继援派部队又仔细进行了修缮，把这里打造成以钢筋水泥铸造的碉堡、暗堡为核心，三道环形峭壁互联互通，钢筋水泥明堡与暗堡组成交叉火力网，纵深达14公里的典型的环形集团防御工事。

从主阵地三营子山梁开始，每一个阵地自上而下挖出三道环形峭壁，每道垂直高6—9米；峭壁外挖了6米宽的外壕，外壕内外布设了铁丝网，铁丝网上挂满了30磅的小型航空炸弹和不同型号的地雷，与地下埋的地雷形成相互连接的梅花连环雷阵。这种梅花阵只要踩着任何一个地雷就可以炸响一片，能打击集团进攻，能把人炸飞，没有空军的马家军自豪地把这种阵地称为"土飞机"阵地。

除了峭壁与外壕之间的地雷连环阵，地面上也有大面积雷区。在三营子一块200平方米的地段就埋下700多颗地雷，还给每一颗地雷上再拴3枚二号飞机炸弹。

阵地上各个明碉暗堡之间还用地下的交通沟相连。皋兰山的交通沟比其他阵地更深更宽更长，交通沟内可以同时容纳两个营的兵力，还不包括碉堡和其他掩体。这些交通沟之间纵横交错，地道相连，攻防兼备，能战能藏。

整个山梁战场纵深 14 公里，从下三营子到山顶上有三重防护的营盘岭，整个山岭构筑成一个能攻能守的整体大碉堡。

这还不算，营盘岭西有沈家岭战场，东有马家山战场，左右山头的炮火还可以互相支援。如果占领了这座山头，还可以居高临下直接控制兰州主城区并辐射黄河的唯一通道——黄河铁桥。

一、马继援的部署和四大机制

前文已经谈到了马继援的防御安排，只是他的安排和一野作战部署对战场的称呼不一致，马继援的安排更多使用的是当时兰州的老地名。

马继援关于兰州保卫战的防御配备由两部分组成：其一为皋兰山防线，即山防；其二为河防。皋兰山防线自东向西，兵力部署是东岗坡为第一〇〇师，即窦家山、马家山战场；五泉山为第二四八师，即皋兰山战场；沈家岭、狗娃山、七里河一线为第一九〇师，周边还配属了第三五七师。

河防防线的具体兵力配备是：靖远对岸到泥湾，分别由第一二〇军、第九十一军、第一九〇师骑兵团担任。七里河对岸到河口，分别由第一二九军军直属、新编第一师、骑兵第八旅担任。总兵力达 10 万人。

马继援说的五泉山，就是皋兰山半坡的那座公园，守五泉山的二四八师就是和主攻皋兰山的六军对垒的马家军主力。

有利的地形，坚固的工事，充足的兵力，这些硬件马家军觉得还不够，又加了精神蛊惑、奖励和督战。

精神蛊惑：除了封建迷信和狭隘民族主义的欺骗宣传，更多的是共产党要"杀回灭教"，一旦当了俘虏就要像他们当年残杀西路军那样掏肚挖肠，杀全家、灭九族，从而制造民族仇恨，防止军队叛变。

金钱奖励：马家军规定，打退一次解放军的冲锋，发给每个士兵 1 块银圆，军官 3 块银圆；占领一次阵地，发给士兵 3 块银圆，军官 5 块大洋。打赢一场战斗，则组织一次妓女慰问。

监督机制：物质的、精神的都有了，还需要有监督机制，这便是督战队。每次冲锋都有由军官组成的督战队，手持冲锋枪、手枪、马刀督战。

晋升机制：23 日，西北长官公署兰州市白塔山指挥所给营盘岭守军电话指示中说："营盘岭不失，兰州有望；营盘岭不保，兰州危矣。要坚决扼守，守住了全体官兵放假自由三天，每人晋升两级。"马继援不愧是上过国民党军政学校的，为了守住皋兰山，他用足了激励和约束机制。

这一下马家军放心了。时任兰州防守总指挥的马继援说："营盘岭是牢不可破的铁阵，是固守兰州的南大门，如共产党能攻破了它，我便自动撤出兰州。"

第二四八师少将师长韩有禄在接到马步芳让其守皋兰山的命令后自信满满，他马不停蹄地到皋兰山自下而上、自上而下详细地观察了现场，边走边问，边看边记，按照"铁阵"标准做了许多指示；然后召集营以上军官开会，明确防御阵地，明确工事要求。他以黄河北庙滩子马继援的指挥部为方位基准，做了如下部署：

命令第一团团长韩有福为师第一线左翼防御部队，东起友军第一〇〇师右翼阵地即马家山，西至皋兰山中央前缘，任务是占领阵地，继续构筑坚固工事；

命令第二团团长谭腾蛟为师右翼防御部队，左起第一团西端阵地，右至友军第一九〇师左翼阵地也就是沈家岭东端连接处，任务是占领阵地，加快构筑工事。

命令师直属各部队为第二防线，任务是占领皋兰山制高点后面的阵地，强化构筑工事。

命令师直属的迫击炮连设置在皋兰山下东侧的飞机场，即今天的兰州大学二分部一带；炮兵观测所设在皋兰山顶高地，进行观测，发出指令，实施精准打击；

师指挥部设在皋兰山右后面高地上,这里与沈家岭遥遥相望。

至此,二四八师开始了皋兰山与第一野战军六军的攻守对峙。

二、六军"红星师""亮剑师"来到营盘岭

六军是红军底子很厚的一支部队,部队中的师、团甚至营、连都可追溯至红一方面军和红四方面军的一些部队。

六军的前身是 1947 年 10 月组建的西北野战军第六纵队,一直是西北战场上的主力军。第六军所辖的十六、十七、十八师都很著名。十六师有第四十六、四十七、四十八团,十七师有四十九、五十、五十一团,十八师有五十二、五十三、五十四团,三个师共九个步兵团。这些团有的比所在师还著名。

"红星"十六师前身是 1944 年 1 月组建的冀鲁豫军区西进支队,早期是陕甘宁边区留守兵团教导第一旅,是一支具有坚定的革命觉悟和丰富的战斗经验,攻守兼备,敢打恶战硬仗,机动能力强,执行命令坚决,是一野的头等主力师,百万军中唯一被最高统帅亲授代号"红星"的师。

"亮剑"十七师,被称为百将之师,前身是 1944 年 2 月重建的八路军新四旅,骁勇善战,敢打硬仗恶仗,攻守俱佳,尤其以不怕牺牲、敢挑重担、舍己为人、死拼强敌的英雄豪情和"亮剑"精神,赢得尊重和赞誉。

第十八师留驻西安,未能进入兰州战场作战,此后也没能再回到六军。

打铁要用铁的手腕。为了扩大打"铁阵"的边际效益,第一野战军按照进攻兰州方位,坐南向北布阵。把进攻营盘岭的任务交给第二兵团六军,营盘岭左翼的沈家岭交给第二兵团四军,右翼马家山由第十九兵团六十五军负责攻占。

为了打破这个"铁阵",彭德怀对六军指挥员说:"要看到营盘岭是攻占兰州、全歼守敌的南大门。若你们首先攻占此山,这就好像一把钢刀插入敌人的心脏一样置敌于死地。"

8 月 20 日,彭德怀和六军军长罗元发等领导仔细观察皋兰山地形以后认为,攻兰州,皋兰山是关键;攻皋兰山,三营子是关键。三营子是皋兰山

的大门，是南北两面交通、沟壑会聚之地，是各个陡坡簇拥的一块倾斜面。攻下三营子，一野的榴弹炮、野炮就能展开，二营子、头营子就容易攻克了。

六军军长罗元发下达作战命令，把十六师、十七师一起拉上皋兰山，一起作为主攻部队，挥重拳砸向皋兰山，直取营盘岭。

三、两个主攻师、两个主攻团、两支突击队

攻打皋兰山有两个主攻师、两个主攻团、两支突击队，但两个师首攻方向不一样。

十七师"打铁"先打制高点。三营子是皋兰山营盘岭的一个突出山头，它背依兰州城，面临西兰公路，居高临下，控制东、西、南三面，是兰州城的南门。因此，马家军把它当成防御的重点。

十七师以五十团为主攻，由南向北从正面进攻三营子；五十一团担任助攻，由侯家峪从西向东进攻三营子；四十九团为第二梯队，随五十团跟进。

十六师"打铁"直打营盘岭东南阵地。十六师师长吴宗先、政委关盛志决定直接攻打营盘岭一侧，然后侧转打向二营子。

十六师决定以四十六团主攻，四十七团为第二梯队，四十八团为预备队，钳制敌人并负责四十六团右翼安全。十六师进攻营盘岭的第一道防线、第二道防线，然后占领二营子后就地追击敌人。

为了强化进攻，五十团团长刘光汉、政委杨怀年在团党委会上决定用两个突击队，即一营、三营为突击队，并肩攻击，二营为团预备队，任务是预防敌反扑，然后向纵深发展。

第二节　初攻后的功课与总攻的炮声

8月20日晚上，五十团利用黑夜悄无声息地先越过许家岘汤家湾村前的蜂腰部位，进入敌阵地前沿几十米的崖坎下，等待着进攻的信号。其间，营盘岭阵地守敌也偶尔打几枪，给自己壮胆，也试探一下解放军动静。

一、初攻时的"贴膏药"战术

21日拂晓，三发信号弹划破夜空，营盘岭、沈家岭、马家山同时发起进攻，十六师、十七师也同时向第一道防线、向三营子发起进攻。

十六师集中了全部火力——榴弹炮、火炮、迫击炮等轻、重武器一齐向敌人开火。主攻团四十六团冲上去以后受到马家军正面和侧面的夹击，顽强的攻击付出了较大的伤亡，冲在最前面的一营副教导员李光华和二连连长、副连长都牺牲在阵地上，一营伤亡100多人。

十七师因为主攻团提前潜伏在敌阵地崖坎下，随着信号弹升起官兵们一跃而起，端起手中武器，向敌阵地投掷手榴弹，与敌人争夺三营子阵地。由于崖坎前和崖坎上面是开阔地，战士们英勇作战，在占领的崖坎前筑掩体、挖避弹洞，进行对壕作业。三营一个营的战士们还采用了"贴膏药"战术，他们紧贴在敌人阵地前沿顺着山坡挖一些小山洞，既贴近敌阵地，又能预防子弹直接射击，战士们把战场上临时搭起来的这个小窑洞叫"避弹洞"，躲进避弹洞里，任凭敌人密集地枪打炮轰，一步都不后退；但当敌人靠近时则可以贴着洞顶近距离扫射。

21日的初攻没有取得应有效果，一野停止攻击。

马家军连续三天远距离扫射，"贴膏药"的三营被敌人的炮火封锁了整整三天，三天里整整一个营的战士饮食送不上去，战士们没吃没喝，没法睡觉。有的战士自尿自饮，坚守阵地，当敌人靠近时予以坚决还击。

23、24日兰州突遇大雨，蹲守"避弹洞"的战士们才没被8月的太阳烤焦。

25日凌晨总攻发起后，四十六团在营盘岭发起了"顶牛战"，在"避弹洞"中"贴膏药"的三营发挥了近距离突击队作用，攻上阵地的战士们也是牢牢地守住每一寸获得的阵地，绝不退却，直至取得皋兰山战场的全面胜利。

二、初攻后的"功课"

初攻受挫的三天内十六师干了三件事：第一，和所有一野部队一样总结教训；第二，学会了排雷方法；第三，日夜奋战挖出了许多纵横交错的交通壕直通敌前沿阵地。

十七师五十团首先弄清了敌阵地群的构成情况，特别是战壕内隐秘的防弹洞穴。在三营子主阵地的制高点上，中间以钢筋骨架水泥筑成的碉堡为骨干，用堑壕、交通壕联结成蛛网式的坚固集团工事并不靠近崖坎边，这种距崖坎边还有10—20米距离的山坡地才是机枪、手榴弹打击的最佳地带。堑壕内挖有防炮、防弹洞穴，这种防御阵地用步枪、手榴弹根本打不到对方，而洞穴内的敌人却可以用手榴弹和侧射火力对进攻部队实施大量杀伤。

遍布在皋兰山三营子的这些崖坎、峭壁是进攻部队最大的障碍。后来，曹德荣就是为了炸开这些峭壁而光荣牺牲的。

五十团原来提出了采用炮轰、爆破和搭梯子攀登法或者三结合的打法。经过沙盘演练，发现这类峭壁陡坡光靠炮兵轰击根本不行。六军没有足够的火炮对半个山头进行轰击，仅有的火炮炮弹还有限，得留在关键时刻打击集团目标和大量的碉堡。最佳的办法是实施连续爆破。

对一座山头阵地上的山坡以及崖坎、峭壁实施连续爆破，没有上千公斤的炸药根本无法撼动。炸药从哪里来？正在五十团一筹莫展的时候，十七师获得一条好消息，五十团供给处林华励处长押着几辆兽力大车拉着炸药从西安到了兰州。这些炸药是国民党从西安慌忙撤退时准备搞破坏，安放在几个大工厂机器上的高级黄色炸药。五十团攻进西安时把它收集起来，让团供给处押送着随团行动。这时候的兽力大车虽然慢却真是雪中送炭。有了这些高级炸药，加上上级补充的自制土炸药，五十团顿觉如虎添翼。

总攻开始前，一野把炮兵团的两个炮兵营所有的17门野炮和3门榴弹炮调到六军，归六军指挥。问题是，这些炮怎么才能运到指定的有效射击的位置。23日起，二兵团和六军组织力量争分夺秒地挖通了通向马家军主阵地的交通沟也就是冲锋用的战壕，同时抢修简易公路拉运大炮。

六军政委徐立清动员和组织了三级领导机关的干部，动员随六军进攻的民工，在工兵的帮助下，从山脚下抢修简易公路，将这些炮完全用人推肩扛的办法，冒雨拉进三营子以南约300米的发射阵地。然后把这些炮同六军原有15门山炮、6门重迫击炮和各团的迫击炮一起组成了两个火力队。为了发挥现有炮火的威力，十六师师长吴宗先和十七师副师长袁学凯分别做起了炮兵指挥，来到炮火阵地指挥炮兵作战。

这时，各步兵团也准备好了引导炮兵射击的标志旗和旗手。步兵、炮兵一道商定了步、炮协同作战的具体方法，决定采用火力轰垮绝壁，给步兵开辟冲锋道路，继之由步兵用炸药包摧毁敌人纵深的防御工事，步兵、炮兵协同拿下三营子。

三、在炮火中发起总攻

8月25日6时30分，六军对营盘岭发起总攻。

战斗开始时，六军集中强大的炮兵火力向营盘岭东南和三营子东、西、南三面环形阵地猛烈轰击。强大的炮火轰击第一时间就把敌人打得晕头转向。只用了半个小时，在硝烟笼罩下的步兵就发起猛烈冲锋，很快就把红旗插到了敌人第一道工事前沿。

打开第一道工事前沿后，炮兵战士也信心大振，接着实施精确瞄准，向着每一个阻碍步兵前进的敌群开炮，很快在第一道工事前沿打开了一个突破

口，步兵正准备向上冲杀。这时，马家军也看到了这个突破口，迅速组织力量对突破口实施冲击。马家军的第一轮反扑全部暴露在六军炮兵的观察镜里，只见炮兵发怒，炮火轰鸣，反扑上来的敌军被炮弹炸得木断石飞，尸横遍野。

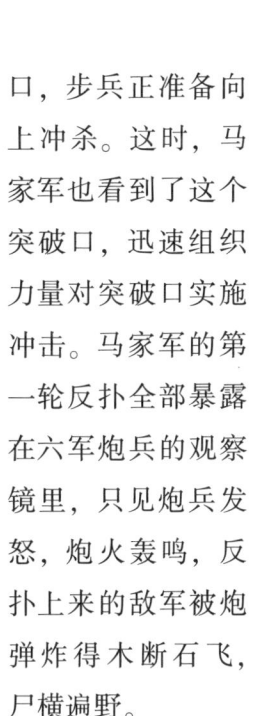

第一野战军炮兵部队进入阵地

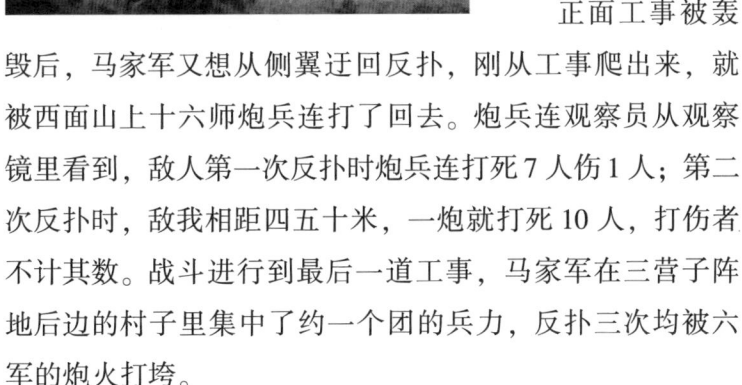

正面工事被轰毁后，马家军又想从侧翼迂回反扑，刚从工事爬出来，就被西面山上十六师炮兵连打了回去。炮兵连观察员从观察镜里看到，敌人第一次反扑时炮兵连打死7人伤1人；第二次反扑时，敌我相距四五十米，一炮就打死10人，打伤者不计其数。战斗进行到最后一道工事，马家军在三营子阵地后边的村子里集中了约一个团的兵力，反扑三次均被六军的炮火打垮。

步兵在炮兵的配合下打得也十分勇敢顽强。五十团如出水蛟龙，直扑皋兰山下庄村与该团在敌阵地担任"贴膏药"任务的第三营会合后，立即向前冲锋，向三营子逼近。

在五十团发起冲锋的同时，四十六团也发起了进攻，冲向敌阵。这时，炮声、枪声、手榴弹声、炸药包的爆炸声响成一片。

第三节　营盘岭打的是峭壁

近距离的拼杀是十分残酷的战斗。在主阵地作战的马家军这一支部队显示出善打山地战的本领，作战十分凶顽，战士们子弹打光了用手榴弹，手榴弹打光了拼刺刀，刺刀折了赤手空拳与敌人肉搏。冲到最前面的一个连只剩下十几个人了，团部几次命令后撤，战士们毫不畏惧，不把红旗插上营盘岭，他们决不下火线。

一、舍身炸峭壁的指导员

发起冲锋后，峭壁是横在战士们面前的一道拦路虎。突破了外壕，穿过雷区，战士们却被眼前的峭壁挡住了进攻的步伐。拿不下峭壁就无法接近碉堡群，马家军就可以利用碉堡掩护，在战壕里随意调兵。

眼前的峭壁环山而建，厚、滑、斜、高，隐秘性强，炮打不到，人爬不上去，一挺机枪在峭壁上突突，有多少人都无可奈何。唯一的办法是将横在眼前的这座峭壁工事炸开。

先偷袭爆破，这样伤亡会小一些。担负爆破任务的五十团三营七连先用偷袭爆破法，根本无法靠近。只好冒着枪林弹雨强行爆破，第一个爆破组倒下了，第二组冲上去，还是倒在峭壁前。九班功臣、战斗英雄陈全魁夹了七个手榴弹冲上去利用阵地和敌人对拼了半个小时，前沿仍未炸开。

副连长刘拴牛采用匍匐跃进法冲进距敌 40 米的一座敌人刚刚撤退后的独房内窥察敌人阵地，只见三挺机枪居高临下封锁着峭壁前的开阔地。他明白，只有用火力压倒左前方的一挺机枪，才能让爆破手接近前沿。压倒机枪的最佳办法是炮轰，但这峭壁是射击死角，炮弹根本打不到。枪榴弹，他用手指着敌方的枪眼对手持枪榴弹的九班长周长发说："打！瞄准枪眼！"当第一颗枪榴弹穿进枪眼时，敌人的机枪哑然无声了。同时，右侧机枪亦被重机枪射手朱鸿斌用火力封锁住。

战士何德有怀抱炸药，冒着敌人手榴弹的浓烟，连跳带滚地越过平坦的危险地，安好炸药，一拉线，糟糕，连续几天下雨导致雷管受潮瞎了火。副连长刘拴牛又指挥张小山、谭克成进行连续爆破，负责运送弹药的指导员曹德荣大吼一声："投弹英雄跟我来！"副连长刘拴牛、排长刘有德和陈全魁应声而出，狂奔1000米，双手手雷齐抛，烟雾弥漫，弹片飞舞，四勇士了无惧色，指导员曹德荣再次负伤，腹部中了敌人一颗子弹，还不断鼓励大家，掩护爆破手完成任务。

峭壁久攻不下，马家军开始反扑。战士们连续3次打垮了敌人的反扑，但峭壁依然无法突破。此时，进攻到前沿的四个连300多名战士完全暴露在敌人的火力之下，如果继续迟滞在这里，一旦马家军发起一次针对性反扑，300多名战士面临极大危险。

在前沿指挥所里的彭德怀大喊："罗元发，罗元发！"军长罗元发在电话里大声下令，要五十团团长刘光汉抓紧速度，继续组织爆破。在这生死攸关的关键时刻，只听得一声巨大的爆炸声响起，敌人第一道防线峭壁被炸开了一个斜坡，战士们一跃而起，从炸开的豁口冲了上去。

这一声巨响是七连指导员曹德荣舍身轰炸，这一个斜坡是曹德荣用身体炸开的通道。视死如归的战士们一直在努力爆破，3人一组的爆破组第八次倒在了敌人枪下。曹德荣大喊一声："跟我来！"一下抱起三个炸药包第九次带领爆破组成功地冲到峭壁最近处，两个应声而上的战士一个牺牲了。他顾不得身上多处中弹，使出浑身的力气连续扔出两颗手榴弹后，趁着浓烟升起的一刹那间，抱起沉重的炸药包，强忍着浑身剧痛，左翻右滚终于和另一个战士靠近了峭壁。

峭壁被削得如同光滑的墙壁，没有支架，炸药包贴不到墙面就发挥不出威力。曹德荣用双手托起炸药包按在峭壁上，回头向那个战士一口喊出了两个快速动作的命令："快拉火！撤！"那个战士有些犹豫，曹德荣大声喊道："我命令你撤！"那位战士顺势翻身滚下了山坡。一声巨响，峭壁被炸开了，又一位董存瑞式的英雄，为了人民的解放，为了新中国，献出了宝贵的生命。

二、炸开峭壁再打"贴膏药"战

在五十团曹德荣炸开峭壁的同时，四十六团沿着事前挖好的交通壕冲到敌前沿阵地，也被三道峭壁挡住了去路。爆破组爆破一次只能塌下一两筐的黄土，无济于事。四十六团决定实施连续爆破，经过多次爆破，牺牲了许多战士，峭壁依然稳稳地挺在前面。这时，三营七连指导员、共产党员刘志刚带着爆破组冲了上去，他把炸药包放在炸过的小坑里实施二次爆破，安装到小坑后，为了保证能够炸响，他稍一停留，一条腿被炸断了。

这种最危险的战斗，党员、干部都冲在前面，经过连续爆破，四十六团终于打开了两个缺口，为部队打开了通道。

在炸开突破口后，五十团和四十六团的突击部队如出山猛虎一样冲了上去。五十团二营紧跟一营后面前进，二营连续打垮敌人 7 次反冲锋。二营二班长陈向礼看到他们攻击的路线缺口小，自告奋勇抱了两个炸药包去爆破，把爆破口彻底炸开。二营迅速向前推进，攻占了第一道外壕后与一营齐头并进展开激烈战斗，占领了敌人的第一道防线。四十六团在七连炸峭壁的同时，神枪手专打机枪手，上来一个打掉一个，为七连炸毁峭壁赢得了时间，减少了伤亡。

第一道防线是马家军苦心经营的堡垒，马家军认为"固若金汤"。"金汤"被破，马家军开始了疯狂反扑，死命地想要夺回阵地。

十六师下令采用"贴膏药"战术，进攻到那里就贴到那里，不能后退一步。四十六团把部队分成两部分，一部分抓紧整修工事，对付敌人反扑；一部分继续前进，向敌阵地纵深发展。

三、饿着肚子打和背着银圆打

第一道防线失守，马家军第二四八师师长韩有禄亲自督战，组织了约一个营的兵力，从二营子方向扑了下来。两个师早有准备，机枪一阵点射，将敌人赶出了二营子。

这时，十七师五十一团也从西边攻上来。从东南方向进攻的十六师四十六团三营七连、八连的爆破组由一排长王喜贵带领6人先后用60斤炸药，分5次将第一道外壕炸开，王喜贵身负重伤，但他忍着剧痛带着突击组由十七师右翼冲上高岗，在敌人第一道防线坚持了4小时，阻击了敌人4次反扑。在敌人发起第五次反扑时，五连赶上来将敌人阻击在第一道外壕，最后同兄弟部队一起直取营盘岭制高点的水泥碉堡。狡猾的敌人，乘我立足未稳又猛扑过来，五十一团阵地又被马家军占领并对五十团形成了威胁。十七师师长程悦长当机立断下令："反冲击，坚决夺回阵地！"

战斗到中午12时，营盘岭西面的四军将狗娃山攻了下来，营盘岭东面的六十五军也乘胜前进，从大的方位解除了敌人对营盘岭两面的威胁。

这时，马家军用机枪严密封锁了四十六团炊事班通往一线阵地的道路，饭菜送不上去，阵地上又没有水，大家忍着饥饿在战斗。团长连成先要把伤亡大的三营换下去，三营教导员阎泽民坚决不同意，"我们就是只剩下一个人也要守住阵地"。

马家军封锁了送饭的道路以后迅速向三营九连占领的阵地反扑。子弹、炮弹、手榴弹如冰雹一般向着九连阵地倾泻，而且是连续不断的"雷阵雨"般狂泄。九连，剩下7个人了还在顽强战斗。

几次反扑不成功，马家军二四八师立即调二线部队增援，马继援下令，反攻一次发一次银圆，多则5块，少则3块。银圆越发越多，士兵们把银圆装在干粮袋里，背在身上往前冲。营盘岭第二道防线前聚集起1000人的国民党马家军，敢死队在前面开路，主战队在中间跟随，督战队在后面紧跟，杀气腾腾向前冲。

马家军好像不长记性，这种集团式进攻又被十六师的炮火瞄准，又是木断石飞，尸横遍野。

但，步兵的"顶牛战"仍在激烈进行。十六师伤亡很大，建制被打乱。部队需要休整再组织有效进攻。最后的攻坚战是夺取皋兰山制高点营盘岭主阵地上的最坚固的集团工事。

经过简短的休整，十七师师长程悦长命令第四十九团投入战斗。四十九团朝着五十团开辟的通道口冲入敌阵。

杀入敌阵，进行面对面的较量，战士们插入敌方的交通壕里，一个战壕一个战壕地拼杀。

四、营盘岭上的红旗八起八落

在敌人战壕里奋勇拼杀，突破敌第二道防线，马家军见状迅速组织反扑，先以两个连后以两个营反扑七次，虽经过炮火打击但仍然凶悍地在反扑，竟然有一次突破了五十一团夺取的阵地，虽然被四十九团及时夺了回来，却造成了解放军很大的伤亡。

战场的纵深处马家军沿着自己的交通壕不停地在反扑，每一次反扑被击溃后都有战士流血牺牲，但十六师顽强坚守住了第二线阵地。

13时，五十团攻克了马家军第三道防线两侧的集团工事，四十六团三营也炸开了最后一道峭壁。

14时，马家军第三线阵地被突破，第四十六团乘势加入战斗扩大战果，反扑的敌人死的死、伤的伤，能跑的拼命往回跑，督战队也自顾自逃命，白花花的银圆撒了一地也顾不上拾了。

16时，三营子被全部攻克，马家军300余人沿交通壕向上退守到二营子。

十六师做进攻二营子的准备，五十团、四十六团撤至清水营、花寨子、吊沟子休息。16时，十六师、十七师发起最后的总攻。六军拿出所有的炮弹向着二营子万炮齐发，马家军阵地上硝烟滚滚，燃起一片火海，在嘹亮的冲锋号声中，六军奋勇杀向敌阵。

不多时，三面红旗先后在营盘岭阵地上竖起，接着旗杆被敌人打断，红旗落下。再升起再落下，在前沿指挥所里，军长罗元发用望远镜数到了第八次，几十面红旗在营盘岭马家军阵地上升起，罗元发放下望远镜走出指挥所，皋兰山最关键的阵地，营盘岭的第一大防御阵地全部被六军占领。

强占制高点

午后的营盘岭，太阳斜照在阵地上，国民党军人马的尸体随处可见，峭壁炸开的斜坡汽车都能开上去，"铁阵"已经完全丧失防御功能，主攻团之一的五十团官兵开心地笑了，他们保持了百战百胜团的声誉。

十六师和十七师四十九团相继向二营子、头营子的纵深阵地勇猛发展。随后，韩有禄接到马继援身边参谋长的电话，开始撤退。

六军命令主力沿皋兰山追击逃敌，十六师兵分三路追击，四十八团进兰州城东门直奔黄河边歼灭溃敌；四十六团在飞机场歼敌几百人，占领飞机场后向大雁滩与小雁滩追击；四十七团沿兰阿公路入城，扩大战果。

至 8 月 26 日上午 10 时，六军营盘岭全线战斗胜利结束，共毙、俘敌 4225 名。其中，十七师在营盘岭和主阵地三营子战斗击毙、击伤、俘虏敌人 1725 人；十六师仅俘虏就达 2500 多人。

六军在兰州战役中付出了重大牺牲，仅十七师就伤亡 1235 人，其中五十团就伤亡 668 人。担任主攻任务的十六师四十六团三营七连全连 170 多人，离开战场时只剩下 7 位勇士，一营二连战斗结束时也只剩 30 多人；五十团三营共 16 名连级干部，离开战场时仅剩两人。

十七师四十九团三营八连的司号员常治均在 2018 年 8 月 29 日来到兰州战役纪念馆时告诉工作人员，他所在的八连的连、排干部"一个都没了"，他也被子弹从左肩射入右肩炸裂出来，倒在阵地上被人抬进医院，"捡了一条命"。这些英雄连队在兰州解放中都建立了卓越功勋。

六军用仅有的两个师打向"铁阵"，镇住了南山，让"兰山烟雨"重新变革为兰州人民的南山大景区。

1949 年 10 月，六军授予十七师五十团三营"英勇顽强攻取皋兰山"荣誉称号，追授曹德荣同志为"特等爆炸英雄"，七连被命名为"曹德荣连"。

2019 年，庆祝中华人民共和国成立 70 周年大阅兵中战旗方队 100 面荣誉旗帜整齐列阵，接受党和人民检阅。在这 100 面荣誉旗帜中就有一面"英勇顽强攻取皋兰山"旗帜，这面旗帜，使这座山进入了我军重大荣誉序列，也使古战场皋兰山成为兰州乃至西北的英雄山。

第九章

血熔锁钥

山因人而名。陡峭贫瘠、地下地上皆无资源的沈家岭，因为一场战役驰名金城；兰州战场上双方投入了最多的兵力，持续时间最长的战斗让3位团级领导倒在阵地上，用血与火书写了永垂史册的历史，锻打出兰州革命史的"富矿"。

锁钥，古人常用以指出入要道、军事重镇，锁钥之地便是咽喉要道。

兰州是西北的锁钥，沈家岭是兰州的锁钥。

沈家岭位于兰州西南方向，距市中心约7公里，居于营盘岭与狗娃山之间。此山北高南低，南北走向，南部最高点海拔2541米，北端的狗娃山最低点1872米。

国民党马家军占据着这座山的制高点，第一野战军要从南山的低洼长坡向北面的山头上进攻2000米才能攻上沈家岭主阵地。而进入主阵地要想到达制高点获取全胜，还得突破半座山的高度。

这座山自南向北到达山顶后顺着山梁北下，经华林山就可以直达兰州中心城区西关十字。换言之，从北侧的华林山登山而上行至沈家岭，顺着南坡可以前往临洮、榆中辖区广阔领域。所以有人把沈家岭阵地称作"兰州锁钥"。

如果能从南坡的正面顺利攻下沈家岭、狗娃山，就等于拿到了打开兰州的钥匙，就可以直接打开进城的"锁"，然后直接进入兰州的南大门，直取西关十字，控制黄河铁桥，断掉敌人唯一的逃跑退路，使第一野战军在兰州城形成"关门打狗"的态势，从而席卷全兰州。

第一节　开局就是血战

与兰州南山四大战场相比，沈家岭、狗娃山战场是从部队走进阵地就开始打，一直在山头上打了七天八夜的战场。

20 世纪 30 年代，刘志丹、谢子长、习仲勋等老一辈无产阶级革命家在陕西照金创建了中国共产党在大西北的第一块山区革命根据地。这块革命根据地是中国工农红军第二十六军创建和重建之地，而四军便是红二十六军和陕北红二十七军的血脉传承。

在兰州战役中，第一野战军把攻打"兰州锁钥"的重任交给了这支具有浓浓的红军血脉的部队。这支部队经过半个月的陇东千里追击，于 8 月 19 日来到兰州，20 日发起进攻，攻占了兰州以南的阿干镇，迅即开展了攻打沈家岭、狗娃山的战斗准备。

一、马家军打造的"铜墙铁壁"

沈家岭，西北军政长官公署前线总指挥马继援曾扬言这里是"铜墙铁壁"。这里又和别的几处阵地不一样：山上没有钢筋水泥碉堡。因此，在这高高的葫芦山形阵地上，他必须干两件事：构筑错综复杂的工事，派驻凶狠残暴的精锐。

马继援知道，土木结构的掩体依然能经受住远程炮火的轰击，他有人力、有物力、有运力做完做好这件事。城区有通往沈家岭的公路，汽车运送材料很方便。西关黄河边就是马步芳办的东方木场，直径达三四十厘米的松木堆积如山。他派出建造碉堡的专家很快就在沈家岭建成了他需要的防御工事。

摆在四军面前的沈家岭高地，已经被筑成了一个大弧形堡垒。山头上修建了大量的明碉暗堡，设有三道战壕防线。在深挖出的交通要道阵地前，设置了严密的铁丝网，周围布满了地雷、鹿砦等障碍；还在汽油桶内装上炸弹，马家军夸成"飞雷"，堆放在各个阵地上，当遇到大部队进攻时可以点燃朝下滚去，比窦家山的柴火捆还厉害。

马家军果然把沈家岭山头山葫芦最细处挖断了，挖出一条长100多米、宽20多米、深10多米的堑壕。堑壕就是20多米宽的断崖，壕沟下埋有鹿砦，墙壁上挂有地雷，断崖的对面是机枪阵地。要从南坡仰攻沈家岭，必须经过这道堑壕断崖。

按照马步芳的部署，马继援把一九〇师师部指挥所设在西关九间楼，也就是华林山下文化宫西侧。第五六八团守狗娃山，第五六九团四个营和新兵团守沈家岭和兰阿公路，团指挥所设在沈家岭高地后的绝壁处。另派第三五七师在五六八、五六九团的后面防守七里河、当时的兰州面粉厂至黄河南岸包括兰临公路一带，构成一个狭长防守通道；再派一二九军一部驻守华林山，作为第二道防线，控制通往西关十字的唯一通道。

"兰州锁钥"的沈家岭与狗娃山互为掎角之势。两山之间一条深沟相连，狗娃山在西，沈家岭在东，两座山头是一个战场。这样，围绕着沈家岭、狗娃山战场，马继援派出了两个团另一个军的一部分力量，是南山各战场兵力最多的一处防御阵地。

马继援告诉他的部下"有沈家岭就有兰州"，接着说，沈家岭"活着是你们的阵地，死了是你们的坟墓"。

这个战场注定是解放战争史上少有的艰难的攻坚战场。它打破了以往战争常规法则的击溃战，敌我双方的杀气、胆气互相交织，沈家岭战场将是一场你死我活、鱼死网破、死命拼杀的白刃搏击战场。

二、四军揭秘沈家岭

攻打沈家岭的是二兵团第四军。第二兵团的指挥部设在兰州七里河区的阿干镇，许光达司令员就在阿干镇指挥战斗。

四军军长张达志是在兰州战役发起总攻前才到任的。之前指挥作战的一直是副军长高锦纯和政委张仲良。张达志早在太原战役时就被任命为四军军长，一野实施兰州战役时他去参加和平解放榆林的接管工作，一直到兰州决战发起总攻时才赶来兰州赴任。

出生在陕北佳县的张达志，早年在刘志丹、谢子长等领导的陕北红军中从事革命活动，曾经担任过陕北红军特委委员、团政委、师政委及军分区司令员。完成榆林接收工作后，他急切地要回到自己的老部队，带领当年的陕甘边红军、陕北红军部队参加西北最后一次战略大决战——兰州战役。

在进攻兰州的千里急行军后，作为先头团的三十一团已经于8月19日消灭了兰州以南20公里处的阿干镇守敌并占领了该镇。四军各师比第一野战军命令到达的时间提前了两天到达预定集结地区七里河区的西果园、尖脚地、狗娃山上村等。20日发起攻击，攻占了上狗娃山。此刻，马家军占领着中狗娃山、下狗娃山、沈家岭这些关键的一线阵地。

张达志赶到兰州后，政委张仲良和副军长高锦纯立即召集师以上干部会议，讨论作战谋略。在马家军处于居高临下的守势，解放军处于向上进攻的态势中，战斗会异常惨烈。张达志反复强调，部队要不怕伤亡大，一定要夺取阵地歼灭敌人。

初次进攻时，根据一野与二兵团的战斗部署，四军决定第十一师主攻沈家岭并首先发起进攻，第十师攻取狗娃山，十二师作为预备队并放在十一师背后警戒营盘岭敌军增援，消灭可能从兰阿公路增援沈家岭的敌军，保护十一师安全。

8月19日晚上，三十一团已经进入阿干镇附近的沈家岭漫湾村一带，开始在这里构筑工事，与岭上守敌对峙。由于军长张达志未到职，副军长孙超群在西进途中病了，20日，由第四军政委张仲良和副军长兼参谋长高锦纯召集师级干部开会讨论作战方案。会议认为，针对沈家岭不到一平方公里的面积，十一师不可能从几处突破，穿插分割，分头打击，只能从正面一处突破，以头对头的"顶牛战"，一口一口地去吃掉敌人。

第四军决定，这场初攻由三十二团主攻沈家岭，二十八团主攻狗娃山。20日晚，三十二团靠近沈家岭，二十八团靠近狗娃山，做好了进攻准备。

8月21日，三十二团于6时发起攻击。拂晓的沈家岭炮火齐鸣，三十二团迅即投入战斗，朝着阵地发起进攻后很快与守敌展开殊死拼杀。搏杀中部队几次冲锋都没有成功，给三十二团带来了很大伤亡。彭德怀下令全线停止进攻。

这几天兰州秋雨连绵，部队在山坡上、沟洼里挖洞避雨、住宿，晚上秋风冰凉。部队粮秣断档，自己带的吃光了，当时沈家岭就没有几户人家，而且生活贫困。沈家岭战斗停息的几日里，马家军每天炮轰十一师的驻地，炮弹落在老百姓的地里，把土豆炸翻出来，战士们就在炮火间隙捡拾这些土豆，再加上几粒自带剩余的黄豆充饥，战后第四军还给当地老百姓赔偿了生吃的土豆等3000块银圆。

担任突击的三十一团二营蜷曲在战壕的猫耳洞里三天三夜，马家军用炮火阻隔了送饭道路，战士们挖来地里的洋芋啃，采来地里的小豆嚼，接来雨水喝，双脚泡在水里，一直等到总攻开始才冲了上去。

初战失利后，四军总结了马家军工事的四大隐秘特征。

壕沟的秘密。沈家岭的防御工事都是用人工削成3—9米高的垂直陡壁，并在陡壁外挖有几道外壕，深、宽各有3—6米，壕边沿布上地雷、架设铁丝网。这些外壕从远处根本看不见，等迫近敌工事后才能发现壕沟，而且不只一道，提前没有相应的应对手段，冲到跟前就会进退两难。

峭壁与壕沟内的秘密。峭壁都是黄土，炮弹轰击到峭壁后，打下来的土顺势落在壕沟里并不会引起地雷爆炸，人走进去立马就爆炸，这样才阻止了解放军的进攻。

暗堡与碉堡连接的秘密。马家军在沈家岭半山上设置了40多个地下、半地下的暗堡和主碉堡。主碉堡与地碉之间用交通沟相连，各主碉与地碉构成三角或四边形火力网，互相照应，防不胜防。

绝壁与第二道外壕的秘密。马家军在解放军必经阵地上挖出三层3—6米高的陡峭绝壁，又沿山挖有两道外壕，外壕边沿布满铁丝网和地雷。这些外壕、铁丝网、地雷阵，远处都无法看见。

这种依山形地势修筑的坚固复杂险要的工事，不经过实地攻击根本无法详知其情。21 日的失利让四军基本查明了马家军的守备兵力、指挥系统、火力及工事位置。

在第一野战军各军、各师甚至各团、营都在深刻反省、仔细推演、反复斟酌战术战法的同时，马家军正陶醉在 21 日的"胜利"中，他们欣喜若狂，彻夜庆祝，发银圆、吃手抓羊肉、招妓女慰问等，给本来就狂妄自负的马家军顽抗到底打了"鸡血"。

在这些险要的地形、坚固复杂的工事之外，还有一道难题摆在了整个四军面前：饥饿。从西安到兰州 700 多公里的漫长补给线，只有一条质量极差的西兰公路，随部队支前的新老解放区 15 万民工沿着西兰公路、宝天公路翻越崇山峻岭、星夜奔驰，马驮、车载（为主）和少量的汽车运输等，无法满足前线需求。

小小的兰州城郊外一下子聚集了 5 个军 18 万人口，人的口粮、牲口的饲料都很难满足。远水难解近渴，就地筹粮却又无粮可筹。战士们只能囫囵地吃豆子、土豆充饥，有的连队周围草地上能吃的野菜都被吃光了。

饥饿使司令员与部队产生了不同的想法。长期连续奔袭，战士们已经极度疲乏，身体虚弱，非战斗减员逐渐增多。大批部队集中到郊外山区，没有房子住，不少连队只得住进刚挖成的土窑洞。由于困难重重，部分同志提出先离开阵地，实施外围包围，待休整以后再强攻兰州的想法。

一野领导认为，兰州是甘肃省省会，西北五省交通枢纽，是西北政治、军事、经济中心，长期围兰正合马步芳心意，而解放军的困难会越来越多。当时西北战场上宁马、新疆、河西各路敌军自顾不暇，如果围而不战，这些国民党军可能重新集结，丧失集中兵力各个歼敌的良好战机。

深谋远虑的彭德怀果断地指出，时间就是生命，我军只能迅速强攻兰州，无别路可选。他多次强调既要克服怕疲劳的情绪，又要克服轻敌的思想。这就是说，兰州决战要经受挨饿和与强敌作战的双重考验。饥饿和死亡是对人意志品质最残酷的考验。

8 月 21 日接近傍晚时分，十一师决定调整部署，由三十一团担任师突击团，主攻沈家岭，拿下沈家岭，保障四军第二梯队直插西关，控制黄河铁桥。遭受严重损失的三十二团改作预备队。三十四团在阿干镇负责战场后勤。四军决定第十师二十八团主攻狗娃山。

三、连续作战的沈家岭、狗娃山

21日当晚，王学礼团长和张平山政委连夜在沈家岭漫湾村主持召开了营长、教导员参加的党委扩大会。会议宣布三十一团的作战部署是：二营为突击队，从沈家岭正面突破，攻占主峰；一营在二营左翼，从马家军的侧翼助攻；三营为第二梯队，在一、二营突破沈家岭一、二道战壕后，主攻敌人的纵深阵地，把红旗插上沈家岭。会后，各营、连层层动员，认识统一以后全团斗志昂扬，请战书、决心书不断送到团部。

23日拂晓，狗娃山解放军遭到暗算。狗娃山守敌以1个团3个营的兵力摸黑上山，偷袭十师二十八团三营阵地。二十八团连夜在挖战壕，由于挖战壕任务重，部队过于疲劳，就没有派出侦察排；命一个连在挖战壕期间担任警戒，结果有一处哨位把一个班换成了三个人的一个组。而马家军恰巧从这里摸上来，趁着收工时突然进攻。挖战壕时战士们把机枪架在十几米外，瞬间敌人突破了第三营的一线阵地，三营遭受伤亡只能后撤。高锦纯副军长接报后当即命令十师炮兵向偷袭之敌开炮、命令十一师用炮火支援，在炮火打击和二十九团拼力支援下，二十八团才和二十九团一起把敌人压下去，还捉了几十名俘虏。

驻守沈家岭的马家军拼命渲染他们第二次打"胜仗"，马继援亲赴下狗娃山阵地犒劳，发给士兵每人5块银圆。

这一次偷袭再次告诉四军，第一野战军在兰州战场上面对的是西北最死硬的敌人，夺取兰州的总攻之战肯定是一场残酷的搏杀。

23日，第一野战军决定把原总预备队二兵团三军调西关一带，加强对西关十字的攻击力量。三军当晚趁着夜色迅速集结，七师集结到狗娃山以北的周家山、何家湾和土门墩一带，随时准备向狗娃山助攻。

24日，本来是总攻的日子，因23日夜里下雨一直到天明，总攻时间只能推后。

这一天的沈家岭半坡和狗娃山半山腰"猫耳洞"里的战士更加艰难。本来就不能正常走的山路现在变成了烂泥巴路，一脚下去鞋就拔不出来了。在马家军随时会发起攻击的情况下，没法正常走路就预示着没法正常防御，战士们只好憋在临时挖出来的土窑洞里。简易窑洞最怕下雨，有一个窑洞塌下来砸死了20多个战士。

第二节　第一、二道战壕之间的较量

24 日夜，近千人的队伍在没有月亮没有星星的夜色中循着山沟朝着指定的位置前进。

三十二团三营在前，由副团长马克忠兼营长带队，二营在后，大家手爬脚蹬地往沈家岭和狗娃山之间的山沟前沿阵地攀爬，在这 600 多米的山沟里，指战员不准说话，不准咳嗽，不准发出任何声响，不得有半点火光。

从侧翼攻击的三营尖刀连为八连，二营尖刀连为五连。一营因前几天伤亡较大改为预备队。由参谋长刘占荣带领着三个机枪连和团榴弹炮连共 12 门迫击炮和 12 挺重机枪，随部队前进到指定位置。在这个晚上的大半夜，三十二团在这条沟里完成了集结。

一、战斗在总攻前打响

凌晨 4 时，突然枪声大作，枪声、集束手榴弹划破了夜空。马家军发现了三十二团。此刻，如果继续窝在沟里等待总攻命令部队就会陷入险境。大家沿着陡峭的山坡迅速地攻到第一道绝壁前，架着梯子就上，梯子不够就踩着战友的肩膀上。天太黑，战士们就借着马家军机枪发射的亮光冲锋。这种冲锋其实就是朝着敌人的枪口前进。

马家军仗着人多，熟悉地形，疯狂地向三十二团汹涌而来。在相互扫射后，二营从枪林弹雨中钻进了敌群，左冲右突，刀劈枪刺，每一个人都在拼死争夺眼下的阵地。借着机枪子弹的亮光二营看到前面有一个地堡，团长冯有才命令二营长宋锦华派人炸掉它。在两名战士倒下后，二营教导员跳进敌人的堑壕里，用两枚手榴弹炸哑了地堡里的机关枪，转身和敌人短兵相接，牺牲在阵地上。

二营的激战，在总攻命令下达前激烈地进行着。这时，副团长马克忠和三营教导员李靖民带领战士们从北侧向上冲，尖刀八连也插入了敌阵地。为了弄清楚阵地情况，马克忠等不到通信员回来报告就自己带着警卫员和参谋爬上绝壁，一边爬，一边说"不能等，我得上去看看"。话音刚落，脚下的地雷响了，地雷连接的八二迫击炮炮弹也炸响了。

马克忠，这位从抗战中走来的老党员，把30岁的生命奉献在了通往沈家岭的道路上。副团长马克忠的牺牲激起三营指战员的无比仇恨，天色微明时，三十二团已经占领了部分工事，并站住了脚跟。

4时，三十一团战士们吃完早饭。这顿饭是用煮洋芋拌少许面粉做出来的"洋芋面搅团"，这是饥荒年代的"瓜菜代"伙食，此刻变成了进攻前战士们的主食。听到沈家岭西侧的枪声，王学礼、张平山在指挥所来回踱步。这几乎是一种无可奈何的踱步。由于21日以来，沈家岭战场上小股作战就一直没有停息，今晚枪声格外激烈。为了严防事态扩大，王学礼和张平山简单沟通后，被迫下令三十一团提前行动，他们将采用摸黑偷袭转强攻的办法前进。

5时整，三十一团一营二连、二营六连和五连从左到右按预定计划跳出堑壕，悄悄摸到敌外壕前沿，迅速用炸药包炸开外壕边沿，用备好的梯子架在外壕内壁上让战士们迅速上山去冲向第一道堑壕。马家军集中了各种武器向冲进来的三十一团猛攻，子弹在战士们头上飞过，手榴弹冒着烟被战士们踢开，总攻前先进行的已是短兵相接战。

25日6时30分，在六连的突破口上发出了总攻的三发红色信号弹。由64门山炮、重迫击炮和八二迫击炮组成的炮队，对固守沈家岭的国民党马步芳军事集团精锐第八十二军一九〇师阵地进行了30分钟猛烈的轰击。

总攻开始了！

主攻突击队十一师三十一团的指战员们踏着雨后泥泞的土地，冒着敌人的炮火英勇地向山上冲锋。敌人居高临下，我军向山上强攻，头对头"顶牛战"异常惨烈。十一师的勇士们抱定不怕牺牲的大无畏精神，迎接这场恶战。

炮兵连正在作战

二、攻占第一道战壕

8月25日6时，总攻令发出前的半个小时，十一师三十二团已经插入敌后。三十二团开始攻进到杨庄附近，杨庄是马继援一九〇师阵地最高处，也是核心阵地，结果被敌反扑，伤亡很大，撤下一、二营，三营在半山坚持。

6时30分，三十二团后撤之后，四军炮团的炮阵地（设在狗娃山）发炮向敌17个碉堡阵地轰击，炮火延伸后三十一团从沈家岭正面奋勇攻击，三十一团一、二营在炮声烟雾中像两支利箭一样扎向马家军前沿工事。二营的突击队五连在前沿断壁上飞速地搭上云梯，勇士们奋勇占领了前沿；四、六连两个连也紧跟着立即分成三路，猛扑敌人纵深。成群的手雷、手榴弹投向马家军工事，在马家军逃跑的沟壕里爆炸，敌人溃逃了。当太阳在山边冒头时，数杆红旗飞越过一道道的外壕、交通壕，在枪林弹雨中，飘扬在第一段山坡上。

看到飘扬的红旗，10门山炮、两门重迫击炮和52门迫击炮一起发射后，突击团三十一团团长王学礼和政委张平山指挥勇士们与青马精锐第五六九团在沈家岭展开了第一波激烈的争夺。

冲在最前面的是二营尖刀排。年仅 18 岁的五连排长曹天和敏捷地突破了敌人第一道战壕，腿被打断仍爬在突破口指挥战斗，坚守阵地。接着一营一连、二连突击排又接连捅开几个缺口，战斗进展很快，仅用了 10 多分钟，一、二、三号堡垒就被我占领，半个小时后，敌人前沿数十座碉堡被摧毁，第一道战壕完全被我控制，突击队的红旗插上了敌人的阵地。

在部队刚刚发起冲锋接近一个塄坎时，七连五班长黄志成不顾危险奋勇当先地与二班长王永法爬上了塄坎，五班战士杨保顺、李文章、李富春、杨汉章，二班战士崔世明也紧跟着冲上去，一排炸弹把阵地前沿的敌人打垮了，战士杨汉章和李文章负了伤。7 个人越过敌人的交通沟向沈家岭村子冲去。当时天还没亮，只看到村边有三四十个人向他们迎面走来，当看清是敌人后，崔世明提起冲锋枪就是一梭子，黄志成与杨汉章连着扔了三四颗手榴弹把敌人打了回去。战士们以墙根为掩体，当敌人冲上来后，他们把每人仅有的一颗手榴弹同时打了出去，杨保顺也负了伤。黄志成、杨汉章、李富春 3 个人就和二十几个敌人展开肉搏战，杨汉章的头被刺伤后仍与敌人拼杀。这时，我军炮手准确地打来两发炮弹落在敌群，打垮了这股敌人，从而产生了 3 个战士与七倍于己的敌人拼刺刀的英雄故事。

突破敌人第一道前沿阵地时，机枪二连机枪手张锡文随二营五连冲锋到第二道外壕跟前，敌人反扑过来，机枪架不起来，他就把脊背当作枪架，把重机枪顶在背上，让副班长射击，机枪一口气打了 800 发子弹，击溃敌人三次反扑。敌人见失去了前沿阵地，立即驱赶士兵从第二道战壕里猛扑过来，岭上的炮火也一齐向我突击部队轰击。王学礼命令炮兵阻击，一发发炮弹在敌群里开花，击退敌人再一次组织的反扑。

马继援部守沈家岭的是一九〇师五六九团和一九〇师新兵团。青马一个团有 4 个营，兵力 3200 人。马继援的八十二军一九〇师是青马一等主力师，兵力充足，武器装备精良。沈家岭有三道战壕。

第一道战壕设在大葫芦的最细处。其实，解放军是从南向北看出来沈家岭像个大葫芦的，如果从国民党军占领的北面阵地从北向南看，沈家岭其实是哑铃状,南北两座山头,中间一个细细的山腰。国民党军把细细的山腰挖断,挡住解放军的进攻。

第一道战壕其实是一条人工断崖。马家军把山梁挖断,形成一条东西长100多米、南北宽20多米、深10多米的堑壕。堑壕南北两侧用铁丝网挂满了地雷,壕沟下埋有鹿砦。突破,就是要由人跳下去,边跳边用手引爆地雷,而且是一段一段拉响,拉完以后再跳下去拉对面墙壁上的地雷。战士们是成群往下跳。两侧的地雷引爆完以后,再踩着战友的遗体,用人梯冲上南面的断崖,这里牺牲了许多年轻的生命。

三、攻占第二道战壕

第二道战壕像一条长蛇,蜿蜒横卧在沈家岭中部的人工绝壁上。第一道战壕从总攻发起,在炮火支援下,40分钟就攻占成功。第一道战壕到第二道战壕是一道长坡,平时走路大致需要40分钟,但四军打了整整4个小时。

在向第二道外壕攻击进程中,敌人一挺重机枪躲在低矮的暗堡里疯狂地射击,封锁了前进的道路,无法用炮火摧毁。解放军一战士冒着弹雨冲过封锁线,端着雪亮的刺刀对准机枪枪眼刺了进去,机枪顿时哑火,后面的战士飞卷了过去。这位刺瞎敌人枪眼的英雄,到第二天打扫战场时才发现他已经牺牲了:他的半截身子钻进了敌人的机枪工事,头部、肩部有好几处刀伤,显然是冲进暗堡后被敌人用马刀砍的,他手里还紧紧地攥着那把雪亮的刺刀。他的荣誉勋章后面写着"第四军十一师三十一团排长"的字样,英名却永远无法查证了。

部队向第二道战壕冲击时,敌人集中兵力进行反扑。反扑,是青马的拿手战术,他们也擅长反扑。

在反扑中,三十一团继续进行着激烈的、坚决的战斗。被称为战斗小英雄的突击二营四连19岁的司号员孙明忠,背着4颗手榴弹跟随连长突破敌人的两道外壕后,在迷漫的烟雾中与连长失散了。他在找寻连长时,冲进了一营的阵地,他发现一连已经没有了手榴弹,就把自己的手榴弹分给战友，又利用烟雾从阵地上搜集了 5 颗手榴弹和 3 颗手雷。当他找到自己的连队时，连长负了重伤，无法指挥战斗。面对开始反扑的敌人，他果断地对一排长说："你负责把队伍带上，我在这里督促。"战场上，督促就是指挥。

敌人挥着刀冲上来了，这位 19 岁的司号员在连长牺牲的情况下，拿起连长的驳壳枪指挥全连仅有的 20 多人打退了敌人数次反扑。阵前的战友们只见他手枪一挥高喊："同志们冲啊！"全连一跃跳出战壕，把敌人打了回去，阵地前留下了敌人大量的尸体和枪支。在全连只剩下十几个人，而六连只剩下了 4 个人时，他与这 4 名战友组成一个战斗集体，联手打垮了敌人的 4 次反扑，守住了阵地。

营教导员冲过来命令他们这个阵地的战士们改守左侧阵地。手榴弹已经打光，子弹也不多了，孙明忠仔细观察阵地，发现眼前高坡上有一个被炸毁的碉堡。碉堡里肯定有手榴弹，他勇敢地冒着敌人枪弹冲上去，很快背回了两箱手榴弹，分给了大家。

随后一次反击中一排长也牺牲了，他跨上排长的冲锋枪，带领阵地上仅有的几个战士来到三营九连阵地参加战斗。九连没有弹药了，他又冲破敌人密集的射击封锁，反复四五次，从敌人逃离后的碉堡里背回 7 箱子弹、3 箱八二迫击炮弹，依靠这些弹药几名战士守住了阵地，但他却牺牲了。后来战友们清理他的遗物时，按照当时的配备，发现他既有连长的手枪，还有排长的冲锋枪。连队的司号员原本就是班长级，战友们说他是在危难时刻一天"连升三级"的小英雄。25 日的三十一团，这样的有胆有识的英雄层出不穷。

兰州决战开始前，部队就有规定，在战斗中，连、排干部随伤亡随组织，正、副班长伤亡了由战士自动代理，正、副连长牺牲了班、排长自动代理，有力地保障了不间断指挥，始终保持了英雄主义的战斗集体。

战斗中，敌人碉堡里突然向我进攻部队开火，由于事前没有被发现，突击排排长曹天和身边的十几名战士伤亡，曹天和腿被打断了，还在坚持战斗。身负重伤的二连连长李应邦（原称李应般），挣扎着投出一枚手榴弹，乘着爆炸的瞬间,他用身体堵住敌人的枪眼。在机枪喑哑的一瞬间,突击队猛冲上去,炸毁了暗堡,英雄连长李应邦壮烈地牺牲了。

接着后续部队勇猛进攻,不到半个小时,就拿下敌人前沿的12座碉堡,守军五六九团狼狈逃跑。三十一团占领了第二道战壕。

第三节 绞肉机战场

第二道战壕被突破、被占领，沈家岭上的马家军离被全歼只剩下一步之遥。

一、马继援第一次调兵

8时20分，马继援眼见他的一九〇师两个团和八十二军军直工兵营难以取胜，迅速从黄河铁桥北调来一〇〇师骑兵团，然后聚集近3个团的兵力，仗着人多，他也顾不得分队形、讲战术，整营整团地向三十一团轮番进攻，目标只有一个，抢回失去的阵地。

敢死队在前，主力部队随后，军官们组成的大刀督战队紧随其后。

在不到一平方公里的沈家岭，敌我双方先后投入3个师的兵力，攻取第三道战壕时沈家岭变成了血肉绞杀场。

此刻，5个团兵力的马家军瞅着三十一团杀了过来。

三十一团的勇士们不怕牺牲、前仆后继，对敌人进行迎头痛击。重机枪猛扫、手榴弹集群猛投、面对面刺刀猛捅，残缺不全的一个团硬是打退了马家军5个团的兵力5次大规模的反扑。

二、三十团增援

血肉绞杀一直持续到中午。左侧一营的阵地上，全营拼杀的只剩下了副营长杨福荣和13名战士。身负重伤的杨副营长带领这13名战士在连续打退马家军几次反扑后，只剩下两颗手榴弹。他对副排长肖玉春也是给这13名战友们说："就是两颗手榴弹，就是这几个人，就是这个阵地，就是要坚决守住。"怎么守，他说："敌人近了再打，谁要打早了，受纪律处分。炸弹打完了有刺刀，没有刺刀有拳头。"话音还没落，一个弹片又击中了他的肩膀，他用手捂住伤口，继续对肖玉春说："告诉同志们，这是用血换来的阵地，绝不能叫敌人夺去。"

马家军攻上来了，大家插刺刀。眼明手快的战士王进成跳出工事，冒着密集的子弹，跑到阵地上的交通壕壕口捡起4颗手榴弹就往回跑，突然面前落下一颗手榴弹，他捡起就投向敌群。瞬间，战士们都两眼紧盯马家军投过来的手榴弹，捡起来迅速往回扔。王进成看到距离差不多了，就把4颗手榴弹扔向冲在最前面的敌人，他和活着的战友们一直坚持到兄弟部队赶到。

在一营拼杀的时候，团长王学礼命令该团第三营出击，主攻连八连担任左路的突击任务。三营箭步爬上壕坎，向沈家岭村庄前进，打退了敌人连续3次反扑，减轻了一营和二营的压力。

从早晨6时战至中午12时，三十一团在第二道战壕已经打退马家军10多次反扑。这时，近3000人的团只剩下170余人了。

部队伤亡惨重，弹药所剩无几。王学礼没有请求支援，他把团机关所有的人员组织起来，把阵地上所有的弹药收拢起来，准备继续战斗。他坚定地对大家说："在这种时刻，我们不能再给上级出难题……"他们重新编组战斗单位，组织火力，抢修工事，顽强坚守。在王学礼团长说话期间，部队打垮了敌人一个营的反扑。

在三十一团战斗到最困难的时候，各营、各连建制被打乱，全团不分建制、不分官兵，一门心思杀敌。一切为了战斗的胜利，团结制敌的精神在沈家岭恶战中发挥到了极致！

三十团三营阵地，敌我相距只有三四十米，整个阵地淹没在烟雾里。在三十一团战斗最惨烈的节骨眼上，三十团三营在没有接到该团命令的情况下就主动投入到了三十一团的激烈战斗中，听从三十一团的指挥。

三十团本来是攻打狗娃山的第十师的预备队，驻守在沈家岭与狗娃山中间，任务是随时准备从东侧向狗娃山阵地发起进攻，或在沈家岭、狗娃山夺取胜利后直扑西关十字，抢夺黄河铁桥。

此时，四军命令十师三十团增援，同时命令十师二十八团、二十九团对狗娃山之敌展开牵制性进攻，从侧翼配合三十一团，以减轻三十一团的压力。还命令三十二团用12门迫击炮和12挺轻重机枪增援三十一团。

沈家岭阵地上编有序号的碉堡17个，早上8时30分就拿下了其中的12个。然后双方就展开了拉锯战。

三十团、三十一团两个团如疾风骤雨般冲向敌人的阵地，三十三团从右翼加入战斗。三个团齐心合力拿下了沈家岭5、6、7、11、12、13号碉堡和主阵地17号碉堡，控制了沈家岭主阵地。

三、马继援第二次调兵

看到沈家岭夺不回来，马继援又调来防守七里河一线的一二九军三五七师的第二团和一二九军工兵营、驻华林山满城的警卫营参加战斗。

此刻的沈家岭，我军4个步兵团以仅有的1000多人毅然决然地与马家军近5个团继续鏖战。

副团长段忠宪在前沿阵地身中四弹，被抬下阵地。团长王学礼来到阵地，看着只剩下100多名战友，这位政工干部出身的团长胸中自有雄兵百万，他要用这百名英雄以一当十、以一当百地与敌人战斗，他跳上一个碉堡给战士们加油鼓劲。

马家军向沈家岭发出最后一次大规模炮轰，敌人的炮弹突然在王学礼的身边爆炸，一块巴掌大的弹片穿透了王学礼的左腰部，把背后指北针铁皮盒都打烂了。警卫员扑向王学礼，王学礼只费力地说了一句话："快……快叫政委来！"

政委张平山正在阵地的另一侧一手拿枪一手持刀，做继续战斗的准备，听到团长牺牲后快速跑过来抱着王学礼，可惜他再也没听到团长的声音。为团长报仇的声音响彻沈家岭！

15时许，战场对峙进入了白热化。而马继援从营盘岭回到指挥部向马步芳报告了前线情况。根据马步芳的命令，他召集师以上军官开会，决定所有参战部队自东往西，即自窦家山开始，接着古城岭、营盘岭、沈家岭每隔两

第二兵团高举红旗攻占沈家岭

小时撤出一个阵地，依次从黄河铁桥逃往河西走廊和青海。

沈家岭是敌最后撤出的阵地。17时，马家军又纠集力量，并从白塔山向沈家岭展开炮击，沈家岭敌我双方轮番炮击，战后参战老兵李振朝说："沈家岭的山头都被打矮了2米。"

在激烈的争夺战进行了12个小时的时候，坚守沈家岭的马家军拿出了所有的力量意图绝地反击。

四军对沈家岭发起总攻。数千颗手榴弹从空中飞过。数十名司号员吹起冲锋号。爆炸声、喊杀声、军号声，震撼着沈家岭。

十一师勇士们杀出了威风："夺敌人的刀，砍敌人的头！"他们用生命兑现自己的誓言，将敌人一批批杀了回去。

战斗至晚8时，经过30次的拉锯战、整整14个小时的鏖战，据守在沈家岭的敌一九〇师全部败退，沈家岭被四军十一师占领，兰州锁钥终于掌握在解放军手中。残敌夺路向黄河铁桥狂逃。

四、"锁钥"战绩

沈家岭战斗中，对于时间和参战、伤亡人数，敌我双方说法不同。

解放军四军政委张仲良回忆录说，从拂晓到傍晚，沈家岭、狗娃山各部队与国民党马家军9000余人血战，被我军毙伤3800余人；我军伤亡3000多人，其中团级干部3人。

国民党第八十二军一九〇师上校参谋长李少白则这样记录：沈家岭战斗，从8月25日凌晨2时到晚7时，激战共17个小时，参加兵力有第五六九团（4个营）3400人，第三五七师骑兵团1700人，军直工兵营700人，第一九〇师师直属特务、工兵连两个连700人，共计6500人。第五六九团撤出阵地后，经在山下清点，只剩800人，伤亡2600多人，伤亡率达70%强。第三五七师骑兵团、军直属工兵营和师直属特务、工兵两连的总兵力为3100人，伤亡达2100余人。

按照这个数据计算，马家军投入沈家岭的总兵力应该是6500人，伤亡4700人。从各方面资料分析，国民党马家军凌晨2时开始进攻是准确的，参战的总兵力应该在9000人左右，伤亡4700人比较准确。

26日1时，十一师集结于沈家岭北坡，经查，三十一团仅有120人，三十二团只有几十个人，三十三团有300余人。十一师转入预备队，随军部向华林山和满城攻击前进，将华林山之敌消灭。

战后，三十团被第一野战军授予"长攻善守英雄团"，三十一团被第一野战军授予"英勇顽强"英雄团的荣誉称号，第二兵团授予"真正顽强"奖旗，三面奖旗都保存在中国人民革命军事博物馆。

第一野战军第二兵团授予三十一团"真正顽强"奖旗

在这三面奖旗下面，三十一团团长王学礼、三十团政委李锡贵、三十二团副团长马克忠3名团级干部壮烈牺牲。

在庆祝中华人民共和国成立70周年大会上，战旗方队100面荣誉旗帜整齐列阵，气势如虹地通过天安门广场，接受党和人民检阅。受阅的第52面旗帜上写着"长攻善守英雄团"、第53面旗帜上写着"勇猛顽强英雄团"，展示的是兰州战役沈家岭战场上的三十团和三十一团的光辉历史、辉煌战绩，昭示着解放军红色血脉代代相传。

五、红军战士谱写《沈家岭战斗》

第四军血战沈家岭的战斗深深感动着两位军旅文化人。战斗结束后，十一师的政工干部梁继承写了一首《沈家岭战斗》，受沈家岭战斗和梁继承的诗深深感染的传奇作曲家张星点，为这首诗谱曲，很快唱红了兰州战区。

这两位作词、作曲家都来自八路军第一二九师第三八五旅宣传队。1924年出生在山西蒲县的梁继承与张星点在兰州决战时都是十一师宣传队的干事。

1933年8月，红军来到了四川巴中。一天清早，9岁的张心典瞒着母亲，跟着十几个同乡，偷偷地朝着红军驻地跑了十几里当了红军，成了红四方面军第三十军一个连队里最小的红军战士。穿上过膝的新军装，戴上缀着红五星的八角帽，打上绑腿，扎上腰带，和战士们一起出操、唱歌，告别了打草、放牛的日子。

张心典被送到过新剧团，学唱过《八月桂花遍地开》。11岁时，张心典随军开始了举世闻名的长征。长征中，张心典多次被列入"寄养"对象，要寄养在当地老百姓家中，五次险些脱离红军队伍。寄养一次他设法找到部队一次，结果雪山、草地过了两三次。最后一次，长征过了腊子口，翻越岷山，终于到了会宁，张心典又被作为留下来的对象。他听到以后跑去找到萧劲光，边哭边说，把一路的委屈哭诉出来，感动了萧劲光，才同意把他留下来当勤务员，并且找来一匹老马让这位小红军骑着朝庆阳老区走去。

1937年，张心典调入八路军第一二九师第三八五旅宣传队。1939年，他跟着宣传队从庆阳步行到革命圣地延安，前往陕甘宁留守兵团所辖部队中文艺工作的最高学府——烽火剧社学习。剧社请来著名音乐家冼星海讲课，教他用三弦随着舞蹈弹奏出他即兴作的曲，这种创作能力深深吸引了张心典。他决心追随冼星海，便把自己的名字由"心典"改为"星点"，开始了专业的声乐学习和创作之路。

后来三八五旅改为警三旅，警三旅改为第十一师，张星点、梁继承就随着四军十一师来到了兰州战役战场。随后，张星点、梁继承在同一个部队干休所休养，张星点是最后一位离开干休所的老红军。

七里河区魏岭乡在对沈家岭村实施精准扶贫、脱贫攻坚中，十分重视沈家岭战斗历史事迹及遗址的开发利用，金瑛乡长率先提出了沈家岭红色文化广场和红色文化长廊建设思路；随后，乡党委书记王柏源实施了"以红带绿（绿色脱贫）""以红带白（百合种植）""以旅带红"的脱贫发展策略，并率先建设教育基地。2015年3月31日，七里河区魏岭乡党委把党旗插在沈家岭战斗历史遗址——沈家岭村，区委在这里举办了红色文化教育基地揭牌仪式。

为了挖掘沈家岭战场史料，七里河区委党史办的马维红副主任来到军干所采访梁继承，离别时发现了梁老的手稿，她顺手拍了下来。2017年，魏岭乡党委、政府沿着当年人民解放军攻打沈家岭的方向，投资10万元，新建了长250米、高2米的沈家岭红色文化长廊。魏岭乡依照马维红拍摄的照片，在红色文化广场入口处的民居墙上设置了《沈家岭之歌》大型宣传版面，这首歌在沉寂了几十年后重新展示在了沈家岭战场遗址上。

在中华人民共和国成立70周年的庆祝活动中，这首梁继承作词、张星点作曲的《沈家岭战斗》，在魏岭乡全体干部中唱响，也唱响了70年前的沈家岭战场。

> 时候到了，大炮瞄好，
> 总攻的炮声在沈家岭响了。
> 勇士们，提上炸弹，上上刺刀，
> 越过外壕，炸弹塞进了地碉。

匪徒扑来，迎上前去，迎上前去，前去拼刺刀。
虽然受了伤，勇士志不挠，
攻下沈家岭，消灭马匪在今朝。

快上，快上，快上！
千万双眼睛望着沈家岭，
千万门大炮对准敌人怒吼！
夺过那雪亮的马刀，雪亮的马刀，
去把敌人的头砍掉。
前仆后继，无产阶级的英雄志气高。
攻上了山峰，占领了地碉，
沈家岭解放，黄河在欢笑。
沈家岭解放，黄河在欢笑，
红旗在兰州的高空飘扬，飘扬，飘扬！

第四节　打断掎角狗娃山

狗娃山，也叫狗牙山。狗娃山分上狗娃山、中狗娃山和下狗娃山，它是兰州战役最西南的主战场，与沈家岭互为掎角之势，射界开阔，易守难攻。马继援在此部署了马家军精锐一九〇师，一野以第二兵团第四军十师进攻狗娃山之敌。十师确定该师第二十八团为狗娃山主攻团，二十九团助攻，三十团为预备队。

一野对狗娃山战斗的部署意图是攻下狗娃山和沈家岭后，四军部队与兄弟部队合力攻占兰州市区，并直通兰州西关，控制黄河铁桥以切断马家军的唯一退路。所以，四军就肩负着两座山一座桥的任务。当然，随着战场变化，进攻兰州城特别是抢占黄河铁桥的任务就变成了三军的"主业"。

其实，在25日发起总攻前，四军在20日就已经占领了上狗娃山，迫使敌军退守中狗娃山、下狗娃山和沈家岭一带。22日、23日，部队是在不断反击袭扰中进行战役准备的。

1949年8月25日6时30分，攻占狗娃山的战斗打响。十师炮兵向狗娃山猛烈开炮。步兵很快向中、下狗娃山发起攻击，勇猛冲击，抢占敌人阵地。

上午10时左右，在沈家岭激烈争夺战进行到胶着状态的关键时刻，四军紧急调十师三十团前去增援沈家岭。此时，部署在狗娃山上的二十八团、二十九团及师属炮兵都用火力支援沈家岭战斗。同时命令十师对狗娃山之敌展开牵制性的进攻。

上午10时，十师攻占下狗娃山并与马家军展开了争夺战。中午时分，主攻狗娃山的四军二十八团、二十九团，对守敌一九〇师五六八团的4个营、3200兵力发起凌厉攻势。

第二兵团四军攻打兰州外围据点狗娃山

22时，狗娃山完全被二十八团占领。狗娃山之敌丢了阵地又见沈家岭被攻占，于是按照马继援的部署连夜向着黄河铁桥逃跑。

在狗娃山战斗中，第四军十师伤亡300多人，其中包括连以上干部六七人，有被弹片打中胸部牺牲的二十八团侦察连副连长肖福堂，有与敌人肉搏两小时英勇战死的二十八团一营二连连长王志成，还有战死沙场的二十八团三营副营长杨志强等。

沈家岭、狗娃山从此走进革命胜利的历史记录，成为讲好兰州故事的"富矿"。

第十章 夺桥攻城

　　黄河铁桥是最后一个阵地。从南山各战场撤退下来的马家军只有一个目标——抢过黄河铁桥，三军七师只有一个目标——抢占铁桥。黄河铁桥经历了自诞生以来最大一场大决战的考验，千年金城经历了脱胎换骨式的浴火重生。

兰州，由于其地形的特殊性，第一野战军在兰州的战略部署上似乎存在着"围三阙一""网开一面"的现实。

但"阙一"能否真正造成马家军从南山诸阵地撤退后顺利地从黄河北逃跑，解放军要扎紧袋口"关门打狗"，关键点在于谁能真正掌握"天下黄河第一桥"的控制权。

第一节　桥之梦

黄河铁桥本来有自己的名字，前身叫黄河浮桥，人称"镇远桥"。目前的百年黄河铁桥原名"兰州黄河铁桥"，现名为"中山桥"。这里之所以叫黄河铁桥，是因为在兰州战役期间，解放军的作战部署及一野军史资料显示的是"黄河铁桥"，所以还是以黄河铁桥来记录。

一、生命之桥

黄河铁桥不管它有几多名字，在兰州人心里，统一尊称为"天下黄河第一桥"。

黄河铁桥的前身是始建于明朝洪武年间（1368—1398年）的一座浮桥——镇远桥。也有人说，是洪武五年（1372年）一位大将军为了行军方便修起来的浮桥。兰州人记得镇远桥桥名的人并不多，但大多数人祖辈传下来的说法是古代黄河最早的桥是在七里河一带用25艘大木船绑扎在一起形成的桥，上面用木板铺成桥面，下面用碇石稳定桥身，桥的南北两端用被称为"将军柱"的大铁柱来固定拉扯桥面的绳索。这种桥并不牢固，经不住大洪水，也经不住浮冰冲击，冬天还必须拆除。民间曾有"隔河如隔天，过河如过鬼门关"一说。但这座浮桥是却也是当时唯一连接兰州南北的"桥"，有着500年的历史。

比镇远桥还早的过河工具是用羊皮或牛皮"缝革囊为船"的羊皮筏子。这是2000多年以来黄河上游古老而又原始的水上交通工具。

当然，民间还有一种"吹牛皮"渡黄河的办法：把渡河人装进提前准备好的牛皮袋中，充气扎口，摆渡者骑在牛皮囊袋子上，一手抓袋子口，另一只手划水，十几分钟就能把渡河人送到对岸。

不论是浮桥，还是羊皮筏子、牛皮袋子，都不能全天候确保群众过河。

兰州黄河铁桥是全长5464公里的万里黄河真正意义上的第一座桥。这座桥作为项目建设初次动议于清朝同治年间（1862—1874年），由陕甘总督左宗棠提议，但面对德国商人60万两白银的报价，当时积贫积弱的朝廷和地瘠民穷的甘肃，左宗棠只能抱憾放弃。

后来在洋务运动推动下，陕甘总督升允力挺该项目建设。甘肃洋务总局与德国泰莱洋行于光绪三十二年（1906年）9月11日正式签订了黄河铁桥建设合同。按照合同约定，建桥所用的桁架、钢材构件、水泥及各种器材、机具设备等，均由德商泰莱洋行从德国购置，德国泰莱洋行喀佑斯承建，美国人满宝本、德国人德罗做技术指导。德方报价16.5万两白银，并承诺大桥的质量保证期为80年。

第二年5月，德方企业通过海运将全部建筑材料运往天津；随后甘肃洋务总局从天津由铁路运到北京丰台，再经京汉铁路运往河南新乡，再转运到西安，然后分36批，用马车运到兰州。升允采取了边建边报、先建后批的运作方式，他于第二年也就是1907年12月19日才上书朝廷，甘肃收到朝廷的批复时已经到了下年度也就是光绪三十四年（1908年）2月21日。此时从德国进口的所有材料正在浩浩荡荡运往兰州的途中。

建桥材料到来时，朝廷批文也到了。于是，铁桥便于1908年的初春迅速动工，到1909年8月19日就正式竣工通行了。黄河铁桥长234米，宽7.5米，有6墩5孔，桥面加横钢纵梁，上铺木板、沙石。桥上飞架5座平行弦杆钢架拱梁。现在的拱式钢梁是1954年加的。

黄河铁桥总计动用国库白银306000余两，按照当时的决算实数是"三十万六千六百九十一两八钱九分八厘四毫九丝八忽"。决算超出预算85%多，达到14.1万两白银。从合同签订到正式通行的三年里，材料运输比大桥建设的时间还长，其中仅运费就耗银12.4万多两。

黄河铁桥建成时定名为兰州黄河铁桥。民国十七年也就是1928年5月，国民军第一军第二师师长刘郁芬为纪念孙中山，将兰州黄河铁桥改名为"中山桥"。

到兰州战役打响时，黄河铁桥依然是兰州通向黄河北岸以及通达青海、宁夏、新疆的唯一出口。兰州人民的生命桥也是决定国民党马家军被歼灭或逃生的命运桥。作战双方的统帅部都高度重视这座桥在战役中的特殊作用。

二、夺桥是为了堵住退路

毛泽东、彭德怀把黄河铁桥当作截住马步芳集团撤退西逃的关口和实现从东西南北将敌人封锁于兰州城内，实现"瓮中捉鳖"的大口袋的袋口；马步芳集团则将黄河大桥当作他们支持不住时逃生的通道。毛泽东在部署兰州战役时分析了兰州的地理特征，指出兰州易守难攻，并明确要求坚决防止马家军过河西逃。

在战役布局上第一野战军将王震的第一兵团部署在兰州西端作为拦截马家军西逃青海、新疆的一道钢铁防线；在兰州城内的具体战场战斗的组织上，第一野战军分析认为，要全歼守敌，关键的两处：一是夺取兰州的主要屏障——南山，二是控制敌人的唯一退路——黄河铁桥。根据彭德怀的部署，由二兵团第三军第七师协助攻下沈家岭后，沿黄河南岸东进夺取黄河铁桥，阻止敌军北窜西逃。

25日，七师受命于当晚配合兄弟部队攻占该山敌人阵地的战斗任务。七师的部署是十九团主攻，二十团为二梯队，二十一团攻占七里河，逼近西关，相机突入兰州城内。

三、守桥是为了炸桥

国民党马家军对黄河的布防更加重视。8月14日，马继援在兰州黄河北庙滩子军部召集他的"嫡系"第八十二军、第一二九军所属各师长、旅长开会，对于黄河和黄河铁桥是这样部署的：

> 命韩世荣为旅长的骑兵第十四旅为河防部队，重点控制黄河北岸从黄河铁桥向西到临夏、永靖一带，沿十里店、安宁堡、西固河口到刘家峡的莲花台渡口，占领所有阵地，构筑防御工事，并在沙

井驿至河口一带多处设暗堡构成火力网,特别在各渡口处加强防御工事。

马步銮为军长的第一二九军军直属和以马英为旅长的骑兵第八旅从黄河北岸西接十里店东到榆中县北面的桑园峡为河防防守区,用骑兵机动监视,严密防守。

把黄河以南新城一带的皮筏和水手集中起来自家掌握随时使用。第一二九军军长马步銮为河防指挥,指挥部设在黄河铁桥北段的白塔山上。

马继援用来保卫黄河铁桥的是自家军队。兰州决战总攻后的25日下午,马继援命令八十二军参谋长马振武把该师的五六八团从狗娃山撤下来在桥北掩护撤退;命令第八十二军副军长赵遂在黄河桥上绑了4吨炸药,待国民党军过桥后炸毁黄河铁桥。

8月25日下午3时左右,马继援紧急召集各师长到军部开会。这是国民党马家军在兰州战场也是他们把持西北所召开的最后一次会议。

马继援早已没有了昔日的骄横和"少壮派"的气势。会前,他接到其父马步芳从西宁打来的电话,满脸沮丧地开始做失败前的撤退安排。

由于兰州战役进入决战兰州阶段,宁夏马鸿逵大部队没有按约定支援兰州,守在兰州北侧的国民党马鸿逵部队又被解放军第六十四军牢牢钳制,寸步难行;国民党政府许诺的30架飞机始终没见踪影;胡宗南倒是出动了三路大军向兰州方向大规模进攻,却遭到六十军、六十一军和七军三处阻击;驻守兰州以北的"中央派"第九十一军、一二〇军心猿意马,马继援明白这是靠不住的两支部队,始终没有调集其增援南山阵地。另外,临夏被第一兵团解放后,马步芳紧急抽调骑兵第八旅和骑兵第十四旅回防西宁,虽然骑兵十四旅由于守备河防没能回援,当下的兰州城战局,马继援是既无援兵又无预备队可调用。于是,他能做出的抉择是撤退逃跑。

马继援做出的安排有四项:

(一)第一二九军军长马步銮在黄河铁桥负责指挥撤退;

（二）按第一〇〇师、第二四八师、新编第一师、第三五七师的顺序，从晚7时起依次按两小时的间隔相继撤退，以免过桥拥挤。

（三）第一九〇师全力固守沈家岭、狗娃山阵地。等全军撤退完毕，最后撤出。长官公署及附属机构、兰州市宪警部队，均向河西撤退。

（四）第八十二军所属各部队，全部由甘、新公路经永登折向西南过浩门河到青海大通、门源集中；第一二九军所属步兵师及骑兵第八旅、骑兵第十四旅全部由甘青路经河口、享堂到西宁上五庄、三角城等地集中待命。

按照这个安排，南山阵地从窦家山到马家山、营盘岭、沈家岭每隔两个小时撤出一个阵地。但很有意思的是最早接到通知的窦家山、马家山的马家军却从接到通知之时起就开始撤退，也就是窦家山的马家军实际上从下午5时就开始撤退。

由于下达撤退令的军官当时魂不守舍，词不达意，话不精准，导致阵地上的马家军以为要转移阵地继续作战，于是就按照转移阵地方式撤退，没有轻装简从，一粮一弹都要带走，所有物资，各种车辆、大包小件、牲口、伤员一齐从南山各战场朝着城里狂奔而来。

更有意思的是，这个撤退令压根就没提陇南兵团的黄祖勋部第九十一军、周嘉彬部第一二〇军。其实，这两个军摆在黄河北岸较远的地方作壁上观，当马继援南山主力朝着城里撤退的时候，外围的这两个军也撒腿朝西撤退了。

8月25日晚，马步銮率领一个由参谋、军法人员组成的20多人的撤退疏导小组，第一二九军副参谋长马生福任组长，分布在铁桥沿线做疏导准备。晚7时正开始撤退，马步銮在桥北的西侧监视撤退，直到天明。另派副军长韩得铭在今西固区的河口，指挥分导两军部队按上述路线撤退。

第二节　桥之魂

今天，我们拂过历史的烟尘看攻夺黄河铁桥这场战斗，会发现彭德怀当初确定的第四军拿下沈家岭、狗娃山之后与第三军共同抢夺黄河铁桥，但具体怎么攻占抢夺还没有来得及做具体的战略部署。

一、谁来夺桥？

三军最早是总预备队。进攻兰州时三军、四军从兰州东南一侧一起翻越了兴隆山，一起抵达阿干镇，一起向西攻占七道梁，随后四军占领沈家岭，三军占领了西果园、彭家坪、闫家坪。

到了24日，这个总预备队有了明确的任务：第三军向七里河进攻，并以第七师配合攻击狗娃山，得手后沿黄河南岸东进，夺取黄河铁桥；第九师攻占七里河地区并配合第七师夺取西关，控制铁桥；八师封锁兰新公路路口。这样，三军的3个师有了新的明确的战斗任务。

8月25日，七师做出作战部署，由预备转入进攻。十九团主攻、二十团为第二梯队进攻狗娃山；二十一团攻占七里河，逼近西关，相机突入兰州城内。

8月25日，马家军三番五次整营、整团向狗娃山疯狂反扑，四军在英勇抗击中，三军七师山炮营在彭家坪、闫家坪集结炮火，向狗娃山、沈家岭的敌群猛烈轰击，歼灭了敌人大量有生力量。

8月25日晚10点左右，七师政委梁仁芥带着作战科参谋徐震欧到十九团指挥所，十九团向狗娃山迂回进攻，冲在最前面的三营在距狗娃山阵地200米时，四连连长贾秋忠派两名战士抓住了两名正在逃跑的马家军散兵，这才从口供中得知马家军开始向城里逃跑。

为了慎重，十九团迅速摸到山顶，发现阵地静悄悄，微微能看到眼前灰白色的小路和脚下的土地满目狼藉。真是兵无常势，水无常形。情势的变化要求指挥员必须灵活机动及时转变指挥战术。梁仁芥此时想到的是敌人要逃跑，马家军要逃出城了。如果让马家军逃往青海和新疆将后患无穷；部队必须迅速向城区进攻，抢占黄河铁桥，堵住敌人退路。

但当时七师与三军指挥部无法联系上，如果七师孤军深入，将可能独自面对一万甚至两万余马家军的攻击，七师将面临重大牺牲；如果不立刻进攻……梁仁芥果断提出"先行动，后报告"，随即发出命令：十九团派少数兵力控制狗娃山，一个营的兵力去夺取黄河铁桥；七师主力三个团全部向城区进攻。随后他及时与张开基师长做了沟通，七师就按照这个部署分多路迅速向兰州城开进。

这位当机立断改变战术的梁仁芥，14岁就走进革命队伍，随后参加中国工农红军。当年江西吉安溪陂村全村有380多人参加革命，最后活下来和坚持下来的只有梁仁芥、梁兴初和梁必业三人，两个开国中将，一个开国少将。梁仁芥是爷爷辈，梁兴初是叔叔辈，梁必业是孙子辈。虽说是祖孙三代，但三人仅相差四岁。梁仁芥年龄最大，1912年出生，梁兴初1913年出生，梁必业最小，1916年出生。1955年，梁兴初和梁必业授中将军衔，梁仁芥授少将，一门三代开国三将军，是著名的军中"三梁"。

跟随十九团三营指挥作战的副团长申文范马上安排副营长邢彩江和教导员杨文贵迅速离开狗娃山，直插兰州城，直奔黄河铁桥，尽快控制铁桥。邢彩江和杨文贵立即率领七连、八连、九连不顾天黑走夜路的艰难，向着兰州城急速前进。

团长刘止善带领十九团迅速进入狗娃山预先规定的攻击位置。这里也是漆黑一片静悄悄的，刘团长也打听到了狗娃山之敌开始向城内逃跑的消息。刘团长一面安排向师部报告情况，一面急令部队向城区发起攻击。23时，第一营巩固狗娃山阵地，第二、第三营向黄河铁桥发起冲锋。

二营和三营在副团长申伟范、二营营长王建福、三营营长杨文贵等带领下，臂缠白布，一路攻击前进。

这一夜，副团长申伟范受梁仁芥指令带领两个营，乘敌人一片混乱之机，一口气冲到兰州西城门，在地下党员王治华帮助下打开城门，迅速控制了西关城墙制高点。十九团三营接近西关时发现了守桥的敌人。申伟范副团长指挥三营七连迅速夺取了右侧高楼的制高点，营长立即组织七连、九连和机炮连的全部火力，掩护八连沿北城城墙根大路向黄河铁桥迅猛攻击前进。这时，冲在最前面的八连在副营长邢彩江的带领下，首先夺下了城北门楼，控制了有利地形。

副团长申伟范，后来军史资料记载的是申文范、申卫范、申维范，曾用名申国范。2019年8月，申伟范的子女来兰州旅游，走到黄河铁桥，猛然想起这是父亲曾经战斗过的地方，随即来到兰州战役纪念馆查证。但纪念馆的记录是申文范。后来其三女儿在父亲生前所在的沈阳军区沈阳第十离职干部休养所查证，档案资料显示，其父亲的正名应该是申伟范，1948年11月任第三军七师十九团副团长并参加了兰州战役。

申伟范1937年9月在晋察冀参军入伍，参加晋察冀松凹庄战役后，先后参加了绥远、汾孝、宜川等战役。1946年7月，在内蒙古丰镇县的战斗中负伤，子弹从肚子前面打进去从后面穿出，肠子流出后他自己又塞进去用衣服堵住伤口接着指挥战斗，从此落下病根，一生只能弯着腰睡觉。夺取黄河铁桥战斗中，他左右胳膊都受伤，右胳膊的筋被子弹打断，他一直坚持到夺桥成功。

二、夺桥之战

八连冲锋班在向铁桥进攻时，受到马家军守桥部队的顽强抵抗，八连副连长张金生带领突击排以三挺轻机枪和八支冲锋枪在前面开路，支援冲锋班向桥头冲锋。

面对国民党马家军一个军一个旅重兵把守，十九团的指战员只有一个心思，一个方向，一个目标：抢占黄河铁桥！

突击排冲进西关十字大街后，两侧的敌人向他们射击。是专心打西关十字守敌还是专心冲击前进？带队指挥的张金生副连长边打边冲边命令部队：

"不要管这些!""后续部队会解决他们,我们的任务是抢占铁桥!"

三营从狗娃山摸黑下山到现在的武都路少年文化宫时遇到马家军阻拦。这是一股从皋兰山营盘岭下来的马家军队伍,双方互不相让,顿时发生了激烈的枪战。

这是意志力的比拼,双方人数差不多,马家军又熟悉地形,注定是一场恶战。但三营毫不怯战,巧用夜色掩护,越战越勇。皋兰山逃敌看到三营的神勇,借着黑夜跑掉了。

对兰州城区不熟悉的三营让抓住的俘虏带路。狡猾的俘虏们一个个装傻,说自己是新兵,不知道兰州的路。副营长邢彩江大喊一声:"一排长,把他们统统枪毙!"这时,一个口吃结巴的俘虏大声答应要带路,三营继续攻击前进。

十几分钟后,一道黑乎乎的土城墙挡住了前进的路,走近一看,原来是西关的城门。这时又出现了一支黑乎乎的队伍,气势汹汹地往前冲。战士们躲闪在两侧,走近一看,一个个手握马刀,头戴大檐帽。三营从队伍中间开火,然后让八连连长许世奎带领一个排往回打,留着前头的马家军带路,战士们追着敌人一口气追到黄河桥头。

子夜的黄河桥头,一眼望去,混乱不堪。这座屹立黄河边近半个世纪的"天下黄河第一桥"此刻正在见证落魄和逃生的真实景象。

自接到马继援下达的撤退命令后,东南山上的马家军朝着黄河铁桥撤退逃生了将近8个小时,窦家山、马家山、皋兰山追击部队跟在马家军后面一路追打了将近8个小时。

三营战士们看到了黄河铁桥一片混乱的景象:人、马、驮骡、马车、汽车一窝蜂聚集在桥头上,在234米的桥面上从南向北蠕动。八连连长李士奎指挥所有的4挺机枪、3门小炮和8支冲锋枪集中火力向着当年杀人不眨眼地向前蠕动的人群猛烈射击。铁桥南是一块空地,没有任何隐蔽物,八连一直趴在地上,用敌人的死尸遗物为掩体进行战斗。

七连从西关十字城墙上赶了过来,在城墙上控制桥头制高点,配合八连进攻桥头。

攻占兰州黄河铁桥

后来，国民党八十二军一九〇师上校参谋长李少白回忆当天晚上黄河铁桥南岸的战斗时说，桥南右侧的解放军一名机枪手猛烈地向桥上射击，虽然是黑夜，但是在露天射击，在火焰照射下很清楚，只要有人打一枪就能打掉这名战士，然后很多人就能冲过黄河桥。国民党军里也不乏射击高手，但就是没人去打这一枪，被打怕了的马家军此时只是各顾各的在前后左右择路逃命。

26日凌晨2时，黄河铁桥南岸桥头被十九团三营控制。

第三节　城之幸

一、万里金汤

兰州是先有县后有城。秦始皇三十三年(前214年)，为抵御匈奴进犯，秦在东岗镇一带设榆中县。西汉武帝年间(前140—前87年)设金城县，汉昭帝始元六年(前81年)，设金城郡，"言城之坚，如金铸成"。兰州始有"金城"之称。东晋太元十年(385年)，鲜卑族乞伏氏建西秦国都于兰州，这可能是兰州最早的建都史。

隋文帝开皇元年也就是581年设兰州，置兰州总管府，遂有"兰州"之名。兰州当年是有城池的。唐高祖武德二年(619年)，将兰州总管府的子城县改为五泉县，并在皋兰山下现在的五泉山以北的鼓楼巷、三爱堂之间筑城。这座城应该是个小城，东西长600余步，南北宽只有300余步，一步为5市尺，折合现在应该是50万平方米。因是唐代所建，故叫"唐城"。宋神宗元丰六年(1083年)3月，在今中山铁桥南端偏西修筑了北城，取名"石龟城"。

8月26日凌晨解放军所攻占的兰州城是明代所筑的城。明太祖洪武七年(1374年)所筑建的是兰州最早的内城，也称子城。此城与兰州地理相近，也是东西略长、南北略窄。

按照现在路名，东城墙基本上沿静宁路从北向南，经过了张掖路东口、武都路东口；西城墙沿中山路西段而行，经过了张掖路西口、武都路西口等地，东西长1里280步。

南城墙紧靠庆阳路、中山路北侧，穿过了曹家巷、酒泉路、永昌路等街巷；北城墙沿滨河南路从西向东经过了永昌路北口、市委，向南过山字石等地；南北宽1里82步。

这座城池面积 61.5 万余平方米。整个兰州内城周长 6 里 200 步，城墙高 3.5 丈，宽 2.6 丈。出于防务需要，城外都有护城河。城北以黄河为屏障，在城东、南、西三面各开挖了宽 3 丈、深 1.5 丈的护城河；共开四个城门，东为承恩门，故址在今张掖路与秦安路交会处，后改称来熙门；西为永宁门，故址在今张掖路西口与西关十字交会处，后改称镇远门；南为崇武门，故址在今酒泉路与金塔巷东口交会处，后改称皋兰门；北为广源门，故址在今永昌路北口与滨河南路交会处，后改称水北门。四个城门平时派兵把守，战时城门启闭森严。

到了明宣宗宣德年间（1426—1435 年）筑了 18 里 123 步的外城；1447 年，都指挥李进在城中增加了承恩门，从此这座城市从东到西共有 99 丈余，并新建城门 9 座：即东边今东方红广场与庆阳路交会处的迎恩门，民间叫东稍门；东北边今秦安路东端与金昌路交会的广武门，俗称新关门；再往东北的今静宁路北端与南滨河路交会处的天堑门，也叫下水门、小水门；正北方处为天水门，俗称桥门，后改称通济门；正西方在解放门处为袖川门，俗称西稍门，后称定西门，1945 年又改称宗棠门；再往西南在今临夏南路东段路南通向上、下沟，为靖安门，也称下沟门，后又改称静安门；西南在今万顺楼与胜利宾馆门前，为永康门，也称窑巷口门，后改称安定门；正南方在今酒泉路原兰州卷烟厂右侧处为拱兰门，也称南稍门；东南方在今宣家巷与畅家巷西口交会处为通远门，也称小稍门。这些城门一直沿用到 1949 年。

清康熙六年（1667 年），兰州城郭修葺，兰州东、西、南三面筑三里到四里不等的"关"，西关、南关一直沿用至今。且各"关"所在处都比较繁华。

当年南关十字北口有个南门城楼，也称崇武门，后改为皋兰门，就是现在的酒泉路，是当时繁华的商业街。此城门楼正处于龙尾山与陕甘总督衙署的轴线上，在城楼下有三个城门洞，中门洞最大，宽约 6 米，通行车马，两边的洞较小，宽约 4 米，行人通行，城门洞上还有三层翘角楼，每层九间，整体建筑古朴典雅，精美雄伟。最耀眼的是三楼正中悬挂着的白底黑字的"万里金汤"巨匾，为道光年间陕甘总督那彦成所书，每字三四尺见方，写得古朴厚重、刚健雄劲。"万里金汤"应该是对万里黄河的赞美，对金城兰州地位的嘉许。

同治二年（1863年）和同治六年（1867年）两次对护城河进行疏浚，城关区的东城壕、西城壕、南城壕由此得名。

抗日战争时期，为了防空疏散又在各处挖开了好几道门，又出现了东北门、双城门，等等。但由于日军的轰炸和轰炸后的维修，许多古建筑遭到破坏，一些"门"也没逃脱厄运。到1949年兰州战役时，城关区的主要路段与抗战时期改造后的格局基本一致。

二、巷战

七师对这些地名不熟悉。即便是知道这些城门、道路，一支初来乍到而且还担负决战任务的部队也是无法按图索骥，按照这些城门进攻和按照地名实施精准指挥和精准打击的。

攻打兰州城的战斗在明代兰州的城和郭里进行。一野的兰州城之战可以说是小城大战。在十九团攻取黄河铁桥的同时，二十团、二十一团也迅猛地追进兰州西门。七师的城市巷战打响了。

二十团的1个营攻上了华林山，其他两个营冲进武都路，沿着去五泉山的方向，沿今白银路、张掖路、武都路、酒泉路向东南方向进攻。二十团压进十字街口即中山路口至东大街时，与马家军从窦家山、马家山撤退的一〇〇师及其骑兵团展开夜战。二十团利用城墙等有利掩体灵活机动，有分有合，配合打击；马家军骑兵团带着一〇〇师反复冲击。这些昔日善骑、善射、善杀的骑兵队伍拼死顽抗，战斗了大半夜，发起数次反扑，一直到早上7时才被打散、打乱，除部分逃窜外，大部被歼。二十团缴获大批战马，占领东门，随后攻占五泉山，攻占省政府。

二十一团入城后，在西街击溃敌人顽抗，协同十九团攻占南门。由于副师长兼二十一团团长黄武患急性肺炎，病逝于定西内管营，此时孙喜成任二十一团代团长，带领部队作战。

十九团主力三营坚守北门黄河铁桥，一营二营冲向庆阳路。四连三排副排长秦自先带着十几名战士冲在最前面。一个小时内遇到了4批进攻的敌人，他们不但打退了4次进攻还俘获了300多名俘虏。在进入西关时眼前黑压压的一大片全是敌人，街道上、楼上、院子都是敌人。楼上的敌人向他们投掷手榴弹，院子里的敌人打冷枪，周围400多名敌人直接跟这支小分队交上了手。秦自先和6名战士受伤后还在英勇顽强地作战，一直战斗到二十一团大部队赶到。

中华路，就是现在的张掖路，国民党马家军的骑兵第十四旅一个营向着中央广场冲杀过来。马家军骑兵主力一手挥着大刀、一手拿着枪气势汹汹杀了过来。沿着当年中华路向东前进的二十团九连二排排长急命机枪班向着骑兵开火，刚刚从骑兵一侧路过的一排、三排听见枪声迅速转身，三个排在黑夜里与骑兵和骑兵后面的步兵近距离展开激战。

激战一小时后手榴弹用完了，九连战士端着闪亮的刺刀冲进敌群。也是因为黑夜，马家军的大刀终于没有战胜地面上的步兵。三个排前后配合，打得灵活机动，彻底消灭了这一营凶残的马家军骑兵，创造了兰州战役城市巷战遭遇歼敌战的范例。

二十一团二连三班10名战士押送着200多俘虏正在向西关十字前进，马家军骑兵第十四旅的骑兵从三面策马杀向这10名战士。三排长李伦伦端起冲锋枪迎头把三四个骑兵打下马，然后边打边安排3人看住俘虏，7人投入战斗。李伦伦和叶得义一个用机枪、一个用冲锋枪扫射，战士李明金装子弹，九班长李雷组织投手榴弹。打退了骑兵又来了二三十个步兵，10名战士中有5人负伤，七班长张喜胜头部受伤，满脸是血仍然端着机枪扫射。战士们边打边喊口号瓦解敌人，在打退了敌人两次冲击后，40多个敌军放下了武器。

七师在进入西关前后的夜战打得顽强激烈，持续不断。

后半夜了，十九团一排的一辆汽车油箱被敌人打燃，在西关十字的街道上烧起了一团火，而且越烧越大。副营长邢彩江为了不暴露兵力，吃敌人的暗枪，叫两名战士去搞水，迅速灭火。水还没有弄来，汽车上的弹药、汽油桶爆炸了，顿时火光冲天，炸声连片，由汽油桶喷出去的汽油，洒满了街道，成了一片火海，朝着黄河铁桥逃跑的马家军摸不着头脑，还以为是解放军

第二兵团抢占黄河铁桥，切断敌军后路

用来战场照明的，吓得不敢往前跑了。

黄河铁桥被解放军控制，彭德怀"关门打狗"的战术开始实施，一野紧紧地扎住了黄河铁桥这个"口袋口"，关闭了马家军向西逃跑的通道。南山各部队从东、南、西三面朝着撤退进城的敌人发起最后的总攻。

马家军的战略撤退完全变成了逃跑。一野向着马家军发起城市追击战。狂奔的黄河岸边是狂奔的马家军。他们已经走投无路，只能像浪花一般一波又一波地扑向桥头，整个铁桥上黑压压一片，被车压死、被马踩死和落水者不计其数。一部分马家军眼见已经无法打开大桥的通道，便纷纷跳进滔滔的黄河里企图泅渡逃窜，有的四五个骑在一匹马上跳进黄河。据统计，泅渡过河的和挤在黄河桥上人挤人、马挤人、人马互挤掉到黄河里淹死的就达2000余人。

东关，也就是城东区，从窦家山、马家山提前逃下来的马家军一〇〇师残敌以及青海保安团、骑兵团直奔黄河而去，被第一野战军六十三军一八七师一路追击，五六一团三营追在最前面,这些逃兵一会儿涌向市区,一会儿被卷回野外,像慌不择路的野兽到处乱窜。这时,村子里的老百姓走出家门,给解放军指点方向、带路。侦察排长郝玉珍在老乡的指引下追上敌骑兵,一人俘虏了9个敌人和25匹战马。

渡河、过河是马家军活下来继续与人民为敌的唯一通道。受过马家洗脑的国民党士兵为了求生、为了过河不择手段。有的直接跳进黄河;有的在逃跑中抢来老百姓家的门板,把自己绑在门板上用两只手往过划;有的骑兵脱光衣服,卸下马鞍,嘴里叼着一小口袋银圆抓着马鬃过河。这些顽固不冥、始终与人民为敌的敌人基本被黄河吞噬了。

甘肃自古出良驹、出战马。常年靠着良驹、战马为所欲为的马家军军官自然会挑马。这不,就有两个马家军的团长硬是依靠战马过了黄河。

兰州城巷战始终是围绕着黄河铁桥的争夺进行的。

8月26日凌晨,马家军一辆满载弹药的嘎斯卡车冲上桥面,被守桥的三军战士一发炮弹命中,引起大火,满天通红,铁桥靠北端的桥面木板被烧了两个窟窿。看到黄河铁桥着火,部署在黄河北岸的西北军政长官公署与骑兵第八师不战而退。

与此同时,南山各阵地解放军追击着马家军,从不同方向向市区敌军据守的心脏地带包抄压进。凌晨2时起六军等其他部队也相继攻入城内。六十三军、六十五军直插东稍门。七师二十一团由西向南发展,击溃小股残敌后攻占了南门。

三、占领省府

26日凌晨4时许,七师控制了各城门和城内各要点,师指挥部进驻省政府大院,梁仁芥向上级报告了战斗进展情况。彭德怀听说七师已占领兰州,非常兴奋,也感到意外,直接打电话询问情况,得到肯定答复后下令:"一定要把黄河铁桥守住。要注意好好组织兵力,扩大战果,彻底消灭东教场敌人。"

8月26日凌晨5时许,攻占东教场马家军兵营,歼灭部署在这里的两个团。

从沈家岭、狗娃山追击而来的四军从兰州西侧攻入市区，占领西关，炸开西门。

凌晨4时左右，从南山、东岗镇和华林山方向几个战场上撤退下来的大批敌人还在直扑黄河铁桥而来，企图夺路逃窜。时不时地成团成营的骑兵与步兵裹在一起，机枪、步枪、手榴弹一起打过来，坚守铁桥的三营进行着顽强的阻击，铁桥争夺战非常激烈。

正在十分危急的关头，忽然铁桥北面枪声密集，炮火连天，子弹像狂风一样从四面八方射向铁桥敌人，打得敌人晕头转向，搞不懂自家的阵地怎么向自己开枪了。

这桥北的枪声来自二十一团一营三连的一个班的12名战士。铁桥被三营夺取后，七师命令除留三营继续守桥外，其余全部向城里攻击。但这一班战士在进至桥头时，发现了一座黑乎乎的地堡，形状像个圆馒头，稍微比地面高一些。走近观察，发现是用钢筋混凝土筑成的地堡，四面都有枪眼。

马家军的提前撤退让驻守在城里的各个分队也没有思想准备。守桥的马家军怎么都没有想到解放军能这么快就攻进城里，因此守军就外出找安逸去了，空留着这座堆满了武器弹药的水泥地堡。

这个班战士舍不得离开这块杀敌的宝地，就没有随团进城而是守在地堡里等待机会。当成群的马队、步兵涌来拼命向铁桥冲击、十九团吃紧时，蹲守的战士们便从地堡的各个枪眼射出了愤怒的子弹，堵住了溃敌的退路。

四、智取机场

25日晚上，七师十九团三营向黄河铁桥进攻时，与营部失去联系的连长贾秋忠果断带领部队朝城南进击，随后朝着城东方向搜索前进。此时，天已蒙蒙亮。他看到满街的俘虏被兄弟部队赶着往城里走，就顺势揪住一个俘虏询问国民党部队在周围的布防，俘虏起先以为解放军看着他不顺眼要枪毙他，吓得心里发毛。一听是要找打仗的，就告诉他附近有个飞机场，里面还有好几千人，解放军没有到过那里。贾秋忠带着四连径直朝着飞机场方向追去。

贾秋忠和四连要去的机场是兰州拱星墩机场，也叫兰州东岗机场，位于今兰州市城关区嘉峪关路。1931年，南京国民政府交通部与德国汉莎航空公司合办的欧亚航空公司在开辟航线时，在兰州筹建机场。几经勘察后选定了在兰州市区东约1.7公里处的拱星墩墓地，却受到墓主群起反对，后在地方当局协调下，于1932年5月开始建设，同年5月建成。初建的东岗机场跑道为东西方向，沙石道面，长1580米，宽30米。由于仓促建设，跑道无法保证安全飞行，机场内基本上没有进行场站建设，保障能力极低。

全民族抗日战争时期，兰州成为苏联援华人员、飞机、武器及其他物资的主要通道和中转站。国民党政府对拱星墩机场进行了扩建。到1944年，拱星墩机场已经有一条长2400米、宽20米的推机道。拱星墩机场曾经设置了"中苏友好接待站"，机场驻有苏联空军志愿者一个队，机场经常停落三四架飞机，有记录显示，最多时一次停过8架战机。

二营四连连长贾秋忠带领全连朝着城东方向追击，一直追到了飞机场。到了机场才发现马家军在这里的守卫力量有2000多人。贾秋忠连长明白，靠着四连100多人无法跟这么多敌人硬拼，只能智取。为了防止万一，他先做好战斗部署，让一排向左、二排向右、三排在中间，随时准备开火。布置好以后，他向着守卫机场的敌军大喊："一营向左，二营向右，三营从侧翼插过去，重机枪架起来，对准敌人狠狠地打！"

他的话音刚落，战士们接着不停地喊："把枪放下，站到一边，不然就打。"这一喊果然起效，他发现敌人没有做任何战斗准备，却听到对方说，"别打了，别打了""不要打了，我们缴枪"。

不一会儿，对方派两名代表过来谈判，给贾连长一份投降书："本团乘此良机，解甲投降，实为全体官兵幸甚。"落款是甘肃保安七团团长张国栋。贾连长命三排长靳正发带着一挺机枪、一个小组前去受降。看到解放军真的没有开枪，敌保安一团团长、保安四团团长也赶来投降了。

这可是兰州决战中唯一一个整建制投降的马家军部队了。但问题来了，四连不到150人，面对2000多的降兵，怎么带走？贾秋忠连长想了一个办法：把敌团长扣下，用一个排顺利地先押走了第一批俘虏。

正在准备押送第二批俘虏时情况突变，马家军的骑兵部队4个连从西面冲了过来。此时，依然不能硬拼，只能智取。于是，贾秋忠立刻派三排长靳正发前去劝降，命令埋伏的两个排架起刚刚缴获的重机枪、迫击炮，对准骑兵。马家军的骑兵部队见此情形只好投降。大约上午9时，二营六连也赶到飞机场。

最后清点时才发现，这次四连和六连一共俘虏了2500多人，还有大量的武器弹药、战马和其他物资。飞机场被七师十九团占领。

五、来到黄河边

城区战果在不断扩大，战斗继续在东西两个方向展开，向城内压过来。

拂晓前，从营盘岭追击而来的二兵团六军十六师兵分三路追击歼灭逃敌：该师四十八团把马家山的逃敌逼至兰州东城门又直逼黄河边。四十六团从飞机场压向大雁滩、小雁滩；四十七团沿盘山公路直奔黄河铁桥。

也是在拂晓前，城区的国民党军1个团得知黄河铁桥已经丢失，便有组织地向段家滩、雁滩突围，26日晨河水上涨，浪头很大，但马家军这一个团还是要冒死过河。马家军的部分军官此刻还以为过黄河铁桥是为了在北岸重新组织火力，继续战斗，所以他们不顾水急浪高的河水拼命过河。三军抓住良机，组织强大的火力，对准泅渡的顽敌开火，将这一个团的顽敌歼灭于黄河激流中，1000多顽敌几无生还，三军俘获敌马200余匹。

拂晓时分，七师十九团得悉，城东飞机场已被四连连长贾秋忠带人占领，便停止追击。

8月26日早上，兰州城东边从窦家山战场追击而来的十九兵团六十三军一八七师五六一团已经占领了兰州东郊的东岗镇，消灭了溃散残敌。该团三营乘坐缴获的汽车、战马迅速向兰州城东关追击残敌。五六三团也猛打猛追，扑向城内。

第四节　桥之运

一、进攻白塔山

8月26日6时，三军指挥部进驻西关，拉开了攻占白塔山的战斗序幕。

黄河北岸白塔山仍由马家军把持，借助晨色守敌开始向黄河铁桥及南岸发起火力进攻。夺取白塔山就得过黄河铁桥。

马家军对撤退过桥是做足了文章的。马继援在25日下午下达退却命令时让马振武先把五六八团从狗娃山撤下来，在桥北占领阵地，掩护撤退。盲目自信的马振武没这么做。马继援离开庙滩子去永登时吩咐赵遂，在马家军过河后让赵遂负责把桥炸掉。桥上已经绑好了4吨炸药。后来担任守桥重任的一九〇师师长马振武和第八十二军副军长赵遂看到马家军还在拼命地朝着桥头撤退。他俩认为，炸了桥也阻挡不住解放军过河；不炸，还可以给马家军冒险过河的士兵留一条生路。于是，两人一商量，桥就不炸了。马振武和赵遂在26日3时许慌忙离开庙滩子军部，取道景泰川到永登去了。到永登后赵遂转身逃到了西宁。9月5日西宁解放后，赵遂带领从兰州逃到西宁以北的2000多人投降了。马振武逃到青海湖海晏准备再逃，受"劝降团"劝解，放下了武器。

三军先指挥各到达桥头的部队向白塔山发起炮火攻击，在炮火掩护下用水扑灭桥面烈火。天亮后，战士们和老百姓一起将铁桥东侧的人行道全部铺上沙袋和木板，让桥面暂时恢复通行。

桥面恢复通行后，三军用全军的炮火掩护，四军的部分部队也通过黄河铁桥向白塔山发起攻击。

把胜利的红旗插上兰州城头

白塔山海拔 1700 多米，山势陡峭，层峦叠嶂，易守难攻。在四军部分部队进攻白塔山时，上午 9 时，九师赶到黄河边，向山下的各个据点进攻，攻占金城关、十里店及其以北高山，为继续向山上进攻创造了条件。

10 时许，七师组织军、师炮兵，以炮火压制防守白塔山的敌人，掩护二十一团跨过仍在燃烧滚烫的铁桥。11 时，二十一团一部，在炮火支援下，越过黄河铁桥，一举歼灭了白塔山守敌，迅速进占了黄河北岸的制高点，将一面红旗插上了白塔山，兰州宣告解放。

黄河铁桥争夺战和城市攻坚战，七师经过 13 个多小时的恶战，仅以伤亡不到 200 人的代价，歼敌逾万人，生俘 7700 余人。

战后，抢占并坚守黄河铁桥的七师十九团三营八连被授予"夺桥首攻连"的光荣称号，二营四连被第一野战军授予"勇猛机智大量歼敌第四连"的光荣称号。

8 月 27 日，按照彭德怀命令，兰州市军事管制委员会主任张宗逊开始组织军地工程技术人员抢修黄河铁桥。回到人民手中的黄河铁桥和这座城市一起，此后进入了为人民谋幸福，为民族谋复兴的万众感念的和平发展时期。

二、过了桥的马家军

8月26日，侥幸过河的马步芳残部通过永登、红古向河西和西宁逃窜；防守景泰、靖远的国民党第九十一、一二〇军隔山观望，马继援一直没有要求这两个军增援兰州战场，而这两个军也分别向野狐水、漫水附近逃窜。西北军政长官公署在副长官刘任带领下经秦王川逃奔永登，随后跑到了武威。

马步芳其实早在兰州战役总攻前就逃离了兰州城主战场。8月24日，马步芳深恐西宁老巢不稳，便将战场指挥权交给马继援和同样是西北军政长官公署副长官的刘任，自己带着一支卫队匆忙返回青海。

25日，他召集青海省各机关、团体和各界头面人物，佯装乐观地说，他们马家在青海三世为官，青海就是自己的家乡，即使战局不利，他也要保卫自己的家乡，不使青海沦陷于"共匪"之手，暂时稳定了青海局势。

26日，他得知兰州失守，便电话指示来到岔口驿的马继援，在充分肯定了马继援的指挥能力，说了些胜败乃兵家常事之类的话以后，让马继援迅速到永登，一路上要随机应变，小心部署，慎重行事，免遭暗算。

随后，在马继援还没到永登时，马步芳迫不及待地通知刘任，让刘任负责前方军事，可以调周嘉彬等部支持残局，陇南由王治岐游击，只字没提马鸿逵的事。

27日，国民党国防部长徐永昌紧急飞抵西宁，当面指责马步芳逃离战场，丢失兰州，罪不可恕；同时，国民党行政院长阎锡山致电马步芳对其进行严厉斥责。马步芳自知理亏，便邀请徐永昌到省政府会晤。在省政府两人的对话愈谈愈激烈，以至马步芳向徐永昌连连逼问：胡宗南、马鸿逵拒不出兵兰州，你身为国防部长为何不出面督令？中央为什么不守信用，不派飞机群来助阵？我们兄弟浴血奋战，死伤惨重，你身为中央代表，为何一句安慰的话都没有？

徐永昌明知胡宗南、马鸿逵是有进攻和进攻准备的，但马步芳不认账，争执不下，马步芳说他要去中央理论，徐永昌说他要陪着马步芳一起去重庆理论。结果，马步芳于当天下午从容地整理好细软，27日乘陈纳德十四航空队的飞机，携带家眷和部分随从，从乐家湾机场飞往重庆了。飞机起飞后徐永昌才知道马步芳先于他一步飞往重庆了，当晚便住在西宁，第二天调来飞机返回了重庆。

从"西北的支柱"到"五保口号"，从"抬棺而战"到"马勺里炒大豆"，从向蒋介石表忠心到逃往重庆，马步芳只用了一个多月就完成了"两面人"的转变，随着气数已尽的国民党一起走完了他疯狂残暴的军阀政治生命。

8月27日，国民党西北军政长官公署少将副参谋长、当年受"中央派"委托献计马继援的彭铭鼎在永登见到马继援。只见马继援仅带几十个随从，自红城子方向蹒跚而来，光头鹄面，状极狼狈。见面时哽咽落泪，语不成声，半晌才说出："我以为一〇〇师还完整，不料也完全损失了。"他随即赴永登西北部岔口驿与马振武会面。

此时，他的第八十二军军部和一九〇师的部分军官和骑兵旅两个团约7000多人已经从沙沟转向永登岔口驿集结待命。他原想收集残部，逃奔凉州武威，与新疆骑兵第五军即新疆整编骑一师马呈祥部会合，做最后挣扎。随从的部分军官也提出迅速集结于河西走廊，重振队伍，再干一场。

但他来之前接到马步芳电话，告诉他到永登以后再联系。此时，马继援已经知道，马步芳已经飞离青海了。他便以回西宁主持大局为由，安排马振武带领部队在大通桥头集中议事，自己带了40名卫士，先到达永登，30日到达互助县，通过电话了解西宁动态，财政厅长冶成荣敦促他尽快返回西宁。

8月29、30日两天，马家军退守到大通河桥头的部分高官在桥头饭店北楼召开长官会议，第一次会议由赵遂、马文鼎、马振武主持，第二天的第二次会议由马振武主持，先后赶来的谭呈祥、杨修戎、马英、马子俊、马义明、马成俊、马登霄、马耀武、韩起功等参加会议。马振武在会上提出，长官(马步芳)已经飞了，军长(马继援)也准备离开青海，我们对他们父子还有啥可效忠的呢？他宣布了马继援离开时留给自己的信，意思是马继援说他要暂时离开，以后还有见面的机会，要求他们把战马当耕马，把武器埋地下，待机而动。

经过一番讨论，杨修戎、谭呈祥、马成俊等人觉得，当年他们在河西战役中杀害了不少红军战士，现在解放军肯定要报仇。于是会议决定由已经是八十二军副军长的赵遂、参谋长马文鼎、一〇〇师参谋长马元庆3人去西宁办理投诚事宜，其他人随后视情况再定。

召开这两次会议时，马继援还在去西宁的路上，但他放弃了对这支部队的指挥，一心做逃离青海的准备。

31日午后，马继援回到西宁。由于馨庐的眷属已经由马步芳带走了，此时的马继援无家可归，来到湟中实业公司住了下来。

当晚，马继援做出四项决定：一是给身边人分钱，把湟中实业银行马步芳没有拿完的银圆和储备的布匹分成两部分，大部分分给身边的文武官员和警卫士兵，小部分分给已经逃到西宁的伤员；二是给部队发饷，将湟中实业公司的基金50万银圆装了4卡车，一车派发到驻享堂的马璋部，一车发到驻大通桥头的马振武一九〇师，一车发到大通桥头的谭呈祥一〇〇师，一车派发到驻守上五庄的马英骑八旅等部队；三是烧军库，他通知留在享堂的杨修戎，将从兰州运到享堂尚未投入使用的大量武器弹药、汽油和原来储存的粮面、服装等全部放火烧掉，将大部分枪炮投入享堂河里，既不留给解放军，也不让民众捞取使用；四是开黄金话别会。

9月1日，马继援先召集了最后一次青海省军政大会，通报了兰州失败的情况，并向部属们送黄金话别。

随后，由财政厅长冶成荣和副官马得福到湟中实业银行的地下室搬出28箱牛皮裹着的木箱，据说每只木箱装有35公斤黄金，用专车送到乐家湾机场，随后随飞机送到了重庆。

马继援究竟是哪天离开西宁的，现在还没有定论。从各种资料推断，马继援应该是9月1日离开西宁的。离开时他的40人的卫队已经不知去向，西宁国民党军混乱不堪。马继援带一二九军军长马步銮、新编步兵军军长马全义、一八一师师长马璋，以及省政府秘书长、总务处长、财政厅长、地质局长和骑五军军长马呈祥的父亲、马继援的岳父马庆一家人，乘坐陈纳德的飞机飞往重庆，青海省政府委员兼秘书长高文远怀里抱着青海省政府大印，陪在马继援身边。

决战兰州阶段，第一野战军在兰州战场主战场歼敌2.7万人，不仅消灭了西北国民党军战斗力最强、反共最坚决的马步芳主力，还为迫使陶峙岳代表团与解放军和谈，和平起义创造了条件，为实施军事打击和政治争取并举决胜西北创造了条件。

兰州战役是一场恶战，战斗中涌现出了许多可歌可泣的英雄，五大战场解放军共伤亡8700余人，全部决战中部队伤亡9500多人，这些英雄值得我们永远敬仰和纪念。

第十一章 两河较量

洮河是马家军布防甘肃的第三道防线。担负兰州战役西侧切断、打击、动摇三项任务的第一兵团在兰州决战总攻前后的几天里,和少数民族群众一道,先搭建洮河浮桥,再强渡黄河天堑,敌新编骑兵军闻风而逃,临洮军民和临夏各民族谱写了最早的双拥之歌。

中央军委和毛泽东主席坚决要求"集中三个兵团攻打兰州",第二兵团、第十九兵团两个兵团在兰州决战,作为攻打兰州的3个兵团之一的第一兵团此刻在哪里?

第一节　洮河架桥

国民政府行政院决定兰州决战计划后，1949年8月4日，彭德怀、张宗逊、阎揆要给各兵团的预备命令中明确了第一兵团的任务是攻取武山、渭源、临洮，得手后渡洮河经临夏直取西宁，截断青马退路。

8月6日，周恩来以中央军委名义发给彭、张、阎的电报说歼灭甘青匪军的预备命令"一般甚好"，"惟请注意左兵团所取之路线似过于迂回"，就是说一兵团作为执行兰州决战的兵团，这种渡洮河经临夏直取西宁再进攻兰州的路线过于迂回。8月8日，彭德怀发给各个兵团不同的电报仍然强调"按预定路线前进"，并于8月9日向毛主席做了汇报并通报了贺龙、习仲勋。

到了8月21日，彭德怀、张宗逊等发给一兵团王震的电报就有了变化，电报说，"我将集三个兵团于兰州会战"，要求一兵团侦察享堂峡、红古城、红城寺一线渡湟水河的难易程度，有让一兵团做兰州决战准备的意思。

8月23日，毛泽东主席以中共中央的名义发电给彭德怀、张宗逊并贺龙、习仲勋，明确要求要集中三个兵团于攻兰州战役，电报明确要求王震兵团从上游渡河后迂回至兰州后方，立即切断兰州通青海、新疆的道路，要做好充分战斗准备。

针对中央必须集中三个兵团于兰州战役的要求，8月23日，彭德怀、张宗逊等向左兵团发电，提出了"最好准备随时向享堂峡、红古寺线侧击、堵击"的要求。所以，王震兵团即由第一兵团所属的第一军、第二军和第六十二军组成的左兵团应该是属于参加兰州战役决战的部队。

第一兵团是具有光荣革命历史的部队，在进攻兰州的千里征程上，在陕甘交界的陇县固关镇，面对马家军设置的第一个咽喉要道、进军兰州的第一道大门、秦陇要冲，派出第一军第一师全歼了国民党马家军的"精锐铁骑"十四旅，创造了用半天时间第一次全歼马家军一个整旅的辉煌战绩。

一、马步芳组建骑兵军

马步芳在代理西北军政长官时，就宣誓要誓死效忠于蒋家王朝。到1949年春，他开始拿出军长、师长的头衔拼命拉壮丁，扩编部队。到了4月，马步芳在新疆的骑兵第五军后该军整编为骑兵第一师，在有骑兵第十四旅、骑兵第八旅的情况下，马步芳还征得蒋介石同意，迅速编成了一支骑兵军。这个军的番号是国民党"西北军政长官公署直属骑兵军"，就是常说的"新编骑兵军"。该军辖三个旅，每旅辖三个团及一些直属团、营，军长韩起功，副军长孟全禄，参谋长李承勋，副参谋长韩得庆。另有原驻新疆的骑兵第五军的特务团也归新编骑兵军。

马步芳的亲信韩起功出任军长后开始抓壮丁扩编。由于甘肃的武威、张掖和青海的兵源已经抓征殆尽，马步芳便安排其在自己部队当过旅长的堂兄、临夏行政专员马步康协助韩起功征兵。

韩起功、马步康二人在临夏、宁定、康乐、和政、永靖等五县强征壮丁，搞得百姓怨声载道。一个年近八旬的王姓阿訇请求免征他的独子，好让独子照顾自己，韩起功坚决不答应。后来让王阿訇把胡子剃掉自己去当兵才能把儿子留下。王阿訇无法忍受这般屈辱，便操起拐棍打了韩起功一下，当场被韩起功捆绑起来。到了晚上，韩起功暗中指示一个叫牙古的副官把老汉诱骗到洮河沿上枪毙后埋在了河边。第二天尸体被水浪冲了出来，引起了回、汉群众的愤恨。

韩起功用这种极端的不人道的办法抓足了兵员，还需要配备军官，而选官的事必须是马步芳亲自选拔确定。马步芳把当年在自己部队干过后来退役的、改行经商的、在牧场经营的旧军官按原来的职衔任用起来，这些人他知根知底。对个别留恋闲散生活，不服从安排的，他有的是办法，最有效的就是恐吓他们，要军法从事，这些旧职人员只好穿起军装去带兵。但真正军内有实权的实职，他则任命当地的专员、省政府的运输处长、视察员担任，把他们调为旅长，把以前追随他曾受过他冷落的军官任为团长。

军官人选早在马步芳心里盘算好了，官到兵齐，新编的骑兵军由3个旅3个团组成，共11000人，枪支1000多支，军马300多匹。到了7月，马步芳自觉兵马齐备，就把第二旅留守临洮，其他的人马全拉到兰州接受各界欢迎，并进行训练。经过不到一个月的训练，8月上旬，马步芳把三个旅全部布防在洮河沿线，并向新疆的马呈祥要了一个团的武器，准备装备这个军。韩起功命令，第二旅在临洮，第三旅在康乐，第一旅在广河一带，军司令部在宁定即现在的广河县。

二、韩起功逃跑

按照党中央"集中三个兵团于兰州会战"的战略部署，担任截击兰州战役中可能西逃之敌的左路军第一兵团朝着临洮、临夏一带急速进军。

8月16日，国民党新编骑兵军军长韩起功接到第一旅第二团团长陈嘉禾由新添堡打来的电话，吓得不轻。原来，曾经在马家军当过团长的马元，因为不服马家军的横征暴敛，在化隆金厂打死了马步芳派去征收课金的人员，被马步芳撤职后逃跑在外多年。今天，陈嘉禾发现马元带着解放军从广河县向西面打了过来。韩起功听后惶恐变色，"这一下我们完了"。因为绰号"尕葫芦"的马元是河州当地人，不但熟悉地形，还是一个不顾命的汉子。韩起功说"他给共军领路，我们就要吃他的大亏了"。

正当韩起功坐立不定、惊慌不安时，民和县马营籍的一个士兵向韩起功报告说，据当地人观察，凡解放军大部队所到达的地方，前面50公里路上早就有便衣侦察了。韩起功还故作镇静，小声斥责士兵"不要胡说"。

但这一消息不胫而走，动摇了韩起功骑兵军的军心。新编骑兵军各级军官十分惶恐。骑兵军三旅旅长韩进禄实在想不到逃生的理由，就用手枪在自己的左小腿软肉上开了一枪，然后说他从康乐来的路上腿部受伤，不便行动，于是就离开军营，逃之夭夭了。

8月18日，新编骑兵军收到一个老百姓送来的王震司令员的信，王震司令员在信中规劝新编骑兵军放下武器，解放军可以既往不咎。韩起功看完信对他的旅长们说，兰州还没有打，如果现在投降就对不起长官。韩起功原是马步芳的私人厨师，被马步芳一手提拔成为军长，是马步芳的铁杆死党，说到马步芳他都言必称"长官"。

18日，韩起功是在惶恐纠结中度过的。他对身边人说，当年咱们打过红四方面军，现在解放军能不报仇吗？中午饭吃完，副军长孟全禄就不知逃到何处了。下午，韩起功听到了枪声。惊恐万状的韩起功让眼前的军官看着部队，他到前面察看地形。身边的这位军官看着韩起功迅速离开村庄，翻过一座山头朝着西边青海方向跑了。

事后，马步青等人主张枪毙韩起功。马步芳令代秘书长高文远下达了韩起功不战而退、贻误军机的枪毙命令。但由于马步芳及其亲信们先后飞逃，兰州已解放，官员们在慌乱中各自逃命，谁也顾不上执行这一命令。

韩起功逃往青海省循化县后不敢停留，很快就带上眷属，仓皇经门源过祁连山逃往甘州张掖。当年韩起功是马家军悍将旅长，1937年红军西路军征战河西失利后，韩起功用极其残忍的手段杀害了大批被俘红军战士，还杀害了营救红军的民主人士高金城，是双手沾满红军鲜血的罪人。此刻他一门心思带着家人向西逃走，在途经祁连山时被马家军认出，这些散兵游勇仗着人多拦住他，对他任意辱骂，抢走了他携带的大部分黄金和银圆，在他一再哀求下留了点银两。他们看到他老婆穿戴漂亮，颇有姿色，当着他的面凌辱了她，然后得意离去，发泄了韩起功平时对他们随意欺压的愤恨。

三、洮河架桥

新组建的这支队伍并没能挽救马家军失败的命运。在韩起功逃跑之前的8月15、16日夜间，听到一兵团大兵压境的消息，驻在临洮的新编骑兵军第二旅不敢正面作战，为了自己安全就把洮河上下百余里仅有的一座用木船搭成的浮桥烧毁后向西逃窜了。

8月16日，临洮和平解放。

洮河是追歼临夏国民党马家军的必经之路，洮河浮桥是当时唯一的通道。洮河上的渡口很少，马家军凭此天险，作为甘肃第三道防线。为了尽快控制临夏之敌，率先打垮这支骑兵军以减轻兰州作战的压力，第二军以6小时40公里路程的强行军赶到洮河边。

洮河水从宝鼎山的绝壁下流过，水流甚急，最浅的地方三四米，最深处达七八米。面对120多米宽、每秒三米流速的洮河，工兵团的战士们将要在这里战绝壁斗急浪，打一场硬仗了。

洮河浮桥在临洮城西，康家崖渡口北，距临洮城50华里。守在临洮、洮沙的骑兵军第二旅逃跑时分别放火烧毁了浮桥和渡口，洮河东、西两岸天各一方，无法通行。王震率领的一兵团一军、二军和六十二军云集临洮，进军马步芳的老巢临夏、西宁必须渡过洮河。

8月17日下午，奉令抢修浮桥的第二军工兵团在尹保仁团长的指挥下抢修浮桥。洮河桥原本是用木船拼接的浮桥，马家军把所有的木船全烧毁了。继续搭建浮桥，当地再也找不到足够数量的木船。经过现场察看，只能采用木椽绑扎木筏做浮桥。但扎木椽浮桥需要足够的木椽、绳索等物资，也需要技术人员。

第一兵团在洮河架桥

王震司令员与中共陇右工委和新成立的中共临洮县委、县政府领导商议后，要求陇右工委动员临洮县数百名工匠支援第二军工兵团抢修洮河浮桥，中共临洮县委、县政府主动动员组织木工、铁工、水手和浮桥管理工等涉及扎桥的所有工种技术工人100多人，在党支部书记冯生旺带领下协助解放军抢修浮桥；在临洮的陇右游击队员和县城居民往返于县城和渡口之间随时帮助部队抢修；工商界人士积极提供木材、铁丝、麻绳和铁件等物资。一场军民合力架桥、抢修码头、修造渡船的大会战在洮河上真情演绎成临洮县最早的华彩乐章。

最早赶到的第二军在当地地下党和老百姓的帮助下，寻找木料、绳索。木筏式的浮桥用料基本上要选用10根到20根直径50厘米、长10米的大原木，扎成筏子，然后用铁索和碗口粗的大绳，绑在岸上两旁的大树上。战士们日夜不停地架设浮桥，每个早晨，都要冒着冰冷的河水，脱掉外衣开始在急流中架桥操作；每个夜晚，洮河两岸都篝火通红。

战士们在当地群众和几十名当地水手的帮助下，顶风冒雨，点着篝火吊在半空中，把一根一根的木头绑好扎紧，彻夜不息地搭建浮桥。有很多战士被急流冲走又从激浪中奋力爬出来，有的被浪涛吞没，献出了生命。

临洮的浮桥管理工周永祥、党生枝、李存智、党有才、郎占林、王明6人在河水上涨的紧急关头，泅水抢险，保护了大部分器材。他们的事迹写进了一兵团《战报》，受到表扬。

从8月16日临洮和平解放，军民开始架桥准备。17日，二军工兵团进入现场架桥。8月19日夜9时，经过三昼夜70多个小时的拼搏，在水深6米、水速每秒3米的洮河上，重新架起了一座长125米、宽9米，载重2500公斤的大桥，这是一个惊人的创举，保证了一兵团按预定时间完成了追击逃敌的任务。

8月16日，抢修渡口和抢修渡船的工作同步展开。这两项任务可谓有超前眼光，且都是地下党员们组织完成的。康家崖渡口由中共洮啣区工委负责组织修复，组织委员孙琳组织了100多名共产党员、300多名群众投入抢修。他们从洮河沿岸一二十里远的地方征借了7盘船磨，利用马步芳军队遗弃的木材修成了可以上下汽车的两岸码头。

共产党员孙曾仓带领 20 多名木工日夜苦战，于 8 月 21 日通过拼接，完成了 1 只一次可渡 1 辆汽车或百人的大渡船。渡口修复后，共产党员孙希辉、孙希泽带领 100 多名民工，日夜在渡口轮流值班，给解放军拉渡船、搬运物资、供茶水，并随时维修渡船和码头。

第二节　进占临夏

19日，第一兵团开到现属于临洮的洮沙，该县国民党县长率保安队500余人向一兵团投降，洮沙县解放。

19日，第一野战军第二军开始从刚刚竣工的洮河桥上向临夏进军。临夏北邻兰州，南靠甘南藏族自治州，东连定西，西接青海，自秦汉以来就设县、置州、建郡，古称枹罕，后改称河州，自古就是一个有名的商埠，曾是古丝绸之路南道要冲、唐蕃古道重镇、茶马互市中心，素有"西部旱码头"的美誉。河州也是马家军的老巢。

8月19日黄昏，新疆马呈祥应马步芳要求，派绽福寿由新疆押运一个团的武器弹药到了临夏。这些装备新编骑兵军的武器弹药运到临洮，军长韩起功、副军长孟全禄等军官都已不知逃往何处。押运官要交给临夏专署专员马步康，曾任马步芳部队旅长的马步康履行对中共地下党的承诺，推说自己不当家，拒绝接收这批枪械武器。一个团的武器装备没处移交，绽福寿又不愿意将武器发给那些正在逃散的士兵，于是就带上这些武器仓皇西逃了。

8月20日，一野左路军解放康乐，中路军、右路军会师兰州城郊开始做战斗准备。

8月21日，第一野战军左路军即王震兵团解放和政县，国民党马家军新编骑兵军一旅第二团团长张干鉴带两个连于苏家集向我投降。二兵团、十九兵团开始向兰州城南山各阵地发起进攻，两个兵团9个团进攻一天没有拿下一个阵地，初攻受挫。

8月22日14时，一兵团第二军六师进占临夏。国民党马家军新编骑兵军未战即溃，临夏人民在地下党员拜学忠带领下积极开展政治瓦解和统战工作。临夏专员马步康兑现了对地下党"保证不在市区发生战争"的诺言，解散了新抓的壮丁，带着下属从西门撤走，随后逃到国外，城内的散兵游勇大多数也向青海方向逃命而去。

地下党员拜学忠出面联络地方绅士和社会各界知名人士，在临夏市南关清真大寺商议迎接解放军事宜。会上推举了拜学忠、买金兰、马尚忠、祁铁匠4位回、汉爱国人士作为代表去迎接解放军。拜学忠带上提前准备好的欢迎旗帜，和其他3人一起渡过大夏河，在黄泥湾红崖村遇到第一兵团二军政治委员王恩茂、政治部主任左齐，双方见面，十分亲切。随后，第一兵团司令员兼政委王震、第一军军长贺炳炎、第二军军长郭鹏等在四家嘴亲切接见了拜学忠四人。

双方互致感谢，交谈了解情况后，王震让4位代表做向导，带领部队渡过大夏河，朝着古城临夏前进。一兵团领导走进达河滩村，数百名各族各界代表等候迎接。回汉群众从三十里铺起就夹道欢迎，城内张贴标语，燃放鞭炮，挂灯笼，呼口号，甚为热烈。一兵团抬着各类武器进城，举行了蔚为壮观的入城式。老百姓牵着肉牛、拉着肥羊、担着大西瓜、端着油馓子，欢迎犒劳解放军，场面充满真情。

8月23日，在临夏城内的山陕会馆即后来的临夏市人民政府所在地召开军民大会，听取了王震司令员关于解放大西北的重要讲话。8月25日，第一兵团在东校场召开了万人庆祝临夏解放大会，宣布古城临夏得到了解放，获得了新生。

至此，第一兵团已经连续攻占康乐、宁定、和政、临夏、永靖5城，歼灭青马新编骑兵军、骑兵第一旅大部，骑兵第三旅一部，共毙俘敌1476名，缴获大批枪炮弹药，一兵团伤亡86人。最后的一次战斗中，第六十二军一八五师于23日、24日在临夏南松鸣崖、富家滩地区，歼敌第二三一师一部及宪兵营全部，俘敌704名，缴获骡马、枪支一批，一八五师无一伤亡。

第一兵团的迅速挺进，使兰州守敌右侧和马步芳老巢西宁受到严重威胁，马步芳不得不抽调骑兵第八旅和骑兵第十四旅回西宁担任守备任务。

在此之前，国民党永靖县县长鲁桂舫听到和政解放的消息，于8月21日率军政要员及30多名警察弃城逃走，经庵歌集进寺沟峡，到炳灵寺躲避。

县长出逃，造成不明真相的当地上层人士以及商户也慌乱弃家，四处躲藏，留在莲花城内的多是平民百姓。此时民主进步人士发挥了作用。曾经经永靖中学的工友引荐，提前在家中接待过解放军侦察人员的县参议长何儒德和原县商会会长安鹤亭等政府旧职人员、地方绅士组成了永靖县临时维持地方委员会，就任主任的何儒德主动担当起动员组织群众热烈欢迎解放军进城的工作。经过动员后的老百姓很快了解了解放军，响应临时维持地方委员会的号召，为解放军进城创造了稳定的社会秩序。

第三节　强渡黄河

作为兰州战役进攻兰州的三个兵团之一的第一兵团，身兼切断兰州通青海、新疆道路，参与攻击兰州之敌和打击马家军老窝、动摇其军心三项重大任务。在完成解放临夏的任务后，马步芳紧急从兰州抽调兵力去青海。此刻第一兵团最急迫的任务是强渡黄河，挥戈西进，确保马家军不致退守青海。

解放临夏前，王震等第一兵团领导就在预选下一步的进攻地点。这个地方首先要能钳制青马支援兰州；其次，在兰州战役需要时第一兵团能直插兰州作战；同时还能切断青马从兰州回撤青海。这个最佳位置就是甘青交界的青海省民和县。而通往民和最近的地方是永靖县和积石山县交界的大河家。

8月22日临夏解放的当天下午，一兵团就派出骑兵先遣队来到当时的永靖县县政府所在地永靖县莲花城侦察。23日，永靖县宣布和平解放。

进驻永靖县城后，第一军立即开始了抢渡黄河的各项准备工作。军长贺炳炎、政治委员廖汉生部署集结在永靖东西10多公里10多个村庄的部队，从8月23日开始寻找渡口和渡河工具。

贺炳炎和廖汉生亲自到莲花台察看地形和水情，找当地老人、水手了解情况，研究渡河办法，最后确定从永靖的莲花台、积石山的大河家、青海省的循化三个渡口强渡黄河。

一、第一军从永靖莲花台强渡黄河

莲花城系清光绪二十六年(1900年)河州知州杨增新征用300余亩民田创筑，此前曾设置喇嘛川莲花寨、莲花渡，所以取名莲花城。1929年，永靖县在莲花堡建制，始称莲花城。后来永靖县城迁出莲花城，莲花台便成了屹立于大河边的古渡口，书写着春秋。再后来，莲花台蓄水，成了黄河上游我国第一座百万千瓦级大型水电站刘家峡水库的一部分。

当年的莲花台，是临夏北大路通往兰州、西宁的水陆要冲。第一军决定依靠当地人民群众的支援，在莲花嘴渡口架设浮桥过河。

何儒德等临委会成员立即行动起来，沿黄河岸进村入户宣传动员，消除群众的各种恐惧和疑虑，外出躲避的群众逐渐回到家中，随后组织起工匠对村里的3只旧木质大船进行了修复，还找来了木板，制作了两只新的木船。只要把这5只木船用绳索绑好固定在水面上，便是一座浮桥。

军地双方从黄河南岸蒋杨家村、黄河北岸崇王家村组织了16名水手，在河的两岸各指定一名船工做船头，杨世秀为河南船头，王玉佩为河北船头，具体负责架设浮桥的技术工作。部队首长现场指挥，指战员们连夜作业，用两天半的时间，完成了造船、架桥任务。当军民联手把这5只木船用钢丝铁索连接起来，一座简易浮桥便直通黄河对岸。官兵万分兴奋，开始做过河准备。黄河对岸山头上驻守的国民党部队，正在密切关注着河边解放军的动向。

8月是黄河上游多雨的时期，也是黄河汛期。25日夜，河水突然上涨，浪大水急，巨浪扑进船面加重了木船的重量，木船整体入水遭到巨浪拍打，钢丝绳断裂，浮桥被巨浪吞没了。再用造船、搭桥过河的方式过河已经绝无可能。

此时，兰州战役已经发起了最后的总攻，国共双方军队正在进行激烈搏杀，国民党青海驻军蠢蠢欲动，新疆的马步芳骑兵第五军（后为骑兵第一师）马呈祥多次给陶峙岳施压，要把部队开赴兰州附近的河西走廊，支援兰州战场上的马家军作战。

战场形势瞬息万变。为了抢时间，一军决定用羊皮筏、牛皮筏先渡过水手。水手拉着绳索，过河后再用绳索拉木船，在水手和纤夫共同努力下强渡黄河。部队和当地的临委会动员组织当地老百姓帮助部队过河，两天时间组织了当地水手500多人，筹集牛皮筏、羊皮筏150多副，木船两只，迅

战士们乘木筏迎风战浪

速做好了渡河准备。

8月25日拂晓,面对着怒吼的黄河,一军二师五团作为强渡黄河的先锋团,在二师副师长王万金指挥下,驾驶着皮筏向着咆哮的黄河扑去。刚开始渡河时,岸边有军有民,对岸的马家军做观望状。随着过河部队的增多,驻扎在王家大山和黄家大山的国民党骑兵营依托阵地优势居高临下向渡河部队发起进攻,顿时黄河里浊浪翻滚,子弹横飞。

水手,古渡口无所畏惧的黄河儿郎迎着洪峰巨浪,娴熟地驾驶着满载战士的羊皮筏奋力地向对岸划去。战士们紧握皮筏,怒目圆睁,直面对岸山头疯狂的敌人。突然,炮声轰鸣,黄河北面王家大山上浓烟翻滚,黄河南岸战士们一片欢腾。一军的炮兵团岂容山头敌军在此撒野,炮兵团向山头发起猛烈轰击,掩护部队过河。趁着炮火的怒吼,冒着弹雨抢先渡过黄河的第五团三营八连吹响冲锋号,向着王家大山、黄家大山发起强攻。

一时间,强攻与强渡交织,枪声与涛声共鸣,奏响了不同命运的"交响乐"。五团八连连长刘永先、副连长左存正在炮火掩护下,巧妙地利用地形,指挥部队迂回包围,打退了居高临下负隅顽抗的敌骑兵营。第一、第二排占领了黄家大山,第三排占领了王家大山,控制了制高点,马家军的骑兵营急忙向青海逃命。

没有了敌人的威胁和骚扰,一军的渡河开始加速进行。羊皮筏从每次载5人增加到8人,一天运过河5次提升到10次左右;牛皮筏从一次运载10人增加到15人左右。战马运送不能用皮筏摆渡,但如果用木船渡,船少不说,还会出现运送战士和战马的矛盾。

莲花渡出现了人马共渡的盛景:先由背上羊皮筏的当地水手牵着马在前面引渡,后面是水手泅渡驱赶,中间是成群的战马在水中跟随。更动人的场景是:岸边等待的战士们给水手和马队加油,水手返回时部队首长亲手给水手敬酒、点烟、端茶、发药、送饭,渡河的速度随着军民双向使劲明显加快。

9月2日,一军一万多名官兵、2000多匹战马以及火炮等武器顺利渡过黄河。而驮炮拉车的几百匹骡子由于不识水性被河水卷走,滚滚激流更残忍地吞噬了数十名年轻的战士。

二、六十二军从大河家渡河

8月27日,兰州战役第一兵团六十二军解放积石山全境。除一八六师留驻临夏外,六十二军率一八四师、一八五师进驻大河家。

大河家渡口,一河分两省,一镇连五县,一桥联五族。大河南、北两岸,是黄土高原与青藏高原的分界线。隔河相望,是积石山脉分水岭,黄河水贴着山根流淌,青海省民和县官亭古镇就在百米之外。千百年来,积石关前的大河家渡口,沟通着陆运,沟通着中原、西域,沟通着中国与中亚、南亚,张骞、隋炀帝、成吉思汗等都曾在此地渡过黄河。今天,王震大军将要在这里强渡黄河挺进青海。

25日,王震邀请了马全钦一起察看黄河渡口。马全钦曾是国民党的旅长,后来辞职回到临夏,第一兵团进击临夏后,他拒绝了马步芳一同去台湾的邀请,归顺了解放军。他还按照王震的指示写信给对岸守军马全义,劝其撤离,马全义见信即撤离,避免了如莲花台那样的战斗。

8月27日，六十二军两个师来到大河家，在马全钦的布置下，从肖红坪、刘集至大河家一带，沿途群众拉羊放鞭炮，欢迎解放军渡河。为帮助解放军渡河，马全钦安排船头（头领）马七五和常伊思麻收集牛皮胎120多条，绑扎牛皮筏22副，组织水手100多人，协助六十二军渡河。渡河中一位流落当地的红军战士吴自强每天都到河边，骑马或者拉着马尾把一群群战马渡过河去。经过三昼夜突击，将一兵团六十二军及两个师人马及军用物资全部运送过黄河。

8月28日，六十二军进到临夏。随后决定一八六师留驻临夏，在六十二军政治委员鲁瑞林领导下协助开展临夏地方工作。军长刘忠率军主力向西宁挺进。

28日拂晓，第一军前卫二师五团三营进至永靖黄河渡口，偷渡黄河成功，马家军守渡口部队一部被歼灭，其余溃逃，渡口被三营控制，黄河南岸的循化县也很快解放。

大河家抢渡结束后，六十二军后勤部在大河家四堡子村赵家集召开大会，给两个渡口的船头各奖一面锦旗，给每个水手奖面粉80公斤，船头160公斤，并与水手们合影留念。六十二军政治委员鲁瑞林，临走时赠给马全钦一匹战马，一支步枪，作为奖励，留作纪念。

三、二军从循化渡河

8月28日，第一兵团部和由郭鹏军长、王恩茂政委率领的第二军到达循化。因大部队不能在此久留，必须尽快渡过黄河。循化有三个渡口：古什群峡渡口、大河家渡口、西峡口渡口。

二军在炮火掩护下，察看了旧有桥墩，设法依靠旧桥墩架桥。经过仔细察看，原桥基破坏严重，修复的工程量太大，无法保证尽快过河。于是，二军选择了在草滩坝修船过河。部队放手发动群众寻找水手、船工，准备用木排、牛羊皮筏渡河。军民联手还把一只能乘坐120人的磨船修好了。

8月31日，二军五师十四团4个班同军侦察队一个排在炮火掩护下由草滩坝首批强渡成功。首渡成功鼓舞了二军的士气。团主力迅速北渡，向守敌展开攻击,打退河防守敌,建立了滩头阵地,掩护大部队过河。各部队以锹当桨,冲过一个又一个激浪和险滩,努力向对岸划去。

大部队急需过河,一个小渡口难以满足。二军又开辟了依麻木庄、察汉大寺渡口,加上草滩坝用三个渡口加快渡河。

9月1日,二军强渡黄河正在紧张进行中。五师十三团二营柴恩元营长为了加快渡河速度,他带领160多人乘坐一只大木船渡河。超载船只,吃水太深,当船驶进北岸时无法靠岸,大船顺水而下,远离渡口,急速向下游流去,随时有被山崖碰碎或冲进积石峡谷的危险。正在这时,循化县清水乡阿什江庄30多名回族群众见到这一情景,男女老少奋不顾身投入营救,有几名男子跳下水去,拉住船上的索绳,几个妇女也跑到岸边协力帮助拉绳。一场惊心动魄的回族群众抢救解放军的行动在黄河边展开,30名群众齐心合力终于把木船拉回岸边,160多名指战员得救了。强渡黄河结束后,二军专门制作了一面锦旗献给奋勇救船的群众。

1949年8月,第一野战军二军某部从循化强渡黄河时遇到危险,清水村回族群众英勇抢救支援,二军赠送锦旗表示感谢

9月3日，二军五师攻下化隆县甘都，二军军部进驻甘都马步芳公馆。

9月4日，二军四师从循化的古什群峡渡口经韩家集返回永靖县的莲花尕堉渡口，也用羊皮筏子渡过了黄河。

9月5日，五师解放了化隆县城。

从8月28日至9月4日，王震率领的解放军第一兵团第一、第二军和六十二军两个师在临夏汉、回、撒拉、保安族等各族群众及地方开明人士的支持下，从永靖县莲花台、积石山县大河家、循化县古什群峡三路乘坐羊皮筏子，一面强渡，一面作战，全部成功强渡黄河，完成了兰州战役西侧切断、打击、动摇三项任务，为决胜西北打下了基础。

英雄的第一野战军第一兵团，英雄的临夏各族人民，用古老的皮筏，运送人民解放军抢渡黄河天堑，创造了皮筏摆渡史上的一大奇迹。当地群众自豪地说："羊皮筏子当军舰，渡过大军十多万。"

四、三军抢修享堂大通河铁桥

兰州保卫战失败后的马继援逃到西宁，久居临夏的马步青、马步荣、马步援逃至青海化隆甘都镇。这时，从兰州战场逃往享堂的第一二九军军长马步銮带着几位旅长逃至享堂，为了迟滞解放军追击，下令三五七师师长杨修戎炸毁享堂大通河铁桥，命令骑兵军第一旅旅长马绍武烧毁甘都古什群峡木桥，指示部下马仲福等烧毁甘都沿河所有木桥，同时这批逃兵把各渡口的所有船只一律烧毁，将河岸的一切木料烧毁，当天夜里火光冲天。马步銮指示将部分水手裹胁到黄河北岸，以防为解放军所用，还将黄河北岸从甘都到官亭的民团集合起来，随时准备与第一兵团作战。

青海的大通河从享堂峡穿过，享堂峡便成了甘肃与青海的分界线。这条河从享堂穿过到达峡南口汇入湟水河，湟水到达西固区达川汇入黄河。享堂峡地形险峻，两岸山峦重叠，峡谷水流湍急，水声滔天。早在1941年峡口南就曾修建过一座木桥，1947年在木桥的上游10多米处又修起了一座铁桥。该铁桥是甘青公路通入青海的第一道门户，战略地位十分重要，马家军派重兵常年监守，一旁的军营库房是马步芳放置武器弹药的重地。

8月30日，杨修戎接到马步銮的命令，来到青海一侧的桥头察看事先安放在桥中间的炸药，为了确保完成上峰交办的任务，他喝令守桥士兵离开桥头，由他自己亲手把导火索点燃，只听得轰隆一声巨响，铁桥被炸裂炸断，沉入河底。随后，他按照马继援的部署来到享堂营房，给库房内的武器弹药浇上汽油点燃，然后朝西宁方向逃去。

解放军第三军在攻打兰州城区后，八师提前出发，由红古海石湾攻占青海乐都县，然后越过祁连山进攻民乐、山丹。9月2日，第三军第八师由兰州进驻河口镇来到海石湾，发现铁桥被炸，迅即察看地形选定地方准备架设浮桥。经过侦察发现，在被炸铁桥下游西岸有马步芳的西宁实业公司德兴海东方木厂，里面存放着100多立方米圆木。八师的二十二团、二十三团、二十四团各自分工，挨门逐户地找水手，在海石湾和享堂两村找到扎过皮筏、木筏的20多名青壮年开始架桥。

9月3日，解放军指战员和当地群众兵分两路，一路将钢丝绳拉过河面，牢牢地固定在两岸；一路用钢丝把木料扎成6个木筏，然后把木筏首尾相连横漂到65米宽的河面上。

9月4日，修好了浮桥两端的陡坡，找来小口径木椽加固，还在国民党军享堂库房里找来旧衣破被，和上一层砂土，使浮桥能过骡马驮队和不载物的汽车。

9月5日，第三军八师顺利过了享堂峡。当天第二军五师解放化隆县的同时，第三军八师解放了乐都。

第十二章

东打西接

兰州决战打响前，东边，胡宗南派重兵配合马步芳占领宝鸡，国民党重庆政府燃放鞭炮祝贺；秦岭战役和兰州决战同日结束。西边，西宁和兰州属于同一个战场；从黄河铁桥逃出来的军、师、旅级军官在西宁投降；西宁有"劝降团"，有王洛宾。

兰州决战期间,有两处战斗与兰州战场或同步或接续进行,一是兰州东南的秦岭战役,一是兰州西侧的西宁接管。

第一节　胡宗南支援兰州的"秦岭防线"

扶眉战役的胜利使胡宗南和马家军、国民党军"中央派"三方，都对第一野战军下一步的作战部署产生了误判。与西北野战军缠斗缠打多年的胡、马，其实一直读不懂毛泽东和中央军委的战略部署，更搞不懂解放军战士在为谁而战。他们在西北战场偶尔占点便宜，就开始自我陶醉狂妄不羁起来。

扶眉战役之后，蒋介石命胡宗南迅速南撤，坐镇汉中，重新集结队伍准备迎接第一野战军向南追击；马家军也撤驻西北一侧，准备向南继续配合胡宗南包抄一野；"中央派"以为第一野战军的战略目标在胡不在马，他们可以趁机逃往河西走廊重整队伍，准备配合胡宗南再战西北。

实施"钳胡打马"的战略，不对胡宗南穷追猛打，乘胜歼灭，这样做，不致其过早撤退入川，影响全国战略部署。

产生误判的胡宗南抓紧机会收编地方保安队，补充整编部队，拼凑起25万多人，充实到各个兵团，组成李文、裴昌会、李振3个兵团，并勾结四川地方势力，成立川陕甘边区绥靖公署。部署以秦岭山脉为第一道防线，以大巴山山脉为第二道防线，把各个兵团和各军部署在陕西安康地区至甘肃天水老山村一线，组成所谓"不可攻破的秦岭防线"，以确保汉中安全，阻止一野南进四川。

一、"秦岭防线"的具体部署

胡宗南部署的"秦岭防线"有4个军1个兵团。其中第一军位于两当、成县及其以南地区，沿天水至双石铺公路两侧组织防御；第三十八军附骑兵第二旅分布于观音堂、隘口一线，于川陕公路两侧沿秦岭山脉组织防御；第三十六军位于川陕公路以东咀头镇、江口镇、旧佛坪地区，防守斜谷、骆谷两条古道；第五兵团部率第二一四师、七十八师及九十军为战役预备队，位于凤县、双石铺、留坝一带。

到8月中旬，胡宗南已经完成"秦岭防线"部署。这个防线既能确保四川，也能反扑宝鸡、虢镇。筑好这条防线后，胡宗南开始向西声援马步芳，以挽救大势已去的蒋家王朝。

兰州战役打响前，马步芳给蒋介石发报，吹嘘说他保证最低限度在兰州能守一个月。为此请蒋介石统筹安排西北兵力，在他把解放军的主力吸引到兰州附近时，胡宗南把主力集结在陇南地区，向秦安、通渭挺进，实现胡、马两军在定西一带同解放军会战，一鼓作气击败解放军，解决西北问题。

蒋介石同意了马步芳的建议，电令胡宗南按照这个计划行事。蒋介石同时命令胡宗南，如果第一野战军攻打兰州，则由他部出击宝鸡，截断陇海铁路交通线。战事需要时可以另派部队向关中袭击，牵制第一野战军进攻兰州。

二、胡宗南兵分两路支援马家军打兰州

按照蒋介石的电令，胡宗南"大手笔"派出两路主力大军分别向定西和宝鸡进军。向定西进军的部队是胡宗南调集的驻凤县双石铺的第一军、驻城固附近的第二十七军，先集结在徽县、两当地区，然后会同驻在当地的第六十五军、第九十军，共4个军的兵力，由国民党第十八兵团司令官李振指挥，向秦安、通渭方向进攻，实现与马步芳部在定西附近夹击解放军。

另一路是向宝鸡进军的第三十八军军长李振西指挥的该军及第三十六军的第一二三师雷震部、骑兵第二旅吕纪化部和重炮营，通过进攻宝鸡以减轻马步芳兰州作战的压力。

除了上述主力外，胡宗南还安排了配合进攻宝鸡的兵力，一个师拦截宝鸡以西，三个师拦截宝鸡以东，一个师直攻宝鸡，一个旅、一个军分别担任机动部队和预备队。

具体部署是：国民党军第三十八军第五十五师黄家瑄部沿川陕公路经大散关、益门镇，渡过渭河进攻宝鸡；第一七七师张玉亭部由黄牛铺以西经宽

滩，渡过渭河，截断宝鸡以西铁路，策应第五十五师顺利进入宝鸡城；第三十六军的第一二三师雷震部，由进口关经宝鸡以东杨家岭地区渡过渭河，进攻虢镇，截断宝鸡以东铁路；骑兵第二旅吕纪化部控制黄牛铺、隘口地区，做机动部队。从城固调来的第二十七军，驻甘肃两当、双石铺间作为预备队。

8月15日，为了减轻胡宗南对宝鸡的压力，第十八兵团在宝鸡召开团以上干部军事会议，专门部署了秦岭战役作战计划并发布预备命令，拟于8月30日向胡宗南部发起进攻。

但国民党军主动发起进攻，胡宗南8月23日发出进攻令，指挥国民党军发起攻击。具体进攻步骤是：8月23日拂晓以5个师的兵力向前推进，8月24日进攻宝鸡的军队全部越过秦岭，然后进占各个目标。

25日，第一二三师进攻到了杨家岭，第五十五师到了大散关附近，第一七七师到宝鸡以西渭河南岸。随后于26—28日3天之内占领了宝鸡南面的荞麦山、天台山、白雀寺、官木场以及杨家岭、高家河等地，逼近益门镇。裴昌会信心满满地给李振西说，重庆对收复宝鸡很重视，宝鸡没有多少共军，天水也不过千把人，只等你们拿下宝鸡，我们就向天水进击。

向宝鸡进犯的三十八军与解放军激战时才发现，解放军的大部队从后面攻了上来，国民党第一七七师、五十五师被解放军包抄。进攻宝鸡的第三十八军开始大规模撤退。

第二节　决胜支援马步芳的秦岭战役

第一野战军在进军兰州时，彭德怀依据中央军委"钳胡打马"的战略，在宝鸡一带留足了钳制胡宗南的兵力。

一、"钳胡"部署

第一野战军"钳胡"的部队有第十八兵团的六十、六十一军，一野直属的第十九军，一兵团的七军和第六军的第十八师。兵力部署是：

六十军及六十一军的第一八三师位于宝鸡及外围地区，控制要点，构筑工事，主要任务是钳制胡宗南部于秦岭，不让其向西一步，并相机歼敌一部；

第六十一军的第一八一、一八二师仍位于西安及其以南地区担任警备；

十九军第五十五师、五十七师位于安康；

第六军第十八师留驻西安；

第一兵团第七军控制天水，与第十八兵团打通天水宝鸡铁路，其中一部控制陇西，保证王震左兵团后方交通运输，确保支援兰州的15万支前队伍能顺利实施支援。

这样，执行钳制胡宗南任务的部队虽然没有胡宗南总兵力多，但也是兵强马壮。有十八兵团一个兵团部，六十、六十一、七军和十九军共4个军；第六十军的第一八七、一七九、一八〇师3个师，六十一军的一八一、一八二、一八三师3个师，七军的第十九、二十、二十一师3个师，十九军的五十五、五十七师两个师，还有留驻西安的第六军第十八师。第一野战军在东南钳制胡宗南的部队达到4个军12个师的兵力。

十八兵团原本拟于8月30日发起进攻，但秦岭战役提前打响。

二、十八兵团调整战法

面对胡宗南的大举进攻，十八兵团采取诱敌深入的战法，调整了原来的作战部署：以六十一军两个师附兵团炮兵团位于宝鸡、益门镇，暂取守势，准备从正面出击，配合六十军主力从侧后进击国民党部队。

第六十军迂回到敌后，胡宗南一七七师与我接触后，发现解放军兵力强大，于25日夜间向后收缩。解放军第六十军随即向南进攻，在能见度极差的秦岭原始森林里披荆斩棘，翻沟爬坡，秘密接近敌人。

8月26日第六十军越过东岔河向南穿插。26日14时，第六十军一七八师向七里沟攻击，胡宗南一七七师开始后撤，解放军第一七八师跟踪追击，一举突破国民党军防线；到18时，第六十军一七九师突然出现于五林子敌后侧，胡宗南第一七七师猝不及防，一部被歼，一部仓皇溃逃；一八〇师于16时占领汉王丞、狗头寨。

26日以后，解放军第六十一军两个师附兵团炮兵团从川陕公路正面及两侧向胡宗南三十六军发起攻击，六十一军乘势相机占领观音堂、天台山、秦岭垭口、东河桥、黄牛铺等地，并歼敌一部，占领秦岭主峰。接着第六十一军两个师和六十军一八〇师向核桃坝、进口关、咀头地区进击，以求歼灭向南退却的胡宗南部第三十六军。

30日24时，解放军第六十军一八〇师由黄牛铺出发，经河口洞、安河寺向核桃坝前进；六十一军一八一师（不含插入进口关的第五四一团）、一八三师由东河桥出发，分别经南岸沟、杨家河向核桃坝、平木地区追击。

9月1日，一野各部队完成了进攻到上述地区的战斗任务。

战斗持续推进。解放军第六十军一七九师沿川陕公路向凤县追击，一七八师向唐藏方向发展，一八〇师向东南推进，与第六十一军合歼核桃坝之敌。

向徽县集结的第二十七军刘孟廉部正通过双石铺。为了抢占有利地形，第五兵团司令官裴昌会急忙调用汽车先将第二十七军一个团运到草凉驿附近。

草凉驿，位于嘉陵江畔，陕西凤县东北60公里处由陕入川的交通要道。此地还是嘉陵江西岸地势宽阔的一个地带，它北通宝鸡、西安，南达汉中、成都，西过唐藏进甘肃，是一个四通八达的网状交通枢纽。裴昌会知道这个古驿站的重要。只是第二十七军的这个团还未到达草凉驿，即被解放军截击溃散。

胡宗南进攻宝鸡的各部队风闻解放军已经迂回到草凉驿，开始各自溃散逃跑。第一二三师逃回到原地后又南逃到留坝江口镇，第五十五师由东河桥也逃跑到江口镇，第一七七师大部由凤县黄牛铺东逃河口洞一带就再也不敢折返原驻地。骑兵第二旅在黄牛铺被击溃后绕东南逃到留坝庙台子附近。

胡宗南看到形势不妙，急调抵达徽县的第一军开回双石铺，协同正在双石铺的第二十七军确保陇南和汉中的交通线；第三十六军撤至黄李园、丁家坪、黄牛湾一线。

至此，一野第十八兵团第六十、六十一军成功解除胡宗南对宝鸡一带的威胁，配合了一野在兰州对马步芳的进攻，十八兵团于9月6日下达停止进攻命令。

三、东南战绩

这场打击胡宗南、支援一野在兰州进攻马步芳的战役，解放军称为秦岭战役，国民党称为反扑宝鸡战役，两军公布的数字完全不一致。

据第一野战军随后公布的数字，共歼敌3741人；国民党军第七兵团中将副司令官何文鼎回忆录称：第三十八军军长李振西指挥进攻宝鸡的军队，总共3万人左右，除被俘、伤亡、逃散1.1万人外，只剩下1.8万人，其中第三十八军的第一七七师和第五十五师原来都有八九千人，经此一仗，均只剩下了3000多人。

26日，执行反扑宝鸡战役任务的国民党三十八军就退到了凤岭以南的禹王庙、玉皇庙、江西营、将军岭地区，伤亡人数按各个师计算，第一二三师1000多人，第五十五师5000多人，第一七七师3000多人，骑兵第二旅

3000人左右，连同第三十八军军部共计1.3万多人。

胡宗南协助兰州作战进攻宝鸡的战役从8月23日黎明开始，到26日上午11时结束，与兰州战役城市决战几乎同时结束。

8月24日，胡宗南给蒋介石报告："经激战而收复宝鸡，歼敌甚众。"蒋介石接到收复宝鸡的消息后十分喜悦，这毕竟是那一段时间蒋介石得到的最好的消息。蒋介石开心大悦，重庆军政机关还在广场燃放鞭炮祝贺。

25日，迂回到敌后的一野六十二军各部发起进攻，导致战场形势逆转。26日，三十八军溃退后，胡宗南将责任推给了五十五师师长黄家瑄，认为他擅离部队，贻误战机，影响全局，上报蒋介石并发第三十八军要求对黄家瑄"着即军前正法"。

作为一个方面军指挥的三十八军军长李振西为他叫屈，他找到本次战役指挥、第五兵团司令官裴昌会抱怨说，解放军穿插到距第五兵团部30多公里处时整个国民党军都不知道，叫一个师长承担失败责任，这不公平。裴昌会则质问，胡先生的威信要紧还是师长的命要紧？李振西撺掇绥靖公署的参谋长和第五兵团参谋长对黄家瑄做出撤职关押查办的决定，秘密将其放走。

裴昌会在此期间遇到了曾参加过共产党的朋友李希三，两人感情较深，无话不谈。李希三对蒋介石卖国反共挑起内战极为不满，他劝裴昌会早日弃暗投明、立功赎罪。裴昌会已经有起义的想法。后来陶峙岳发秘密电报劝其起义，电报被胡宗南截获，经过裴昌会巧妙解释后，胡宗南将他调任第七兵团担任司令官。

再后来，他一直与十八兵团政治部主任胡耀邦保持秘密联络。1949年12月23日，他向毛泽东主席、朱德总司令发出通电起义，随后起义部队与在天水的第七军并编。裴昌会起义三天后，在秦岭战役中任国民党军第十八兵团司令官的李振，在他的老排长叶剑英的安排下也宣布和平起义了。

作为东面打击胡宗南配合马步芳的秦岭战役结束后，十八兵团各军突破宝鸡向秦岭方向追击。

进入临洮、西宁的十八兵团第六十二军后来回到十八兵团，参加了第二次即秦岭再打胡的战斗。

第三节　接管西宁

决战兰州的战役胜利后，马步芳第八十二军第一〇〇师、二四八师，第一二九军三五七师残部逃往西宁以北的五庄（拜巴庄），第一九〇师、骑兵第八旅等残部逃往海晏。在这些当年统治青海的军阀部队逃往青海的过程中，西宁市部分开明人士及群众组成维持会，维护社会秩序，看守财物，准备迎接人民解放军入城。

一、兵不血刃

早在兰州攻克之前，毛泽东于8月22日致电彭德怀并告贺龙、习仲勋，在王震确有把握占领青海的前提下，就如何进军宁夏、占领河西、进军新疆、部队入川等问题做出了部署。9月3日，彭德怀、张宗逊复电毛泽东，做出了9月15日占领西宁有可能的承诺。9月2日，王震兵团各军陆续解放西宁周边各县，开始进军西宁，随后几乎是兵不血刃地接管了西宁。

关于青海省的情况，8月19日，彭德怀在向毛泽东的报告中曾这样写道：青海有14县，人口150万。藏民约60万，汉族人30万余，回族人25万，蒙古族人13万余，其他系吐蕃以及其他小民族。回、汉以农为主，藏、蒙以游牧为主，吐蕃，纯游牧。彭德怀继续报告：我军入青，暂时只能占领西宁原属七县（现改十二县），此区汉、回、蒙、藏、番五族杂居。此外，都兰、玉树两县面积几占青海省四分之三以上。这些，都是一兵团将要面对的基本省情。

为了防止从兰州撤出的国民党部队进入青海和河西地区，一野命令一兵团及六十二军强渡黄河，实施阻截。在当地少数民族群众协助下搜集船只，修船造筏，第一军于28日开始从莲花台渡口渡河，至9月2日渡河完毕。

第二军(欠第四师)在循化渡口渡河,在炮火掩护下,由草滩强渡成功。9月4日,第六十二军一部也由永靖莲花北渡完毕。

各部队渡过黄河后急速前进。8月26日,第二军先头部队出发,取道大力架山进军循化,28日解放循化;解放军第十八兵团所属的六十二军,在永靖渡过黄河后,主力集结于享堂、民和、乐都一线,其先头部队一八五师于9月2日解放了民和;同日,第一兵团第三军由兰州进驻河口镇,抢修享堂峡大桥后,第八师于9月5日解放乐都。9月2日至5日,第二军五师进驻甘都镇,第一军骑兵侦察部队进至平安驿,第二军五师解放化隆。解放军所到之处,敌地方保安队纷纷投诚。

为了不给敌人以喘息之机,第一军在渡河时即选派600余名侦察人员组成的骑兵先遣侦察队,在侦察科长孙巩带领下日夜兼程向西宁奔袭。先遣队的主要任务是查明进军西宁沿途的敌情、道路、地形等情况,为第一军主力夺取西宁开辟道路。一军命令先遣队要不怕牺牲、不顾疲劳、不惜代价,抢时间、争速度,坚决完成任务。骑兵先遣侦察队经民和县马营、古鄯、巴州、新民和乐都县中坝、瞿昙等地西进,为大部队西进查明敌情,勘察地形。

1949年8月31日,先遣队在乐都中坝、瞿昙一带与马家军的一个骑兵连遭遇,骑兵先遣侦察队迅即展开战斗,不到半小时,骑兵连被击溃。随后,先遣队沿湟水河南岸的川谷地带奔驰,经过大峡,在平安驿宿营,并向军部电告侦察到的西宁敌情及先遣队相机占领西宁的作战计划。

9月3日拂晓,先遣队沿公路向西宁方向进发。10时许,包围乐家湾,占领飞机场。当日下午,先遣队占领西宁东关,开展瓦解敌军、安定民心的工作。晚12时先遣队宣布全城戒严,禁止通行,防止和严惩国民党军兵乱。

9月5日,第一军二师师长王尚荣、参谋长王时军等率五团于中午率先进入青海省西宁市。二师五团到达平安驿时遇到前来迎接解放军的原西北民生公司的13辆汽车,遂乘车入城。

这一天,西宁宣告解放。

9月6日，第一军主力、第二军前卫第五师开进西宁市，受到各族群众的热烈欢迎。9月7日，第一军、第二军和第一兵团部同时进入西宁。第一军军部暂时设在兵部街（今解放巷）马步芳的密室院内，后迁至周家泉马步芳公馆。第二军军部进入西宁后直接入住周家泉马步芳公馆。

9月8日，中共中央电贺西宁解放。9月9日，王震司令员率二军主力到达西宁。

王震在第一、第二军师以上干部会议上宣布，根据第一野战军前委会议决定：第一军留驻青海，担负彻底肃清马步芳部残余，摧毁反动统治和建设新青海的任务；第二军经甘肃河西，准备向新疆挺进。

决定宣布后，第一军第一师二团进驻大通桥头镇，第二师四团进驻湟源、海晏，二师五团进驻湟中、贵德，三师七团守卫西宁。

留驻青海的第一军，立即担负了清剿残敌的任务。9月6日到10日，第一军占大通、湟源线，收缴投降之敌军步枪、机枪1000余支（挺），遣散投降士兵千余人。接着解放互助、湟中、共和等县。9月中旬，玉树区行政督察专员马峻率全区军政人员2405人宣布起义。第一军还成立了解放军军管训练处，集训投诚和被俘的青马军官1405人。在解放青海的过程中，第一军共收容敌俘虏及散兵游勇2821人，缴获炮77门，机枪373挺，汽车70辆，战马1760匹，炮弹2.2万余发，子弹240万余发。

西宁解放后，担任兰州黄河铁桥炸桥任务的青马第八十二军副军长赵遂等，率部下1300余人投降；新编骑兵军第二旅向解放军驻临夏部队投降；宣布投降的还有从兰州决战中通过黄河铁桥逃跑的第一〇〇师、二八四师、三五七师和骑兵第八旅等20余名师、旅以上军官，投降的下级军官和士兵共2000余人。

至此，青海马步芳军事集团彻底覆灭，除玉树、果洛地区外，青海大部分地区宣告解放。

从8月12日至9月11日，第一兵团（不含第七军）和第六十二军在解放陇西、临夏、西宁的过程中，共歼敌14862人。

9月18日，西宁市各界人士、各族群众3万多人和解放军隆重举行庆祝西宁解放大会，第一军举行了威武雄壮的入城式。各族各界群众载歌载舞，欢庆解放。第一兵团司令员兼政委王震在庆祝大会上发表讲话。西宁一位75岁的老人在街头上挥笔赋诗，表达了各族人民欢庆解放的喜悦心情："马到青海四十年，人民苦死万万千。解放大军来征剿，至时拨云见青天。"

9月25日，中共中央西北局和第一野战军前委决定，组建中共青海省委，张仲良任书记。26日，青海省人民军政委员会成立，廖汉生任主任。

至9月底，民和、循化、化隆、乐都、湟中、湟源、互助、大通、共和、贵德、门源、海晏和西宁等13县、市均获解放。玉树专员马峻和同德、兴海、曲麻莱等地青马政权官员，相继表示归附人民政府。果洛、河南、刚察、同仁、祁连、都兰等地各少数民族上层人士，亲自或派代表到西宁，表示对中国共产党的竭诚拥戴。到1950年5月，青海1市、1专区、2个设治局、3个县级区、16个省辖县，全部获得解放。

马步芳治下的青海省留给新生人民政权的仅有粮食7万市石，白银2000两，黄金50余两，布匹折合旧币1亿元，还有军政机构、企业、学校、医院等66个单位。

10月1日，第一野战军和西北军区决定，由第一军兼青海军区，贺炳炎兼军区司令员，廖汉生兼军区政治委员，王尚荣任副司令员，冼恒汉任副政委兼政治部主任，余秋里任第二副政治委员，陈外欧任参谋长。从此，青海进入了剿匪、建政和恢复发展生产的新时期。

1952年7月，青海全境宣告解放。

二、劝降团的力量

第一野战军特别注重民族政策和民族团结。王震经常与临夏宗教界和上层人士接触，通过他们传播共产党、解放军的救国主张和各种政策，扫除敌人反动宣传的影响，力求有助于用和平方式解放青海。他亲自登门拜访当地上层人物，并且派人叫回逃匿山间的马家军亲属马丕烈等。

马丕烈曾任青马第八十二军副官长、青海财政厅厅长、国民党国大代表，是马步芳岳父马朝选之弟。经过王震劝说，马丕烈答应帮助我军对马家军做工作。他还请来马步芳的叔父马良，马良又推荐汉族绅士徐秀直、祁子果和其他在社会上有声望的青马亲属来与王震见面。他们一起很快组成"临夏赴青海和平代表团"，又称"劝降团"，帮助第一兵团劝说青马军官放下武器，归顺解放军。

王震又请夫人、兵团司令部秘书王季青和第六师师长张仲瀚等，连夜字斟句酌地写了一封义正词严的《劝降书》，派参议卢德和司令部参谋李骥作为代表，陪同和协助"劝降团"进行工作。

"劝降团"在去往西宁的路上，包括途经少数民族集中的循化县，一路都在劝说青马人员看清形势，尽快投诚，不要做无谓的挣扎。

到达西宁后，"劝降团"当晚就找到西宁市原警察局督察长，经过劝说组织起了 30 多人维持社会治安，并召集各种小型会议宣传解放军的政策。

马丕烈等还到西宁上五庄马步芳的公馆，劝说从兰州逃回来的青马第八十二军副军长赵遂、参谋长马文鼎、第一〇〇师师长谭呈祥、第一二九军副军长韩德铭、三五七师师长杨修戎带 320 名青马高级军官、312 名中下级军官和 1633 名士兵向解放军投诚；到海晏劝说准备逃跑的青马第八十二军参谋长兼一九〇师师长马振武、第二四八师师长韩有禄等放下武器。第一野战军副司令员张宗逊在《回忆录》里写道："一兵团把甘肃青马有威望的家属组织了一个劝降团，随军到青海劝降，这是个很成功的经验。"张副司令员还说，这个劝降团不断地揭露青马的反共宣传，为我军的行动提供了很大方便。西宁解放后，"劝降团"动员敌军政官员和散兵到军管会报到，对维持地方秩序，起到很大作用。

三、王洛宾在西宁

"西部歌王"王洛宾可以说是一位纯艺人。全民族抗战期间，追求进步的王洛宾于 1937 年参加八路军西北战地服务团，1938 年赴新疆，随后参加兰州抗战剧团，随中国共产党组织的抗战剧团赴各地演出，唤起民众的抗战热情。

1938年，这支抗战剧团来到了青海，其中有左翼作家丁玲、萧军，也有王洛宾这样的无党派爱国音乐人。王洛宾一到青海就被西部民歌所陶醉，一年之内便创作了30多首带有西北风味的歌曲。王洛宾演出很投入，一次演出时被当时的国民党青海省政府主席马步芳发现。由于王洛宾演出的妆饰是回族的白衬衣黑坎肩，戴小白帽，所以引起了马步芳的注意。演出结束后，马步芳主动找到王洛宾聊天并提出让王洛宾留在青海工作，被王洛宾拒绝。

抗战剧团离开西宁前，马步芳又派人找到了王洛宾，在挽留遭拒后给了王洛宾一个帖子，上面印有青海省驻兰州办事处的电话，王洛宾便记住了这个电话。

1941年1月4日，皖南事变爆发后，各抗战剧团被迫解散，王洛宾所在的抗战剧团大部分人去了延安，不是共产党员的王洛宾则留在了兰州。1941年3月的一天傍晚，王洛宾乘坐黄包车去车站时发现自己被跟踪了。快到车站时两个特务的枪一支对准了拉他的黄包车夫，一支对着王洛宾，把他带到了贤后街。

贤后街是兰州国民党第八战区特务机构的所在地。兰州军统特务头目孙步墀亲自审问了王洛宾。缺乏政治经验的王洛宾如实回答了他参加抗日剧团的情况，被国民党特务机关以"有共产党嫌疑"的罪名抓了起来。可是让他承认自己就是共产党员，王洛宾也如实回答自己不是，遭到特务的严刑拷打。

他没有被判刑，也没有被释放，就被押往国民党甘肃省党部在沙沟的秘密监狱，和女犯、共产党员要犯关在一起。他的对面就是中共甘肃省工委副书记罗云鹏的妻子张英和女儿罗力立。后来罗力立从牢笼两个木头柱子中间的缝子钻出来捡食了一粒狱警掉到地上的蚕豆，告诉王洛宾这是她吃过的最好吃的东西。王洛宾在牙膏盒上给她写了一首如泣如诉又充满美好祝福的歌曲《蚕豆谣》。

1943年，牢里关进了一个国民党特务。在这个特务离开时，王洛宾托他出去后给青海驻兰州办事处送一封信，他要是出来了一定重谢。收到信的马步芳这才知道神秘失踪了两年的王洛宾一直被关押在兰州沙沟监狱。他既找人又花银子，还给甘肃省主席谷正伦打电话，所有关系通融好以后，最后马步芳亲手写了保书把他保了出来。

1944年5月，被关押了3年多的王洛宾出狱后无处可去。兰州他是没法待了，故乡北平也已被日本人占领了，他身体虚弱，身无分文，穿着一件旧长衫在监狱外的马路上踌躇，一时间不知道该去哪里。正在一筹莫展的时候一辆小汽车停在他的身边。车上下来的人说，马主席让我来接你，跟我们一块回西府吧。无路可走，没处选择的王洛宾只能跟他走了。

晚年的王洛宾讲过这样一个故事：有个人不幸落水，岸上伸来一只援手，求生的本能使他抓住这只手攀缘而上，后来有人告诉落水者，救你的是个强盗。你不跟他走，落水者就只能被淹死，这个被救者就是我。

抗战中国民党当局要求马步芳派出一个骑兵师到中原参加作战，王洛宾受邀为这支青海抗日远征军谱写了军歌——《战马歌》，马家军高唱着《战马歌》与日军作战，斗志昂扬。后来马家军也唱着《战马歌》与共产党领导的军队作战。这首歌不仅成了王洛宾的反革命罪证，也成了他一生的污点。不过，抗战时期的王洛宾恪守着多一双弹琴的手就少一双拿枪的手的信念。所以，马步芳劝他加入国民党，他坚决拒绝了。

1949年，国民党政府任命马步芳为西北军政公署长官，马步芳随即任命王洛宾为上校文化高参，专管唱歌演戏迎来送往的事宜。1949年8月初，马步芳给王洛宾说，（这里，我）要打仗了，你回（老）家去吧。到了8月中下旬，马步芳又通知王洛宾不用走了，他要带上王洛宾到成都再到广州，然后经香港去台湾。王洛宾还是个文人、艺人，给马步芳说啊，你也不要为难我，我是一个穷教书匠，实在没处去了大不了我回北平当我的音乐老师去。

1949年9月，西宁解放，王洛宾作为起义人员在军管会登记后回到家里，准备举家迁回北平。就在准备动身的前一天的早晨，一个人的来访再次改变了王洛宾的命运。

马寒冰，解放军一兵团政治部宣传部副部长，他在旧政府人员名单上看到了王洛宾的名字，并向一野一兵团司令员王震做了报告，王震听说大作曲家王洛宾还没走，非常高兴，派马寒冰去拜访王洛宾。马寒冰问王洛宾愿意去新疆吗？王洛宾听说到新疆去就很开心。他说，我从1939年开始，写了很多新疆民歌，就是没有去过新疆。他一直想去新疆，他太愿意去新疆了。他和家里人都没商量、没打招呼就同意了。

到了新疆，王洛宾提出要参军。王震身边的工作人员听说王洛宾是马步芳手下的官员，相当于上校处长职级，马家军的军歌都是他写的，说什么都不同意让他参军。王震有政治远见。他告诉身边工作人员，王洛宾现在不是什么上校，他是一个高级知识分子。高级知识分子参军，马步芳能做到的，我们就做不到吗？马家军需要音乐，我们人民军队更需要音乐。

王洛宾果然不负王震所望，后来一兵团翻越祁连山时战士们齐声高唱的《凯歌进新疆》就是由王震作词、王洛宾谱曲的战歌。这首歌随着解放军进军新疆的步伐唱遍了天山南北，成了那个年代最红火的流行曲和流行音乐。从此，国民党上校处长王洛宾变成了解放军文艺科科长王洛宾；马家军军歌的作者王洛宾也变成了进疆解放军军歌的作者王洛宾。

王洛宾的儿子王海成曾说，我父亲的一生就是"哆来咪发嗦啦西"这七个音符，什么政党啊，官衔啊，上校、中校对他无所谓的。不是无所谓，是他不懂，他只懂得活命和音乐。

后来他西宁的家被查抄了，他听说了以后觉得自己不适合在部队继续待下去了，便给部队写了辞职报告，也不等部队批准就自己离开了部队，回到兰州，后又回到北京，真当他当年的教员了。再后来，北京的一支采风团到新疆采风。新疆军区负责接待他们，无意中他们谈起王洛宾，说他现在在北京八中工作，干得很红火。

在场的一位新疆军区首长正好听到这话，脸色顿时大变。招待会一结束，他便拍着桌子下令："把王洛宾给我弄回来！"由于他当年离开新疆部队时并没有履行任何手续，他自己写的辞职报告也没能递交上去。后来部队还是以他"长期逾假不归"将他抓了起来。他被押回兰州，再后来又被送回新疆，进了监狱。

1953年秋天，被称为"独臂将军"的南疆军区政委左齐到乌鲁木齐开会，这位兰州战役时任第二军政治部主任的左齐听说王洛宾的事情后，把他从监狱里放了出来，放到南疆军区文工团"监视使用"。从此，王洛宾又回到部队开始了他的艺术人生。

第十三章

横扫河西

河西战役是兰州决战后的第二次千里追击战。河西走廊国民党军内部鸽派与鹰派亦纠缠不清。一野两个兵团4个军分别从永登和扁都口进入河西；甘肃省政府在哈密、酒泉和兰州三次移交，玉门油田和敦煌莫高窟回到人民手中。

河西走廊2000里，有史记载2000年。

河西走廊在黄河以西，形似走廊，是甘肃细长的腰部，是中国大陆腹地，它东连中原，西接西域，南北沟通青藏高原和内蒙古高原。

河西走廊战略地位十分重要，是沟通中原和西域的交通要道。

第一节　化解河西危局

当第一野战军走进河西走廊，意味着参加兰州决战的四个兵团就此分开，兄弟部队分离，从此再无相聚。1949年9月6日西宁解放后，一军留驻青海，六十二军将回到十八兵团，归第二野战军建制，参加进军大西南的入川作战；作为第一兵团的第七军也与第十九军参加陕南陇南作战，解放西南。

9月6日，一野第二兵团开始了河西走廊战役，对甘肃永登以西、安西以东，武威、张掖、酒泉地区的国民党军进行了长距离的追击作战，也是进军西北的第二次千里追击作战。参加河西走廊战役的有第一野战军第一兵团部及所属第二军，9月10日从西宁出发；第二兵团部及所属的第三、第四、第六军从兰州西进，按三军、六军、四军顺序进军，其中四军带第十师和十一师，第十二师留在兰州守备；还有中央军委派来的装甲车战车营，两个兵团5个军的兵力。

一、河西危局

所谓河西危局是指兰州决战之后撤退到河西的国民党地方军政人员带来的各种危险、危机局面。

导致河西危局的四股力量，一是西北军队中的"中央派"，在兰州决战前夕就一直惦记着河西走廊，此刻正在向河西走廊撤退；二是驻在黄河以北原有的第八补给区和河西警备总部等机构；三是西北军政长官公署及附属机构和宪警部队；四是部分闯过黄河铁桥向河西逃命而来的马家军。这四种势力各有打算，没有形成也没有哪个机关指定谁来统一领导、统一指挥，他们群龙无首。此时，上述四股兵力有4万余人进入河西走廊东端，开始向西边打边逃。

兰州战役期间，"中央派"国民党原陇南兵团下辖九十一、一一九、一二〇军3个军，是甘、宁、青三省唯一的中央军部队。一一九军由于配属胡宗南部参加扶眉战役，大部被歼，残兵5000余人流窜陇南山区自行其是。到兰州战役前，陇南兵团实际所能控制的部队，只有第九十一、一二〇军的5个师驻守在兰州黄河以北到靖远之间，隔岸观火，不敢增援。

第九十一军军长黄祖勋是胡宗南的嫡系，一二〇军军长周嘉彬是张治中的女婿。一二〇军从扶眉战役后就逗留陇西准备去汉中，九十一军在秦安时也准备投靠胡宗南，但在刘任等派员劝说下不得已来到兰州。作为"中央派"他们来到兰州的目标，不在致力于兰州战役的胜利，而是准备到河西走廊养精蓄锐，等待蒋介石期待的第三次世界大战爆发，然后以河西走廊为起点转守为攻。

这里有两个关键人物：彭铭鼎和曾震五。彭铭鼎，湖南人，西北军政长官公署第一副参谋长、一二〇军副军长。彭铭鼎是陶峙岳的老部下，陶当年任第八师师长时，彭为该师军械处处长。抗战期间，彭铭鼎曾因为掩护中共党员，而以"通共"嫌疑被撤职。后由陶峙岳重新起用，从西北军政长官公署参谋处处长到副参谋长。刘任升副长官后，彭铭鼎成了实际上的参谋长。曾震五，时任国民党联合勤务总司令部第八补给区中将司令。国民党军第八补给区司令部前身为抗战时期的第八兵站总监部，于民国三十五年（1946年）8月改编为该司令部，担负驻甘、宁、青、新4省部队的后勤补给任务，机关设在兰州东教场。这个第八补给区拥有大批仓库和库存物资、军需工厂和修理厂，还有3个汽车团和一个汽车修理厂，司令手中掌握着装备给养调运供应的大权。

彭铭鼎、曾震五都是陶峙岳从兰州赴新疆时留下的两个重要人物。所谓重要是指他俩只听陶峙岳的，这两人在河西表现如何，还要看中央对陶峙岳的工作而定。

国民党西北军政长官公署代理副长官刘任看到大事不妙，遂率九十一军军长黄祖勋和一二〇军军长周嘉彬及其残兵败将，沿甘新公路仓皇西逃。在向河西走廊撤退过程中，一度在乌鞘岭布防，幻想一野主力南下入川，无力顾及河西，喘息一段时间后，再与新疆和胡宗南商议下一步的行动。当获知一野立即西进时，这些长官公署的头头们便匆忙召集各路官员于9月1日在古浪以北的双塔堡召开军事会议，会议决定步兵乘车、骑兵掩护，加快速度，抢在一野各部队之前抢占玉门一带。

退到武威后，西北军政长官公署少将副参谋长彭铭鼎试探着与九十一军军长黄祖勋和一二〇军军长周嘉彬商议能否向解放军投诚，遭到黄祖勋断然拒绝。黄祖勋提出尽快与胡宗南取得联系并与新疆联络，在得到双方支援后在河西走廊与第一野战军展开决战。

彭铭鼎又联络周嘉彬一起提议让西北军政长官公署副长官刘任取代黄祖勋，这样做，看似给刘任增加了直接掌握一个军的实力，其实是把两个目标变成了一个对头。狡猾的刘任始终不明确表态。

到张掖后彭铭鼎见刘任仍然没有行动，彭铭鼎便改变方法，他和周嘉彬请来第八补给区司令曾震五，让曾去新疆向新疆警备总司令陶峙岳汇报情况，争取到酒泉后通电起义。

二、二兵团化解危局

为防止敌人退至新疆带来后患，8月27日，彭德怀命令攻克沈家岭、狗娃山的第四军和攻克皋兰山营盘岭的第六军先进击永登，相机向玉门油田前进。8月30日，毛泽东主席从伊犁方面获得马家军兵分两路有退去新疆可能的消息，致电彭德怀、张宗逊"先占张掖、武威，再占青海、宁夏"，指出了决胜西北阶段的进军顺序。

8月31日，第一野战军发布进军河西的作战命令：第一兵团第二军自青海西宁挥师北上，越过祁连山向张掖挺进；第二兵团沿兰（州）新（疆）公路及其右侧西进，六军为右路，绕乌鞘岭、腾格里大沙漠边缘的大靖西进；第三、四军附野战军炮兵团、战车营为左路，直取武威、酒泉。

大靖，历史上曾是甘肃的四大名镇之一，位于古浪县城以东80公里处，是古浪县城东部12个乡镇的经济、文化、商贸中心。这里民户多于县城，商务较县城为盛，是该地区重要的商品集散地。这里还是古代丝绸之路上的一颗明珠，陕西、山西一带的商人有"要想挣银子，走一趟大靖土门子"之说。因此，文人墨客称大靖为峻极天市，由于北京故宫的前门上曾悬有"峻极天市"一匾。因此，大靖又有"小北京"之称。当年六军一个军的兵力选择大靖，说明大靖的重要战略地位。而此时西北军政长官公署设置在这里，黄祖勋把他的九十一军骑兵团及沈芝生任师长的第二四六师骑兵团布防在此，用重兵把守以确保长官公署安全。

9月4日，第二兵团从兰州挥戈西进。9月的西北秋高气爽，第三、第四、第六军三个军浩浩汤汤，军威严整地向着河西走廊前进。

河西走廊战役是一场追逃战。国民党军自称是撤到河西，其实是一路撤退但指挥混乱，径直逃跑。第二兵团从兰州到古浪途中未遇到任何抵抗，一些地方武装见到解放军便缴械投诚。

第三军从享堂峡、河桥驿沿着现在的红古及永登以西前进，先头部队第九师解放永登后，跨越乌鞘岭，顺势解放了天祝与古浪县交界当时归古浪县的安远驿。

第四军由兰州的安宁堡、沙井驿沿兰新公路向永登方向前进。国民党骑兵第八旅二十五团眼见解放军大兵压境立即投降。

第六军由永登哈家咀今树屏、小涝池向松山、大靖前进，进至古浪以东松山时，驻守在这里阻击一野的国民党第一二〇军一九一师骑兵团收起作战队形，团长带领800名骑兵放下了武器，交出了战马。

一二〇军骑兵团缴械投降震慑了最近的国民党九十一军。9月12日，二兵团部署对古浪、武威作战。驻古浪的国民党军没等到第二兵团发起进攻就先行逃走。第三、六军顺利进入古浪及大靖等地。

13、14日，面对第三军、第六军的进攻和强大的政治攻势，驻守大靖的九十一军骑兵团、骑兵师主动与三军先头部队联系，宣布起义。西北军政长官公署被迫西撤张掖。

9月15日，第三、第六军进驻武威以南以东地区。次日下午，第三军先头部队攻克武威，国民党甘肃保安三团、四团和武威自卫团、自卫队投诚，两个骑兵团、两个保安团等投诚人员达到7500余人。9月16日，武威解放。

9月18日，第二兵团全部集结武威。

三、武威入城仪式

1949年9月20日，由于第六军已经向西挺进与一兵团会师张掖，一野二兵团第三军、第四军2万多威武雄师，在武威城举行盛大入城仪式。

入城仪式的观礼台选在武威城大十字东北角仿古的二层飞檐酒楼——稻香村，这里便于大部队集结，便于入城式后直接出发。于是四军参谋长张文舟看准了这个酒楼，把颇有气势的酒楼二层镂花栏杆望台作为观礼台。9月18日，二兵团首长经过比对后选定这里为观礼台。20日上午，第二兵团司令员许光达、第三军军长黄新廷、第四军军长张达志等登上观礼台，入城式由张文舟担任总指挥。

上午11时，南门旁发出的12响礼炮声震天动地，解放军入城式开始了。首先是骑兵方阵入城，第三军、第四军各一个骑兵团，由四军十师侦察科长温光德担任骑兵方阵总指挥。骑兵方阵军人一律戴钢盔，右肩挎枪，左手执缰，按马色列队，整齐划一地从南城门进入武威城。

接着，军乐队奏着雄壮的《人民解放军进行曲》，一野的野炮团开始开进，8匹骡子拉一门野战炮，大炮擦拭一新，骡子精心装扮，战士们雄赳赳气昂昂开了过来。

随后80辆汽车组成的铁流跟进，最后是文工团和步兵方阵。检阅部队从南城门到达大十字，接受稻香村望台上首长和周围群众检阅。

入城仪式精彩不断，两个骑兵团过后，最耀眼的当属汽车团和装甲战车营。由于他们要抢占玉门油田，第三军九师的二十七团装备足量汽车，许光达把能用的80辆汽车全部配备二十七团，给该团配备冬季衣服。参加入城仪式时，该团每车左右两栏各站立10人，共1600人胸戴红花，身穿新衣，右肩挎钢枪，接受武威市民的欢呼。下午3时多二十七团到达西门，汽车开足马力，直接向西疾驰而去。9月25日，黄新廷军长率二十七团汽车兵，解放玉门油田。

古代西凉国的首都,这里的人民第一次看到人民子弟兵的钢铁部队,人们拥上去给战车贴上红绿标语,小孩们争着爬上战车,市民拥上街头,鲜花、纸烟、水果等慰问品和红绿欢迎旗不断地摆上汽车、战车、炮车,塞到勇士们的怀里。武威人民心里明白,古凉州新的一页开始了。

在第三、第四军从兰州向武威追击过程中,第四军先头部队经17天700公里的急行军抵达山丹。曾震五在三县交界处的东乐镇驻扎了他的国民党军联勤第八补给区监护营及第一七三师600余人。四军先头部队到来后,300余国民党士兵携战马300余匹,向四军投诚。

9月22日,第四军十师解放民勤。

四、风雪扁都口

扁都口在战国到秦汉之初就是一处军事要地。2000年前,张骞过扁都口走到了今天的乌兹别克斯坦,随后有骠骑将军霍去病过扁都口进河西,深入匈奴驻地千余里,取得了影响中国历史进程的河西之战的全面胜利。扁都口南通青海祁连县,北达甘肃民乐县炒面庄,背后是海拔3500米的积雪群山,走出扁都峡,眼前便是一望无际的祁连大草原。中国战争史上,从兰州到河西走廊,选择从西宁过扁都口进入,被称为夺取河西走廊的取胜之道。

9月10日,第一兵团率第二军由西宁北进,走的就是翻越祁连山,经过扁都口,进入河西走廊这条道。

第二军以第五师为前卫,六师为后卫,四师居中,踏上扁都口的征程。然而,从12日起,五师便经历了一场死亡之旅。五师进占青海的大通、门源后气候开始变冷,战士们有近一半人还穿着单衣。

9月14日,五师进入终年积雪的祁连山区,祁连山是青藏高原东北部的边缘山系,海拔在4000—6000米。9月15日部队开始翻越祁连山,沿途荒无人烟,瞬间天气突变,爬到祁连山半坡的五师遭到漫天飞雪和狂风冰雹的袭击。第五师指战员穿着单衣,忍受着饥寒交迫,以惊人的毅力跨越雪山,153名战士被严寒夺去了生命,倒在祁连雪路上。但整支部队仍然以顽强的毅力于16日翻过祁连山。

被五师指战员们的精神所感动，兵团司令员王震专门给二军军长郭鹏、政治委员王恩茂发电，并报彭德怀、张宗逊、阎揆要等一野领导，向通过祁连山的第二军第五师发出慰问电。身经百战的王震发出了饱含深情的电文："谨向全体英雄们致以亲切问候。"对中华人民共和国成立前夕倒在冰天雪地里的战友，他要求把遗体设法掩埋掉；他要二军电令第五师在民乐县以南集结休息，要师部用白洋买牛肉炖烂为战士们改善伙食，补充营养。彭德怀知悉后号召全军学习这种不怕困难的精神。

扁都口，驻扎着国民党第十五旅及三十二团，这支由国民党天水骑兵学校学员队临时组成的旅和团很有战斗精神。第一兵团第二军以28小时的连续行军，于17日6时突然出现于甘肃民乐城下，与守卫扁都口的骑十五旅展开激战。经过1小时战斗，击毙副旅长董毅，俘获旅长王子喧、团长黄耀中以下400余人，国民党骑十五旅等部被歼。然后急行军30公里，当天晚上攻占了民乐县城。

此时，第一兵团与第二兵团陆续到达张掖。

第一野战军二兵团部队翻越海拔3000米的乌鞘岭，向河西走廊追击

第二节　张掖会师与酒泉起义

追击战多头并进。在第二军攻占民乐县城时，第一兵团先头部队第五师进至张掖并发起进攻。18日9时，在张掖三堡击溃了企图增援民乐的西北军政长官公署警卫团，又在六坝将国民党军第二四五师七三五团全部歼灭，团长唐知仙以下300余人被俘，毙伤200余人。

西北军政长官公署在张掖临时的布防体系基本崩溃，刘任带着长官公署仓皇向酒泉溃逃。溃逃中，副长官兼参谋长刘任乘坐的小汽车与一辆空回的卡车相撞，重伤腿部。刘任坚决认为这是彭铭鼎的预谋，但此时无法下手，只好一瘸一拐地随着溃逃部队直奔酒泉而去。

一、对张掖的包围战

张掖包围战是为了切断周嘉彬的第一二〇军、黄祖勋的第九十一军继续西逃之路。先头部队第五师连续作战，于19日从六坝出动，通过30公里沙漠戈壁追击，实施了19分钟对张掖守敌的包围战，第五师歼灭守敌第二四五师七三三团、七三四团，团长、副团长以下400余人被俘，缴获战马400余匹，第五师无一伤亡，张掖解放。

22日，一兵团第二军四师解放临泽县城。此时，国民党第一七三师骑兵团及第二四六师七三六团连夜向西逃窜，一野各部队星夜西进，紧追不放，国民党的两个团被追得人疲马乏、士气低落，只好放下了武器。

9月21日，第一野战军第一、二兵团部队会师张掖。

二、河西国民党军开始分化

在西逃路上，国民党第九十一军、一二〇军、八十二军残部，以及西北军政长官公署、第八补给区、河西警备总部等单位的高级将领，逐步分成主和派和主战派。

主战派的头面人物是西北军政长官公署副长官兼参谋长刘任、九十一军军长黄祖勋、一二〇军军长周嘉斌等。这些人始终主张与解放军决战河西，一分胜负，如果战败，就逃往新疆。

主和派是陶峙岳、彭铭鼎、曾震五、汤祖坛等。陶峙岳坐镇新疆迪化，因兼河西警备总司令一职，可遥控指挥河西部队。其他几位在河西走廊奔逃的军官认为唯一的办法是执行陶峙岳的命令，掌握部队，待机起义。

逃出张掖后继续往酒泉逃跑的国民党军战斗部队仍有 5 个师。第二三一师编制基本完整、人员充足，第二四六师经过张掖之前的歼灭打击，全师剩下 2300 人，有的师仅剩 1000 余人，其他跟随逃跑的大多为军队机关、后勤单位人员。继续西逃的国民党官兵已经三个月没有发军饷，国民党广州政府空运的 100 万银圆滞留汉中，士兵士气低落，主战派和主和派的斗争日益尖锐。

刘任一直阻止和防备着彭铭鼎带领部队投降。早在武威时就暗中电请国民党国防部批准黄祖勋为河西警备总司令，彭月翔任长官公署参谋长。到了高台时，就迫不及待地宣布了国防部的批复电令。刘任这样做，首先是为了用黄祖勋架空彭铭鼎。但彭铭鼎已经与第九十一军、一二〇军等各方面建立了广泛的联系，河西国民党残部的指挥权，已由彭铭鼎所掌握。

刘任杀不了彭铭鼎，便和国防部商定，把他带回广州处置。彭铭鼎借口去给刘任带医生疗伤，离开刘家躲进了曾震五家里才算安全逃脱。

接着，刘任又打电话叫来收支处长孟企三。由于刘任有一笔款是从孟企三这里私自支取的，他叫来孟企三与自己乘坐航空站最后一架飞机，和妻子一道回广州。孟企三说，自己家在兰州，不愿意去广州。在出门时，孟企三看到刘任的警卫要射杀自己，便回头问刘任，外出差费够不够，刘任正为只有 3000 元费用生气。孟企三说，他那里还有 80 两黄金，给刘任 50 两，刘任才没有开枪。孟企三用 50 两黄金买回来一条命。

一野坚决贯彻军事打击与政治争取双管齐下的方针。一方面大军急速西进，另一方面通过多种关系宣传我党的政策做政治争取工作。

三、政治争取

毛泽东主席于 9 月 21 日致信张治中，说明周嘉彬、黄祖勋两军不采取歼灭方针而采取争取改编方针。

张治中将此信内容迅速转告西北军政长官公署副长官、新疆警备总司令兼河西警备总司令陶峙岳。陶峙岳派第八补给区司令曾震五从迪化赶到酒泉临机处置。

当解放军第一、二兵团先头部队兵临高台、酒泉时，河西国民党部队不得不做出最后的抉择。23 日凌晨，从高台逃到酒泉的一二〇军军长周嘉彬乘飞机逃离酒泉，飞往重庆。随后，刘任带着政工处长上官业佑、骑兵学校校长胡兢先、省党部书记陆锡光、省政府社会处处长于衡达悄悄乘飞机连夜从酒泉逃往重庆。

顽固派首领刘任乘坐飞机逃跑前，彭铭鼎一直在寻找第九十一军军长黄祖勋。谁知他早就在机场，躺在飞机下等待起飞。刘任没有说不带他走，而是让黄祖勋去打个电话，把值钱的东西带上一起走。黄祖勋也想起了家里的黄金、白银，便转身去打电话。在这个当口，飞机起飞了。当黄祖勋追到飞机前伸手没有抓住飞机舱门时，连滚带爬，呼天抢地，痛哭失声，然后骂骂咧咧地回到了酒泉。

刘任让黄祖勋当河西警备总司令另一个目的就是为了自己能脱身，在他逃跑后让黄祖勋顶包，为河西国民党军投诚担责，也用他来继续阻挠起义。

黄祖勋此时把满腔的仇恨记在彭铭鼎身上。他认为是彭铭鼎闹着要起义才把他逼上了绝境。黄祖勋气得牙痒痒，心里咒骂你让我不好过，我也不能让你彭铭鼎好过。他一口气派出几股特务到处寻找谋杀彭铭鼎，铁了心阻挠破坏河西国民党军起义投诚。

他进入一种癫狂的状态，抓不着彭铭鼎就怂恿部下四处鸣枪放火，挑衅闹事，破坏设备，制造谣言，把酒泉搞得狼烟四起，枪声不断，秩序大乱。他为了煽动一些人反抗起义，亲自纵火把九十一军仓库一把火烧光，然后动员纠集队伍要与解放军决战，但做完这些坏事后，发现没有多少人跟着他与解放军作战，疯狂中他感觉到自己的末日来临了。

第八补给区少将处长贺义夫按照彭铭鼎的部署率4个营在酒泉重点布防。用1个营的兵力负责酒泉城防，用1个营布防嘉峪关城楼，封锁兰(州)新(疆)公路，防止这些国民党残部西窜玉门油矿；以1个营的兵力布防酒泉南门外汽车站附近；另以1个营的兵力戒备南门和西门外，作为机动，并集中军用卡车20辆，停在南门和西门外，与机动部队一起待命。

面对黄祖勋的疯狂破坏，贺义夫率领机动部队制止黄祖勋的兵匪叛乱，经过多次枪战，黄祖勋身边能带的叛兵越来越少。在酒泉掀不起什么大浪的黄祖勋只好带上忠诚于他的一九一师副师长和几个参谋、副官、卫士等10余人，骑着10多匹马，用五六峰骆驼驮着行李、粮食向东南越过祁连山，准备逃往台湾。黄祖勋一伙翻过祁连山，经青海、西藏边境到达西康，准备继续经云南去缅甸，逃往台湾。但逃到云南后，被解放军在丽江抓获。

这些一路鼓吹要与解放军决一死战的顽固分子在第一、第二兵团到来时都先后出逃，主和派将领西北军政长官公署少将副参谋长彭铭鼎完全掌握了河西的军权。

9月22日，曾震五代表陶峙岳来兰州接洽起义返回酒泉途中，在高台与解放军第一兵团二军五师领导徐国贤、李栓、何家产会见，请求五师暂停攻击高台，他们准备迅速投诚。

当天曾震五就赶赴张掖求见第一兵团司令员王震，表明和平解决河西的愿望。当晚，王震派原国民党整编第二十九军参谋长、投诚后任第二军五师参谋长的刘振世到高台国民党军第二四六师防地，与西北军政长官公署副参谋长彭铭鼎、第二四六师师长沈芝生会谈，传达王震的命令，要求驻高台、酒泉一带的国民党军队原地待命，听候改编，并确保玉门油矿的安全。彭铭鼎当即明确表示愿接受解放军提出的条件，命令第一线部队撤回酒泉原地待命。

此时，和平解决河西问题的条件已经成熟，一野即令前线部队停止进攻。

和平起义在国民党军内部中层军官中依然存在很大分歧。这些逃往酒泉的和守卫酒泉的国民党军毕竟受过几十年反革命的训练，立刻做出180度大转弯，无疑是一件天大的事。

第二军五师参谋长刘振世到高台西约40里路的一个村庄与国民党西北军政长官公署副参谋长彭铭鼎见面后，彭铭鼎当即决定率部起义，并连夜赶回酒泉做工作。

他连夜召见驻高台的国民党某师师长，这位师长避而不见；最后他立即劝阻了准备率部去玉门的二四五师师长刘漫天，经过相劝，这位师长勉强同意先滞留酒泉。

鉴于酒泉局面混乱，陶峙岳做出了两项决定，一是保护玉门，二是保护准备起义的将领的安全。

四、酒泉起义

酒泉起义与反起义的斗争仍然胶着。

在陶峙岳的关照下，彭铭鼎召集河西警备总司令部参谋长汤祖坛、第二四六师师长沈芝生、第一七三师师长李焕南、第九十一军参谋长郑壮怀、第一二〇军参谋长宋耀华、宪兵第二十二团团长曹叔希等到他的西北军政长官公署办公驻地商讨投诚事宜。会议开得艰难。想与解放军干一场的，想继续西撤最后逃跑的和愿意听从解放军的条件接受改编的各方要员展开了非常激烈的辩论。

会议开了两天一夜，会场上激烈斗争了两天，在最后一个夜晚的会议上认识渐趋一致，很多人支持改编，但也有很勉强答应接受改编的。

宪兵第二十二团个别营长不愿投降，带上部分部队逃到了星星峡。彭铭鼎迅速与该团团长曹叔希接触，让他会同骆驼兵团长贺新民前去，劝该部回酒泉。

驻安西的新疆警备团个别营长情绪激动，反对起义并携械逃跑，彭铭鼎让骆驼兵团就近派出部队，协同该团毛团长予以制止。

面对酒泉复杂的局面，王震命令彭铭鼎派出车辆迎接解放军尽快进驻酒泉。稳住局面后，彭铭鼎马上派出200辆汽车，由骆驼兵团派兵跟车到高台、张掖一带接运第一兵团部分部队轻装进驻酒泉。

在高台，按照曾震五的请求第二军也停止了进攻，但不能说高台就一片太平。高台的地域宽阔，工事坚固，守军情况复杂。在一野进攻河西走廊前，这里就有西北军政长官公署派来的几个高参一直住在这里；一二〇军军长周嘉彬乘飞机从酒泉逃离前就住在高台；国民党第九十一军第二四六师、一个工兵团、一个重炮营，还有刚从新疆调出来的田子梅第三三一师一个整编师住在这里。可以说高参云集，兵力充足。

高台北有平坦的沙漠地带，南面是祁连山麓草地，利于骑兵驰骋回旋。高台本来就有坚固的防御工事，兰州战役前，这些驻军用三四个月的时间维护这些防御工事并进行阻击演练，准备全力阻止解放军进入新疆。

9月22日，王震派第二军五师参谋长刘振世到高台与西北军政长官公署副参谋长彭铭鼎、第二四六师师长沈芝生会谈后，彭铭鼎安排由沈芝生把控高台局面。国民党第二四六师大部队正在开往高台过程中，刚刚还答应彭铭鼎留驻酒泉的二四五师师长刘漫天和一个团长带少数官兵乘坐三辆汽车向西逃走了；二四七师师长陈倬也逃往安西。

面对高台复杂的情况，当晚8时，第二军五师参谋长刘振世来到二四六师师部专程看望了沈芝生，传达王震命令，要求防止出现更多变数。晚上10时，彭铭鼎也来到高台，在与沈芝生、刘振世就酒泉的危局与高台复杂的局面交换意见后，决定第二天一早，也就是23日早上沈芝生用汽车将部队运送到酒泉西门外集结待命，并让沈芝生通知田子梅同时出发走北路，到酒泉北关集结待命。当晚彭铭鼎就连夜返回了酒泉。

9月24日，国民党西北军政长官公署副参谋长彭铭鼎、第八补给区司令曾震五、河西警备总司令部参谋长汤祖坛，以及第九十一军和第一二〇军残部，比较完整的二四五师、第二四六师、第八补给区、骆驼兵团、两个警备团、两个机械化工兵营、三个汽车团、一个宪兵团、两个监护营、一个重炮营，约3万人在酒泉起义。也就是说，逃到酒泉的国民党西北军政长官公署、九十一军和第一二〇军残部，在酒泉的后方联勤第八补给区司令部、甘肃河西警备总司令部全部起义。

9月25日，陶峙岳在看到河西走廊部队成功起义后，他领衔发出通电，接受人民解放军改编。

也是在25日，额济纳旗防守司令塔旺嘉布宣布与国民党脱离关系，通电起义。至此，河西走廊全部解放。

27日，王震、许光达率领第一、二兵团部队进驻酒泉，直接领导对起义部队的接收改编工作。

28日，王震、许光达等在酒泉召集起义部队营以上军官开会，宣读毛泽东主席、朱德总司令的复电，宣读改编基本原则和要求。根据毛主席和朱德总司令复电精神，第二兵团参谋长张文舟宣布了对河西走廊现有部队的改编命令。投诚部队按照不同类别划归各个兵团接受改编：

国民党西北军政长官公署、河西警备总司令部所属部队和机关、学校共15629人，由第二兵团负责接收改编；

国民党第八补给区所属部队单位共11714人，由一兵团负责接收改编；

国民党甘肃保安部队和地方武装共5000人，由酒泉军管会负责接收改编。

9月24日，逃到河西的国民党军3万人起义。25日，第一野战军二军五师进驻酒泉

10月4日，酒泉起义部队的改编工作基本完成，开始移交接收，所编12个团、3个营及文工团、军乐队、电影队、印刷厂等分别编入第三、四、六军和第二兵团直属单位。

河西走廊战役在甘肃永登以西、安西即今天的瓜州以东的武威、张掖、酒泉三市进行，解放军随后沿北线向西挺进新疆，确保了处于西南的敦煌无战事。

河西走廊战役自9月2日开始，到28日结束。在历时近一个月的追歼战斗中，共歼国民党西北军政长官公署、河西警备总司令部、第九十一军、一二〇军、第八补给区等共约4万人，解放县城16座。

这次战役通过军事打击和政治瓦解相结合的手段，打击了国民党军"中央派"和部分马家军残敌妄图利用河西走廊与解放军缠斗和逃往新疆的预谋，不仅夺取了千里河西走廊的广大地区，打开了进军新疆的通道，成功改造了河西起义部队成为解放军战士，增强了野战军的实力，还确保了我国当时规模最大、生产原油50多万吨的玉门油矿安全，使这一重要资源完好地回到人民手中。

第三节　保护玉门油矿和守护敦煌莫高窟

在酒泉的局面陷入十分混乱时，陶峙岳做出了两项极其重要的决定。

一是派一位副旅长率领一二〇军第一七八旅第五三二团的两个营的兵力到玉门油矿去驻矿戒备，派新疆警备总司令部警备团团长毛熙玙由新疆开往并驻在安西县即今天的瓜州监视着玉门的安全，把守新疆门户。

二是对国民党西北军政长官公署指挥中心进行守护戒备，派出第八补给区总务处长贺义夫指挥第八补给区监护队李炳勋营守护彭铭鼎驻地酒泉卫生街21号，确保起义将领的安全。

做出两项决定后，陶峙岳给彭铭鼎打电话，要求"玉门油矿，必须确保，新疆派在老君庙安西的护矿部队归你（彭铭鼎）指挥"。这样，就给玉门油矿上了双保险。

一、延安调来第一部钻机

保护玉门油田是一件大事。玉门油田虽然是中国第一个天然石油基地，但钻井出油却得益于陕甘宁边区的支援。

玉门油田原来的油天然涌现于地面，当地人用土法采油，并没有钻机和油井。玉门钻凿油井最初使用的两部冲击式钻机，是抗日战争时期由陕甘宁边区政府所属的延长油矿支援的。

1938年6月18日，国民政府资源委员会得知了甘肃油矿情况，由于国民政府无力开掘该矿，便致函国民革命军第十八集团军（即八路军）驻武汉办事处，向该办事处介绍甘肃油矿筹备情况，以及甘肃油井矿筹备处代主任张心田商谈拆迁延长油矿两部钻机问题。

当时由第十八集团军驻武汉办事处处长钱之光经办此事，他请示中共中央副主席周恩来后,于 6 月 20 日复函资源委员会,并转电延安陕甘宁边区政府。得到第十八集团军驻武汉办事处的同意,张心田前往延安与八路军后勤部军工局副局长李强就调用钻机问题进行了协商。

石油是延安的生命线。当时的陕甘宁边区政府所接管的延长油矿,仍在继续生产,产量虽较少却解决了延安的不少困难。当时延长油矿自身的设备、人员十分缺乏。了解到玉门油矿需要钻机,八路军方面不仅从钻头到钻具,都一一配备齐全,还选派了几名熟练的钻工,随钻机一同去玉门,帮助钻机的安装和尽快使用。

从延安调来的第一部钻机从 1939 年 3 月 11 日开始安装,23 日安装完毕。到 3 月 27 日,玉门油田 1 号井挖掘到 23 米深处开始出原油,一天可出油 1 吨多。到 8 月 11 日钻至 115.51 米时,遇到产油层,产油量日产 10 吨左右。到 1949 年共钻井 48 口,年产原油 8 万吨。

抗日战争期间,玉门油田生产的石油产品既保证了军事的需要,又基本满足了后方交通运输及其他方面的需求,为抗日战争的胜利做出了贡献。

二、接收油田

在进军河西走廊时,毛泽东专门就保护玉门油田做出过明确指示。9 月 20 日,第二兵团司令员许光达专门就抢占玉门油田致电彭德怀、张宗逊、阎揆要并一兵团,提出了具体对策。

许光达鉴于当时十分艰苦的条件,提出由兵团各军集中 20 辆汽车运载步兵营并带上 6 门山炮,算一支队伍;另外,把各军八九百人的骑兵侦察支队抽出来,协同装甲战车营,由黄新廷统一指挥,于 21 日出发,22 日到张掖后做一天的休整和准备,24 日由张掖出发,用 3 天的行程争取于 26 日抢占油田。

鉴于抢占油田已经迫在眉睫,许光达提出集中二军所有骑兵也向玉门发起进攻,动用在张掖缴获的汽车抓紧运送步兵,如有可能,一野司令部从兰州抽调一些汽车向玉门运送兵力,如果能确保及时运送一个团的兵力,则抢占油田更有把握。

9月25日，彭德怀等发出的致电中央军委、西北局、各兵团的两份电报中都对玉门油田做出安排。第一份电报说，第三军运送部队的汽车及装甲战车营正向酒泉以西110公里的油矿开进；第二份电报明确玉门油矿的接收工作由许光达负责。

此时，驻防玉门的骆驼兵团在保护玉门油矿中发挥了作用。骆驼兵团，是中国历史上出现的唯一团级建制的骆驼兵部队。这支部队与首任骆驼兵团团长贺新民有直接关系。

贺新民，在长沙念完高中后遇到卢沟桥事变，要投笔从戎却报国无门，便来到兰州，投靠甘肃省政府主席堂叔贺耀祖。这位贺主席很欣赏侄子的报国志气，便告诉他甘肃河西直通蒙古，一路戈壁沙漠，车、马难行，民运、军运主要靠骆驼。他告诉侄子，报国不一定非要做官，专精一门学问也是报国。于是，他把贺新民送进了甘肃省畜牧兽医学校，结业后，被分派到省运输处骆驼大队见习。走进驼队的贺新民被这些魁伟奇特的大个子所吸引。浓厚的兴趣使他一生与骆驼结下了不解之缘。后来他去广东中山大学医学院学习。因战事紧张，他被调往云南，去缅甸作战，屡立战功，到抗日战争结束前，25岁的贺新民已擢升为中国远征军长官司令部直属第二团团长。

抗战一结束，他就要回大西北调查研究骆驼。1946年任西北行营上校参谋时建议国民政府国防部创建新型沙漠兵种——陆军独立骆驼兵团，该团于1947年在兰州成立，他出任团长，后来移驻玉门。到1949年，骆驼兵团有3586人，驼、马4000余峰（匹），团长贺新民派部队去70多公里外的玉门油矿专门设防，防止各种力量破坏油田。

一野横扫河西后，贺新民在暗中寻求出路，并与驻酒泉的国民党联勤总部第八补给区司令曾震五取得联系。曾震五从兰州返回酒泉，在去新疆经玉门县时，接见了贺新民。随后，贺新民去张掖与一野部队接触，汇报了玉门国民党军情复杂、特务众多的情况，返回后开始做军政各方面的工作。

9月25日，第二军第五师的先头部队乘车进入酒泉；另一支部队由第三军军长黄新延率领，带领战车营作为快速部队同时到达老君庙，装甲兵团团长胡鉴率部接管了玉门油矿。

9月26日，贺新民团长带领骆驼兵团部分官兵、县政府职员、地方各界人士及群众代表，在城北公路边驿运站迎接人民解放军。解放军第二军第四师先头部队两辆汽车50余人到达玉门县城。第二天，第二军四师1000多人开进玉门县。9月27日上午，庆祝玉门县解放大会在城北大校场召开。9月29日，由三军九师二十五团民运股长赵子尧任中共玉门县委书记、三军七师后勤部长李克让任县长的新政权领导率25名建政人员来到玉门县，在县政府大礼堂门前的广场上，举行了各界人士参加的群众大会，宣布玉门县人民政府成立。

三、保护敦煌莫高窟

2010年2月1日出版的第三期《求是》杂志发表了中共中央总书记、国家主席、中央军委主席习近平的重要文章《在敦煌研究院座谈时的讲话》。文章指出，敦煌莫高窟是世界现存规模最大、延续时间最长、内容最丰富、保存最完整的艺术宝库，是世界文明长河中的一颗璀璨明珠，也是研究我国古代各民族政治、经济、军事、文化、艺术的珍贵史料。

敦煌位于甘肃河西走廊最西端，是古代丝绸之路的咽喉重镇，莫高窟位于敦煌东25公里处，是我国四大石窟之一，是石窟艺术、佛教艺术甚至是世界艺术宝库。

1949年8月26日中午，取得决战兰州胜利的第一野战军司令员兼政治委员彭德怀、副司令员张宗逊、政治部主任甘泗淇等一野首长进驻兰州，司令部设在三爱堂。

31日，第一野战军在三爱堂召开团以上干部庆祝会。第一野战军司令员彭德怀、西北军区司令员贺龙、政委习仲勋等领导出席。在三爱堂，彭德怀多次召集会议，贯穿着三个方面的主题：首先是深刻阐述了兰州战役胜利的伟大意义，满怀豪情地赞扬了参加兰州战役的全体指战员的伟大功绩；其次是贯彻毛泽东关于政治瓦解和军事打击相结合的思想，部署和指挥了决胜西北的作战任务；最后一点有特别意义：文物保护。

在三爱堂第一野战军指挥部里，统率千军万马的彭大将军，却召集将领对文物提出了专门保护，部分将领都感到新鲜。彭德怀严肃认真地告诉一野将领说，目前我们已踏上了古丝绸之路，再往西走历史古迹很多，那都是民族瑰宝呀！他接着说，我们打击胡、马残匪不能忘了中国几千年的历史文化遗产，决不能让人骂我们是败家子。在这次会议上，彭德怀明确要求：敦煌千佛洞（指莫高窟），要派人保护好！

其实，保护文物古迹，人民解放军和中共中央西北局领导早就做过要求。1949年1月17日，中共中央西北局书记、西北军区政委习仲勋在第一野战军党代会上所做的报告中，围绕民族宗教问题，就提出"保护清真寺，喇嘛庙"的明确要求；到了6月1日，中共中央西北局《关于入城注意事项》第六条明确做出要保护"名胜古迹以及一切建筑物，严防破坏"的规定。

对于长期在陕北作战的解放军来说，知道敦煌的人不多，但对于长期横行于甘肃特别是河西的马家军来说，知道的人却不少。一野大军一路西进，势如破竹，国民党军3万多人节节败退。在进击到敦煌时，不出彭德怀所料，马家军要向莫高窟下毒手了。

敦煌本来国民党是派了守军的。但在大势已去时，这些当年驻守敦煌的国民党军却是最懂得敦煌的价值，是最容易给敦煌下黑手的。守军保安旅长马尔英就鼓动马家军：莫高窟里抓把沙子都是金，抢啊！还告诉他的部下，能弄走的弄走，弄不走的统统烧掉，决不能把这些宝贝留给共产党！不明真相的老百姓也受到他蛊惑，随着这些大兵一起扑向莫高窟。话说当天大漠上正刮着狂风，整个鸣沙山风卷沙土飞，天昏地暗，遮天蔽日，莫高窟艺术宝库面临着空前浩劫，情况万分危急！

这时，第一野战军第二军四师副师长吴子杰，迅速指挥部队阻击敌军。狡猾的马尔英立即掉转队形，让马家军用枪逼着上百名群众冲在前面，企图继续实施抢劫。眼下，部队无法射击又必须制止这伙兵匪抢劫。情急之下，四师副科长郭林冲到阵前，向受蛊惑的群众也向这伙国民党士兵宣传保护历史文化的政策，讲保护莫高窟的重大意义，试图说服国民党军停止破坏活动。结果，遭到了穷凶极恶的歹徒的疯狂射击，英雄当场血溅荒原。

见到解放军惨遭马家军杀害，百名群众四散逃走。解放军指战员高喊

"为郭林同志报仇",迅速开枪杀向敌人。战斗中,四师为了避免莫高窟受损,在激战中没有使用迫击炮等重武器,这给四师带来了一定的人员伤亡,却也让莫高窟躲过了一次毁灭性的灾难。

保护莫高窟战斗结束后,第一野战军将第三军留驻在河西走廊,共派出一军和三军4个骑兵团、1个骆驼兵团、5个骑兵连,第三军的指挥部驻在张掖,三军军长黄新廷坐镇敦煌统一指挥会剿甘、青、新三省的逃兵和敌特势力,有力地保护了敦煌,保护了莫高窟。

新疆和平解放时,一野还没有到达迪化,新疆一片混乱,新疆部分国民党士兵外逃河西走廊,当时就有6000多名国民党军流窜到敦煌一带。这些流窜来的国民党军如匪徒一般叫嚣,要在这里与共军作战,打不赢就去莫高窟抢古董,然后跑到国外换大钱。县武装部部长吴炳录带领"敦煌连"的战士誓死保卫敦煌。激战中,吴炳录壮烈牺牲。正在敦煌执行剿匪任务的部队得到消息后迅速赶到,歼灭了这股劫匪,又一次保护了敦煌莫高窟的安全。

甘肃解放后,敦煌莫高窟回到了人民手中。1950年,文化部将"国立敦煌艺术研究所"更名为"敦煌文物研究所"。1961年,莫高窟被中华人民共和国国务院公布为第一批全国重点文物保护单位。不久,周恩来总理亲自批准,拨专款全面加固维修莫高窟。驻河西部队出动1200多名官兵为莫高窟通路、通水、通电。1984年,敦煌文物研究所扩建为敦煌研究院。1987年12月11日,联合国教育科学文化组织将敦煌莫高窟列入世界文化遗产。

2019年8月19日,习近平总书记在敦煌研究院考察时发表重要讲话,对敦煌文化保护研究工作表示肯定。2019年9月30日,文化和旅游部、国家文物局发出《关于深入学习贯彻落实习近平总书记在敦煌研究院座谈时重要讲话的通知》,要求全国文化和旅游行政部门、文物局努力开创文物保护利用改革新局面。

2020年1月17日,中央宣传部授予甘肃省敦煌研究院文物保护利用群体"时代楷模"称号,向全社会发布了他们的先进事迹。

第四节　甘肃省政府投诚

国民党治下的甘肃省政府原本就是马步芳手中的玩偶。但在马步芳逃离青海后，代表甘肃省政府的官员也曾经历了一次亡命天涯的体验。

1949年4月，西北军政长官公署长官张治中奉代总统李宗仁令赴南京转北平参加和平谈判，5月18日马步芳代理西北军政长官公署长官，6月，甘肃省政府主席郭寄峤悄然离兰州，省主席由省政府秘书长丁宜忠代行。

5月5日，一直垂涎甘肃省主席的马鸿逵从宁夏亲赴青海享堂小清真寺与马步芳议定并发愿，由马鸿逵向国民党广州政府保举马步芳任西北军政长官，马步芳保举马鸿逵任西北军政副长官兼甘肃省主席。但马步芳任西北军政长官公署长官后预谋让其子马继援任甘肃省主席，就一直不予推举马鸿逵。

恼怒的马鸿逵将出师平凉的宁夏兵团撤回，后于7月2日由兰州飞往广州，而后至台北，向阎锡山和蒋介石告马步芳的状。蒋介石为了拉拢和利用西北二马，随后于1949年5月27日任命马鸿逵为甘肃省主席。

这个节骨眼上任命马鸿逵为甘肃省主席，"滑马"也不敢前来就任。而马步芳以他西北军政长官的身份随意更换各地专员、县长，甘肃省政府也只是奉马步芳手令办事而已，绝不敢稍有延误。

一、逃往河西

随着兰州战役决战逼近，甘肃省政府于7月下旬在省政府后花园"槎亭"召开了由各阶层人士参加的"应变"大会议，专题讨论省政府迁往何处去的问题。与会者中出现了迁往洮岷、武都一带和迁往河西走廊两种意见，争论分外激烈，各持己见。最后议定省政府迁往河西。

议定逃往河西后，省政府决定对不愿随逃的职员，不论职位高低，一律发白洋20元，小麦1.6斗（仓斗），予以遣散。当时省级公教人员，因货币贬值，物价飞涨，除原发薪俸外，每月按年龄补发小麦维持生活。规定26岁以下补贴9.6升，26—30岁补贴1.28斗，31岁以上为1.6斗。这是第一次发放遣散费，均以最高额发放。

按照7月下旬会议决议，国民党甘肃省政府从1949年8月上旬开始下令所属的各厅、各处派专人负责并派武装护送重要物资、档案、大烟土、卫生器械、进口药品及金、银陆续运往武威。

随着兰州战役打响，马步芳离开兰州，逃至西宁，长官职务交由副长官刘任及马继援共同负责。8月24日夜，刘任强迫甘肃省政府立刻撤离兰州。25日晨，代主席丁宜忠率领省府职员开始逃往河西。当晚住永登，26日到达武威。

其实，当时逃出兰州时这些省政府官员朝着三个方向逃撤。

一是随代主席丁宜忠逃往河西。其中有国民党中央委员、民政厅厅长、财政厅厅长、建设厅厅长、教育厅厅长，省保安司令等官员300余人；有省银行总经理、甘肃民国日报社社长、兰州中统特务头子，以及部分专员、已经解放地区西逃的县长等，还有国民党中央驻兰州机构的负责人等。

二是逃往洮岷、武都一带后宣布起义的。有甘肃省保安副司令兼师管区司令周祥初、师管区副司令曹鼎，以及一一九军军长王治岐、副军长蒋云台等。

三是逃往西宁的。有省参议会议长张维、原甘青宁铨叙处处长水梓等。逃往西宁的一部分官员后来出扁都口到酒泉，然后从酒泉机场飞往重庆转赴台湾。但张维、水梓、凌子惟等人滞留西宁，在西宁解放后携带家眷返回了兰州。

甘肃省政府逃到武威不久，第一野战军第一、二兵团开始了河西千里追击的河西走廊战役。丁宜忠在武威召集逃到武威的300人开会。丁宜忠在会上说，省政府还要往西走，不愿走的就发给遣散费。每人白洋20元，小麦1.6斗。这是第二次遣散，遣散后朝着张掖西逃时，同行的还有100人左右。

在张掖住了两天，丁宜忠又奉西北军政长官公署副长官刘任命令继续向西去酒泉。其实，这个时候马步芳、马继援、刘任、周嘉彬等都已飞往重庆，黄祖勋也率随从逃走。光杆司令丁宜忠此时依靠着省政府秘书赵世英支撑着甘肃省政府。

到酒泉后丁宜忠已经毫无尊严了。部分省政府的处、局官员和从解放区逃出来的专员、县长把"官印"当面交给丁宜忠后自行逃走，这还算好的，有的干脆推开丁宜忠的临时办公室，把"官印"扔在地下转身就走，让丁宜忠和秘书自己去捡。

丁宜忠，这位自恃为三个性格迥异的省政府主席任过秘书长的代主席还是忍气吞声地逃至酒泉，愿意遣散的官员每人发白洋50元，做第三次遣散。他是个柔弱敬业的代主席，面对即将大厦倾覆的局面从不反思，却面对大家声泪俱下，抱拳作揖，说把大家带到这里造成大家妻离子散、无家可归的罪在他自己。

二、逃往哈密

这次遣散后省政府只剩下20人。他们于9月24日深夜从酒泉仓皇逃出，25日过星星峡，26日到达哈密。到哈密是为了请求得到陶峙岳、包尔汉的支援。

到达哈密的当天下午，新疆民政厅厅长出面接待，驻哈密专员还举行盛宴欢迎了他们。第二天，甘肃省政府在哈密专员公署二楼会议室召开第一次临时会议，讨论今后走哪条路这一个问题。

会上却形成了两个截然不同的结果。外省人要携带重要物资去南疆、入印度、转香港去台湾；甘肃人除兰州警察局局长一人外，其他都愿意返回甘肃。于是，会议做出两个决定：一是对愿意出国的23人，电请陶峙岳发给他们护照，派飞机护送去印度；二是对愿意返回兰州的，先前往迪化即乌鲁木齐与陶峙岳、包尔汉一致行动。

陶峙岳接电后当晚深夜就复电了。陶峙岳也明确了两点：一、新疆已通电和平起义，护送出国不便；二、迪、哈之间道路不宁，暂缓来迪。

屋漏偏遭连阴雨。9月28日深夜，哈密发生驻军哗变，一时枪声四起，银行、金店、商号、富户被抢劫。这时的甘肃省政府人员慌乱躲避，有的钻进厕所，有的爬进羊圈、马厩，狼狈不堪。事后才知道，这伙兵变人员只图钱财并没有闯入哈密专署，他们才侥幸逃过了一场灾难。

9月29日早上才知道，哈密专员早已携眷逃入南山，他们成了弃儿，没人管了。这时候丁宜忠召集民政、财政、建设、教育四个厅长后便迅速做出决定：以甘肃省政府名义，携带原来运出来的贵重物资，回甘肃向人民政府投降，移交印信、档案、物资。

当天下午，丁宜忠和省政府秘书向哈密陶峙岳部队一七八旅旅长移交了部分贵重物资。关于这些贵重物资，到了1988年8月8日，当年的当事人即国民党甘肃省政府秘书、民政厅视察室主任赵世英在回忆录中有着详细的记录：

1. 白银15万两；
2. 大烟土8100余两（内含白面10两）；
3. 卫生器械及进口药品82箱；
4. 大卡车3辆、雪佛兰卧车1辆。

以上物资由国民党甘肃省政府派原会川县长赵佩琴押送至迪化，呈交王震司令员。

三、酒泉和兰州移交

9月29日下午，丁宜忠等一行14人从哈密启程回甘肃向人民政府投诚。30日下午车行至甘肃安西县（现瓜州）柳园与第一兵团王震指挥进疆的先头部队相遇。先头部队的谢营长对他们表示欢迎。但由于所携带的金银较多，进疆部队不便接收，这位营长便派该营解放军战士护送他们回酒泉移交。

10月2日，国民党甘肃省政府一行人由秘书赵世英向酒泉军管会移交了以下物资：

1. 黄金900多两；

2. 银币 1000 余元；

3. 大卡车 17 辆、吉普车数辆；

4. 重要档案 70 余箱。

由于印信(公章)、档案属于省一级接管，酒泉军管会不能接收，酒泉军管会便派解放军战士护送这部分人员于 10 月 13 日回到兰州，由赵世英出面向兰州市军管会政务处移交国民党甘肃省政府各厅、局、处、专员公署、县政府铜质印信 26 枚，并送上丁宜忠等投诚人员简历名册。

国民党甘肃省政府人员从哈密折返回甘肃途中，外省籍的省保安副司令王孔安、甘肃省银行总经理刘望苏、审计处长王籍田等人各自驾车朝南疆逃命，有的后来还逃到了台湾。

在最后的回甘肃投诚途中，作为执行人的国民党甘肃省政府秘书、民政厅视察室主任赵世英保全了甘肃省政府运出去的全部贵重物资、档案、金银和印章，并按照原清册如数交还到了人民政府手中，保留了一份历史实证。

第十四章

风雨宁夏

"塞上江南"也有"二马"。在一野进军中,宁夏与兰州、宁夏与河西走廊谁先谁后曾有过平等的考量。在解放军史上有过两次宁夏战役,本次战役"滑马"竟然炸开了黄河河堤,他的军队也曾三次改变作战部署。马鸿宾起义加快了宁夏解放的进程。

在兰州战役战略部署中,宁夏是很重要的一个战略考量。

中央军委曾有两次"优先"思考。一次是对兰州与宁夏先打谁的考量,甚至进行过战略论证;一次是对宁夏与河西走廊先打哪个的考量,在选择上甚至出现过反复。

解放宁夏是比较重大的局部战役。

第一节 两次宁夏战役

一、第一次宁夏战役

第一次宁夏战役是中共中央在红军长征进入甘肃途中做出、三军会师后开始实施的一次战略计划。

当时，面对红军三个方面军齐集甘肃的有利态势，中共中央和中革军委为了贯彻"逼蒋抗日"的方针，促成抗日民族统一战线，于1936年8月12日提出了红军三大主力会师后联合夺取宁夏的战略计划。

中央向共产国际报告后，9月11日，共产国际书记处回电同意攻取宁夏和甘肃西部的计划，并答应占领宁夏后提供物资援助。

在红军为冬季实施夺取宁夏的战略计划做准备时，一是甘肃的军事形势发生了很大变化，二是张国焘一直存有异议并利用他的红军总政委职权阻挠红四方面军北上计划。

长征途中，张国焘带领的四方面军最后一次过草地后，依然坚持西进而不北上。经过洮州会议、漳县会议，张国焘口头上答应，行动中依然坚持西进。中央经过慎重研究后明确表示坚决反对。红二方面军积极配合党中央的战略部署，反复做四方面军的工作，为实现三大主力红军会师做出了突出贡献。三大主力红军经过一路的艰苦战斗，先后实现了会宁会师和宁夏将台堡会师。

红一、四方面军在会宁会师以后，1936年10月11日，中共中央和中央军委发布了《十月份作战纲领》，即宁夏战役计划。其要点是：一、二、四方面军会师后，集中向北发展，在西兰大道以北、黄河以东、同心以南、环县以西的地域内，三军密切配合，打几个歼灭战，对尾追红军之敌予以狠狠打击，而后消灭马鸿逵势力，占领宁夏，把陕北、陇东、宁夏作为根据地和大后方。

10月13日，毛泽东又致电彭德怀，要求按照十月作战纲领准备，让彭德怀制订宁夏战役纲要，与朱德、张国焘面商后提交军委。23日，朱德、张国焘与彭德怀、徐海东等在打拉池会面时，商讨了宁夏战役计划。当日，彭德怀致电毛泽东，提出宁夏战役分两步进行：第一步，以西方野战军主力占领黄河沿岸，以四方面军的第四、三十军攻击中卫，牵制马鸿逵；第二步，渡过黄河，控制宁夏门户，以一部兵力袭占定远营，相机攻占宁夏省会。

次日，毛泽东复电同意。红军各部队都按照计划做战前准备。

正当此时，战局发生了重大变化。蒋介石令胡宗南、王均、关麟征、毛炳文等部，由朱绍良指挥，以近30万人的优势兵力向红军大举进攻，并令东北军王以哲部及宁夏马鸿逵、马鸿宾部协同国民党中央军作战。蒋介石还亲临西安督战，企图将红军消灭于黄河以东的甘肃、宁夏境内。

10月23日，国民党军占领会宁，胡宗南部第一军、王均第三军先后攻占静宁、界石铺。23日，在会宁南部的大墩梁制高点——官堡子阻击敌人的激烈战斗中，曾任红三十三军军长、该军与红五军合并后任副军长的罗南辉光荣牺牲。

国民党军在飞机的掩护下，向打拉池和海原地区猛烈进攻，妄图以优势兵力压迫红军于靖远，在黄河以东地区围而歼之。

鉴于战局的突变，党中央及时调整了宁夏战役计划。10月25日，中央军委领导致电红军总部及三个方面军领导人，指出红军应先击破南面的敌人，再集中向北。中央军委决定先以三个方面军主力进行海（原）打（拉池）战役击破南敌，阻止敌人追击。

海打战役是实施宁夏战役的第一步，中央决定由红四方面军的四军、三十一军正面阻击尾追红军的王均第三军，红一方面军从侧后进攻，将其消灭在打拉池一带。张国焘当面表示同意，背后却密令四军、三十一军撤离前敌总指挥部指定的位置，致使红军主力右翼完全暴露在敌人面前，海打战役计划未能实现。

随后中央部署，四方面军以两个军西渡黄河，而后转向宁夏的中卫、定远营行动。10月25日，红三十军在靖远虎豹口渡过黄河，红九军也跟着渡过了黄河。28日，张国焘给中央发报，说四军、三十一军难以完成停止敌人南面攻击的任务，如果取得苏联的物资再以主力回击深入之敌就有把握了。

至30日，红四方面军总指挥部、直属队和掩护四军、三十一军的红五军全部渡过了黄河。

10月30日，蒋介石发布向红军总攻命令，胡宗南部第一军孤军深入豫旺地区，分三路追击红军，战局日趋紧张。11月1日，彭德怀与朱德、张国焘、贺龙、任弼时在海原关桥堡会商，决定在海原、打拉池大道以北寻找战机，消灭胡宗南部两三个师，以阻止其玩命的追击，然后继续执行宁夏战役计划。这次被称为关桥堡作战的计划，因我军的行动意图暴露，敌人不再进攻而未能实现。

渡河的四方面军按照中央计划，应该去攻打定远营，但过河部队却不愿意去定远营。定远营也就是今天的巴彦浩特镇，是阿拉善盟政府和阿拉善左旗政府所在地。巴彦浩特镇分为东城和西城，盟政府在东城，阿拉善左旗在西城，处于巴丹吉林沙漠深处的定远营是沙漠绿洲，此处的沙漠被称为地球上最优美的曲线。当时过了河的总指挥认为定远营四面沙漠，黄沙漫天，人烟稀少，部队吃住都是困难，所以就没有去攻打定远营，而是径直往西去了。

10月30日，渡河部队控制了靖远的一条山和五佛寺地区，中革军委命令稍事休息，在南面破敌后，四方面军继续北去宁夏，继续执行宁夏战役计划。

11月5日，张国焘命令渡河部队迅速西进，要求四方面军"独立开展一个新局面"。11月11日，中共中央和中革军委致电红四方面军领导人，命令组建"西路军"。

本来中央实施宁夏战役是让彭德怀统一指挥的。10月30日，毛泽东、周恩来给朱德、张国焘发电："目前方针，先打胡敌，后攻宁夏，否则攻宁不可能。请二兄握住此中心关键而领导之。除九军、三十军已过河外，其余一、二方面军全部，四方面军之三个军，统照德怀29日部署使用，一战而胜，则全局转入佳境矣。"

第四军、三十一军擅自撤离了前敌总指挥部指定的位置。这样就迫使红军主力向东转移，国民党军进至靖远至海原一线，隔断了河东红军主力和河西部队的联系。

长征进入甘肃时就确定的宁夏战役计划被迫中止。

二、第二次宁夏战役

第二次宁夏战役便是时隔13年后，当年的红军已经是中国人民解放军了，这一次的西北大进军是由中央军委和毛泽东统一指挥，彭德怀负责前线指挥。

1949年8月6日，第一野战军右路军十九兵团在控制六盘山一带后继续向西挺进，中路军第二兵团解放庄浪向西挺进，左路军第一兵团占领甘谷后向西挺进，他们的共同目标是兰州。

此时，毛泽东就已经向彭德怀并贺龙、习仲勋发电，电文中的第二、三、四部分集中安排的就是解决宁夏的问题。

8月8日，彭德怀就解放兰州后向宁夏进军问题向贺龙、习仲勋发电，明确解放兰州后第十九兵团向宁夏进军，要求加紧做好对宁马的内线工作。

8月19日，进攻兰州的部队已经进入兰州。当天，彭德怀向毛泽东发电请示西北干部配备问题，提出了第一军干部抽配青海，第二军、六军干部抽配新疆，第四军干部抽配甘肃，十九兵团干部抽配宁夏的建议。

8月22日，也就是兰州战役初攻受挫的第二天，毛泽东发电给彭德怀并贺龙、习仲勋，明确第十九兵团进军宁夏的时间应该视占领兰州和王震三个军有没有把握占领青海来定，如果可以，第十九兵团可以在兰州休息十天或半个月即向宁夏进军。

8月26日，也就是兰州解放的当天，彭德怀、张宗逊等向一兵团、二兵团、十九兵团发电，明确第十九兵团在兰州以东地区自 8 月 27 日起休整 10 天至半个月，而后进军宁夏，消灭马鸿逵部。当天，毛泽东主席向彭德怀发电，谈到正在采用的政治方式外，要求第一野战军"自筹对付马鸿逵的办法"。

8 月 30 日，毛泽东主席发电给彭德怀、张宗逊，提出一野先占张掖、武威，暂缓进军青海、宁夏。

31 日彭德怀、张宗逊致电毛泽东，提出左路先取西宁、右路取宁夏的建议。

9 月 1 日，第十九兵团发出《向宁夏进军的作战命令》。

9 月 2 日，中央军委给彭德怀、张宗逊发电，提出可否于 9 月 15 日前占领青海和宁夏。

9 月 3 日，彭德怀、张宗逊回电中央军委，兰州离宁夏 1200 里路，十九兵团 9 月 8 日出动，9 月底能占领宁夏省会还是快的。

9 月 4 日，毛泽东就解决宁夏问题致电彭德怀、张宗逊并贺龙、习仲勋，指出向宁夏进军以"不使部队太疲劳为原则，早一点迟一点都可以"，并通报了政治解决宁夏问题的进展情况，指出，"马鸿逵残杀陕北人民甚多"，"改编的部队愈少愈好"。

其实，第十九兵团在 9 月 1 日发出《向宁夏进军的作战命令》后并没有休息十天半个月，而是从 9 月 2 日起兵分左、中、右三路向宁夏挺进了。

第十九兵团六十四军一九〇师骑兵部队向宁夏进军

三、宁夏二马与三道防线

宁夏曾经与热河、察哈尔、绥远省并称为"塞北四省"。1928年9月，国民党政府将甘肃省分治，设立了青海省，把甘肃省宁夏道设立为宁夏省。

国民党政府设置的宁夏辖区包括今天的宁夏和内蒙古的阿拉善右旗、阿拉善左旗、额济纳旗，贺兰山绵延于西，黄河流贯于东，全省面积为30.2万余平方公里，人口75万左右。

据调查资料，这里自青铜峡以下，有人工开凿的秦渠、汉延渠、唐徕渠、惠农渠、大清渠等，附近地带皆可分水灌田，土地肥沃，稻麦咸宜，年种年丰，故人称"塞上江南"。

守在这"塞上江南"的宁夏国民党也有来自临夏的"二马"，即马鸿逵和马鸿宾，俗称宁马。宁夏"二马"自然是两支马家军队。

马鸿逵部是宁夏兵团，到兰州战役前夕，统率四个军。分别是卢忠良的第一二八军、马光宗的第十一军、马全良的贺兰军、马敦厚的骑兵第十军。三个步兵军中每军辖三个师，另有一个骑兵师，连同直属部队和地方部队，共计8万余人，以其次子马敦静为司令。马鸿宾部辖八十一军1.6万人，以其子马敦靖为军长。宁夏这"二马"共计4个军，9.6万人。

西北"三马"中马鸿宾的实力不及其他两马。马鸿逵有宁夏，马步芳有青海，只有马鸿宾势单力薄，栖居宁夏一角，其八十一军还不在银川，分别驻在中卫、中宁、同心一带。马鸿宾在其他"二马"的打压下，只求封妻荫子，保住子孙现有地位就行，无法有更多奢求。

马鸿宾不像马步芳、马鸿逵那样长期反共、反人民。抗日战争时期，他曾表示拥护共产党停止内战、一致抗日的主张，还在绥西一线共同抗击过日本侵略者。

解放战争时期，他配合胡宗南作战时有一位团长被俘，彭德怀亲自接见了这位团长，还给马鸿宾写了一封信交由这位团长带回。马鸿宾看完信不但没有为难这位团长，反而奖给他一匹战马。当然这事只有马鸿宾和那位团长及西北野战军个别领导知道。所以，解放宁夏，政治争取不可或缺。

宁夏的马鸿逵是老牌死硬派。他与马步芳勾结在一起，相互利用，又有矛盾，但在用人的标准上二马出奇的一致，都用的是"甘、马、回、河"，即甘肃人、他马家的家族亲属、回族、河州（今临夏）人，核心权力采取父死子继，兄终弟及的封建继承方式。这样，他的主要军官几乎全是甘肃临夏地区即河州各县的人，下级军官宁夏回族人约占一半。

马鸿逵是国民党军政界有名的"滑马"。他的兵是他亲眼挑选训练的，军官是亲自教导提拔的，军政高干是有背景有历史渊源的。有这样一个官僚队伍，他就顺利地集党政军权于一身，在施政步骤上采取以军治政，以政治党，军是基本，政是工具，党是招牌。所以他在宁夏的统治根深蒂固，得心应手，随处逢源。

全国抗战爆发后，马鸿逵出任第八战区副司令长官兼第十七集团军总司令；1945年12月，任西北军政副长官、西北行辕副主任；随后，在与马步芳的争斗中，国民党广州政府任命他为甘肃省主席。由于兰州战役已经打响，"滑马"没敢到兰州上任。

马鸿逵是继其父马福祥、堂兄马鸿宾之后，统治了宁夏17年，并且想把这一统治世世代代绵延下去的军阀。由于中国革命的伟大胜利，终于在1949年9月彻底粉碎了这个世袭军阀的"小朝廷"，宁夏各族人民得到了解放。

兰州被解放后，他立即组编了一支贺兰军，给他的将领解释说，这是岳飞"踏破贺兰山阙"的意思，他告诉将领们说，我们将要放弃的地方，一面放水，淹没庄稼；另一面放火，烧毁仓库；直到军队打完。后来有人说，这是马鸿逵的"三光"政策：淹光、烧光、打光，而且放言"银川放火时，先由我的公馆烧起"。

8月31日，马鸿逵在银川的大公馆里召集全省县以上党政商界和宗教界人士会议，在会上表明他的态度："宁夏要效法太原阎锡山的办法，抵抗到底！就是损失干净，也在所不计，最后阎锡山还不是当了行政院长吗？"

其实在8月20日，傅作义将军就劝他按照毛泽东主席的意见休战合作，遭到马鸿逵断然拒绝。不过，他的确很"滑"。9月1日上午，他便将宁夏的军政大权交给他的次子马敦静，带着六姨太、参谋长等30余人及7吨多的黄金飞赴重庆，在重庆遥控他的部队要"死守宁夏"。

9月5日，宁夏兵团司令官马敦静在吴忠堡召开有各军长参加的军事会议，按照马鸿逵的作战意图，制定了"放水、放火、打光"或者叫"三光"死守宁夏计划。马敦静重新调整了各军建制，形成了以银川为主线的三道防线，要用这三道防线抵御第一野战军第十九兵团的进攻。

第一道防线：以骑兵军第二十团守同心，第八十一军一部守靖远，新编骑兵军第一旅守景泰；

第二道防线：以贺兰军守中宁，第八十一军主力守中卫；

第三道防线：以第一二八军守金积，第十一军守灵武。

9月2日起，十九兵团兵分三路，挥师宁夏。

第二节　马鸿宾起义

一、进军宁夏

和谈往往要在战斗中进行。针对宁马的部署,十九兵团瞄准其第一道防线,让部队朝着具体目标徐徐前进。

9月1日,第十九兵团下达作战命令,具体部署了第一步以截击中宁之敌为目的的进军作战计划。

9月2日,十九兵团十万大军分左、中、右三路向宁夏挺进。进军路线是从兰州以东榆中猪咀岭的十九兵团指挥部周边,三个军在不同的时间朝着不同的方向进攻宁夏。

第六十三军率先出发。以一个团和军工兵营附六十五军工兵营组成先遣队,于9月2日出发,担负为主力先头扫荡残匪、修补道路、筹集粮秣等任务。9月7日,再兵分三路出发,一路是军部和一八七、一八九师主力,以4日行程,自行选定路线进至靖远以北地区后休息一天,而后分出一部分兵力向北经陡城堡、水泉扫清残匪,沿公路东进;一路是军主力,经打拉池向中宁攻击前进;另一路是一八八师,该师沿黄河北岸,在军主力部队左侧后向中卫推进。

第六十五军于8日出发。以5日行程,经过榆中贡马井一带的东西地区,分路进至郭城驿、黑城子、叶张家、双寨子地区休息一天,而后经靖远、打拉池随六十三军前进。

在宁夏的六十四军自己把控进军节奏,等待兵团主力进至靖远地区后,即由现驻地出动,主力经红寺堡向中宁东北前进,截断中宁之敌的退路和打击增援之敌,另以一个师沿平宁公路向中宁前进,配合六十三军夹击中宁地区之敌。

炮团和战车队分头行动。发起宁夏战役后,十九兵团炮兵团、战车队归六十三军指挥。炮兵团于3日出动,经峰口、新集儿、会宁西北三十里铺,第一步进至靖远地区。战车队及机械化炮兵营7日出发,按照六十三军进攻部署到达指定位置。

十九兵团机关自4日出发。十九兵团机关及其他直属单位因为担负筹粮修路及扫荡地方残匪任务,4日出发后第一步进至郭城驿,10日进到靖远东南之十里铺。

十九兵团指挥部于7日出动,第一天进至榆中的甘草店宿营,随后根据进攻情况向着宁夏进军。

宁夏战役十九兵团发兵从容不迫,十九兵团既没有用较长时间休息,也没有打疲劳战。兰州决战前,各兵团长时间的奔袭作战,部队疲惫不堪。对于宁夏作战毛泽东主席认为早一点晚一点都可以。所以,十九兵团规定,部队每天只行进30公里,每天早上7时出发,前进中遇到雨天各军可以自行机动避雨,不要冒雨奔袭。

为了加强宁夏的力量,9月4日,贺龙、习仲勋命令黄罗斌率独一、独二两师6000余人收复陕北三边即靖边、定边和安边地区后,部队暂时归六十四军指挥,由定边向豫旺和固原七营地区前进。

在下达了作战计划的同时,十九兵团还对守护后方交通线做了详细分工:

> 六盘山下的瓦亭至固原、黑城镇段,归六十四军负责;
> 固原黑城镇以北,同心城至广武城河东岸归六十三军负责;
> 广武城河东岸由青铜峡以北至宁夏银川城完全归六十五军负责。

这样,解放宁夏的部队除了第十九兵团的3个军9个师外,还有西北军区独立第一师、独立第二师,共11个师,跟宁马四个军13个师大体相当。

二、突破第一道防线

针对宁马的防御部署，兵团从兰州出发时就决心首先突破第一道防线，截击马鸿逵部守卫中宁的贺兰军，为争取中卫马鸿宾部第八十一军起义创造条件。完成这一步就可以集中力量歼灭金积、灵武、银川之敌。

9月5日，左路六十三军一八八师分三路沿黄河两岸北进。一时间，师主力沿黄河东岸，五六三团沿黄河西岸，五六四团乘羊皮筏子和木船顺河而下。

12日一八八师逼近景泰，突破防御阵地，宁马新编骑兵第一旅少将旅长张钦武率千余人投诚，景泰获得解放。第一八八师乘胜北渡黄河，17日占领沙坡头、引水桥一带，兵临中卫城下。

9月5日，第一八七师先头部队五六一团占领一条城、小炉子，歼敌一部。解放靖远县城。

同时，中路十九兵团率六十三军和其他两个师、第六十五军，由兰州、定西梯次沿兰宁公路北进。

11日，第六十三军进占打拉池后，第一八七师冒着狂风暴雨，越过香山取捷径，向中卫追击。

16日，第一八七师的先锋团五六一团突然出现在黄河南岸的枣林子，并抢占进村北路，断敌退路，宁马第八八一团千余人被迫放下武器。六十三军锐不可当，来势凶猛，宁马望风而逃，宁马八十一军三十五师一〇三团向高家滩渡口逃窜。

第一八七师五六一团二营猛追十余里，经半小时激战，将该敌全歼。先锋团的第五六一团先后歼敌两个团，毙伤俘1833人。

9月10日起，右路第六十四军配属的兵团榴弹炮团和战车队和刚刚归该军指挥的西北军区独立第一、二师，从固原、海原、七营等地出发，沿西(安)银(川)公路开进。

奉贺龙、习仲勋命令的西北军区独立第一、二师从定边行至同心县下马关，在没有与六十四军取得配合之际，马鸿逵、马敦静命卢忠良的第一二八军发起大规模偷袭，导致刚刚进入宁夏的两个师遭受较大损失，卢忠良受到马鸿逵赞扬。

12日，第六十四军一九〇师解放同心县，宁马骑兵第二十团疯狂反扑，一九〇师英勇作战，打退了反扑。

14日，第一九一师直取中宁县城以北重镇鸣沙洲，守敌贺兰军闻风而逃。

14日中午，第一九〇师解放中宁县城，人民群众出城欢迎。至此，宁马第一道防线被第一野战军突破。

三、争取政治解决

马鸿宾一直受马鸿逵的排挤，所以他的第八十一军有起义的意向，但他一直心思重，顾虑重重，担心他的部队归属，尤其是起义后他个人的生命财产安全如何保障。

毛泽东主席始终坚持对宁夏二马要区别对待，坚持军事打击和政治瓦解并用。为争取和平解决宁夏问题，中共中央和毛泽东早就通过傅作义、邓宝珊等做马鸿宾的工作。西安解放后，第十九兵团曾派联络部长甄华等赴宁夏同马鸿逵、马鸿宾有过接触。

在杨得志寻求政治解决宁夏问题的过程中，毛泽东已经得到情报，宁夏马鸿宾已经到包头去拜会邓宝珊了，还说八十一军军长系马鸿宾之子马敦靖，其部队与马鸿逵的部队不一样甚至是两回事。所以毛泽东致电彭德怀、张宗逊在说明原委后说，马鸿宾决定只要解放军不打，他就能使八十一军成为人民军队。毛泽东指示彭德怀和张宗逊，先停止与马鸿宾作战，以便商谈。

当第十九兵团向宁夏进军的时候，9月4日，毛泽东致电彭德怀、贺龙、习仲勋等，指出，马鸿逵残杀陕北人民甚多，从来没有做过好事，要求第一野战军首先对该马力争全部缴械，对其他部队则争取大部缴械，一部改编。这里的其他部队指的就是马鸿宾的部队。毛泽东同时要求派人向马鸿宾做些工作，争取大部和平缴械，一部改编的局面。

9月19日，毛泽东起草的薄一波复傅作义电明确指示，要把马鸿宾部与马鸿逵部区别看待，无论是马鸿宾还是马敦靖，要解决问题，应速派代表到兰州第一野战军司令部找彭德怀司令员接洽，或到固原十九兵团司令部找杨得志司令员接洽。如马鸿宾能亲自去兰州或固原一趟则更好。他告诉傅作义，彭德怀已经知道马鸿宾的为人是和马鸿逵有区别的，他也正想找马鸿宾接洽。如马鸿宾能亲自去，或派代表去，必然会受到彭德怀和杨得志欢迎，不会有任何危险。但要快，不能再拖延。

20日，毛泽东指示彭德怀、张宗逊、阎揆要、甘泗淇："你们则靠自己力量，用打拉两种方法争取迅速解决宁夏问题。"

23日，毛泽东复电彭德怀："你们应尽可能解决马鸿逵部，越彻底越好。酌量保存马鸿宾部，照我军制度改编。"

毛泽东的指示，指明了解放宁夏的基本方针和政策。

四、以打促和

兰州解放后，第十九兵团积极寻找对宁夏能产生影响的上层人士，在兰州寻找到郭南浦后，杨得志拜会了他。

郭南浦，祖籍宁夏金积，清朝光绪年间中秀才，继承父业成为著名的老中医。他是西北抗日救国宣传团的组织者，宁夏回族教育的倡导人。

杨得志见到郭南浦时，只见70岁开外的他性格爽朗，头脑清楚，动作灵敏。老人捋着半尺长的银色胡须，很有兴致地听完了杨得志的话之后欣然表态，愿意把杨将军为国为民的宗旨转告马鸿宾。

杨得志为郭南浦的精神所感动，但念及他年事已高、赴宁路途又遥远，一路上战火纷飞，担心老人身体安危。郭南浦手捋银须，动情地表示："老当益壮，老马之智可用！"杨得志征得彭德怀同意，携郭南浦一道进军宁夏。

十九兵团遵照毛泽东的指示，采取军事打击和政治瓦解共同解决宁夏问题。

第一道防线被攻破后，引起马鸿逵内心的恐慌。继续打，他明白无异于以卵击石；不打，没法给蒋介石交代。于是，他决定借口参加重庆国民党重要会议，把岌岌可危的宁夏的军政大权交给二公子马敦静，他自己先溜出银川，"滑马"采用了既能保命，也能给儿子安排退路的办法应付蒋介石。

马敦静此时抓紧调整部署，把防守的重点放在银川。他命令贺兰军撤出中宁，北渡黄河加强右翼防范；第十一军退守银川；第一二八军继续坚守金积、灵武；把中卫、中宁的第二防线防守任务交给了马敦靖的八十一军。

9月16日，第十九兵团三路大军，已经全部从黄河南、北两岸进入宁夏河套地区。右路与中路大军陈兵黄河右岸与中卫隔河相望，处于对峙之中。左路大军从黄河左岸逼近中卫，宁马马鸿宾部马敦靖的第八十一军处于解放大军的夹击之下。

此时，郭南浦老人正在做马鸿宾的工作。为了配合郭南浦，9月17日，第一八八师进占中卫沙坡头附近的黄家庙、迎水桥后，摆开了进攻中卫的架势；第六十四军榴炮团突然以猛烈的炮火袭击黄河左岸的碉堡和公路上来往的汽车；第一八八师乘机利用第八十一军撤退时未来得及拆除的电话线与守敌通话，劝告第八十一军军长马敦靖认清形势，弃暗投明。

谈判一度陷入僵局。出现僵局的原因是马鸿宾不在宁夏。宁夏战役打响后，马鸿宾去了绥远见傅作义，并期望通过傅作义能见到毛泽东主席，向毛泽东主席请求起义。在解放军大军压境，军事、政治双管齐下，马敦靖不与解放军作战大目标是明确的，他也召集军官会议做出了专门说明，但如何起义，他自己却毫无主张。

9月17日，第六十四军派了原马鸿宾部副官做军代表，马敦靖派少校参谋杨子俊去谈判，由于杨子俊也不知道怎么谈，就没有谈出结果。

第六十四军看清楚了这一切以后就向马敦靖提出了具体的要求。18日，马敦靖派其少将师长马培卿为代表前往中宁县城，同第六十四军联络部长牛连壁商谈，一起草拟了和平起义协定的具体条文。

黄昏时马培卿回来诚恳地跟马敦靖说，这个和平协议你若同意，19日12时就去黄河滩上签字；若不同意，解放军就要开炮了。19日11时，马敦靖带着马培卿等乘羊皮筏子来到沙滩上，随后六十四军代表也乘羊皮筏子来到黄河边的沙滩上，马敦靖见沙滩上没有可坐之处，谈话又不方便，提出去中宁县城商签。

六十四军军代表以为马敦靖又故意拖延。马敦靖倒是很真诚地认为，这个协议是大事，可以到解放军驻地去签字，并承诺自己全程跟着解放军不离开半步。顾虑消除后，马敦靖与六十四军军代表同车到中宁县城第六十四军军部、当时的中宁县宁夏省银行办事处，同第六十四军军长曾思玉正式谈判后，于19日19时在《中国人民解放军十九兵团与国民党第八十一军和平解决协定》上签字。签字仪式上，曾思玉还约请了六十三军军长郑维山出席，签字后合影，然后设宴欢谈。

傍晚，马敦靖一行5人兴辞而去。在马敦靖乘羊皮筏回石空堡的路上，马鸿宾从绥远返回给马培卿打电话了解了一切，马鸿宾说这样也好，和平协议签了，自己放心了。

马敦靖当晚返回中宁后，向全体军官宣读了协议全文，敦促所属部队要遵照执行。

第八十一军起义，宁马第二道防线被彻底摧毁。马鸿宾、马敦靖的国民党第八十一军起义，对宁夏形势发生了重大影响，进一步孤立、分化和打击了马鸿逵的势力，加速了宁夏解放的进程。

12月19日，中国人民革命军事委员会将起义的第八十一军改编为中国人民解放军西北军区独立第二军，军长马敦靖、政治委员甄华。21日，马敦靖召集中宁自己部队的官兵宣布了正式起义的消息，他的第八十一军军部和第三十五师、第二九四师、第三五八师共1.6万余人从此加入中国人民解放军序列，起义官兵和接收的解放军官兵欢呼庆贺。

10月1日，宁夏军区为该部举行了授旗仪式。

第三节　解放宁夏

马鸿宾、马敦靖率部起义给马敦静的头上炸响了一枚重磅炸弹。

一、马敦静炸开黄河古堤

马敦静剩下最后一道防线,他知道以第一二八军守金积,第十一军守灵武的第三道防线已经不安全了。气急败坏的马敦静一边大骂马鸿宾,一边下令炸堤放水。

接到命令后,卢忠良的一二八军工兵在军官的监督下,点燃了早已埋好的炸药。有千年历史的秦渠、汉渠被炸开,数十里黄河河堤爆炸声如战场上的排炮轰鸣,洪水倾泻而出,仅金积一县就淹没即将收割的稻谷1.4万余亩、损失秋粮4万余石、冲毁民宅600余间。

炸堤放水后,宁夏兵团司令马敦静第三次调整作战部署。这次调整只对他所属的3个军11个师。马敦静命令,贺兰军(不含保安第一师)和第十一军继续退向银川、灵武、宁朔地区,以第一二八军军部和二五六师位于灵武县,保安第三师位于吴忠堡,第三五六师及骑兵第二十旅位于金积以南以东地区,保安第一师位于金积以西地区,组织力量在金积、灵武一带防御。

二、金灵之战

洪水并没有阻挡住解放军进攻的步伐。9月19日11时,六十四军第一九一、一九二师分为左右两翼,扑向金积,剑指卢忠良的一二八军;六十三军从石空堡北渡黄河,直指银川。

代父指挥的马敦静将前线指挥的大权交给了第一二八军军长卢忠良,自已在深夜里直奔机场，钻进一架早已准备好的座机，逃往重庆。在此之前，马鸿逵的长子、骑兵师长马敦厚已携眷逃走，离开宁夏。

第十九兵团立即调整战术，命令第六十四军配属兵团机械化营和坦克战车队，并指挥第一九五师、独立第一师、独立第二师，共5万余人为主攻部队，首先攻打金积、灵武地区，消灭第一二八军；命令第六十三、六十五军从中宁等地北渡黄河攻击贺兰军，配合金积、灵武地区作战。第六十四军迅速做出部署：

> 第一九一师先攻牛首山，而后由西、南向金积进攻，实施分割围歼；
>
> 第一九二师指挥兵团野炮营经滚泉由南和东南向金积进攻，协同第一九一师攻歼金积守敌；
>
> 独立第一师及五七一团沿豫（旺）灵（武）公路攻击前进，迂回吴忠堡，协助主力歼灭金积之敌；
>
> 第一九〇师、一九五师为第二梯队，随主攻部队后跟进。

金积、灵武地区的制高点牛首山，位于黄河东岸，南北走向，与贺兰山隔水相对，成为金积、灵武地区的天然屏障。17日下午7时，第一九一师五七三团沿崎岖山路向牛首山进发，以突袭战术，轻装直扑主峰小西天，傍晚又击溃东寺守敌，控制了另一制高点。

18日，驻守金积的国民党宁夏兵团第一二八军副军长兼第三五六师师长马宝琳向第一二八军军长卢忠良告急，卢忠良答应率部增援。卢忠良率该军军部和二五六师来到位于吴忠堡一侧的灵武县。解放军第一九一师向灵武进攻，经过7个小时激战，于19时突入城内，守敌第二五六师及溃退至此的5000余人缴械投降。卢忠良乘着混乱带极少数人逃回了银川。

19日，第六十四军第一九一师攻占青铜峡口，并跟踪追击逃敌，打垮了金积以南西滩村顽抗之敌；第一九二师在前进途中击退骑兵第三十八团的阻击，逼近金积县城外围，将宁马第三五六师围困在城内。

第一九〇师急速发兵，经鸣沙洲、滚泉向金积挺进。为断金积逃敌的退路和攻歼吴忠堡之敌，第一九〇师到达金积后，第一九一、一九二师即转向吴忠堡进发。

20日16时，第一九二师五七五团扫清清水沟南岸各据点后，逼近金（积）吴（忠）公路跨越清水沟的芳合桥。此时，芳合桥已被宁马破坏，宁马一个连据守在对岸碉堡，疯狂射击，一九二师第五七五团三次进攻均未成功。

一九二师急调炮火掩护，组成突击队分路迂回敌后，用炸药包炸毁敌碉堡，占领了桥头堡。五七五团通过清水沟后，猛烈穿插、分割，于吴忠堡外围俘敌千余人。

吴忠堡今属吴忠市吴忠镇，民国时期是宁夏河东商贸、政治及文化中心。此时，宁马一二八军保安三师把守着吴忠堡。

21日6时，第一九一师集中优势兵力和火器，以勇猛动作突破吴忠堡东南门和清水沟防线，与迂回吴忠堡东北之独立第一、二师及第五七一团相互配合，大量歼敌于吴忠堡外围，11时占领吴忠堡。

19日就被围困在金积的一二八军主力第三五六师和逃入城内的贺兰军保安一师见援兵无望，全部投降。21日晚金积解放。

21日晚，原国民党马鸿逵部第一二八军副军长何晓霆、灵武县县长张国维等国民党军政人员列队欢迎，解放军第十九兵团第六十四军一九二师的步兵、骑兵、炮兵浩浩荡荡进入了灵武县城。

解放军还截获800多名企图逃跑的敌人，并缴获大批军用物资。部分企图从灵武、仁存渡向黄河西逃的第一二八军残部，因无船过河，冒险囚渡，多人葬身黄河波涛之中。至此，金积、灵武战斗结束。

从9月19日至21日的金灵之战，歼灭敌主力第一二八军一部，俘7300余人，缴获各种火炮124门、汽车23辆、各种枪支2890多支，以及各种弹药110多万发。

三、宁马3个军投降

金灵之战的胜利，使宁马防线全面崩溃，首府银川完全暴露于解放军的攻击之下。在这个时候绥远董其武通电起义，中卫第八十一军和谈成功，使本来就惶恐不安的宁马高级将领完全丧失了再战的决心。

在解放军强大军事压力下，宁马的高级将领于19日上午在银川仁存渡口集合共商对策。20日15时，宁马贺兰军军长马全良、第一二八军军长卢忠良、第十一军军长马光宗等将领领衔发出要求停战、听候改编的通电。彭德怀于21日要求尽快派代表去中宁与杨得志接洽。

23日上午，卢忠良等3名军长作为代表抵达中宁，杨得志见到卢忠良等人迎头就是一通痛斥，历数十九兵团进入宁夏以来他的种种罪恶行为。卢忠良羞愧难当。

23日14时，第十九兵团司令员杨得志、政治委员李志民，宁夏兵团及军政代表国民党一二八军军长卢忠良、宁夏保安司令部参谋长马光天、省政府秘书长马廷秀，分别在《和平解放宁夏问题之协议》书上签字。

在宁夏发出接受改编的通电签字的，除了卢忠良等三人外，还有宁夏贺兰军军长马全良、第十一军军长马光宗以及各军的副军长、各师师长、旅长等人。

和平协议并没有立即给宁夏带来和平。在协议签字前后，宁马贺兰军及第十一军相继溃散，无法履行和平协议关于"凡人民解放军尚未到达之地区"由原宁夏当地军政机关部队看管物资、维持治安，不得发生任何破坏损失事件等规定，故而新华社撤销了原拟于9月24日公布该协议全文的决定。

四、制止银川兵乱

和平谈判一直在中宁举行，银川却发生了兵乱。22日上午，已经逃回银川的国民党第十一军一六八师在开大会时听到有人说，他们接受改编后要随解放军打到四川去，致使恋乡厌战的宁夏兵在会场上一哄而散。受到一六八师逃跑的影响，一六九师也冲出银川老城军营，一万多散兵撒向了银川城。

贺兰军军长马全良听到传言说，有人要暗杀他，也不敢核实真假，急忙带上副军长王伯祥连夜跑到吴忠堡找六十四军军长曾思玉做汇报。

23日，贺兰军已经自行溃散，一二八军的残兵也逃离军营，国民党宁夏兵团已经无力控制宁夏军队，看到满城的乱兵滋事，马鸿宾从银川向第十九兵团发出急电，请求杨得志速派兵进驻银川管控局势。杨得志与第六十四军军长曾思玉商定，当即派第一九一师五七二团两个营乘车连夜赶到银川。

23日夜，第五七二团各部队迅速集结，冒雨从仁存渡口西渡黄河，马鸿宾紧急调来的40辆卡车已在对岸等待，接上五七二团的官兵后向银川疾驰而去。一九一师五七二团连夜进城迅速奔向各个目标，占领了四个城门和钟鼓楼、玉皇阁等制高点，解除了国民党第十一军一六八师残部人员的武装，基本控制了银川的秩序。

24日，一九一师主力进入银川城后发现国民党旧部的一个加强连受到顽固派的操纵，携带武器向贺兰山方向逃窜，还向追击的解放军开枪，一九一师果断追击，全部歼灭了这伙匪徒，彻底控制住了银川的混乱局面。

五、扩大战果

解放宁夏的战斗在向宁夏边境扩散。在宁夏全境解放前，当时归属宁夏的两个特别旗也前后发出通电，和平解放。

23日，地处西北一隅、管理着现在的阿拉善左旗和阿拉善右旗的阿拉善特别旗旗政府第九代王爷达理札雅，说服他的旗助理罗巴图孟柯一起向解放军并彭德怀和毛主席发出通电起义，愿意脱离国民党政府，召开群众大会当众宣布起义，还把9月23日定为阿拉善的和平纪念日。该通电经十九兵团转毛泽东、彭德怀后，由彭德怀、杨得志回电表示欢迎。

9月27日，宁夏额济纳旗扎萨克兼防守司令塔旺嘉布发出通电，和平起义。这样，宁夏的藏、蒙古族地区全部和平起义。

在此之前的9月26日，第十九兵团在银川举行隆重的入城仪式，马鸿宾率各族群众700余人齐集银川南门外广场欢迎。

同日，银川军事管制委员会成立，十九兵团司令员杨得志兼任主任，马鸿宾、朱敏、曹又参为副主任。

第十四章　风雨宁夏 / 355

宁夏战役从9月2日开始到23日结束，在21天中第一野战军第十九兵团贯彻毛泽东军事打击与政治争取相结合的方针，对马鸿宾和马鸿逵部区别对待，使宁夏问题得到比较顺利的解决。

宁夏战役共毙伤国民党马鸿逵部989人，俘1.8万余人，争取起义1.2万人，投诚2599人，合计3.716万人。第十九兵团伤亡700多人。

9月底，宁夏全境16个县、市、旗全部解放。

飞逃重庆的马鸿逵每天都关心着宁夏的战况。马敦静到重庆后，马鸿逵迅速赶去见面，当看到毫无精气神的儿子时，二人相对而泣。父子相见时四目相对皆是泪，马鸿逵是极不愿意离开宁夏，极不愿意放下手中军政大权的。

十九兵团首长杨得志、李志民、潘自力等到"五亩宅"探望马鸿宾

9月底马鸿逵逃到台湾。当年在兰州被他挤对走的郭寄峤此时已经是台湾"国防部"的次长了，郭寄峤联合马步芳父子指控他，要他对西北败局负责。台湾形成了"马步芳战，马鸿逵看"的舆论氛围。马鸿逵又一次使出"滑马"招数，先以治病名义把四姨太刘慕侠送到香港，随后找副总

统陈诚请假一月去香港看望病危的四姨太，到香港后请陈纳德疏通，于1950年逃去美国，先住在旧金山，后住在洛杉矶。1970年1月14日，死于洛杉矶。

10月28日，宁夏军区组成，王道邦兼司令员，潘自力兼任政治委员，副司令员黄罗斌、曹又参，参谋长牛化东，政治部主任孙润华。

12月23日，宁夏省人民政府成立，潘自力任主席，邢肇棠、李景林、孙殿才任副主席。从此，宁夏各族人民获得解放，开始了宁夏建设的新时期。

第十五章

遥向天山

新疆问题的解决是通过通电起义、挺进新疆、接管政权三步走实现的。清朝和国民党政府用两年半时间完成的进疆,一野用六个月时间提前半年"完成了最后一次长征"。

有一首民歌很火很著名，叫《在那遥远的地方》。人们不禁要问，那位好姑娘究竟在什么地方，有多远？

在青海，在西藏，抑或还有别的什么地方？

新疆，地处我国西北边陲，土地面积160余万平方公里，占中国国土面积的六分之一，是我国最大的省。新疆有陆地边境线5600多公里，约占全国陆地边界线总长的四分之一，与苏联、阿富汗、巴基斯坦、印度等国家接壤，战略地位十分重要。

这里生活着以维吾尔族为主体的14个少数民族430余万人民。中国共产党从诞生之日起就关心关注着新疆各族人民的生活，陈潭秋、毛泽民、林基路等许多共产党人曾血洒新疆。

这里也是国民党顽固势力、美国势力、苏联势力和地方民族主义分裂势力等各种势力盘踞的敏感地区。

兰州战役开始后，马家军部队中的部分军官有逃往新疆的准备，西北军政长官公署、国民党甘肃省政府也准备逃往新疆。新疆国民党军政内部的"主和派""主战派"严重对立，国民党新疆驻军达7万多人。外有重兵压境，内有民族军威胁，新疆的主政者进退两难。

中国人民解放军从兰州经河西走廊到新疆，跋山涉水，有千里、万里之遥。

解决新疆问题需要高超的政治智慧，需要顽强的意志品质，更需要伟大的牺牲精神。

第一节　天山谋略

一、提前进军新疆缘由

进军新疆的时间本来取决于兰州决战取胜的时间。但毛泽东对决战西北有个总体的把握。1949年6月27日，毛泽东给彭德怀发电说，我们希望本年年底前能解决甘青宁三省，明年春季或夏季占领新疆；后来还给彭德怀和贺龙、习仲勋发电要求"入疆部队至少休整一个月"。之所以做出这样的要求，一是源于他的"走路和接管"的判断。即只要能歼灭两马主力，西北战局即可基本解决，"往后占领甘青宁新四省，基本上是走路和接管问题"；二是一野千里奔袭兰州，已经疲惫；三是新疆距甘肃路途遥远，后勤保障供应等都需要统筹解决。

但到了7月23日，毛泽东致电彭德怀："如能于八月上半月完成打马战役，""则有可能于冬季占领迪化，不必等到明春。"占领新疆的时间在不到一个月里就提前了将近半年。

此时，还在平凉的彭德怀则一脸的疑惑：平凉到迪化全长2240公里至2300公里，步行日以35公里计，需时66天，每4天休息一次，共需3个月才能到迪化。这还不包括进疆的物资准备，400公里的星星峡东西无人烟，缺水缺粮，燃料用水都须预备运送。加上安西至星星峡一段，气候恶劣，黄旋风、黑旋风来势猛。从酒泉至迪化，严冬时气温零下30摄氏度至零下50摄氏度，非皮帽、棉服、毡靴难过冬。满脸愁容的彭德怀给毛泽东实话实说了。8月3日，彭德怀给毛泽东回电"目前两马主力未遭歼击，今年能否进兵哈密、迪化，须打下兰州、西宁后才能做具体计划"。

没想到毛泽东步步急逼，于8月4日给在苏联的刘少奇、王稼祥发电：

"8月底或9月初可能占领兰州，那时即可准备进取新疆。"毛泽东在37天内三次更改进疆计划，把进疆的时间提前了半年，这其中必有重大隐情。

1949年6月26日到8月14日，经斯大林同意，刘少奇率领中共代表团为争取建国的国际支持而秘密访问苏联。6月27日双方初次会谈时，斯大林针对中共代表团通报中国革命形势问题时说，苏联得到一个情报，美国企图策动在甘肃、宁夏和青海的马家与新疆的国民党顽固势力以及民族分裂势力相勾结，建立一个所谓的"东突厥斯坦伊斯兰共和国"，然后宣布脱离中国，英、美等国家会予以承认和支持。斯大林指出，一旦出现这种局面，不但对中共解放新疆不利，而且对苏联也非常不利，还会影响苏联中亚几个加盟共和国的安全与稳定。斯大林的意见很全面，不要拖延占领新疆的时间，不给美国人、英国人干涉新疆事务有可乘之机。

在莫斯科的刘少奇向毛泽东通报了有关情况，引起毛泽东的高度警觉。当时第一野战军正在筹划扶眉战役，距离新疆最近的是在苏联的中共代表团，于是经刘少奇提议、毛泽东决定选派邓力群赴新疆，从苏联直达伊宁。行前，王稼祥、刘少奇先后找他专门谈话，明确了他的身份和具体任务。

1949年8月14日，邓力群从莫斯科出发秘密前往新疆，他以中共中央联络员的身份，代表中共中央与新疆各方面政治势力做工作，以争取新疆和平解放。他很快与三区革命政府领导人、新疆少数民族领导人、新疆一些上层人物达成和平解放新疆，维护祖国统一的共识。

邓力群在新疆物色并向毛泽东推荐了一位关键人物——张治中。邓力群在与三区领导人和苏联驻迪化副总领事接触中，了解到陶峙岳和张治中是保定军校的同期同学，两人之间的关系非常好。张治中对新疆国民党守军上层、特别是对国民党军主要领导人陶峙岳有重要影响。他于8月20日、9月2日、3日连续向中央报告了张治中对新疆的影响力，推荐他出面做新疆的稳定和和平解放工作。邓力群的报告和意见被毛泽东采纳了，很快毛泽东直接出面于9月8日请张治中做驻新疆国民党军队的工作，张治中在争取新疆走和平解放的道路上发挥了重要作用。

这一段时间，围绕着新疆问题，党中央、毛泽东应该是三招并使，邓力群、张治中做政治努力，彭德怀做部队进疆的准备，四野抽调战车营和汽车支援一野，苏联帮忙解决飞机空运部队问题。

现在回过头来看，8月23日，在兰州战役总攻开始前，毛泽东在给彭德怀、张宗逊的电文要求集中三个兵团攻打兰州时指出："王震兵团从上游渡河后，似宜迂回于兰州后方，即切断兰州通青海及通新疆的路并参加攻击，而主要是切断通新疆的路，务不使马步芳退至新疆为害无穷。"真是高瞻远瞩。

后来，身为新疆省政府任命的阿山专员乌斯满，就在美国驻迪化领事支持下，策划组织了"反苏反共反三区革命委员会"，乌斯满任副委员长。1950年3月，拥有枪支千余、兵力达3000人的乌斯满在美国支持下，公开反对新疆人民政府和人民解放军。直到1951年2月19日，乌斯满逃往甘肃敦煌海子地区才被解放军第三军二十七团活捉。

二、"和"与"战"的角逐

当时的新疆有四种力量：一是以陶峙岳、包尔汉为主的进步力量，一是分别属于马步芳系统和胡宗南系统的军事力量，三是既不属于国民党也还没有与中国共产党取得联系的民族军，四是有美国背景的乌斯满武装。

成立于1945年的新疆警备总司令部是新疆最高军事指挥机关，陶峙岳任新疆警备总司令。列入新疆警备总司令部序列的部队有国民党整编师、警备总司令部直属的部队、联合后勤总司令部指挥的新疆供应局、空军部管辖的部队及地方部队四种类型部队。

1946年5月，国民党撤销集团军建制，军、师分别改为整编师、整编旅，整编师的兵力相当于军。整编师又分为甲、乙两种。列入新疆警备总司令部序列的有3个整编师：整编四十二师、整编七十八师为甲种师，整编骑兵一师为乙种师。新疆南疆驻有一个整编师，东疆、北疆驻有两个整编师。

联勤总部新疆供应局属于甲级局。大小单位50多个，各单位驻地分散，遍布全新疆。

新疆警备总司令部机构庞大，机关中的司令、副司令、参谋长陶峙岳、赵锡光、陶晋初均为中将，有8名少将，内设机构有8个处，直属部队有警备团、宪兵二十团二营，下属还有迪化、南疆两个独立的警备司令部，有整编一七八旅旅部内东疆、整编六十五旅旅部内库车—阿克苏两个守备司令部，有骑兵九旅旅部内的喀什警备区司令部，有整编骑兵七旅旅部内的奇台、阜康、木垒三县警备司令部等6个警备、守备司令部，迪化警备司令部司令为中将副师长，其他的司令全部为少将军衔。在这些军事主官中，出自黄埔军校的人很多，一些军官还来自经苏联过来的东北义勇军和原新疆盛世才的部队。

在迪化的军政当局出于不同的利害关系，内部分化成两派。以新疆警备总司令陶峙岳、新疆省政府主席兼迪化保安司令包尔汉、新疆省政府秘书长刘孟纯、迪化市市长屈武、新疆警备总司令部参谋长陶晋初、新疆警备副总司令兼南疆警备司令赵锡光、新疆供应局局长郝家骏、第八补给区司令曾震五等人为代表的爱国力量，在中国共产党统一战线政策的感召下，认清国民党大势已去，赞成中共中央关于解决新疆问题的主张，希望和平解放新疆。

另一派由三个部分组成。第一部分是军队派，分为3个系统。一是属于马步芳系统的整编骑兵第一师及其整编第一、二旅两个整编旅，整编师师长是原骑五军军长、马步芳的外甥马呈祥；二是属于国民党胡宗南系统的，有整编四十二师及其所辖的第一二八、六十五、二三一旅等3个整编步兵旅，骑四、骑九两个整编骑兵旅共5个旅，师长赵锡光兼；有整编第七十八师及所辖的第二二七、一七八、一七九旅等3个整编旅，该师师长叶成，一七九旅旅长罗恕人；三是指挥权属于西安、青海的，有空军第二五九中队，联勤总局所属的新疆供应局。

第二部分是新疆省政府系统，有副主席穆罕默德·伊敏、曾任新疆省政府主席的麦斯武德、曾任新疆省政府秘书长的艾沙、哈密行政公署专员兼新疆保安副司令尧乐博斯、新疆省政府财政厅厅长贾尼木汗等。

第三部分是曾任阿山公署专员的乌斯满等为首的反动势力，在美国驻迪化副领事马克南的策动下，主张对抗解放大军，坚决与人民为敌。

上述新疆的军政要员除了新疆三区民族军以外，其余都分成了"主和派""主战派"，新疆的驻军也分别被这截然不同的两派所掌控。国民党军驻新疆的3个师9个旅及新疆联勤总部和空军地勤人员，分驻天山南北各战略要地。

叶成、马呈祥、罗恕人掌握大部分兵权，驻守北疆，是新疆和平解放的主要障碍。

驻疆部队从序列上看归新疆警备总司令部，按照陶峙岳的说法，只是属于一种象征性的隶属关系，"无事时还能维持一种礼节性的接触，有事时则各为其主，各行其是"。陶峙岳和赵锡光所能掌握的部队，主要是迪化的警卫团、警备营、新疆军官训练班以及驻守南疆的整编第四十二师所属整编骑兵第九旅和整编第四十二师等部队，其中四十二旅所辖的3个整编步兵旅、2个骑兵整编旅，全师官兵3万至4万余人，军马万匹，与警卫团、警备营等都是和平起义的可靠力量。

三、"和"的战略

在部署兰州战役时，毛泽东始终坚持两手抓，一手抓进疆军队的部署，一手抓政治争取的部署；实行两个区别对待：对二马"务必全歼"，对其他民族军队"和平改编"。这是一位战略家解决西北问题的基本战略。

对新疆，毛泽东是通过"两步走"的办法，先争取张治中，再通过张治中去争取陶峙岳。在南京解放不久后的4月28日，毛泽东曾致电彭德怀，专门讲述了用和平方法解决西北问题的可能性。而变这种可能性为现实的途径，则首先需要张治中的帮助。

好在张治中给我党送来了橄榄枝。之前的国共谈判中，作为国民党谈判代表的张治中等人已经决定留在北平，向中国共产党靠拢，愿意追求进步事业。

5月初，受毛泽东、周恩来委托，张治中在北平经绥远向新疆转发电报，开始劝导陶峙岳、包尔汉和陶晋初、刘孟纯等，努力维持新疆政局稳定，根据形势发展共商对策，准备走和平起义的道路。

9月8日，在听取了邓力群的汇报后，毛泽东专门约见张治中，告诉他人民解放军将由兰州和青海分两路向新疆进军,希望他给新疆军政负责人去电,劝他们起义为好。

张治中是个有民族大义的将领。9月10日,张治中致电新疆的陶峙岳和包尔汉,劝勉他们为革命大义,为新疆和平计,亦为全省人民及全体官兵利害计,应及时表明态度,正式宣布与广州政府断绝关系,归向人民民主阵营。鉴于新疆局势错综复杂,张治中特别叮嘱陶峙岳对这一适应时代保全军民之革命行动,必须考虑周到,部署严密,使能稳健地、顺利地完成。

9月15日,中共中央派联络员邓力群由伊宁飞抵迪化,向陶峙岳、包尔汉转达了张治中的电报内容和其重要意义。邓力群代表中共中央肯定了张治中的大局观念和政治眼界,敦促陶峙岳和包尔汉研究理解张治中来电的深刻内涵和对人民负责的拳拳之心。

9月17日,陶峙岳、包尔汉等与邓力群会见后,即电告张治中,一旦马呈祥、叶成、罗恕人等离开新疆,他们便立即通电起义。随后,陶峙岳等开始在争取和逼迫马呈祥等人上做功课。

陶峙岳就张治中关心的新疆的军事、政治、经济等问题,披肝陈言。他给邓力群说,新疆情况特殊,一切与内地不能等量齐观。他就需要中央的帮助和他自己的责任坦诚相告:如果通电起义,请中央将来在补给方面妥为筹济,确保暂时渡过严冬。其他对于新疆起义的重大问题,"本职当负完全责任",绝无任何顾虑。对于今后新疆省问题,陶峙岳认为应该着眼于民族、经济、政治各方面顺应人心,执行钧座张治中已定之政策。关于新疆的领导权问题,陶峙岳认为将由毛主席审慎考虑,加以领导,为国家奠定百年大计,这才是当前之急务。

9月21日,中国人民政治协商会议第一届第一次全体会议在北平开幕。毛泽东在百忙中仍致函张治中,让他继续给新疆及河西走廊的原部下做工作。毛泽东在信中说,前次先生致陶峙岳电,我在电尾加了几句话,要陶峙岳与中共联络员邓力群接洽。邓力群已于15日到迪化与陶峙岳、包尔汉见了面,谈得还好。现在先生如有电,可由邓力群交陶峙岳转去。

张治中22日即致电陶峙岳、包尔汉,传达毛泽东的嘉许之意。张治中还特嘱陶峙岳最好派员与彭德怀直接联系，就起义有关事项直接沟通。

23日，毛泽东对包尔汉19日来电表示"决意与国民党反动政府脱离关系"予以称赞："新疆局面的转变及各族人民的团结，有赖于贵主席鼎力促成。"希望他继续联络各方爱国民主力量配合人民解放军的入疆行动，为解放全新疆而奋斗。

至此，可以看作毛泽东完成了与张治中和陶峙岳推心置腹的交谈，奠定了新疆走和平接管之路的基础，尽管只是电文，却也发挥了压舱石、加油站、指南针的基础性、方向性、决定性的作用。

四、张治中"和"的努力

张治中是毛泽东和平解决新疆问题的忠实执行者。张治中是黄埔系的骨干将领，陆军二级上将，淞沪会战时任第五军军长，随后任湖南省主席。他在重庆谈判中就与共产党高级领导有深层次交往，抗日战争期间多次参与国共合作方面的工作，对共产党有很深的了解。1945年9月，他被蒋介石派往新疆，1946年6月出任国民政府西北行辕主任兼新疆省政府主席。他在新疆时就提出了"和平、统一、民主、团结"的施政纲领。

为了稳固新疆局势，1948年秋，他提议西北军政长官公署副长官陶峙岳到新疆任警备总司令，替代了宋希濂；当年年底，又提议原来由他建立的联合政府副主席包尔汉担任了主席，替代了麦斯武德，确保了在新疆军政领导层有足够的和平力量。

在和平解决新疆问题上，他不但随时按照毛泽东的意见联络新疆的陶峙岳、包尔汉，还把自己当年的办公厅秘书长刘孟纯和协助他进行国共谈判的新疆警备总司令部政工处少将处长梁客浔派回新疆，进一步增强了新疆的和平力量。

早在1949年5月初，迪化市市长屈武受周恩来的委托由北平返回迪化，宣传中国共产党的政治主张，介绍解放区的情况，沟通与张治中旧部的联络，扩大走和平解决新疆问题的思想基础和社会基础。

8月上旬，梁客浔奉陶峙岳之命视察部队，沿途向官兵们陈述新疆局势，提出"认庙不认神"的主张，告诉大家，目前供给已经中断，打是不利的，避战才是上策。军队历来守土有责，不能卷入内战。

张治中是真正的"和平将军"。

五、彭德怀"和"的方略

彭德怀坚决执行中共中央、中央军委关于和平解放新疆的指示，在兰州解放的第三天便邀请在兰州的新疆各族各界爱国进步人士和在兰州休假的陶峙岳部的一些校级以上军官座谈，请他们介绍新疆情况，向他们宣传中国共产党的政策，给他们阐述新疆只能和平解放的道理，支持他们成立了新疆研究会。

当他得知青海知名人士马呈祥的叔叔马辅臣、马继援的姑表弟马振武和绽福寿等人有劝马呈祥归顺解放军的意思，马上告诉王震让他们组成"劝降团"，让王震率领驻疆国民党整编骑兵第一师留内地的部分家属，去新疆做和平起义的劝解工作。这样，决战西北时就分别有青海、宁夏、新疆三个"劝降团"。

陶峙岳的部分家属原住重庆，新疆酝酿和平起义时，他们被迫隐匿乡间。彭德怀得知这个情况后，即致电入川部队派员四处寻找，妥加保护，以释陶峙岳之忧虑。

9月24日，彭德怀在兰州会见陶峙岳的代表曾震五，向他阐明人民解放军和平解放新疆的有关政策。彭德怀向曾震五表明了一野的决心，告诉他中国人民解放军第一野战军在1949年冬必须结束西北解放战争，以便明年进入和平建设，新疆不能例外。他明确指出，国民党军队和政府必须彻底改造，不彻底改变其性质是不行的。国民党在新疆的所有军队，必须按照人民解放军制度进行整编。我们必须打倒新疆境内的帝国主义、封建主义、官僚资本主义。为了这"四个必须"，不管进军新疆如何困难，我们都必须克服，绝不会因为困难而犹豫。

受到彭德怀接见的曾震五立即向陶峙岳做了汇报，并在河西走廊起义和新疆和平解放中发挥了积极的推动作用。

第二节　经营危局

一、陶峙岳车轮战式谈话

陶峙岳是和平解决新疆问题的坚定推行者。为了加强对新疆的领导力和控制权，他和包尔汉分别做工作。9月9日，包尔汉，这位出生在苏联、出身贫困的民族宗教学者，以他个人威望和省主席的身份在省政府中山室邀集各族代表及有声望人士30余人举行座谈，明确表示本省要实行和平政策，直接给民族宗教界亮明了态度。

19日，陶峙岳、郝家骏、梁客浔以检查部队战备为由，邀请南疆警备司令兼42师师长赵锡光来焉耆举行密谈，制定了三条密约：一是等待人民解放军接近新疆时，即派员接洽，迎接大军进疆；二是交出部队，解甲归田；三是当前，北疆由陶峙岳、陶晋初负责，南疆由赵锡光负责，稳住局面。

陶峙岳、包尔汉的和平提议受到了胡宗南嫡系整编第七十八师师长叶成、整编第七十八师一七九旅旅长罗恕人和马步芳的嫡系原骑五军军长时任整编骑兵第一师师长马呈祥的坚决抵制。

新疆虽是危局，但陶峙岳敢于直面矛盾。他采取车轮战方式谈话法化解危机。从9月初起，陶峙岳开始找叶成、马呈祥、罗恕人谈话，轮番地把他们接到陶公馆，天天谈、夜夜谈，谈形势、谈利害，苦口婆心地劝他们认清形势，接受和平起义。

这三人转过身就聚集在马呈祥师部开始了他们的密谈，研究对策，一天一天的拖延。9月中旬，他们在老满城马呈祥的师部开了一整天的会，决定由马呈祥在自己的部队中挑选一队人马深夜开到城里去绑架陶峙岳，并将同意和平起义的公署办公厅和总部处长以上的人统统干掉，把省政府系统主张起义的人也杀掉。然后，劫持陶峙岳，假借总司令的名义，把部队带往南疆去，继续顽抗。

也就在这天晚上，叶成跑去见陶峙岳，把上述情况向陶峙岳透露。他说此时罗恕人、马呈祥正在老满城等他做最后决定，出动部队。陶峙岳当即把叶成留住进行恳谈，随后又把马呈祥、罗恕人找来一起谈，终于挫败了这个阴谋。

这种自设阴谋又自我暴露的把戏，实际上叶成自己明白，他们已经没有实现这个阴谋的力量了，一是试探一下陶峙岳的决心，二是可以趁机讨价还价罢了。

据包尔汉后来回忆，叶成泄密还有一个原因：9月19日，上述三人在叶成家开会，讨论要杀了包尔汉为首的军政官员400人，然后劫持陶峙岳。但叶成是个怕老婆的人。在开会的时候叶成的老婆进来说，你们是军人，你们军人的事我管不了，不过我是叶成的老婆，我不准他参加你们搞的事。叶成当场显得很为难，转身就不参加这个活动了。因为军权和武器都掌握在叶成手中，其他两个也无可奈何，后来还让叶成给泄密了。

陶峙岳车轮战式谈话还在继续。梁客浔、刘孟纯两人采用的是不降就走的逼走战略。在他俩看来，这三个顽固分子随时都有可能狗急跳墙出乱子。

此时，危局又有了新的变化。第一野战军取得了河西战役的胜利，溃逃至河西的马步芳残余部队纷纷起义、投诚。马呈祥的家眷已经随马步芳、马继援由西宁乘飞机逃往重庆。消息传到新疆，消减了"主战派"的锐气。而此时，这些主战派的军队大多受陶峙岳等人控制，不交出兵权，部队也不一定能调得动。

为了尽快促成和平起义，陶峙岳采取"礼送"的方式，"为其办理出国护照""折价收购其私人财产"等。在各方挤压下，9月24、25日，叶成、马呈祥、罗恕人用布匹、茶叶、汽车找包尔汉换了800两黄金，交出军权，相继离开迪化，经过喀什、莎车逃往印度，又转赴台湾。

二、通电起义

在对付"主战派"的问题上，陶峙岳可以说是做足了功课。在第一兵团进军新疆的前夕，国民党政府代总统李宗仁电调驻新疆部队入关作战，陶峙岳采取以拖待变的对策，以准备入关作战的名义，顺势查清了新疆各个部队的实力。

后勤补给准备。他指派陶晋初核实人马，清仓查库，储粮屯草，勘察补给路线。

干部队伍准备。他举办军官训练班，趁机安排"主和派"军官控制的毛熙峪团驻安西一带，王传驿团驻镇西，李崇正骑兵团仍驻迪化郊区水磨沟，加强保卫迪化的快速反应能力。

保护油田。他派第一七八旅副旅长刘抡元率两个营驻玉门油矿，造成备战的架势和东移之势，迷惑国民党当局和新疆的"主战派"。

应对国民政府。他编造了部队东调的庞大经费预算，向广州政府要钱、要车、要油，提出了需要开拔费800万元和大量汽车、汽油的计划。此时，李宗仁正将政府从南京迁往广州，没有理会陶峙岳的要求。但他成功地应付了国民党政府的命令。

全面接管军队。叶成、马呈祥、罗恕人逃离后的当天即9月25日凌晨，陶峙岳在迪化新疆警备总司令部召开紧急合议，全面接管重新任用干部，任命莫我若为整编第七十八师师长、韩有文为整编骑兵第一师师长、刘抡元为整编第一七三旅旅长、罗妆正为整编第一七九旅旅长、陈俊为整编第一二八旅旅长，"主和派"全面接管了部队。他要求新任人员立即到任，约束部队，防止叛乱。

25日下午3时，陶峙岳以新疆警备总司令部的名义召集300多名校级以上军官开会。陶峙岳态度坚决、理直气壮地指出，摆在我们眼前的出路只有一条，就是和平起义，归向人民民主阵营。

大会确定了和平起义大事后，他让电信局局长王章权找到解放军电台呼号，连夜由陶峙岳和赵锡光、韩有文等人签名通电起义，郑重宣布：自即日起与广州政府断绝关系，竭诚接受毛主席的八项和平声明与国内和平协定。通电要求，全军驻守原防，维持地方秩序，听候人民革命军事委员会及人民解放军总部的命令。

26日，包尔汉率国民党新疆省政府通电起义，新疆宣告和平解放。

27日，为了稳定新疆局势，陶峙岳、包尔汉各自发出通电后他们明白，由他俩主政的新疆已经进入了伟大的变革时期，必须采取非常的举措才能保证这一变革朝着有利于新时代的方向发展。27日，经过商议，陶峙岳、包尔汉联合署名向全疆发布了《新疆省警备总司令部、新疆省临时人民政府布告》，要求对全疆军民做到"八个不要"：不要侵害他人的生命财产，不要扰乱地方秩序，不要破坏民族团结，不要对他人报复过去的嫌怨，不要抬高物价，不要挑拨军民感情，不要侵害外国侨民，不要侵损公家财物。

28日，毛泽东、朱德向陶峙岳、包尔汉复电表示"我们极为欣慰"，并提出了具体要求；彭德怀向起义将士复电，表示"甚为欣慰"，提出了共同建设各族人民的新疆而奋斗的号召。

三、新疆乱局

驻疆的国民党士兵匪性十足，像彭德怀预料的那样必须要经过彻底改造。但此刻，解放军还在河西，随后各地就出现了变乱。

焉耆叛乱。叶成离开迪化路经焉耆时，拉走了已经在起义通电上签名的第一二八旅旅长钟祖荫。顿时该旅部队无人负责，旅直属部队少数官兵受坏人煽动，发生变乱，四处滋事，抢劫商店。陶峙岳立即派该旅新任旅长陈俊星夜赶到焉耆惩办了为首者，平息了叛乱。

叶成、马呈祥等过阿克苏时，士兵已经不顾官长的威严，叶成被自己的士兵打了一枪，逼其拿钱。马呈祥出面调解，给了银圆，才放行。

驻迪化原叶成师直属部队，得知叶成出走和新疆宣布起义的消息后，连长李文龙打死了营长李明海，胁迫两个连出逃。陶峙岳闻讯后，立即派人带他本人的亲笔信前往劝说，经过三天的劝导，两个连全部返回。

趁机抢劫。国民党甘肃中央银行从兰州运来一批库存黄金、银圆要陶峙岳接收。当运到哈密时，陶峙岳顾虑到如运到迪化，恐在路上遭劫持，故令暂存在哈密。不料被国民党军整编第一七三旅部分军人获悉。由于该旅旅长莫我若调离，新任旅长刘抡元还在酒泉赶往哈密途中，存放在哈密的黄金、银圆被抢劫一空，还有部分民众和商行遭抢。直到解放军后来正式接管后才把大部分金银追回来。

面对新疆乱局，陶峙岳致电彭德怀，请求人民解放军尽快入疆。此时解放军第一兵团还在酒泉、第二兵团部还在永登，第六军还在张掖，彭德怀还在兰州。

新疆国民党军政当局宣布和平起义，实现了新疆和平解放的第一步。由于新疆社会情况异常复杂，上述的兵乱还只是一种浅层次的小规模的兵乱，更深层次的矛盾和根源还在于蒋介石还在遥控指挥着新疆国民党当局中的顽固分子，这些顽固分子在极力破坏和阻挠新疆和平解放与解放军进疆。

首先是蒋介石阻挠和平解放。在陶峙岳、包尔汉宣布和平起义后，蒋介石和白崇禧还电令其在新疆的亲信要"各方设法，保住新疆"。

其次是新疆军政当局中的顽固分子一直主张与解放军打到底，打不赢时实行抢烧杀三光政策，不让解放军不战而得到新疆，不让新疆毫无破坏地落入解放军之手。

再次是他们阴谋把军队东撤到与甘肃交界的星星峡一带设防，阻挡人民解放军入疆；如果此计不成，就平毁新疆东部公路沿线的城镇乡村，把这块地方变成"无人区"，然后退踞南疆，依托天山、昆仑山，背靠国外反动势力，建立割据力量与人民解放军长期周旋。

最后是分裂新疆。新疆境内的帝国主义分子和反动封建头目仍然在垂死挣扎，做"疆独"的迷梦，妄图把新疆从祖国的怀抱中分裂出去，趁解放军尚未进疆之际，策动叛乱，继续进行捣乱，破坏和平解放的成果。

第三节　挺进天山

一、进疆准备

关于进军新疆的问题，早在1949年9月10日第一兵团还在西宁、乌鞘岭一线时，毛泽东就电示彭德怀"新疆已不是战争问题，而是和平解决的问题"，应"集中注意力争取于十一月初、中旬由玉门向新疆进军"。

针对新疆动荡的局势，第一野战军前委贯彻中共中央、中央军委的部署，于9月28日自兰州发出《关于入新工作给一、二兵团党委，二六军党委，战车营的指示》，指出消灭反动派在西北的最后残余力量，解放祖国边疆，开发石油资源，建筑铁路，对于发展经济，巩固国防有极其重大的意义。"这一永垂不朽的艰巨而重大的任务，将很光荣地落在一、二兵团之二、六两军、装甲车营的身上"。

《指示》就进军新疆做出了新的部署，由于这是前委的部署，后来在出发之前又做了调整。第一次的部署是：

一兵团第二军的任务是解放北疆。重点解放哈密、奇台、迪化与伊宁自治区，与苏联领土连成一片。

第二兵团第六军的任务是进军南疆。重点进军吐鲁番、焉耆、库尔勒、阿克苏、和田、于田。

第一野战军前委还规定，二军在酒泉、六军在张掖设置后方。对两个军暂不必前往的机关、人员及弱马、笨重行李，先留置在后方。

第一野战军前委规定的准备时间为：一兵团司令部、二军及装甲车营须于10月20日以前准备完毕；六军11月1日以前准备完毕，骡马准备走路，步兵准备汽车轮番倒运及步行。

两个军还有两项任务，一是准备配备各地区的地方干部，二是准备改造陶峙岳4万军队的政治干部。

《指示》发出后的几天内，王震对新疆的基本情况做了认真的研究分析，他认为进军南疆比进军北疆的任务更困难更艰巨，因此提出第一兵团二军应该担负更重的任务，于是提出变更进军地区的部署。一野前委批准了王震的建议，两个兵团和两个军的进军目的地做出更换，第二军为左路军进军南疆；第六军为右路军，进军北疆。

10月4日，彭德怀从兰州来到酒泉。他紧锣密鼓地召开和参加了各类会议。在第一兵团召开的团以上干部参加的党委扩大会议上，彭德怀对进军新疆的各项政策和注意事项做出重要指示。

10月5日晚，陶峙岳从迪化赶到酒泉，彭德怀带领王震、许光达与他见面，陶峙岳向彭德怀等汇报了新疆起义的简要过程和新疆目前面临的复杂形势。

10月7日，彭德怀、王震、许光达与陶峙岳、郝家骏、彭铭鼎、曾震五举行了具有重要意义的"酒泉会谈"。第一兵团师以上干部参加了会谈。会上听取陶峙岳对新疆的政治、军事、经济情况的介绍，共同商讨了人民解放军进疆、起义部队改编、新疆军政委员会、省委、省政府、省军区等机构的组建问题。"酒泉会谈"中，彭德怀还请陶峙岳向第一兵团师以上干部介绍了新疆的情况，强化了部队进疆的各种准备。

10月9日，彭德怀向中央军委报告了与陶峙岳会谈的情况。当天，三区革命主要负责人之一、出席中国人民政治协商会议的新疆代表赛福鼎·艾则孜，从北京飞抵酒泉，向彭德怀汇报了新疆三区的有关情况，同时致电包尔汉，要他稳住新疆局势，准备迎接人民解放军进疆。

10月9日，新疆省临时人民政府特派屈武等率领各族各界代表团赶到酒泉，迎接进疆的解放军。

10月10日，第二军召开党委扩大会议，王震做了西北形势与解放新疆的斗争特点及任务的报告，甘泗淇就加强民族团结发表讲话，王恩茂就改编起义部队和执行民族政策问题讲了话。这次会议基本上是一野进疆工作的动员令。

10月11日晚，彭德怀、甘泗淇同一兵团司令员王震、二兵团司令员许光达、一兵团政治委员徐立清、二军政治委员王恩茂等进行集体谈话。彭德怀提出新疆即将转入和平生产建设时期，各部队必须反对本位主义，加强组织纪律性的要求。

二、进疆部署

进军新疆是以兵团名义进军的，不能因为两个军的主力部队就认为是两个军进军新疆。进军新疆是一场艰苦的硬仗。

行军路线长。从酒泉至迪化1253公里，迪化到伊宁698公里；酒泉至喀什2547公里，喀什到和田514公里。

地形复杂。沿途要经过渺无人烟的戈壁瀚海，翻越高入云霄的雪山峻岭。当时新疆没有一寸铁路，公路路况极差，交通工具十分缺乏，接收起义投诚部队的汽车大都破烂不堪，辎重粮秣无法全部载运，多数入疆部队只能徒步开进。

气候恶劣。时值十月，塞外漠北风寒水冷，很多部队御寒衣被都还没有备齐。

语言障碍。新疆是少数民族聚居区，语言不通，交流不畅，习俗各异，开进过程中肯定难题众多。

彭德怀、王震等翻阅大量历史资料，对张骞出使西域，班超驻守重镇，唐玄奘去西土取经，左宗棠率部进疆路线，都进行了认真研究；还深入部队，听取干部战士对进疆的想法和建议，制订了周密的进军计划和具体措施。

高层进行顶层设计，进疆部队各个级别都在主动准备。从10月4日到10日，兵团、各军、各师都在进行各自级别的思想动员、队伍组织和各类物资准备。

10月5日，第一兵团在酒泉召开进疆誓师大会。誓师大会宣布了向新疆进军的命令，彭德怀、王震分别讲话。一兵团党委向部队发出了"不怕一切牺牲，不怕一切困难，奋勇前进，把五星红旗插上帕米尔高原"的战斗号召。二军党委也做出了《关于进军新疆的准备工作指示》。同一天，第二兵团在永登召开党委会，明确第六军进疆任务。第六军也在张掖召开了团以上参谋长会议，提出整顿部队作风纪律要求。

第二、第六军下发了《到新疆去，解放新疆人民》的宣传教育材料，深入进行政治动员，开展了诉苦教育和"讲形势、讲任务、讲传统、讲政策"的活动，全军上下立即掀起了表决心、挑应战的热潮。

中华人民共和国成立的喜讯，鼓舞着进疆部队的斗志，给部队增添了新的动力。指战员们坚决响应第一野战军前委和兵团党委的号召，发扬红军二万五千里长征和三五九旅南下北返两万里的革命精神，完成进军大西北的再一次长征。

10月1日，原第八补给区由人民解放军第一兵团改编为酒迪运输司令部，原在酒泉任国民党联勤总部第八补给区中将司令的曾震五任司令员、张英明任政治委员、陈实任副司令员兼参谋长，具体组织指挥空运和车运兵员挺进新疆。

第六军在酒泉成立甘新物资供应站，由第六军十六师师长吴宗先负责；在酒泉、哈密设立了空运指挥所，后又在迪化由第十七师师长程悦长负责组建指挥机构。

各师、团还对一些干部的职务做了调整，对一些连队的作风纪律进行了整顿，并从起义部队选调补充兵员8500多人。

三、中央支援

进疆部队的运输和各项物资准备极为重要。中央军委从华东、华北军区抽调了3个汽车团536辆汽车，从苏联航空公司租用45架运输飞机，自11月6日起，由酒泉向迪化计划空运兵力1.4万人。

第一兵团从河西起义部队中抽调汽车450辆，还从地方征集了近百辆商用车，主要担负酒泉至南疆喀什的运送兵员和西安至兰州物资转运的任务。

各部队还补充了骡、马、骆驼等畜力，组建了骡马大队，修好了木轮大车，用作短途运输。

饮食草料在地方政府和群众的支持下，共筹集粮食 3.3 万吨、饲料 380 吨、草 80 吨、牛肉 35 吨、汽油 1600 吨。棉衣、棉鞋、袜子、水壶、风镜、皮帽等各筹集到 10 万件。还筹集到皮衣 5 万件、帐篷 1000 顶。

为解决沿途供应问题，除部队携带粮食外，各军均在沿途设立补充站，负责粮食、草料及柴、水的供给，并设加油站负责往返汽车油料的补充。沿途还建立 8 个大休息站、2 个大补给站。

尽管如此，依然不能满足所有战士的需求，被服和装具仅能发齐棉衣和部分大衣。

在挥师西进的时候，彭德怀鼓励第二、第六军指战员，进军征程中还会遇到极大的困难，但他相信这支经久考验的英雄劲旅一定能再立新功。

1949 年 10 月 10 日，大空运开始。

这是自兰州战役陇东千里追击战以来的又一次千里大进军。所不同的是用双脚打下大西北的第一野战军，此刻二军有了战车和汽车，而他们的兄弟部队六军要乘飞机进军新疆了。

四、第一兵团装甲战车率先挺进迪化

战车营是中央军委为支援西部大进军特意从天津调往兰州的战车团的先遣支队。这个战车营是由第四野战军第五战车团装甲车营的 45 辆装甲车、37 辆汽车、555 人组成。按照中央军委部署，战车营是参加兰州战役作战的。

战车营于 7 月 31 日从天津出发时，朱德总司令特意接见了胡鉴团长。胡鉴是当年随西路军到达河西被救援后进入新疆，在新疆接受苏联培训成为坦克手的。

8 月 21 日战车营到达西安，由于兰州决战的胜利，战车营于 9 月 3 日抵达兰州，9 月 5 日在兰州接受一野首长检阅，14 日奉命配属第二兵团第三军进军河西；22 日又与一兵团会师张掖，25 日经 16 小时强行军占领玉门油矿，在河西战役中立下赫赫战功。

战车营 10 月 10 日自玉门率先起程，经哈密、吐鲁番、鄯善，于 10 月 20 日 15 时率先进入迪化。从天津到迪化，行程 4391 公里，战车营的到来受到了陶峙岳、包尔汉等军政要员和 3 万新疆民众的热烈欢迎。

战车营进抵迪化后，迅速接管城市，维持秩序，控制机场，荣获第一兵团授予的"开路先锋"锦旗和荣誉称号。

五、第二军乘车进疆

一野调来了所有能调集的汽车，包括华北军区的 1 个汽车团，华东军区支援的 2 个汽车团，加上在国民党军第八联勤补给区缴获的汽车，再加上征用民间的商车，能开动的总共有 700 余辆，全部交给第二军用来倒运进疆部队。

这个运力在当年属于相当强大了。后来志愿军入朝时也不过 800 辆汽车，不久就被美军空袭炸掉大半。但第二军进到南疆的汽车也是过度损耗，大多跑坏，所有燃油用尽，只能徒步行军，由著名的三五九旅改编的第五师在此期间，创造了徒步穿越塔克拉玛干大沙漠的奇迹。

10 月 12 日，二军出发，郭鹏、王恩茂率领第二军及其第四师、第五师和第六师第十七团大部及十八团日夜兼程向南疆挺进。

行进在茫茫戈壁上的进疆部队

第四师前卫十二团 13 日通过汽车运送到哈密，随后 400 辆汽车损坏严重，该师徒步前进 970 公里至 1195 公里到达指定位置。12 月 1 日，第四师主力进驻喀什，与新疆民族军一部胜利会师。

10 月 26 日，第五师全部到达哈密，随后师部与第十三、十四团乘车到吐鲁番后徒步向阿克苏前进。

12 月 5 日，第五师师直及第十四团徒步行军 697 公里进驻温宿、阿克苏。

翌年 1 月底，十三团全部进驻库车。

第二军第五师十五团于 15 日起由阿克苏艰苦行军 8 天，行程 790 多公里，横穿塔克拉玛干沙漠，于 12 月 23 日，到达新疆东南的边城和田，打击了"东土耳其斯坦共和国"的阴谋和血洗和田的叛乱行为。

从迪化、兰州、西宁逃到和田的反动分子与当地特务、民族败类勾结，图谋成立"东土耳其斯坦共和国"。1949 年 11 月 28 日，第二军第五师十五团为了争取时间，团长蒋玉和带领小分队用仅能开动的几辆汽车经喀什等地先行到达和田。

副政委黄诚、副团长贡子云率大部队向"死亡之海"进军，横穿塔克拉玛干沙漠，用钢铁般的意志在飞沙翻滚的荒原上踏出了一条生命之路。

黄诚、贡子云在距离和田 200 公里的西尔库勒时，接到了先期到达和田的团长蒋玉和的急信。告知原国民党专员安筱山、副专员王兆智等接受美国间谍的指示，纠合当地的大封建庄园主、武装土匪及一小撮民族主义分子准备血洗和田，要求团主力向和田快速前进。

团领导决定临时组建骑兵分队，先向和田疾驰，减轻小分队的压力。大部队日夜兼程加速前进，22 日抵达和田时，团长带领的小分队、临时组织的骑兵分队已经做好了战斗部署，十五团主力到达后一举粉碎了敌人的叛乱阴谋。

12 月 25 日，彭德怀、习仲勋致电第十五团，称赞他们"创造了史无前例的进军纪录"，特向艰苦奋斗胜利进军的光荣战士致敬！

第六师的进军过程极其复杂。各团、部分营和随师进疆的军教导团、炮兵团及卫生部大部、后勤部、军直属工兵团，以及师独立团等由于进驻地域不同，到达的目的地也不同。行进中修路架桥、徒步前进的很多。军与各师骡马大队均由酒泉徒步前进到达目的地。其中第四师骡马大队行进61天，行程2838公里，于1月3日到达喀什。

第五师独立团（后改为新疆军区独立团），3月3日从迪化车运到乌苏后，冒着零下30多度的严寒，徒步行军420公里，进驻承化（今阿勒泰）。第四师十一团一部进驻中印、中巴边界之隘口巴扎大拉，第五师十五团一部进驻通往印度之要隘赛图拉。军教导团一部进驻蒲犁（今塔什库尔干），把五星红旗插上了帕米尔高原和喀喇昆仑山巅。

第一兵团二军完成了进军南疆的任务。

六、六军空运、车运进疆

1949年11月4日，军长罗元发、副军长张贤约率领第六军空运进疆。这支部队，除了第一兵团政委徐立清外，包括王震都是第一次坐飞机，很多人觉得自己一下子由"土八路"变成了"洋八路"，而且这次大空运也创造了人民解放军进军史上规模空前的空运和车运奇迹。

当时毛泽东主席请斯大林提供了40架里-2运输机，虽然这种运输机只能载20人，但在当时属于高待遇。第六军自然成为全军第一批实施空中机动的作战部队，万人空运进疆，这在解放战争史上是空前的一次，全军唯一的一次。

以空运为主要方式进疆的六军，酒泉是起点，迪化为终点，分酒泉至哈密段和哈密至迪化段进行。

由于第六军的十八师一直驻守西安，进军新疆的只有十七师、十六师且分两批进行。第一批是军直和十七师。11月6日，军直和十七师先遣队飞抵哈密、迪化。至1950年1月13日，第十七师除炮兵外，全部空运至迪化。第二批十六师于1950年1月3日前，大部到达哈密、镇西、奇台、吐鲁番、鄯善等地。

至1950年1月13日，据统计，空运和车运盛况如下：

空运盛况：这次空运共出动飞机 1033 架次，运兵 12446 人。从酒泉空运哈密 2908 人，由哈密空运迪化 9538 人，空运军用物资 125734 公斤。

车运盛况：车运从 11 月 4 日开始，至 1950 年 1 月 13 日结束，从酒泉运至哈密 12986 人，从哈密运至迪化 6550 人，从安西运至哈密 2540 人，从迪化运至伊宁 2492 人，从迪化运至绥来 2112 人。

骡马骆驼进疆盛况：第六军的 2027 匹骡马和骆驼分 3 批进疆，经 68 天行程，12 月底全部抵达迪化、绥来、古牧地等地区。

11 月 6 日，王震率第一兵团前指由酒泉飞抵迪化，第一兵团政治委员徐立清、第二军参谋长张希钦及第一兵团同机到达。

11 月下旬，彭德怀、张治中、贾拓夫从兰州飞抵迪化。

12 月 1 日，第一兵团与三区民族军及起义部队在迪化胜利会师。彭德怀、张治中、王震等亲临检阅。

整个空运于 1950 年 2 月 2 日结束。2 月 2 日，迪化机场，苏联空军 40 架运输机以每 15 分钟一个架次的间隔依次起飞，飞回苏联。

二、六军迅速进军新疆，当属中国军事史上的一大奇迹。

史料显示，清朝同治年间，左宗棠率领湘军入疆，用时两年多；1943 年 8 月，国民党军队 7 万人入疆，经过 3 年准备，用时两年半才进军到了迪化、喀什、玛纳斯等地。

至 1950 年 3 月，第一兵团二、六军的 7 万大军，在严寒的冬季和连续行军作战未得休整的情况下，只用了 6 个月时间便进驻全疆各个重要城市和军事要地，接管了千里边防，完成了进军新疆的任务。开国中将郭鹏说这是人民解放军在革命战争中"完成了最后一次长征"。

第四节 接管新疆

1949年12月17日，新疆军区和新疆省人民政府宣告成立。彭德怀兼任新疆军区司令员、政治委员，王震、陶峙岳、赛福鼎任副司令员；包尔汉任新疆省人民政府主席，高锦纯、赛福鼎任副主席。

迪化当时是新疆的省会，喀什、伊宁是南疆和北疆的重镇。人民解放军进驻迪化、伊宁、喀什等地，标志着新疆全境的解放。从此，新疆结束了历代剥削阶级的反动统治，开创了新疆历史的新纪元。

一、二十二兵团成立

1949年12月20日，中央军委命令新疆起义部队改编为中国人民解放军第二十二兵团。第二十二兵团司令员陶峙岳、政治委员王震（兼），副司令员赵锡光、副政治委员饶正锡、参谋长陶晋初、政治部主任李铨。

兵团下辖第九军和两个骑兵师。九军军长赵锡光，政治委员张仲瀚，第一副军长王根僧，第二副军长陈德法，参谋长李祖唐（后来叛变了）。

九军辖第二十五师、二十六师和二十七师三个师。二十五师师长刘振世，政治委员贺振新；第二十六师师长罗汝正，政治委员王季龙；第二十七师师长陈俊，政治委员龙炳初。

兵团直辖有两个骑兵师：骑兵第七师师长韩有文，政治委员于春山；骑兵第八师师长马平林，政治委员张献奎。

1949年12月20日，在中央军委宣布改编新疆起义部队的同时，新疆军区宣布任命了第二十二兵团团以上干部。

1950年9月25日，第二十二兵团隆重举行授旗典礼，王震宣读中央人民政府革命军事委员会的命令，将中国人民解放军军旗授予陶峙岳。

二、"三区"民族军改编

三区民族军的前身是新疆北部的伊犁、塔城、阿山地区（今阿勒泰）革命初期形成的各地暴动武装。后来由于形成了一个坚决反对国民党政府的临时政府叫三区政府，他们的武装叫三区民族军。"三区"是维吾尔族集中居住的地区，由于受中亚地区人民革命的影响，这三个地区也较早地出现和发展了人民革命力量。1944年9月，三区人民在阿合买提江等人领导下，通过武装起义，摆脱了国民党的统治，成立了临时政府。这个临时政府与当时在新疆的国民党统治对立，拥护共产党。由于与延安相隔很远，联系困难，长时间得不到中共中央指示，但一直与苏联保持着密切联系。

1949年8月14日，邓力群以中央联络员名义来到新疆，主要任务是建立新疆三区与党中央及西北战场彭德怀司令员之间的联系。

邓力群刚到伊宁，从拜访三区的少数民族领导人开始。他和三个助手住在三区民族军司令员伊斯哈克伯克的家里，与这位当地军队实权人物建立起了良好的关系，他要在一野部队到达新疆特别是伊宁之前，尽快争取三区政府站到维护祖国统一立场上来，孤立分裂主义分子，粉碎美国策动新疆的国民党顽固势力及民族分裂势力建立所谓的"东突厥斯坦伊斯兰共和国"。他坦诚地向三区政府和民族军的几位领导人介绍当前中国的形势、介绍共产党对新疆的政策以及和平解放新疆的总方针，受到三区领导人的欢迎和信任。

为了强化三区民族军和平改编的信心，邓力群建议中央用政协筹备会名义正式邀请三区民族军作为新疆代表出席中国人民政治协商会议，而且由他转交这样的邀请的电报。中共中央复电同意了邓力群的意见，并指出以毛泽东主席的名义写信，邀请新疆的阿合买提江等代表参加中国人民政治协商会议。

8月18日，邓力群收到了毛主席致阿合买提江的邀请信。邓力群把毛主席的邀请信当面交给阿合买提江等人，当他们用维吾尔族语言念到"你们多年来的奋斗，是我全中国人民民主革命运动的一部分"时，所有在场的三区民族军领导人都十分激动，念信的阿巴索夫声音颤抖，眼含泪水。

随后，邓力群请新疆三区负责人尽快商定出席中国人民政治协商会议代表的名单及简历，由他转报中央。新疆三区负责人经过研究，决定由阿合买提江、伊斯哈克伯克、阿巴索夫和阿山专员达列力汗代表三区，另外加上迪化的汉族、新疆中苏文化协会职员罗志共5人作为新疆各族人民的代表去北平参加中国人民政治协商会议。

8月20日，阿合买提江通过邓力群复电毛主席，表示致谢和兴奋，并说他们派代表前往北平参加中国人民政治协商会议。

阿合买提江等5位参加人民政治协商会议的代表在去北平时先转道苏联，1949年8月27日乘飞机从莫斯科飞往北平途中，在苏联伊尔库茨克州境内的贝加尔湖地区失事，五位代表全部殉难。

9月3日，邓力群才从苏联驻伊宁领事馆得到此消息。中共中央得知此消息后发来了唁电，对他们表示哀悼，对他们的家属表示慰问。后来，毛泽东主席与斯大林商议，将这五位代表的遗体运回了新疆。

邓力群立即与三区负责人一起商量另选代表。选出了阿合买提江离开后新疆三区的实际负责人赛福鼎、塔城副专员阿里木江、迪化新疆学院副院长涂治三名代表，经中央同意，9月7日，赛福鼎、阿里木江、涂治乘坐苏联派来的飞机从伊宁出发，取道苏联赴北平，参加了政协会议。赛福鼎还登上天安门城楼，站在毛泽东身后不远的地方参加了开国大典。

1949年10月23日，中共中央发出关于团结新疆民族军的指示，三区民族军改称新疆民族军。年底前，进驻新疆的二军、六军与民族军先后在哈密、迪化、阿克苏、喀什、和田、伊犁、阿勒泰等地胜利会师，解放军所到之处都受到民族军的热情欢迎。

会师后，一野统一部署，驻扎在玛纳斯河西岸的民族军开进迪化；11月26日，驻特克斯的民族军骑兵第一团移防阿克苏，该团一部配合第二军一部进驻喀什、和田及边防哨卡。一野和民族军密切配合，维护了新疆领土的安全和边境的安宁。

解放军、民族军、起义军部队亲密团结。左起：第一野战军二军政治委员王恩茂、副军长顿星云、政治部主任左齐，民族军师长买买提伊敏诺夫，二军军长郭鹏，起义将领赵锡光

1949年12月20日，中央军委发布命令，将新疆民族军改编为中国人民解放军第五军。毛泽东十分重视这支部队，自红五军在高台全军被打散，军长董振堂牺牲后解放军一直没有五军编制，这次毛泽东把五军给了这支民族军。

中央军委主席毛泽东任命了第五军领导：

军长法铁依·伊凡诺维奇·列斯肯；

副军长兼参谋长伊斯哈可夫·马尔果夫；

副政治委员曹达诺夫·扎依尔；

政治部主任奴尔也夫·巴吾东。

第五军辖两个步兵师。步兵第十三师辖第三十七、三十八、三十九团和炮兵营，步兵第十四师辖第四十、四十一、四十二团和炮兵营。军直属部队有独立骑兵第一、二团、城防营、战斗营、后备队、警卫连、教导营等。

1950年1月10日，第五军在伊宁召开大会，举行了庄严隆重的授旗仪式。

为了加强对第五军的领导，1950年初，中共中央新疆分局和新疆军区党委决定，从第一兵团抽调一批久经考验的老红军、老八路及部分优秀的共产党员、政工干部充实到第五军工作。在该军建立了党的组织、政治委员和政治工作制度。

3月，顿星云任第五军政治委员，李恽和任军政治部副主任，马洪山任第十三师政治委员，胡政任第十四师政治委员。3月中旬，第五军和所属师都建立了党委，使第五军成为在中国共产党绝对领导下的人民军队。

三、追擒乌斯满

1950年3月，原国民党新疆省政府阿山专员、"反苏反共反三区革命委员会"副委员长的乌斯满·巴图尔在美国支持下，公开反对新疆人民政府和人民解放军。此时，已经起义了的骑兵第七师乘西北军区部队转入生产之机被策划叛变，叛兵中800余骑兵投靠了乌斯满。一时间，乌斯满的势力膨胀到7000多人马。这位哈萨克族巨匪仗着有美国人的支持，残害人民，袭击解放军运输队，破坏迪化至甘肃酒泉的运输线。解放军驻新疆的第二、第六军派出部分部队在第五军协助下，共出动1.1万余人，在战车团的41辆装甲车、200余辆汽车和1架飞机支援下，多路进剿乌斯满武装。经过两个多月的军事进剿和政治攻势，乌斯满率残部200余人，裹挟着当地牧民万余人来到甘肃安西、敦煌一带的海子地区。

解放军第三军开始围剿这支敌特武装。1951年2月14日，第三军骑兵团从敦煌出发，19日晨4时将乌斯满驻军的50余顶帐篷包围，熟悉地形的乌斯满逃脱，被两个骑兵连战士奋起追击，骑着大白马且人高马大的"神枪手"乌斯满被骑兵三连文化教员孔庆云挤下马背缠打在一起，后面赶上来的炊事员刘华生和孔庆云一起拳打脚踢后把乌斯满五花大绑。乌斯满的"战斗英雄"副司令加拿白被四连战士杨福海击毙，在整个海子地区作战中解放军歼敌1200余人。

1951年3月初，第一兵团司令员王震要求将乌斯满押赴迪化公审。4月29日，迪化各族各界群众8万余人在人民广场参加公审大会，这位有美国人支持的乌斯满被执行枪决。

四、第一野战军暨西北军区

1949年11月30日,中央军委决定,第一野战军与西北军区合并,称第一野战军暨西北军区,统一领导和指挥西北的军事工作,司令员彭德怀,政治委员习仲勋,副司令员张宗逊、赵寿山,副政治委员兼政治部主任甘泗淇,参谋长阎揆要。

第一野战军暨西北军区下辖4个兵团、3个二级军区、7个三级军区、32个军分区、1所军事政治大学。

4个兵团分别是第一兵团、第二兵团、第十九兵团、第二十二兵团。

3个二级军区分别是陕西军区(由第十九兵团兼),甘肃军区(由第二兵团兼),新疆军区(由第一兵团兼)。

7个三级军区分别是陕北军区、陕南军区(由第十九军兼),青海军区(由第一军兼),宁夏军区(由第六十五军兼),喀什军区(由第二军兼),伊宁军区(由第五军兼),迪化军区(由第六军兼)。

32个军分区中陕西12个,甘肃10个,新疆10个。

1所军事政治大学,是西北军政大学。

各野战军和地方部队坚决执行中共中央、中央军委关于军队既是战斗队,又是工作队、生产队的指示,积极开展剿匪斗争,修建铁路,帮助地方建党建政,配合西南军区进军西藏,为中华人民共和国的建设做出了贡献。

第十六章 陇南甘肃

随着兰州被解放军解放，蒋介石试图固守四川并建都重庆，胡宗南在陕南、陇南聚集起5个兵团19个军约30万人，在陇南成立了甘肃省政府，岷县成立了甘肃省自卫军总司令部；甘肃酒泉、岷县、陇南三大起义中，周祥初与卓尼第20代土司杨复兴一起起义；红旗插上摩天岭，甘肃全境解放。

兰州决战之后，第一军留青海，第四军留兰州、武威一带，第二军和六军实施河西走廊追歼战后进军新疆，第十九兵团挥师宁夏。那么，三军、六十二军和担负钳制胡宗南的十八兵团六十军、六十一军及一兵团七军这5个军上哪里去了？

第一节 解放陇南

随着兰州决战的胜利以及西宁、宁夏、河西走廊被第一野战军解放和接管，第一野战军第一兵团率第二军和第二兵团第六军向新疆进军。蒋介石一方面向新疆发电要求新疆部分顽固分子继续抵抗，另一方面令国民党政府由广州迁往重庆，企图把西南作为自己最后的堡垒继续维持国民党统治。

1949年10月底，蒋介石策划守住西南的所谓战略构想。他企图依托以四川为中心的西南地区，在四川地方军阀的支撑下把仅存的胡宗南部、白崇禧部两个主要军事集团坐大，通过组建新军，守住西南，等待第三次世界大战打响。如果四川失守，而第三次世界大战并未打响，则从西康、云南逃往国外。

一、割据西南的妄想

当时，胡宗南部已改编为国民党川陕甘边绥靖公署。胡宗南对蒋介石向来言听计从，为了增加兵员，他在陕南效法刘备弃新野携百姓而走的做法，搞起了"总体战"，实行了"空室清野"，把满18岁至45岁的青壮男子分县、分乡、分保编成"义勇军"，把妇女编成"反共救国会"，把10岁以上18岁以下的儿童青年编成"反共救国队"。完成"总体战"之后，他把自己所辖的5个兵团19个军约30万人，按照三地部署。其中第三十军、第五十七军、第七兵团及第六十九军、第七十六军、第一一八军等部调往四川德阳、三台等地，把10个军约15万人布防于陕南、陇南地区，具体部署是：

  陕南6个军：安康、石泉为第三、第九十八军，川陕公路的凤县至汉中为第二十七军、第三十六军和第三十八军，镇安、佛坪为第十七军；

陇南4个军：王治岐中将的第一一九军在武都，第十八兵团中将司令官兼军长李振的第六十五军、第十八兵团少将副司令官兼军长的陈鞠旅的第一军、周士瀛中将的第九十军，部署在徽县、两当、成县。

胡宗南按照守住四川并建都重庆的战略意图部署自己的部队，以川陕边为守备重点，"陇南、陕南为决战地带"，沿秦岭、大巴山、巫山、武陵山构成西南防线，阻止人民解放军从北线进入四川。

毛泽东洞穿了蒋介石、何应钦及桂系正在做建都重庆割据西南的企图，而要粉碎蒋介石的妄想，就要从南面进军断其退路。

坐镇重庆的蒋介石察觉解放军有从鄂、湘西进川、黔迂回进攻重庆和成都的意图，急令胡宗南部由秦岭、大巴山南撤入川，令第十五兵团及川陕鄂边绥靖公署主任宋希濂部第二十兵团在南川及其以东布防，阻滞解放军前进，掩护胡宗南部撤退。

11月中旬，胡宗南被迫放弃他制定的所谓"突而不破"的秦(岭)巴(大巴山)防线，主力撤出秦岭，进入四川，急谋退守康、滇一线。

国民党军进入陇南向四川大撤退。国民党陇南指挥所和第十二、三三八师等部，由武都经碧口向四川集中；第十八兵团部率第九十军、第一军、第六十五军及第二一四师由徽县、成县、两当，分别经白龙江、略阳、康县向四川集中；第五兵团三十六军和第一一九军则在陕南、陇南以西担任掩护任务。

一时间，陇南聚集了大量的国民党军队。陇南只是大部分国民党军的聚集地和出发地。但在路过途中，国民党军还在陇南各县实行"空室清野"政策。国民党军在路过陇南各县时大肆破坏道路桥梁，在路上埋设地雷，进家进店抢劫财物。一些反动地方民团留置山地偏僻地区，对当地群众和进军的解放军进行袭扰游击，干扰和破坏解放军向南进军。

二、挥师西南

10月10日，中共中央决定：为组织西南军区，抽调西北军区司令员贺龙、副司令员王维舟、参谋长张经武等到西南工作，并从西北随调了1731名干部、7807名战士。

10月13日，毛泽东致电彭德怀说，由陕入川兵力，他已经与贺龙、伯承、小平一起确定为十八兵团。歼胡作战时间，要看二野进至叙、泸、重庆之后再发起攻击。他预计的时间大约在12月上旬或中旬，届时由军委确定。参加兰州战役的第一野战军要有一部分部队进入西南作战。

第一野战军被中央军委确定进入解放大西南作战的部队有：兰州决战期间执行钳制胡宗南的第十八兵团第六十军、第六十一军，第一兵团第七军，驻守安康的第十九军；执行攻打兰州的左兵团第六十二军和第二兵团第三军。等于把一野一半兵力调到陇南、陕南作战了。

第三军本来是攻打河西走廊的部队，第一兵团进军新疆时留在玉门、安西（今瓜州），作为进军新疆的预备队。其任务是在进疆部队遇到国民党军进攻时视情况出兵打击，即如果国民党军在哈密、七角井抵抗，第三军随第二军前往作战；如果国民党军往南疆逃撤，则第三军随第六军追击作战；如果新疆国民党军投降，第三军挥师陇南作战。

随着进军新疆顺利，可以说是创造了奇迹，第六十二军和第七军成了解放陇南的雄狮，三军则留在河西走廊。

留在河西走廊的第三军把军部设在张掖，第七师驻高台，八师驻武威，九师驻酒泉，追歼兰州决战中逃往甘肃河西走廊边远地区的马家军逃兵、从兰州和新疆逃往甘肃、青海的国民党逃兵和从新疆逃往河西地区及青海的国民党逃兵，承担起全面追歼甘、青、新三省逃敌及敌特的重任。

从1949年10月起，第三军和驻青海的第一军部分部队先后出动兵力1万余人次，军事清剿48次，毙伤、俘虏、收容和接收各类投降残敌5800人，清理美蒋敌特631人，维护了河西地区的安宁。到1952年，三军与一军合并，后来七师在一军编制内参加了抗美援朝作战。

按照毛泽东主席的部署，11月初，第十八兵团司令员兼政委周士第、副司令员王新亭到西安向贺龙汇报了南下进军作战方案。随后，贺龙、周士第、王新亭又从西安来到兰州向彭德怀做了汇报。11月下旬，西北军区召开了团以上干部会议，贺龙、习仲勋到会，针对入川作战中北方人多的特点做了思想动员，贺龙指出西南情况复杂，要有打与和平解决的两手准备，但首先要有打大仗、打恶仗的思想准备；习仲勋则要求全体指战员要打好全国最后一仗，把胡宗南的部队彻底消灭干净。

11月上旬，第二野战军第三兵团、第五兵团和第四野战军的第四十二军、第四十七军、第五十军等部，在南起贵州天柱、北至湖北巴东线500公里的地段上，向胡宗南部实施多路攻击，进逼贵阳、重庆等战略要地，这一下，打乱了蒋介石在西南的整体防御部署。

11月23日，第一野战军转达中央军委命令：第十八兵团归第二野战军建制做入川准备，由该兵团负责改造的岷县起义的独立第一军4个团交由第六十二军率领一并随十八兵团入川。

11月28日，第六十军在宝鸡驻地举行隆重的授旗誓师大会。上午8时，军乐高奏，礼炮鸣响，和着会场四周气吞山河的红色标语，第六十军副政委兼政治部主任桂绍彬致开幕词，第十八兵团司令员兼政委周士第走上讲台，向军旗敬礼后发表了重要讲话。随后兵团政治部主任胡耀邦登台，表示一定要打好、走好、合好(跟二野等部队会合)、接好。在第六十军政委袁子钦代表全军官兵做保证发言后，周士第司令员把军旗交给第六十军军长张祖谅，全军指战员在军旗下庄严宣誓，要把光荣的军旗插到四川，插遍全中国。

12月3日，第十八兵团发出加速进军的命令，决定全兵团及配属各部队立即全线出动，第一步解放陕南、陇南，实现主力集结川陕边界；第二步视情况发展入川。

12月5日，第十八兵团及配属部队的指战员，以"打好大陆上最后一仗，不让一个敌人逃走"的决心，分左、中、右三路追击前进。右路六十二军和第七军重点打陇南；左路的十九军重点打陕南，追击着敌六十一军沿着当年红军长征路线翻越大巴山进击四川；中路第六十军由宝鸡进占留坝，转走鸡头关，攻破朝天驿，袭击剑门关，直逼成都。

12月21日，第十八兵团各军包括十九军占领江油、绵阳，蒋介石的最后一支主力胡宗南集团及川境之敌几十万人，全部被解放军压缩在成都地区。

12月22日，胡宗南在新津召开军长会议，决定向西昌突围。但其高级军事指挥官无心恋战，在解放军强大的政治攻势面前，第十六、十五、二十、七、十八兵团及宪兵司令部所属部队先后起义或投诚。唯独国民党第五兵团李文部企图顽抗，被第二野战军围歼于新津、邛崃地区。

12月30日，贺龙率领第十八兵团进入成都，担负接管、警备该城和整编与改造起义部队的任务。

这都是后话，当时陇南解放依然需要周密的部署。

三、解放陇南

12月3日，解放陇南的战役打响，比十八兵团发出"打好大陆上最后一仗"的进攻令早了两天。

第六十二军和七军从两个方向投入解放陇南的战斗。六十二军由岷县向西固（今宕昌）、武都进攻；七军由天水出发，以一部向武都进攻，以另一部向徽县、略阳进攻。

解放陇南，由于解放军政治瓦解在前，促成了陇南起义，所以进展顺利。在一野、甘肃工委、七军等共同努力下，促成了驻守武都的国民党第一一九军中将军长王治岐、中将副军长蒋云台于12月9日率领8700余人起义，为解放军南进主力部队扫清了前进的道路。

9日当天，六十二军第一八四师进攻文县碧口，国民党军焚毁入川要道玉垒关大桥，并炸毁何家湾铁索桥。一八四师经过5天的连续架桥，随后在海拔3510米的安柴岭、岔岗岭追击敌人7昼夜，歼敌1个营，12月10日进抵文县。

第六十二军解放陇南重镇碧口后,越过摩天岭向川北进军

11日,解放军一八四师师长林彬率领五五〇团入城,县长王泽勉率原政府所有人员及各界人士300余人起义,在城西门外举行欢迎仪式,文县城区和平解放。

15日,退踞碧口的国民党军在解放军一八四师先头部队追击下,由碧山沟逃往四川省青川,文县全境解放。

12月17日,中共文县委员会书记杨森茂、县长高思恭,率领党政干部20多人到达文县。18日,召开第一次县委会议,宣布文县县委和县人民政府成立,随即成立接管、支前两个委员会开始工作。

第七军第十九、二十师的两个先头团分别占领徽县、成县后,开始抢修桥梁和道路,保证了七军没有被迟滞在徽、成二县。

十九师占领略阳后,又追击胡宗南部向广元沿白龙江经碧口南下,击退遗留在白龙江一带的自卫团武装及新六军等近300多人。

云南的卢汉、川康的刘文辉等部起义后，西南军区前指估计入川兵力已足，便命令第七军主力停止入川。

20日，第七军军部、二十师、二十一师从玉垒桥撤回武都、成县一线。这时，中央军委担心胡宗南在成都地区做困兽之斗，令集中能集结的最大兵团以求全歼敌人。

第七军奉西南军区前指命令二次入川作战，26日进至罗家寨一线，又因胡宗南的3个兵团及2个军起义，成都方向敌人兵力减弱，该军奉命北返陇南地区，担负剿匪、建政和维持地方治安等任务。

已进驻广元、昭化的十九师归第十八兵团指挥入川作战，先后在金山、春华堰、两河口等地歼灭逃敌骑兵第二旅，迫使敌第十六师260余人投诚。

30日，十九师进驻金堂，奉命留川，执行剿匪、建政、接收改造起义部队的任务。

12月30日，陇南地区全部解放。

十八兵团、第七、第十九军和陕南地方部队积极配合进行的陕南、陇南作战，共歼敌13250人，其中起义9500人。

第二节　岷县联络临潭、卓尼一道起义

抗战时期的国民党中将周祥初回到甘肃老家后，将甘肃省自卫军总司令部的力量控制在手，并以各种借口积蓄力量，谋求壮大，准备起义。

周祥初1895年出生在甘肃省渭源县，早年毕业于保定军校后于1931年在属陈诚系统的国民党军四十三师担任旅长，1936年即升为该师师长。1938年长沙会战中，周祥初指挥部队英勇抗日获得嘉奖，并晋升为八十七军中将军长。本来周祥初既有资历又有学历，但他偏偏是杂牌，又不善钻营，人脉不广。到1942年，在湖南与日军作战中，周祥初与上司发生争执，被调任第六战区教导团副教育长，后又调到塞北四省之一的察哈尔省任民政厅长，从此结束了他的军旅生涯。

一、受影响倾向革命

在长期的排挤和压制中，周祥初逐步看清了国民党的本性，逐渐产生了反蒋倾向。1946年5月，周祥初经章伯钧、杨渠统介绍，在重庆参加了中国民主同盟。当年，周祥初回到甘肃老家，通过甘肃省主席郭寄峤（系周祥初保定军校同学）的关系，于1947年被委派到平凉任甘肃省第二行政督察区专员兼保安司令。

当时任二督察区保安副司令的任谦，与周祥初是甥舅至亲，早年在国民党西北军任职，中原大战后在邓宝珊的新编第一军任团长、副旅长。1943年参与支持甘南民变，与共产党来往密切。

1944年，任谦调任平凉保安副司令时，受周恩来密信指示，中共甘肃省工委与任谦取得了秘密联系。1948年6月，中共甘肃省工委干部高绥夫叛变，供出任谦通共。甘肃省主席郭寄峤派特务和部队包围平凉专署，搜捕

任谦。在周祥初的掩护下，任谦逃出平凉，投奔延安，此后两人一直保持着联系。

任谦事件后，周祥初调任有职无权的甘肃省保安副司令。当时，国民党有个机构称"管区"，这是一个替国民党政府负责征兵和训练新兵的领导机构。设立在省军区的叫军管区，在师级单位的叫师管区，设在团级的叫团管区。在省保安副司令这个闲职上的周祥初很快察觉到郭寄峤受军阀马鸿逵挤压，郭寄峤又不甘忍受，相互之间狠狠倾轧的秘密。他表面上"选边站队"，对郭寄峤晓以利害，得到了甘肃师管区副司令一职。1946年9月，国民党撤销甘肃军管区后在兰州成立了师管区，周祥初任司令，掌握武威、天水、平凉3个团管区，辖补训第一、二、三、四共4个团，负责全省新兵的征集、训练任务。

1949年4月，国民党一一九军在天水成立，原在天水的新编二十六旅旅长王治岐任军长，下辖二四四师和二四七师，约2万人，蒋云台调任一一九军副军长兼二四四师师长。

兰州战役前，周祥初看到马步芳之子马继援狂妄地在兰州备战，他趁机找到省主席郭寄峤和西北军政副长官刘任，以统率地方部队与共产党周旋为名，要了一个南路督导专员的名义，前往陇南岷县，他要在这里跟各种力量周旋，聚集各种力量，谋取发展。

二、周祥初来到岷县

岷县是红军长征途经的红色土地，中华人民共和国成立前，这里有进步的土壤，进步的力量也很强大。但此时此刻却是国民党顽固派的地盘。

时任岷县县长的孙伯泉、督察区保安大队长华振邦，早年与高嵩山、蒋云台曾一同在新编十三师陈珪璋部任职。高嵩山就是地下党员，蒋云台也一直与地下党和第一野战军有直接联系。

但驻岷县的甘肃省第一行政督察区专员孙升阳和保安二团团长郑兆期是两个顽固分子，孙升阳、郑兆期两人对孙伯泉、华振邦和甘肃省骑兵大队长李聚福早有防备，还派人暗中监视他们的行踪。

升任甘肃省师管区司令的周祥初到达岷县后，首先会见了华振邦、李聚福等人，亲近这几位进步人士，故意冷落孙升阳和郑兆期，并明显表现出要除掉孙升阳、郑兆期的意图。

在这个特殊时期的孙升阳、郑兆期自我感觉不妙，经过一番密谋权衡，两人选择了逃离，在周祥初到达岷县第三天即提出辞职。周祥初一番假意挽留后，便批准了两人的辞职，随即任命孙伯泉兼任甘肃第一行政督察区专员，让督察区保安副司令张令仁兼任保安二团团长。

赶走孙升阳、郑兆期后，周祥初便在岷县屯集粮食、弹药，团结部属，做起义的各种准备。不久，周祥初与亲胡宗南的"中央派"一二〇军一七三师五一八团团长陈叔钵取得联系，并说服其率五一八团及五一九团两个营，还说服保安五团团长高搴桂率全团，先后到达岷县。

孙升阳、郑兆期辞职走人让身为中统特务的国民党临潭县县长曹鼎也倍感不安，经过一番思想斗争后也选择了请辞，只是他的请辞只是打了个电话周祥初便允准了。

曹鼎的辞职，使周祥初清除了岷县起义的最后一个绊脚石。周祥初指派与他一起来岷县的秦安县县长杜凌云出任临潭县代理县长。这时，甘肃省参谋主任雍国林又带武威团管区部队数百人来到岷县。

7月26日，中共中央西北局任命了甘肃军区领导干部，王世泰兼任甘肃军区司令员，徐国珍、任谦任第一和第二副司令员。

在兰州战役城市攻坚战打响前，聚集在岷县的已有甘肃省保安第二团、第五团、第一七三师，师管区补充第一团、第二团、补训第四团，省骑兵大队，第一督察区保安大队等七八个团又三四个独立大队，兵力达到六七千人。

这些队伍成分复杂，需要加强统一领导。为了不致祸害地方百姓，周祥初成立了"甘肃省自卫军总司令部"，自任总司令，由岷县县长孙伯泉兼任参谋长，所属部队统一编为两个师，五一八团团长陈叔钵任第一师师长，甘肃省参谋主任雍国林任第二师师长。

第一野战军在天水期间就已经对逃往陇南、甘南的国民党军的情况有清楚的了解。8月12日，天水地下党员康君实、李般木以王震司令员代表的身份携带王震司令员的信件到达岷县，督促周祥初尽快起义。

当初周祥初得知解放军第一兵团已经从陇西出发向西挺进时，他心里已经很明白，他自己除了率部起义，别无出路。

8月14日，周祥初等同意起义，并给王震司令员写了回信，表示他准备组织礼县、西固即现在的舟曲县、文县、卓尼、临潭等国民党军同时起义。康君实、李般木返回后分别向彭德怀、甘泗淇、阎揆要以及第二军军长郭鹏、政委王恩茂做了汇报。在确定起义后，周祥初要扩大起义的成果。

三、联络临潭、卓尼一道起义

兰州战役前，在扶眉战役被第一野战军击溃的国民党一一九、一二〇军残部从秦安逃往临潭，在临潭抢劫粮食、牛羊，诈取钱财，无恶不作，百姓恨之入骨。此时，这些散兵又向和政、岷县、武都逃窜。而临潭的土司在土地革命战争时期和红军早有来往，曾给予过红军很大的帮助。

卓尼杨积庆，是个赫赫有名的藏族土司。

1902年，杨积庆承袭世袭指挥众事兼护国禅师，为19代土司。1921年，他任土司兼任南路游击司令。1923年，为河州南路巡防军统领。国民政府成立后，于1928年改任洮岷路保安司令，直隶甘肃省政府。

1935年，中国工农红军长征到达甘南迭部，甘肃军阀鲁大昌率军设防。甘肃绥靖公署令杨积庆协助鲁大昌"围剿"红军，深明大义的杨积庆，不仅没有阻击红军，还支援红军15万多公斤粮食。1936年，红四方面军进入甘南藏区后，杨积庆仍然为红军让路护道、开仓放粮，让长征中的红军顺利打下并通过了天险腊子口。

1937年，杨积庆的部下姬从周发动博峪事变，杨积庆及其长子遇难，年仅8岁的次子杨复兴继任卓尼第20代土司。

1943年9月，杨复兴被任命为洮岷路保安司令部司令，1947年8月晋见蒋介石，11月赴南京陆军大学受训。1949年春毕业于国民党南京陆军大学将官班，授予少将军衔。

随着解放军第一野战军大踏步西进的步伐，临潭县的中共地下党员陈克昌、尤正清积极向群众宣传党的政策，鼓动群众争取和平解放。

9月3日，受一野彭德怀司令员的委托，解放军兰州军事管制委员会副主任任谦来到岷县开展争取周祥初起义的工作。任谦到岷县自然得到周祥初的支持，周祥初还在天主堂召集连以上军官会议听取任谦的讲话。这次会议，任谦明确提出岷县各种武装力量必须参加起义的硬杠杠。会后，任谦、周祥初二人又对起义心存顾虑的部分军官，逐个做了细致的说服工作，坚定了这部分人起义的决心。

就在这时，在武都的国民党陇南分署主任、军统特务赵文龙获取了周祥初部准备起义的消息，派特务潜入第一师陈叔钵师部，企图策反陈叔钵，狙击周祥初和任谦，破坏起义。陈叔钵当即将这一情况向周祥初和任谦做了汇报。按照周祥初和任谦的部署，陈叔钵假意答应赵文龙狙击周祥初、任谦起义，拿到赵文龙派来的特务给予的1万块银圆的奖赏后，果断地将特务扣留在第一师。

任谦与周祥初感觉到起义已经迫在眉睫，但还有一个人很重要，应该尽快联系洮岷路保安司令杨复兴，争取共同起义，促进甘南早日解放。9月4日，甘肃省骑兵大队长陆聚贤受任谦和周祥初委派，携带王震司令员和任谦、周祥初的联名信，带领林业税收人员王克仁、临潭本地商人杨于华，奔赴卓尼开展联络工作。陆聚贤一行在路经国民党临潭县政府所在地新城时，做通了临潭县代理县长杜凌云的工作，杜凌云第二天就在新城东街小学召开有新、旧绅士及国民党县政府有关人员参加的会议，听取陆聚贤对全国解放的形势讲述后，所有人员一致表示赞同起义。

随后，任谦、周祥初又派天水来的地下党员康君实到临潭和卓尼，重点是传达统一起义，必须按照任谦、周祥初等确定的9月11日起义。在取得起义时间一致后，康君实等召集临潭、卓尼两县军政人员赴岷县磋商有关事宜。这一切安排妥当后，任谦来到了岷县。

9月10日，国民党临潭代理县长杜凌云会同县政府秘书冉铭鼎及回乡军官岳缵鹏等前往岷县，受到任谦和地下党领导同志的欢迎与接见，各方再行明确于 9 月 11 日宣布起义。

9 月 11 日，国民党甘肃省保安副司令兼师管区中将司令周祥初率少将副司令曹鼎以及孙伯泉、陈叔钵、杨复兴等在岷县中学礼堂召开大会，联名发出了《接受毛主席八项和平条件，待命接受改编》的通电，正式宣布起义。至此，岷县、临潭、卓尼三个县和平解放。

9 月 12 日，第一野战军彭德怀司令员和副司令员张宗逊、赵寿山向周祥初等复电表示祝贺。

驻岷县的起义部队改编为中国人民解放军西北独立第一军，由周祥初任军长，孙伯泉任参谋长，陈叔钵任第一师师长，雍国林任第二师师长。同年 11 月，西北独立第一军改编为西北独立第一师，归属六十二军指挥，参加进军陕南、陇南的战斗。

9 月 13 日，解放军岷县军分区司令员李启贤等人来临潭视察，受到各界人士和临潭广大人民群众的热烈欢迎。

不久，陕甘宁边区政府岷县分区行政督察专员公署派郭曙华等 20 余人来临潭，接管原国民党政权。

1949 年 9 月 27 日，临潭县人民政府宣布成立。

周祥初起义以后历任西北独立第一军军长、甘肃省军区副司令员、政协甘肃省委员会副主席，全国政协第二、三届委员等。

杨复兴起义后历任卓尼民兵司令部司令员兼卓尼县县长、卓尼藏族自治区行政委员会主任、甘肃省甘南藏族自治州人民政府副州长、甘南军分区副司令员等职。

陈叔钵起义后历任炮兵第八基地副司令员、炮兵预备学校校长，转业后任抚顺市民政局长、城建局长、市政协副主席、辽宁省政协常委等职。

第三节　陇南成立了甘肃省政府

陇南成立甘肃省政府是从王治岐掌握陇南军权开始的，而筹划军队起义则是从兰州战役开始前——九军中将副军长蒋云台执行韩练成的安排开始的。

一、一一九军撤退陇南

1949年7月扶眉战役结束后，蒋云台率一一九军从徽县向天水撤退。此时他见到了两次被俘、两次被解放军释放的冯克镇，冯克镇带来了一野副司令员赵寿山和陕甘宁边区政府委员渭源人任谦的口信，询问蒋云台的下一步行动计划，蒋云台让冯克镇回家容后再说。蒋云台虽然没有明确态度，但也没有极端的行为。

后来国民党第九十一军、一二〇军向西撤退，蒋云台借故滞留天水。这时，一位被称为"从延安过来的人"带来了韩练成写的"我已回到家乡，一切都好，我有病，你将你那里的药拣出来交给来人"的字条，来人还向蒋云台提出"我们的上级希望你帮助我们"的要求。蒋云台告诉来人："我不向西去。我要到西和、礼县这个方向。"然后怕来人被当地的便衣特务捉去，即令第二四四师军需主任马维民用吉普车将他送出天水北门。这次他虽然没有明确的态度，但表明了自己的行动计划和不去兰州与解放军作战的态度。

随后，蒋云台和周嘉彬、王治岐商议后，让周嘉彬带领一部在陇西集结随后撤到岷县山区；8月1日夜，王治岐率一一九军军部及二四七师由武山退驻礼县；蒋云台率二四四师退驻西和和盐关一带。

国民党军的反人民性这时表现出来了，周嘉彬在撤离兰州时曾下令专署专员高增级烧掉天水粮仓，在地方绅士们的苦苦劝解下粮仓得以幸免。

蒋云台部撤到西和后，派一个营长率一个连驻在盐关一带，以为自己很安全。此时，解放军第七军开始接管天水。由于蒋云台并没有及时与七军取得联系，到了8月3日夜，警戒连长打来电话说，留守盐关的部队被歼，营长被俘。蒋云台思想开始动摇，他放弃了西和、礼县，带着部队朝着陇南撤退而去。

8月中旬，王治岐、蒋云台分两路到达武都。

王治岐第一一九军来到陇南，胡宗南很不放心。当时，武都除原一三三师外，胡宗南又将第十二师由成县移驻武都，然后还有赵龙文的三三八师，三个师从三个方向对王治岐的第一一九军实施监视和控制。

二、蒋云台与一野的联系

当时胡宗南部的李振西第三十八军、李振的第六十五军在成县、徽县布防。胡宗南便命蒋云台进驻西和、礼县守护六十五军左翼，蒋云台借口无力防务，将二四四师师部驻在距城25公里的安化镇，用这种办法"藏匿"起来。蒋云台躲起来，赵龙文却放不过他。赵龙文是7月15日在胡宗南授意下成立的国民党川陕边区绥靖公署陇南分署主任。

军统特务赵龙文是个死硬派，他带来的国民党第三三八师驻防武都。进驻陇南便做了三件事情：头一件是组织陇南反共工作团，自任团长；第二件是举办国民党党员、三青团团员的救党签名登记，拼凑反动骨干力量；第三件是大办陇南军事政治学校和陇南民众组训讲习班，成立武都、礼县、岷县边区游击区，收编土匪，负隅顽抗。

接着，赵龙文就把蒋云台的部队从城外接进了城。进城后赵龙文率第三三八师师长王宪彬、陇南警备司令傅昭骞、陇南专员孙宗濂等人，给蒋云台设鸿门宴接风。在饭局上，赵龙文给蒋云台一个下马威。赵文龙说，有人给胡长官说，蒋云台是个三面看的人物，一面看汉中的胡宗南，一面看兰州的马步芳，一面看西安的共产党；国民党西北军政长官公署副长官刘任说了，静宁会议通知蒋云台来开会就是要把蒋云台扣起来的，蒋云台没来参加会议，如果蒋云台去汉中就让我们扣起来。赵龙文借着酒劲说话，旁敲侧击，真实意图是告诉他胡宗南知道蒋云台的心思，让他老实一点。

身为陇南分署主任的赵龙文，随着时间的推移更加肆无忌惮。他将三三八师王宪斌部驻在武都，8月中旬开始，王宪斌把部队布防在县城周围，沿山设防，实弹射击，搞军事管制，把武都城闹得风声鹤唳。当时武都为国民党甘肃省第八行政专员驻地。八区共辖文县、武都、成县、康县、西固五县，属于典型的贫困山区。

兰州决战前郭寄峤离开甘肃，武都警备司令符昭谦（国民党记录为傅昭骞）经费无着落，无法进行任何行动。赵龙文便以陇南分署主任的身份将武都警备司令部所有人员并入他的分署，将中将警备司令符昭谦支到碧口待着，自己独揽军政大权，将他的特务组织"反共工作团"向国民党部队渗透。

蒋云台在赵龙文的挤压中加快了与解放军的联系。他先后派人与天水的解放军第七军、岷县的解放军第六十二军、礼县的武都地委和兰州的第一野战军司令部取得联系，并建立了无线电通信联络。

他派往兰州的是国民党第七三二团副团长王景帆，王景帆借口察看前沿地形越过警戒线，化装到达兰州。到兰州后经第一野战军副参谋长韩练成介绍，受到一野副司令员张宗逊接见，为了保护这支进步力量，张副司令员反复嘱咐王景帆并让他转告蒋云台务必注意安全。当王景帆问张宗逊是否给任务时，张宗逊答复说："我们不是国民党的作风，有事先把朋友推下火坑，现在不给你们任务，将来需要时再说。"张宗逊反复叮咛王景帆，要求蒋云台等领导人和部队注意安全。

为了加强对蒋云台的直接有效领导，第一野战军还和王景帆约定了密码、呼号、波长及联系时间。张宗逊副司令员特别指出无线电通信最不保密，最好派人联络，只是在必要时用一下。本次见面，张宗逊还明确蒋云台就近与驻天水的解放军第七军彭绍辉军长联系。

得到第一野战军首长的工作指示后，蒋云台迅速就密码本的管理、电报翻译、与解放军秘密联系、监控敌特活动、负责与各个师的联系人等进行了人员分工。

9月中旬，胡宗南给王治岐发来电报，说他已与中央确定，王治岐为第五兵团副司令官仍兼第一一九军军长；另成立一军由蒋云台任军长，率第二四四师入川，另拨两师编制随后成立等。

蒋云台当着王治岐的面接受了军长的名义，但提出先给两个师的装备的要求，兵源由他自己在甘肃招募。借着招募兵员的机会，蒋云台迅速扩充队伍壮大实力。他先后宣布成立五个补充团：以西和县长张孝友兼补充第二团团长，驻仇池山；成县县长陈琇兼补充第三团团长，驻成县铁山地区；文县县长王泽勉兼补充第四团团长，驻文县；在武都东南罗塘区成立补充第五团，团长由石文正担任；过去在国民党军队担任过连长的中共地下党员龙一飞，担任了补充第一团团长。

赵龙文对蒋云台就地扩充军队的做法颇多疑虑，但苦于没有证据亦无可奈何。到了9月以后，在赵龙文运作下胡宗南要调一一九军去陕南城固。此时，七军军长彭绍辉派人转告蒋云台，既要拖住部队不要入川，也不要过早起义，让他等待与解放军一致行动。蒋云台在劝说王治岐无效后直接向胡宗南报告了一一九军存在的困难，胡宗南随后改变了命令。

三、甘肃省政府在陇南成立

在陇南成立省政府是赵龙文的野心，也成了蒋云台拖延的理由。这时候的赵龙文野心开始膨胀，觉得他这个陕甘绥靖分署陇南公署主任已经掌握了陇南部队的权力，他还需要掌握政权。由于国民党甘肃省政府已经于10月2日向酒泉军管会投诚，他要成立甘肃省政府，要谋取省主席一职。于是就秘密召集国民党陇南五县的县党部书记长开会，让他们发电保举自己出任省政府主席。

此事很快被蒋云台侦知。蒋云台认为，要拖住一一九军不离开陇南最好的办法是让王治岐担任甘肃省主席。蒋云台以王治岐掌握着一个军的部队，是目前甘肃现存最大的实力派为由，向各县党部书记长发出号召，并让马锡云将推荐的电文拟好，在这些人去武都参加赵龙文秘密会议路经安化时设宴招待，酒过三巡，这些书记长就联合签名致电国民党中央，保举王治岐出任甘肃省主席。国民党各县党部书记长一路颠簸地到达武都时，11月25日，国民政府广州行政院任命王治岐代理甘肃省主席。

11月下旬,赵龙文侦悉到解放军大部队要经过武都的消息,色厉内荏的赵龙文一时惊慌失措,于28日夜由武都撤往碧口,30日夜把他带来的三三八师也全部撤离武都。

12月1日,王治岐正式就职,省会设在武都,省政府设在武都师范学校。所有专署人员一律晋升为省政府职员,接着就通电就职了。

四、武都起义

此时,解放军开始分三路向南进发,右路第七军于12月4日解放徽县、两当,7日解放成县,9日解放康县。六十二军经岷县向武都地区进军,先后解放宕昌、西固及武都周边地区,逼近武都。12月5日以后,王治岐曾有抵抗之意,当经过一番讨论得出最后无力抵抗时,便准备把省政府迁往文县,军事权交给蒋云台。他说,他必要时退入藏区打游击,逐步与国民党中央取得联系。

12月8日晚8时,武都甘肃省政府秘书长李永瑞与蒋云台商定,由王治岐、蒋云台、李永瑞3人联名通电起义。

12月9日早上,武都的甘肃省政府秘书长李永瑞由军部返回省政府去见王治岐时,王治岐似乎刚刚起床,神情沮丧,有

第十八兵团一八四师炮兵部队在追歼国民党军胡宗南残部时,扛着拆开的火炮翻越岷山

气无力地告诉李永瑞，他已经见过蒋云台了。事已至此，就照你们商定的办法去办理就是了。

1949年12月9日晚8时，一野六十二军先遣队在国民党一一九军二四四师七三二团的掩护下进驻武都县城接防。蒋云台负责国民党军的撤退让路，李永瑞负责通知各县起义，欢迎解放军入城。晚10时，第六十二军进城并由马锡玉等安排了住宿。

12月10日下午，第六十二军军长刘忠、政治委员鲁瑞林带领后续部队到达，两位军领导夸蒋云台起义组织得好，是个大胜利。当晚，第七军直指碧口，彭绍辉军长约蒋云台于10日在去碧口途中的老爷庙会晤。会晤后，11日，蒋云台和七军副军长孙超群等首批政工人员一同回到武都。

武都起义部队改编为中国人民解放军西北独立第二军，蒋云台为军长，黄忠学任政委，移驻盐关、西和一带整训。陕南、陇南战役共歼灭和接收改编国民党军队1.23万人。

1949年12月30日，红旗插上了陕、甘、川交界处文县碧口的摩天岭，至此，甘肃全境解放。

第四节　甘肃解放大事记

1949年4月21日　毛泽东主席、朱德总司令发布《向全国进军的号令》，号召中国人民解放军全体指战员奋勇前进，坚决、彻底、干净、全部地歼灭中国境内的一切敢于抵抗的国民党反动派，解放全中国。5月23日，中央军委发出指示，歼灭马步芳、马鸿逵部和胡宗南一部。解决西北问题的兰州战役拉开序幕。

7月

21日　合水县第二次解放，第一次解放的时间为1939年12月。

25日　灵台县为十九兵团解放。

27日　宁县、正宁县(时称新正县)为十九兵团六十三军解放，六十四军解放泾川县。

28日　庆阳市为庆阳分区部队解放。

29日　张家川县为第一、第七军解放，第二兵团解放华亭县、崇信县。

30日　镇远县、平凉为十九兵团解放。

31日　清水县为第二军解放。

8月

3日　天水为七军解放。

4日　秦安县为第一军解放，庄浪县被三军解放。

5日　甘谷县为第二军解放。

6日　通渭县为六军解放，静宁县被六十五军解放。

10日　武山县为第二军解放。

12日　会宁县为六十三军一八九师解放，陇西县为第一军解放。

13日　漳县为第一兵团第二军第五师解放。

14日　定西县为十九兵团解放，渭源县和平解放。

15日　渭源县时属岷县专区管辖，会川县为第一兵团第二军解放，1958年并入渭源县。

16日　榆中县为六军四十九团解放，临洮县被第一兵团解放，洮沙被二兵团三军解放，1950年撤销洮沙县，并入临洮县。

17日　礼县、西和县为第七军十九师解放。

20日　康乐县为第一兵团二军解放。

21日　和政县为第一野战军第一兵团二军六师十八团解放。

22日　临夏县、宁定县（今广河）、东乡族自治县被第一兵团二军六师解放。其中，广河、东乡解放时无此县名，有广河这个地名；东乡地区分属临夏、和政、广河、永靖等管辖。积石山保安族东乡族撒拉族自治县当时属于临夏县，所以也是1949年8月22日解放。

23日　永靖县为第一兵团第一军第二师解放。

26日　兰州解放，兰州市军事管制委员会开始接管城市。

皋兰县属甘肃省直辖县，与兰州同日解放。

9月

1日　新华社兰州分社成立，并开始发稿；中国人民银行甘肃分行在兰州成立，在全省建立24个金融机构；西北新华书店甘肃总分店在兰州开始营业。

3日　永登县当时属于武威地区，为三军先头部队解放。

5日　天祝藏族自治县解放，当时是永登县天祝区。

6日　靖远县为第六十三军解放。

7日　兰州人民广播电台正式成立，并于当日开始播音。

11日　岷县，时属岷县专署管辖。夏河县（含此后的玛曲县）、岷县和临潭县（含此后的碌曲县）、卓尼县一起，因周祥初、孙伯泉、杨复兴起义而和平解放。

13日　古浪县为三军先头部队和第六军解放。

15日　景泰县为六十三军一八八师解放。

16 日　武威为四军解放。

17 日　民乐县为第一兵团二军解放。

19 日　张掖县为第一兵团二军五师解放，永昌县含金昌市为三军先头部队解放。

20 日　夏河县和平解放。

21 日　山丹县为四军先头部队解放。

22 日　临泽县为第二军五师、四师解放、民勤县为四军十一师解放。

24 日　高台县被第一、第二兵团和平解放。

25 日　酒泉县、玉门油田为第一兵团二军五师解放。

26 日　金塔县、鼎新县解放。

27 日　玉门县为第一兵团二军五师解放；肃北蒙古族自治县，解放时无此县名，所管辖地域原为敦煌、玉门、安西所管辖。

28 日　安西、敦煌县为第一兵团二军五师解放，第一兵团二军进驻嘉峪关，嘉峪关和平解放。

10 月

2 日　兰州市 20 万人集会欢庆中华人民共和国成立。

12 月

4 日　两当县为第七军十九师五十五团解放。

5 日　徽县、成县为一兵团七军十九师解放。

7 日　康县为七军二十师解放，舟曲县（时称西固县）为六十二军一八四师解放。

8 日　中央人民政府委员会第四次会议决定，甘肃省人民政府在兰州正式成立。

9 日　原国民党甘肃省政府主席、一一九军军长王治歧，副军长蒋云台率部 8700 余人在武都通电起义，武都和平解放。

9 日　宕昌县，当时属西固县，为六十二军一八四师解放。

11 日　文县为六十二军一八四师解放。

15 日　文县碧口镇解放。至此，甘肃全境解放。

第十七章 英雄团长

缴得起党费缴不起学费,把自己的亲姑父从校长位置上拉了下来;参军后8年没有写过家信,母亲以为他早就不在人世了;转战西北十几年,在兰州解放的前一天,血染沈家岭;留下绝笔"与妻书",道出了一位共产党人的家国情怀。

王学礼是随着兰州战役走进历史的中华著名烈士,是像黄河一样被兰州人世世代代传颂的人民英雄。

王学礼14岁加入中国共产主义青年团后,就投入革命斗争中。加入红军后青春年少时的他就率领"少先连"的"娃娃兵"冲锋陷阵、英勇杀敌,12个月就参加战斗10多次。后随部队转战晋、陕、甘、宁诸省,身经百战,三次负伤,屡建战功。1949年8月25日,在兰州战役决战"兰州锁钥"——沈家岭战斗中,作为十一师三十一团团长的王学礼,把自己32岁的生命献给了即将诞生的中华人民共和国,献给了兰州人民的解放事业。

第一节　陕北回望

陕西省神木是陕北最北边的古老县城，王学礼就出生在这个古老县城的南乡王家庄村。父亲王恩茂是个勤劳朴实、忠诚厚道又有智慧的农民，农忙时精耕细作，农闲时还做点小生意，维持着一家人的生活。母亲也姓王，是个善良贤惠、乐于助人，深受全村夸奖的好媳妇。王家家风淳朴，兄弟和睦，他父亲一辈弟兄四人没有分家，全家 20 多口人在一起生活，自耕 250 多亩贫瘠干旱的山地，维持着一家人的生活。

1916 年 11 月 6 日（农历十月十一日），王学礼就出生在这样一个淳朴的农民家中。少年时他在农村的山沟沟里自由自在地成长，1926 年，入村办公立小学读书。1930 年春天，以优异成绩考入离家 15 公里路的盘塘高小即现在的府谷县第五高小。

一、坡上的美少年

盘塘高小是陕北早期传播马克思主义的前哨阵地之一，学校教员、共产党员刘世英、高洪轩等人经常在学生中宣传革命道理，使少年王学礼接受了民主主义和马列主义思想的启蒙教育，他逐渐认识到，共产党才是真正救国救民的组织，只有跟着共产党干革命，才能使劳苦大众翻身过上好日子。这一年的 5 月，在一个枣花盛开、蜜蜂采花酿蜜的日子里王学礼秘密地加入了中国共产主义青年团。

盘塘高小的贺立本是国民党县政府任命的校长。贺校长在学生时代也曾是个忧国忧民的热血青年。可是，由于历史条件的局限和国内外反动势力的强大，革命运动一次又一次遭到挫折。面对黑暗社会的现实，贺立本看不到光明前途，便不愿再冒风险，心如止水地开始从事教化育人的工作。

贺立本是王学礼的亲姑父，因为膝下有女无儿，所以对侄儿王学礼十分疼爱，时常关照其学业和生活，彼此感情非常亲近。学校党支部决定把他拉到革命阵营里来，就选派王学礼先做争取贺立本的工作。此时的贺立本经常身穿长袍短褂，头戴黑缎子瓜皮帽，完全是旧式知识分子的"标配"。他的观点清晰又顽固："中国经济落后，民众愚昧无知，要改变现状，只能靠发展资本主义，等到国富民强了，社会就自然进步了，不需要闹什么革命的。"面对王学礼的规劝，他倒背着手，踱着方步，一脸不屑。

王学礼陪着亲姑父来到黄河岸边，但见奔腾的黄河水势不可挡，惊涛骇浪猛烈地拍打着河岸，望着黄河雄伟的气势，王学礼感到浑身热血沸腾，亲姑父却不为所动。

其实，贺立本对教师、学生们的革命行动早有觉察，但既不支持，也没向反动当局报告，他以为他们会像当年一样，随后便陷入沉寂。

这年仲秋的一天下午，和王学礼在一起上学的贺立本的侄女贺汉斌神色慌张地来找表兄王学礼，说："同学们明天要赶走你姑父！怎么办？"

王学礼知道党支部的这个决定。因为经过党支部的多轮谈话，贺立本的态度依然没有明显转变，党支部才不得不采取断然措施。看着心急火燎的贺汉斌，王学礼虽有难以言表的怜悯，但干革命不能掺杂个人私情，他也不能过早地透露组织的秘密，就安慰安慰表妹了事。

第二天上午，王学礼带着一帮同学闯进了校长宿舍，已经听到了风声的校长贺立本从椅子上抬起头，望着王学礼，似乎一夜之间苍老了许多。他没有做任何反抗。王学礼则二话没说，带头卷起姑父的铺盖卷，扔出了校门外。

作为旧式的知识分子，受此侮辱，贺立本自会辞去校长职务。但被赶出校门的贺校长一直同情革命，当地党组织也一直关注、关心着他。此后他还利用"受害者"的身份和在国民党县政府中的特殊关系，用金钱打通关节，经常保释被敌人逮捕的共产党员和革命群众。

王学礼在兰州战役中牺牲，遗体被运回家乡安葬时，贺立本老泪纵横，亲自写祭文悼念，感谢侄子王学礼引导他走上了革命道路，使他在政治上获得了新生。

贺立本离开了盘塘高小后,经过地下党的努力,党员教师刘世英担任了校长职务,从此打开了盘塘高小的革命局面。

1931年夏,王学礼转到沙峁高小读书。沙峁高小是南乡秘密区委所在地。在这里他受到了更多的马列主义教育,经常阅读《向导周报》《中国青年》《西北人民》《共进》等进步刊物,政治觉悟提高很快。在党的领导下,他积极参加贴标语、搞演讲,组织各种群众团体的活动。为了给党组织筹措经费,他经常借故向家里要钱,为了供他继续读书,母亲不得已拿出了仅有的钱。结果半年就花了70多块大洋,超过了学费、饭钱的好多倍。

学校党组织告诉全体党员,革命形势危急,党急需经费给游击队买枪买子弹,消灭敌人。这下急坏了王学礼,他匆忙赶回家又要向父亲"要学费"了。这次,家里真的拿不出钱了。被逼无奈的父亲只好说,家里没钱,实在缴不起学费就退学吧。

天色将晚时,善良的母亲拿出七八块大洋给儿子,说这是她刚过门还是新媳妇的那一年,过年给老人们磕头,老辈给了磕头钱她攒下的私房钱,一直没舍得用。母亲让他拿去继续上学,不要再难为父亲了。

母亲出嫁时磕头攒的钱一两千斤重,但这点钱与革命的需要实在相差太远。王学礼在学习秘密刻印标语传单时曾听贾怀志老师对一位从山西过来的秘密交通员说,要想办法找个关系,把现有的一些大烟土拿去向大户人家兑换现钱。

农民们每家种一点大烟,是被国民党县政府逼着要税时顶税用的。他想起家中的木箱子里还存着准备顶税用的一点烟土,钥匙就在父亲的口袋里。对,先悄悄拿走,等以后有机会再向家中解释清楚。

这是个月朗星稀之夜,等老老少少都睡熟,他蹑手蹑脚地爬起来,从父亲的裤带上轻轻解下钥匙,从木箱内摸出烟土塞进书包里,放在枕头底下。鸡叫头遍,王学礼就借口学校有事,连饭也顾不上吃,揣上一块杂面饼子就连奔带跑来到学校,赶紧把大洋和烟土全部交给了党组织。那一刻,他好像看到有几个敌人被自己用大洋和烟土换来的钢枪消灭了。但他没有想到的是，他的父辈没有分家，这点烟土的失去会让父辈所有老人经受多少煎熬。

后来因为一名品质恶劣的教师的出卖，学校被当地国民党政府关闭了。学校关门了，但王学礼革命不徇私情和缴得起党费、缴不起学费的故事一直在地下党组织中传为美谈。

王学礼只好回家务农。按照党组织安排，他在家乡边劳动边进行农民的宣传教育，他和其他几名党员一起以快板、顺口溜、讲故事、信天游等农村喜闻乐见的形式，宣传革命道理，揭露地主官僚、豪绅衙役的罪行，启发劳苦大众觉悟，表现出了对革命事业的忠诚和满腔的热情。经过组织考察，1932年2月，他加入了中国共产党。

二、村里的游击队

1934年6月，王学礼参加了陕北工农红军游击队第三支队。第三支队其实就是附近几个村的赤卫队队员。在党组织领导下，王学礼所在的王家庄附近几个村寨的数百名赤卫队员一起学习、训练。今天，他们侦察到驻地国民党团长罗德新的马队从山区驮来几百匹布，于是赤卫队员决定用铁锹、锄头当武器，用仅有的一支步枪，在王家寨设伏，夺取这几百匹布。战斗中，他手握一根大木棒冲在最前面。敌人的一个护兵班见赤卫队人多势众，仓皇逃窜，初战大捷，鼓舞了赤卫队员的士气。

打了败仗罗德新恼羞成怒，立即派出一个连的兵力到附近的村庄疯狂报复，在没有找到布匹时，在菜园沟村杀害了18名群众。

国民党的屠杀更加坚定了他的革命信念。同年秋天，党组织选送王学礼到陕北特委党团员训练班学习。1935年1月前后，学习班结业的王学礼在中共陕北特委委员张达志的带领下正式加入红军，张达志任红八十四师政治委员，王学礼任第八十四师少年先锋连政治指导员。

少年先锋连是典型的"红小鬼"队伍。王学礼和连队干部一起带着这支"娃娃"部队，跟随刘志丹打游击。在艰苦的环境中，他对这些大都是14岁至17岁，最小的才12岁的小红军给予极大的热情和关心，教他们唱歌、学文化，提高小战士的思想觉悟，把少年先锋连带得朝气蓬勃、生龙活虎。

那时候的王学礼还没有枪高，却能率领"少先连"的"娃娃兵"冲锋陷阵、英勇杀敌，在 12 个月的时间里，参加战斗 10 多次，圆满地完成任务。陕甘红军总指挥刘志丹非常喜欢他，常爱抚摸着他的头夸他是好样的。连队在战斗中也不断壮大，由最初的 60 多人、20 多支枪，发展到 140 多人，人手一支枪。

三、打仗的红军哥

1935 年 9 月 18 日，红二十五军到达陕北，在延川县永坪镇与红二十六军、红二十七军会师，合编成立红十五军团，原八十四师改编为八十一师，少年先锋连被编为第八十一师第二四一团第六连。王学礼任红十五军团八十一师二四一团二营教导员，先后率部参加了著名的劳山战役、直罗镇战役，并出色地完成了战斗任务。

王学礼担任教导员后，参加了红军以少胜多的劳山战役。这年 10 月 1 日，我军少数部队佯攻甘泉县城，引诱国民党军前来解围。东北军一一〇师往甘泉方向而来，红八十一师和兄弟部队在劳山一带伏击等待。王学礼和营长贺吉祥率领二营在白土坡占领有利地形，以突然猛烈的火力从正面打击敌人。国民党一一〇师拼命突围，突入红军友邻部队的前沿阵地，王学礼带领部队向敌人发起连续反冲击，迫使敌人放弃正面阵地，向后退至公路附近。此役，经过 5 个多小时激战，全歼敌人 6000 余人，击毙敌师长何立中、参谋长裴焕采，缴获了大量的装备、物资。战后不久，王学礼和营长贺吉祥就主动把一大部分弹药和物资支援了同样缺枪少弹、刚到达陕北的中央红军。

1935 年 10 月 19 日，毛泽东主席率领的中央红军长征到达陕北吴起镇，11 月初与红十五军团在东村镇一带会师。一路"围剿"劳而无功的蒋介石急调五个师的兵力趁着中央红军立足未稳，大规模围剿陕甘边境。面临强敌，毛主席选定一面临水、三面环山的直罗镇摆下战场。

11 月 21 日，直罗镇战役打响。两支红军部队首次协同作战，中央红军从北向南打，红十五军团从南向北打。王学礼和营长贺吉祥率领二营部署在张村驿与直罗镇之间的山头上，担负正面狙击敌人的任务。战斗从当天拂晓打响，经过4天激战，全歼来势汹汹的先头精锐一〇九师，为党中央把全国革命的大本营放在西北举行了奠基礼。土地革命战争后期硕果仅存的革命根据地——陕甘革命根据地成了红军长征的落脚点，八路军抗日的出发点。

1936年2月，红军强渡黄河，开始东征，王学礼参加了山西孝义兑九峪战斗，并带领部队跟随彭德怀转战石楼、永和一带，牵制打击晋西之敌。5月，主力红军回师陕北，他也随部队挥戈西征，挺进甘肃、宁夏和陕西交界的广大地区，继续扩大根据地。1936年底，王学礼任红八十一师二四二团政委。

王学礼18岁任连指导员，19岁任营教导员，20岁任团政委。他为建立陕甘边革命根据地不畏艰难困苦、不怕流血牺牲，一直英勇战斗在第一线。

四、善战的团政委

1937年9月，王学礼到延安中国人民抗日军政大学学习。毕业后，他调任一二〇师警备六团政治处主任。该师警备六团在贺龙的指挥下，东渡黄河，奔赴抗日前线。参与了开辟绥南和雁北的抗日根据地，在参与著名的百团大战前后，该团进出长城内外，三上大青山，五返晋中吕梁，抑制了日军西进的通道平绥铁路线，多次重创了日军同蒲铁路上的要道和驻军据点。作为政治工作者，王学礼在加强部队思想建设的同时，积极宣传《抗日救国十大纲领》，配合地方党组织放手发动群众，随同部队开创晋西北抗日根据地，建立了抗日民主政权。

1941年，王学礼到延安留守兵团军政研究班学习，参加了全党开展的整风运动。在延安最艰难的岁月里，他积极响应毛主席"自力更生、丰衣足食"的伟大号召，领导部队在定边、盐池等县打盐、挖甘草、开荒种地、发展畜牧业，实现了粮食和大部分生活用品自给，度过了抗日战争的艰苦岁月。

艰难对他如常事。他随部队一面作战，一面生产，多次参加剿匪战斗，粉碎国民党的摩擦破坏。王学礼坚决贯彻毛主席"积极防御"的作战方针，随同部队采取机动灵活的战略战术，发扬勇敢顽强的战斗作风，坚决抵御日军进攻,在地方保安队、自卫队、友邻部队和人民群众的支援下,先后挫败日军九次猖狂进攻,胜利完成了保卫河防、保卫边区的任务。

1946年6月,王学礼调任陕甘宁晋绥联防军司令部炮兵营政委。刚上任的王学礼就得到消息,周恩来副主席通过国际友人帮助,从德国购买的一具炮队镜在延安炮兵学校。但新组建的陕甘宁晋绥联防军司令部炮兵营炮兵器械奇缺,很需要这具炮队镜。炮兵营和炮兵学校争执不下就报告了周副主席。周副主席指示,把炮队镜留给炮兵营使用。王学礼以周副主席赠予的炮队镜为主题开展提士气练精兵活动,炮兵营打出了威风,受到西北野战军司令部的通令嘉奖。后来调离时忍痛割爱,把这个心爱之物留给了炮兵营。1959年,这具炮队镜被送到位于北京的革命军事博物馆展览和收藏。

1947年10月,王学礼调回西北野战军第四纵队警三旅五团任政委。当时正值胡宗南指挥25万大兵向陕北疯狂进攻的紧急关头,他和他所在的部队随西北野战军主力,在党中央、毛主席的指挥下,在陕北山区忽南忽北、时东时西,先后在延安南部、青化砭、宜川、陇东等处参加了赵家寨、宜川攻坚战、榆林、瓦子街等战役,为保卫党中央、保卫毛主席歼灭了大量敌人。

1948年四五月间,西北野战军发起旨在摧毁国民党军宝鸡补给基地进而收复延安的西府战役。作为钳制裴昌会第五兵团的西北野战军第三纵队,王学礼坚决服从许光达、孙志远的指挥,取得了决定性胜利。进入5月,王学礼接到西北野战军参谋长张文舟关于就地组织防御,以掩护彭德怀司令员、前敌指挥部和友邻部队安全撤退的命令。而此刻,正在指挥作战的彭德怀面临着被胡宗南、马继援两面夹击、陷入数倍于我军的敌骑兵、步兵合围的危机。在这紧急关头,王学礼临危不惧,毅然带领二营奋勇阻击敌人,圆满完成了任务,立了大功,随后担任西北野战军第四纵队警备第三旅五团团长兼政委。

1949年7月,在第一野战军钳马打胡围歼胡宗南4个军的扶眉战役中,已经担任团长的王学礼率领三十一团一夜急行军70公里,在第二天拂晓夺取了罗局镇,攻占了眉县车站,为扶眉战役胜利立下头功。在行军中,三十一团击溃敌人一股骑兵，俘虏10多人，获得了敌人的番号、任务、口令等情报。当团先头营到达益店镇东门时，他们见机行事，冒充敌人，骗取敌人打开城门。解放军一拥而入，未响一枪就迫使敌人一个营缴械。

天蒙蒙亮，三十一团通过益店镇，翻过了一个山沟到达塬上时与胡宗南一部遭遇展开激战，战斗至下午3时左右，胡部第六十五军集中炮火和兵力向第一野战军十师阵地猛攻，企图打开缺口逃窜。在这紧急关头，王学礼率三十一团第一、三营奉军部命令及时赶到增援，在十师的统一指挥下，从三十团三营左侧向敌人侧背面狠狠出击，由北向南以剖腹战术，围歼罗局镇守敌第六十五军一部分。在激烈战斗中，他指挥部队不惜一切代价，顺利地完成了阻击任务。对整个战役的胜利起了重要的作用，战后三十一团三营荣获四军授予的"钢铁第三营"的光荣称号。

第二节　大河流韵

兰州是黄河穿城而过的唯一的省会城市。千百年来，大河奔流，浩浩汤汤，带走的是泥沙，带不走的是思念的情韵。

一、锁钥

沈家岭战场在黄河南岸，是兰州战役城市攻坚战的南山西段主阵地，是解放军进入阵地后7个昼夜战斗始终没有停息的战场，是总攻开始最早、结束最晚的战场。

沈家岭是与黄河铁桥直线距离最近的阵地，马家军守住这块阵地，就能确保黄河铁桥进退自如。我军如拿下沈家岭，即可直插西关，卡住黄河铁桥，截住敌人的唯一退路，所以沈家岭阵地被称为"兰州锁钥"。要攻取兰州，就首先必须把这把"锁"砸烂。

初次进攻失利后，8月21日，四军十一师召开了紧急作战会议，决定把号称"兰州锁钥"的硬骨头沈家岭的艰巨主攻任务交给了三十一团。这对身经百战、屡建战功的团长王学礼来说，是四军和十一师领导对他的莫大信任，也是一个军的荣辱系于一身的大事。王学礼深知责任重大，使命光荣。接受任务后，王学礼和政委张平山于深夜12时带领部队接替了兄弟部队，进入作战地域，并带领团部机关和营连指导员连夜勘察地形。

这是一支坚忍不拔的团队。8月中旬从榆中县的马坡、杨寨师集结后，19日就歼灭阿干镇守敌进入阿干镇以北的煤山，21日挺进到沈家岭尖角地北侧高地做进攻前的准备。当天晚上部队用黑夜掩护，用5个小时挖出了一条距离敌前沿阵地只有200米的战壕，天亮时实现了多道战壕的互相连接。

察看完地形，8月23日午后，乌云密布，雷声滚滚过后，沈家岭山梁上下起滂沱大雨，随后秋雨时紧时缓地下了两天两夜。原来准备24日发起的总攻也推迟到了25日。

那几天，王学礼身穿洗得发白的灰色单军装，腰挎一支加拿大造的手枪，扎着一条黄色的牛皮宽腰带，腰带上系着的小方盒里，装着一个漂亮精致的指北针，胸前挂着望远镜，时任副连长的何志瑛后来说，王团长精明强干，威武英俊。

他和政委张平山时而一起研究战术，时而各自到各部队去看望冒雨坚守的战士们，他的到来很快能把连续的阴雨天加战前的紧张沉闷气氛一扫而光。

由于部队驻扎在山沟里，粮食供应不上，全团才分配到400公斤面粉，只能照顾伤病员。王学礼和指战员同甘共苦，他把行军路上剩下的馍片分给了伤病员。临近的山坡上，零零星星的几块山地里即将成熟的土豆和玉米几乎是他们能筹集到的口粮。由于下雨，没有干柴只能生啃几口土豆和玉米棒充饥，但王学礼走到哪里哪里就一片欢腾，指战员们斗志昂扬，自信满满。

23日晚上，王学礼团长、张平山政委在沈家岭曼湾村的一孔窑洞里主持召开了有营长、教导员参加的党委扩大会。

会议充分分析了沈家岭的地形特点及敌方的防御部署，仔细研究了打法，研究了火力组织、通过绝壁、破坏铁丝网以及排除地雷的具体办法。

由于四军来自陕甘边革命根据地，三十一团中甘肃庆阳子弟兵多，大家都了解马家军的残暴。团党委扩大会后，各营连还召开了各个级别的党委会、支部会、军人大会，"为解放兰州立功""为解放大西北立功"已经成为这个团指战员响亮的战斗口号，团党委也号召大家发扬英勇顽强和不怕流血牺牲的革命精神，一举歼灭沈家岭守敌。同时，他和张平山政委等团里领导反复深入前沿阵地，详细研究进攻部署，对火力配备做缜密的检查，而且坚持要求炮火尽量朝前部署，更好发挥火炮作用。

王学礼在战斗动员中对大家说："马匪与我们打了多年交道，是我们的死对头，这次我们要解决它，关键是打好这一仗，全团只要还有一个人在，爬也要爬上沈家岭。"

其实，爬上沈家岭也是一件极其不容易并且要付出血的代价的事。沈家岭这个大葫芦的葫芦头上，东、西、南三面7—10米的峭壁以及峭壁上的暗堡、伏地堡与环形战壕纵横相连。细长的葫芦柄伸向十一师三十一团。阵地前是难以跨越的深沟，沟前密布着地雷群和铁丝网，沈家岭阵地密集的火力、坚固的工事，马家军还有雄厚的后备力量，正面夺取阵地难度实在是太大。若从两侧进攻，两侧的深谷坡陡崖峭，无法攀登，东边要受皋兰山之敌的火力夹击，西边要受狗娃山之敌的火力夹击。

四军政委张仲良和副军长高锦纯看完地形后感叹："这个阵地简直就是缩头刺猬，要拿下它，非常棘手，难怪马步芳父子会吹嘘说'兰州是攻不破的铁城哩'。"

二、进攻

25日，阵地前的枪声一夜没停，三天三夜几乎没有合眼的王学礼和张平山在这个夜晚更是睡不着了，到了拂晓，王学礼掏出怀表，遥望东方蓝色的天幕兴奋地说："兰州的天就要亮了！"

凌晨，沈家岭西南侧的守敌发现了解放军部队的行动，开始发起攻击；5时，沈家岭守敌各种火器向三十一团阵地猛烈射击。三十一团一营二连和二营六连、五连进入激烈战斗。由于天黑，观察不清，炮兵无法实施射击。

王学礼听见枪声，习惯性地挽起袖子，急得两眼冒火，他举起望远镜一遍一遍看着前面的枪眼里冒出的火星，焦急地等待着。他知道，主攻的五连昨晚煮洋芋都没有吃够，今早饭刚送到，一发炮弹落入堑壕，炊事员牺牲了，饭也被炸飞了。五连的勇士们就饿着肚子，扎紧裤带，咬紧牙关进入冲锋阵地。

按照团里规定，天亮时在团指挥所的王学礼手握电话，一声令下，三发红色信号弹腾空而起。随着三发红色信号弹升空，四军和十一师及三十一团配属沈家岭的10门山炮、两门重迫击炮、52门迫击炮一齐发射。顿时，炮火的轰鸣声和着冲锋号声、战士们的喊杀声响彻岭上。

尖刀排长曹天和率先越过3米多宽的外壕，接着，一营一连、二连又冲了上去，不到半小时，马家军的数十座碉堡被炮兵摧毁，三十一团拿下了第一道战壕。

第一道战壕失守后，马家军立即组织力量从第二道战壕猛扑过来。岭上国民党马家军的炮火也一齐向三十一团轰击。

王学礼立即命令我炮兵进行阻拦还击。当三十一团的突击队逼近第二道战壕时才发现沈家岭中部一人高的绝壁上有一个机枪暗堡从一个葫芦形的弯曲部猛烈开火，尖刀排长曹天和中弹，十几名战士伤亡。整个突击队被机枪压制在山坡上无法前进。情况万分危急。身负重伤的二连连长李应邦挣扎着向暗堡投出手榴弹，并乘爆炸的硝烟扑上去，用身体挡住了敌人的枪眼。这时突击队冲了上去，炸毁了暗堡。

四连19岁的司号员孙明忠在排长牺牲后带领全排，连长牺牲后举起了连长的驳壳枪，吹响冲锋号，带领十几名战士突入敌第二道战壕，并多次钻进暗堡取来枪弹和战友们拼命守护着夺得的阵地。

第二道战壕丢掉后，马家军五六九团被打乱了阵脚。上午8时，国民党一九〇师迅速调来一个多营的兵力增援。

二营和一营在军事指挥员受伤的情况下，二营教导员田有胜和一营副营长杨富荣指挥部队并冲锋在前打击敌人。

这时，漫山遍野的国民党马家军兵整团、整营地扑向一营、二营。

王学礼团长下令三营投入战斗。三个营在第二道战壕和第三道战壕之间与马家军五六九团和一九〇师苦战6个小时，到下午2时左右，拿下了沈家岭核心碉堡，控制了沈家岭主阵地。

三、英勇牺牲

三十一团占领第一道战壕用了半个小时，得益于炮火的有效攻击；占领第二道战壕用了将近两个小时，可以说是拼上了突击队和先锋连；占领第三道战壕用了整整6个小时，拼上了两个营加一个连的兵力。占领沈家岭主峰以后，团指挥所立即移到岭上，进入战场指挥。

沈家岭的三道战壕被占领后，更加艰苦的鏖战才拉开序幕。这时，马家军第三次分几路以扇面密集队形一窝蜂地冲了上来，王学礼下令把预备队九连和团特务连也调来投入了战斗。

第三道战壕守不住了，跟随突击营的副团长段忠宪立即靠前指挥，他不顾警卫员拦阻，跃出战壕，朝前奔跑。突然，敌机枪疯狂扫射，段忠宪被敌人的4颗机枪子弹击中，一颗从面部左侧颧骨与鼻子之间打进去，从下颌穿出再打碎了左侧肩胛骨。另外两颗子弹分别打在了左臂上部，第四颗子弹打在右腹部。据段副团长曾经给儿子段增平说，这颗子弹实际上是从背后击中他的。由于这4颗子弹全部都是贯穿伤，面颊打进的子弹把段副团长打倒在地。战士们把他背回团指挥所时，他忍着剧痛吃力地对着王学礼："团长，三营上去了，但情况不好，要是敌人打下来可不得了……"王学礼安慰段忠宪："我上去指挥，一定能攻占沈家岭，你就安心养病吧。"马上安排医护人员把段忠宪立刻送到后方医院。

这时全团建制打乱，伤亡很大。尽管团里下令作为第二梯队的三营（欠九连）跑步上来投入战斗，但随后全团能参加战斗的只剩下270人。

三营从北端进入战斗，尖刀八连率先插入敌阵，战斗十分激烈。带领三营前进的三十二团副团长马克忠在攀爬绝壁时踩上地雷光荣牺牲。

王学礼又一次来到前沿阵地，正好4挺重机枪到达阵地，当敌人反扑到离阵地只有20多米时，重机枪突然开火，三十三团在左侧猛烈攻击，三十一团的指战员们猛烈反击，扔手榴弹，用刺刀与敌展开肉搏战，勇士们挺身反击，一鼓作气夺回了阵地，还把阵地向前推进100多米。

拉锯战在持续进行中。王学礼仔细察看前沿阵地，这一块不足两平方公里的葫芦形阵地布满了敌人的尸体。三十一团剩下的270多人中绝大部分干部已经伤亡，更严重的是弹药不足。王学礼告诉大家："现在弹药没有运上来，敌人冲上来了就要用刺刀拼，决不能后退一步。""是！我们用刺刀拼，用拳头打，用牙齿咬，也要坚守住阵地！"战士们响亮地回应着团长的号召。

战斗间隙，战士们从夺取的碉堡里甚至从死尸上搜集弹药和食品。为了巩固阵地，王学礼把团机关所有能参战的人员都拉上了战场。战场上已经没有了营连编制，只能组成战斗小组迎接更残酷的战斗。

军部和师部都打来电话询问战况，他每次都坚定地说："请首长放心，只要有一个人在，沈家岭就在我们手中。"他在残酷的激战中不叫苦、不畏难、不请求支援，为军预备队投入战斗赢得了时间。

第四军为了减轻三十一团的压力，命令十师二十八团、二十九团向沈家岭西侧狗娃山展开猛攻，组织军、师直属所有干部和勤杂人员运送弹药。

马家军此刻反应灵敏，用汽车送来有一万多人的后备部队驰援沈家岭，开始做整团整营轮番反扑准备。这批敌军先以土代水进行洗礼仪式，然后脱去上衣，提上明晃晃的马刀，腰间系着手榴弹，后面跟着师长、团长督战，集团式地向着阵地冲来。

针对国民党军进军方向，王学礼指挥全团仅有的人员迅速占领有利地形与敌展开生死搏斗。有几次敌先头小股部队冲进阵地，王学礼带领部队冲过去与敌展开白刃战，把敌人消灭在阵地上。沈家岭硝烟滚滚，三十一团已经分不清谁是干部谁是战士。政委张平山是个左撇子，他右手拿枪左手挥刀，和敌人厮杀在一起。全团100多人用血肉之躯把沈家岭主峰阵地牢牢地掌握在手中。

午后，马家军的工兵部队调上来了。师政委高维嵩给王学礼打来电话，王学礼耳朵已经被炮火震聋，无法听清电话。张平山政委转告他，师里要我们再坚持一下，三十团马上来支援了。话音刚落，三十团先头部队已经跑步登上山岭。

见到武志升团长，王学礼让武团长指挥，武团长答应一起指挥。王学礼让警卫员解下水壶，神秘地说，还有点酒，咱俩喝完再打。然后掏出总攻前向师政委要来的两盒五台牌香烟，一看只剩下已经揉烂的半包香烟，就给武团长一支，自己点着一支。武志升团长看他抽烟的神情才发现他眼窝深陷，脸颊消瘦，满脸灰尘，就劝他下去休息一会儿。他一听急了，拉上武团长就去察看地形、敌情。

英雄团长王学礼

这时，马家军又组织了一个团疯狂反击。王学礼说，这是整团、整营的第六次反扑了吧？只顾着打仗的王学礼自己都不知道，三十团赶来之前，三十一团已经打退敌军反扑11次了。

敌人的反扑还在进行。这时十一师指挥大炮、迫击炮朝着反扑的敌群开火。三十一团、三十团的机枪一齐向敌人开火，指战员们将手榴弹一齐扔向敌群。暴雨般的炮弹、子弹射向敌群。

王学礼兴奋地拍着武团长的肩膀："老武哥，我们先大量杀伤敌人，然后来个反冲锋，把敌人赶下山岭吧，怎么样？"得到武团长的赞同后，王学礼掏出手枪，用沙哑的嗓子喊道："同志们，共产党员们，跟我冲啊！"勇士们一跃而起，杀声震撼山谷，和王学礼一起追向溃退的敌人。

这时候，马家军又一次向沈家岭阵地进行炮轰，猛烈而且连续不断。这一天，敌我双方反复向沈家岭进行炮轰，参谋李振朝后来回忆沈家岭战斗时说，山头都被打矮了两米。这是马家军最后一次大规模炮轰，炮轰后马家军沈家岭阵地就全线崩溃了。

就在这即将胜利的最后时刻，敌人的炮弹落在王学礼的身边爆炸，一块巴掌大的弹片穿透了王学礼的左腰部，把背后指北针铁皮盒都打烂了。警卫员扑向王学礼，王学礼只费力地说了一句话："快……快叫政委来！"

师政委高维嵩闻讯首先赶来，把王学礼紧紧抱在怀里，呼喊他的名字。这时，他的手已经凉了，心脏还在微微跳动，眼睛虽然半睁着却不能说话，脸上露出的微笑自豪而安详，最后慢慢地闭上了眼睛。正在挥刀杀敌的团政委张平山闻讯赶来时，王学礼团长已经停止了呼吸，鲜血染红了沈家岭的土地。

王学礼和张平山一直是铁血搭档。张平山的次子张保权说："打完兰州当晚，我的父亲在黄河铁桥边上，扶着桥梁，望着黄河，想着战友王学礼，痛哭一场。"这话张保权是哽咽着说完的。

面对此情此景，指战员们悲痛万分，高呼"为王团长报仇"的口号，举起手中武器，向敌人倾泻复仇的子弹，敌人终于全线崩溃了。

第三节　家书万金

在挺进大西北的前夕，王学礼给在军部医院工作并即将分娩的妻子苏维仁写了一封深情的短信。"我们南征北战十几年，就是为了解放全中国，这一天就要到来了。我们现在训练很忙，要集中一切力量消灭马匪，解放大西北。我不能来看你，望注意身体，带好孩子，让我们在胜利的时候再相会……"

提到"与妻书"，大家首先想到的肯定是革命先烈林觉民的绝笔信。而王学礼的这封信也满怀赤诚的家国情怀，引人深思，惹人落泪。

一、逼婚

王学礼和苏维仁是一对典型的革命夫妻，他们相识于全民抗战的激情岁月，相爱于共同的抗战年代。1937年秋，在山西省偏关县人民政府的广场上，刚刚参加了妇救会的苏维仁同志在这里参加抗日根据地军民联合召开的有几千人参加的纪念九一八事变六周年大会。在悲愤高亢的救亡歌曲合唱中，突然一个洪亮的口号声在会场上空炸响："打倒日本帝国主义！""把日本鬼子赶回老家去！"全场举起森林般的手臂，发出黄河般的怒吼。

苏维仁发现，领喊口号的是一位中等个、宽脸庞、浓眉大眼，眼神机敏、面容白皙，穿着合体的粗布军装，背着一支20响驳壳枪的军人。只见他神态潇洒，精神抖擞，带着孩子气的嗓音却能震撼几千人。苏维仁好奇地打听他是谁，妇救会主任告诉她，是警备六团21岁的政治处主任王学礼。

要不是后来王学礼父亲逼婚，还不一定有他俩的后来。此后不久，王学礼的父亲找到部队逼着王学礼回家去说个媳妇成婚。在民族存亡的危急关头，王学礼根本不愿去考虑个人的婚姻问题。父子俩各执一词，僵持不下，父亲选择有条件的让步，告诉他除非有个未婚妻，他才能放心回家，否则就待在部队绝不回家。

当时日本侵略军准备进攻偏关县,形势非常危急,王学礼向妇救会主任求援,设法让老人赶紧回去。妇救会主任灵机一动,找到苏维仁让她假扮一次王学礼未婚妻,并作为一项任务要完成。然后就生拉硬扯地把她叫到了老人眼前。老人仔细端详了这个俊俏的姑娘,满心欢喜地回家去了。此事当时就在当地妇救会成为美谈。

后来部队撤离偏关县时,王学礼专程去向苏维仁道别并给她道歉。没想到,苏维仁却认为她当时这么做"也是为了革命"。

二、爱人

其实,这时候的苏维仁心里已经有了王学礼,只是不好意思说出来。再后来,部队和县政府都撤出来在山区打游击。有一次,队伍所驻扎的村庄突然被日本军队包围,在部队的掩护下,妇救会开始撤离,偏偏35名工作人员只冲出手脚利索的苏维仁。一个人撤出来也没法单独安置在哪个隐蔽的山沟沟里,苏维仁从此就跟随部队开始行军打仗。

1938年4月底,她在山西岢岚县又遇到了王学礼,相互钟爱着的一对革命同志终于结成了恩爱夫妻。10多年来,每当王学礼去执行战斗任务,苏维仁都毅然为丈夫整理行装;生小孩,都由她一人操持。这次打兰州,为了不让丈夫分心,苏维仁一直没有去部队看他。

眼看着全国就要解放了,他们夫妻可以在胜利的时候相会了,所以王学礼在信中说:"那时,我们的第三个孩子一定出世了,他们将是新中国第一代最幸福的人,让我们举起双手迎接新中国的新生吧。祝你和孩子们健康快乐!"遗憾的是,等这封信辗转送到妻子苏维仁手上时,王学礼已经壮烈牺牲了。

此后,苏维仁把对王学礼的爱和思念化作了对事业、对子女的爱,在一个孩子因病早逝后,她坚强地带着一儿两女成长。她的儿子王进贤在父亲去世时只有7岁,一生没有得到过父亲的任何关怀和照顾。王进贤也是在1945年从延安回到老家见过父亲王学礼最后一面,却始终以父亲为榜样,凭着对党的忠诚和对父亲的敬仰，一辈子立足科研技术岗位，1968 年 2 月在人民大会堂受到毛主席接见；1985 年调到县平板玻璃厂，先后任党委书记、厂长、副总指挥，以及烤窑、点火组长，解决了联动试生产中 100 多个技术难题，一次性试产获得成功，受到时任国务院总理的亲切接见和表扬。大女儿苏延明、二女儿苏泾明分别从空军工程学院和北京大学毕业后坚持走专业报国道路。

苏维仁延续着王学礼一家勤劳、节俭、善良、孝道、爱国的家风，王学礼的两个孙女王翠玉、王艳都以爷爷王学礼为楷模，热情地鼓励、支持兰州战役纪念馆的工作和建设事业。

三、故里

1949 年 9 月 1 日，《甘肃日报》在创刊号上，刊登了第一野战军司令员彭德怀亲自批准发布的一则战地新闻稿——《夺取兰州锁钥，四军再立战功》。

10 月下旬，四军决定授予王学礼"人民英雄"的荣誉称号，并制作了一面锦旗留存给王学礼的亲属。第一野战军授予三十一团"勇猛顽强"英雄团的荣誉称号，制作了一面高 3 米、宽 1.4 米的英雄锦旗。后来这面锦旗的复制品被送到中国人民革命军事博物馆长期展出。

第二兵团授予三十一团"真正顽强"的荣誉称号，全团还有两个营八个连队立功或获英雄集体荣誉称号。彭德怀把三十一团亲切地称为"老虎团"。

王学礼的英雄事迹成为部队师团干部的学习材料，也成了改革开放以来中国电视剧、纪录片等反复讴歌的题材。

1949 年 12 月底，大西北的苍茫古道上，一辆马车顶着黄土高原的凛冽寒风一路先由西向东南，再由南向北行进。车轮下曾经有过他的足迹，车上覆盖着一层薄薄的布幔，家乡人用家乡的习俗带着他回到他阔别的故乡。马车从兰州出发经西安，跋涉两个多月，于 1950 年 1 月底到达陕西省神木县。这天，神木县数千名乡亲出城沿途迎接，县委书记王殿威、县长李子科亲自祭灵志哀。乡亲们轻轻地拉住马车，看着眼前一具崭新的棺木，棺木里装殓的是在兰州战役中牺牲的第一野战军第四军十一师三十一团团长——人民英雄王学礼的忠骨。

神木人民为了告慰烈士的英魂，表达对烈士的敬意，特意委托烈士亲属把他的忠骨运回家乡安葬。1950年2月，神木县委、县人民政府为王学礼召开了隆重的追悼会，并拨出专款于1950年11月7日刻碑纪念。时任中共神木县委书记王殿威、县长李子科亲自题写祭文："学礼身为国端，逝为我伤，你已安息，千秋永别。我们化悲痛为力量，继续完成未竟事业，特征纪念，刻石不忘。"

四、颂歌

1959年10月1日，甘肃省人民政府为王学礼建立了雄伟庄严的烈士亭，以世世代代纪念他在兰州战役中建立的不朽功勋。

中国人民革命军事博物馆、兰州战役纪念馆、延安革命纪念馆都有王学礼的革命事迹展览。《人民日报》《陕西日报》《甘肃日报》《兰州日报》《兰州晚报》等都刊登过王学礼的英雄事迹，军地出版部门还出版了许多记录人民英雄王学礼的书籍。

2018年，由中共兰州市委宣传部、兰州电视台联合央视主创，七里河区委宣传部立项，兰州战役纪念馆参与的以王学礼团长为主的五集电视文献纪录片《决战兰州》在央视两个频道热播，随后荣获第二十四届中国纪录片系列片十佳作品。

2019年1月1日，由兰州资源环境职业技术学院、西北师范大学传媒学院和兰州战役纪念馆联合摄制的8集大型文献纪录片《兰州战役》开机，拉开了庆祝兰州战役胜利70周年的序幕。

兰州战役胜利70周年前的2019年7月18日，在沈家岭战场遗址前，七里河区邀请77岁的英雄团长王学礼的儿子王进贤，在王翠玉、王翠琴、王艳三位女儿的陪伴下，来到沈家岭战场遗址。来到遗址前，王进贤就提出要确定父亲的牺牲地。当天，兰州战役纪念馆馆长瓮志义和沈家岭村主任张付代一起，在王进贤一行到来前半小时确认了王学礼团长的牺牲地。瓮志义站在第三道战壕回望第二道战壕，给张付代说，就在村里祭祀点以上第四层梯田、第三道战壕往下数第三层梯田的中间，那里当年有个碉堡，就定在那里。然后告诉了王进贤一家。等到他们走到那块地的时候，那里是沈家岭唯一的一块百合地，百合花开得正艳。瓮志义顺溜说了一句：陕北的山丹丹花开成了兰州的百合花，王团长的二女儿王翠琴蹲在地上仔细端详以后，姐妹三人同时认定，这就是开在陕北的山丹丹花。望着老人及女儿们的身影，瓮志义脑海中有了想法——为兰州战役中牺牲的最高指挥官王学礼团长立块标识牌。

兰州战役胜利70周年临近，沈家岭村副主任高俊霞给瓮志义说，最近来沈家岭的人很多，很多人来了都在找王团长的牺牲地呢。瓮志义便与副馆长李永强商议，通过馆务会集体议定为王学礼牺牲地立标识牌。有了这个标识牌就可以方便各界群众对王团长的献花纪念之需。会议通过了馆长的提议。但制作的样式、规格尺寸等都需要想周全。为此瓮志义提出四点想法：一是不能占用农民耕地，损害农民百合收入；二是不能影响整个沈家岭战场遗址项目规划建设；三是不能与烈士陵园现有的纪念碑、亭重复，但一定要庄重严肃；四是请沈家岭村与百合地种植户做好协调，该村与馆一同在纪念牌立牌单位署名。后来与魏岭乡政府沟通，马晓琴乡长听到后很高兴，愿意一起出席标识牌安装仪式。

纪念馆委托熟悉兰州战役的田兴文设计，经过田兴文三易其稿，确定了目前最优的设计方案。

标识牌原定于王学礼团长牺牲70周年的8月25日安装。后来得知王进贤和王翠玉、王艳要随神木市委宣传部、市退役军人事务局来七里河区出席电视纪录片《英雄团长王学礼》的首映式和《王学礼传》的首发式，安装时间改为第二天的下午。

2019年8月26日下午，王进贤在小女儿王艳的陪同下，与神木市委宣传部、市退役军人事务局的领导来到沈家岭王学礼团长牺牲地。这里，兰州战役纪念馆已经备齐了不锈钢的标识，准备了鲜花花篮，王进贤先生看到标识牌，第一个拿起铁锹，送上第一抔土。七里河区委组织部得知此消息后，把主题党课改到了王团长牺牲地，参加了由兰州战役纪念馆、七里河区魏岭乡、魏岭乡沈家岭村共同举办的王学礼团长牺牲地标识牌安装仪式。当天，一些当年参加沈家岭战斗的老兵后人得知消息后也参加了这一仪式。

兰州战役胜利70周年，中央广播电视总台先后播出了《我的解放时刻》第一集《兰州》，30集《解放之战》中播出了《兰州血战》，引起全国观众特别是40万参加兰州战役老兵的后人们的激情点赞。社会教育部副主任王丽娟通过宣讲王学礼获得"丰碑永铸·颂英烈"全国英烈讲解员大赛优秀讲解员和兰州市十佳讲解员，受到兰州市退役军人事务局通报表彰，获得纪念馆"模范讲解老师"称号。

王学礼同志任团长的十一师三十一团，1953年番号改为十一师三十二团，1985年改编为摩托步兵团，2014年4月29日，习近平主席还视察了这支英雄的部队。

人民英雄王学礼，为人民的解放事业流尽了最后一滴血，他的精神将与巍巍的沈家岭、滔滔的黄河同在。

第十八章

山脉英魂

作为西北战场上最大最后的一次战役决战,人民军队为了这里人民的解放和新中国的建立付出了重大牺牲;兰州战役每个战场都充盈着一股英雄气,这里只采撷了兰州决战南山战场上一个个鲜活的面容,他们是历史,他们是一座座巍峨的山峰。

兰州决战，中央军委投入兵力之多、战役战场战线之长、战斗之激烈和付出代价之惨重，为西北解放战争史上所仅有。

兰州攻坚战，歼灭敌人2.7万人，加上解放青海的战斗，共歼灭马家军主力4.2万人，解放军损失至少在1万多人，我与敌的兵力损失之比为1∶4。

由于第一野战军遇到了敌方工事之坚固、敌人之凶悍顽强、地形之有利于敌这样三个前所未有的困难，艰苦鏖战中，解放军指战员打得英勇顽强，有800人荣立战功。他们的英魂注入了巍峨的南山山脉，铸就了人民子弟兵为国家解放、民族独立、人民幸福而奋勇献身的不朽军魂。

第一节　李应邦　沈家岭战场上的"黄继光"

吴堡，陕西省东北部的一个县，扼秦晋之交通要冲。1948年3月，毛泽东、周恩来率领中央机关就是从吴堡的川口东渡黄河离开陕北、前往河北西柏坡指挥全国作战。

在兰州战役中献出了年轻生命的李应邦就出生于吴堡。1922年，李应邦出生在吴堡县横沟村一个贫寒家庭。家境贫寒的李应邦1940年8月参军，在八路军后方留守兵团警备第二团成了一名光荣的八路军战士。

参军后的李应邦凭着良好的身体素质和过硬的思想素质，很快在三八五旅警备第四团、警备三旅第五团从战士、班长、排长成长为副连长，1945年就加入中国共产党。在解放战争期间，他随西北野战军转战西北各地，参加过著名的青化砭战役、蟠龙战役、宜川战役等，先后立功4次，受到团、师、军的奖励。

在兰州决战沈家岭战斗中，李应邦担任四军十一师三十一团一营尖刀连二连连长，指挥连队担任左翼突击任务。1949年8月25日凌晨5时许，十一师对沈家岭发起总攻，沈家岭国民党守敌凭借坚固的防御工事顽强抵抗，团里命令李应邦率全连突击。很快，一营就攻克了沈家岭第一道战壕。但在进攻第二道战壕时，他才看清楚，沈家岭的山形是个倒置的大葫芦，这道战壕就是马家军挖断的葫芦细部山梁，这个被挖断山梁的战壕像一条毒蛇，蜿蜒地横卧在沈家岭中部。壕沟的人工断壁李应邦已经见识过了，但绝壁拐弯处的一个敌机枪暗堡却没有想到也没有见到过。

由于暗堡隐藏在拐弯处，炮火无法打击，手榴弹也炸不着。暗堡在拐弯处，机枪却能朝着正前方直射。暗堡里的机枪朝着进攻中的一营突然喷出火舌，冲在最前面的排长曹天和和十几名战士倒在外壕边上。冲在前面活着的战士们匍匐在外壕边上无法抬头，后面的突击队无法前进。

这个暗堡如果不果断打掉，马家军一旦组织反扑，这里一营、二营的几百名战士就十分危险。危急关头需要军事素质过硬的"老兵"出手。身负重伤的李应邦连长在仔细观察暗堡前可利用的地形地貌和外壕特点，战士们趴在地下，两眼望着连长，等待连长下令。

连长没有下令，却用尽力气，向暗堡投出一颗手榴弹，乘着爆炸的硝烟猛扑了上去，用身体堵住了敌人的枪眼。战友们瞬间明白过来，飞过去炸毁了这个暗堡，突击队冲过外壕，冲向第二道战壕。

李应邦紧紧贴在机枪眼上，机关枪从他的胸前捅进去，背后打出一个洞，但他双脚分开，紧紧地贴在暗堡的枪眼上。

这里要说明的是，李应邦和后来的黄继光都是堵枪眼的英雄，这里的关键词是堵"枪眼"，也就是堵住了碉堡上用于射击的那个小窗户，不是堵子弹。曾经有一段时间，某些别有用心的人在网络上说机枪在100米处能穿透11毫米钢板，人在这种距离下相当于1毫米不到的钢板，所以人是不能堵住子弹的。他们用"堵子弹"混淆与"堵枪眼"的区别，用偷换概念的办法污蔑英雄。其实，堵住枪眼，射手有可能就被这种大无畏气概吓破胆而致扔枪；堵枪眼的英雄是使足了劲扑上或者扑过去堵住了机枪也堵住了射击孔，而暗堡内低矮狭窄，人无法正常使劲，所以从里面是无法把堵枪眼的人移开的；另外，枪口一旦被堵住，枪管即插入体内就无法再射击了。

李应邦英勇牺牲后，第一野战军授予他"战斗英雄"称号，并追记大功。

李应邦的名字说来很有趣。兰州战役结束后，许多战史资料和媒体一直用"李应般"记录他的事迹。"李应般"这个名字充满着浓浓的英雄气概。抗日战争时期，当班长的李应邦所在班有一次与日本兵相遇，他带领全班打了一个漂亮的胜仗，于是，战友们就亲切地把他所在的班叫"李应班"，叫久了让大家忘记了他的真实姓名。

后来在撰写他的事迹时将他改成了"李应般"，取不一般之意。其实他的原名叫李济邦。2017年，兰州市七里河区委党史办经过与烈士家乡和其侄女核对，并经过生前战友对照片辨认，确定他就是李应邦。按照李应邦侄女提供的照片，兰州战役纪念馆委托甘肃著名的雕塑家何鄂女士为纪念馆英雄墙雕刻和更换了李应邦的雕像。

2018年6月26日上午，在兰州战役沈家岭战斗中李应邦所在连队的副连长、原甘肃省军区副司令员何志瑛见证下，由七里河区和兰州战役纪念馆共同举办了李应邦正名仪式，误用"李应般"这个名字69年后，中华著名烈士李应邦姓名的准确用字、英雄墙本人雕像、出生年月及入党时间等得以更正。

第二节　曹德荣　营盘岭战场上的"董存瑞"

　　山西沁源，是被毛泽东主席称为敌后抗日的模范典型，抗战时期是太岳区党政军机关所在地。曹德荣1916年出生在山西沁源县一个贫苦农民家庭，1939年，在抗日战争的烽火中参加八路军，在一二九师三八六旅新一团、十六团当战士、班长，他作战勇敢，理想信念坚定，当年便加入中国共产党。

　　他的家乡是太岳区党政军机关所在地，1942年日军第六十九师团8次闯入沁源疯狂"扫荡"。最后一次在2万兵力大规模"扫荡"时遇到的是一座空城后，于是便留下数百名日军阴谋实施"山地剿共试验区"。

　　沁源抗日军民针锋相对，对数百日军展开了长达两年半的围困战，日军付出惨重代价后逃出沁源，围困战成为太岳抗日根据地的一面旗帜。曹德荣便是这面旗帜下的一位抗战勇士。

　　1944年2月，曹德荣随十六团进入陕甘宁边区，编入陕甘宁晋绥联防军新编第四旅，参加保卫边区的斗争。

　　解放战争开始后，曹德荣参加了保卫延安、西华池、青化砭、羊马河、蟠龙镇、陇东、沙家店等战斗，同进攻陕甘宁边区的国民党军队英勇作战。

　　1947年10月，新四旅和教导旅组成西北野战军第六纵队，他在该部十六团三营任排长、副连长、副政治指导员，先后参加了宜瓦、西府、陇东、荔北、陕中、扶眉等战役，是西北战场上英勇作战的模范政工干部。

　　1949年8月，他所在部队经历陇东千里追击战来到兰州，他担任第六军十七师五十团三营七连政治指导员。营盘岭是皋兰山的最高峰，马家军劲旅二四八师凭险固守这座"攻不破的堡垒"。第六军把进攻的目标锁定在三营子，曹德荣所在的七连担负攻占营盘岭前沿阵地三营子的主攻任务。

8月21日，第一次战斗打响，曹德荣和连长商量，把七连分成两个梯队，向三营子前沿阵地冲去，很快就攻占了敌人一公里多长的阵地。敌人依托坚固工事疯狂射击，接近三营子大峭壁时，全连只剩下了20多人。曹德荣身上多处负伤，仍然顽强地占领了距敌人只有30多米的一个据点。由于第一野战军初攻作战失利，他们孤军奋战，在夺取的阵地上坚守了4天4夜。

8月25日凌晨6时，兰州战役营盘岭战场解放军发起总攻。在解放军强大的炮火轰击之后，随着主攻连一起冲上来的四个连遭到峭壁上方碉堡里敌人的疯狂射击，七八米高的大陡壁无法攀爬，冲上来的部队全部暴露在敌人的火力射程之内，六军十七师五十团三营正在遭受极大伤亡。必须把陡壁炸出一个斜坡来才能让部队冒着枪林弹雨冲杀过去。

曹德荣立刻组织爆破组，三人一组，两人掩护一人去用炸药包爆破。爆破组冲上去了八组，20个战士都倒在了峭壁前，碉堡里的机枪还在吐着火舌。

他是连队的灵魂也是老兵，实战经验丰富。在爆破组连续实施爆破过程中，曹德荣看清楚了轰炸碉堡的唯一可能性：连队集体射击掩护，爆破手要趁着敌机枪手左右扫射的瞬间冲上去才有可能实施有效爆破。但这个"瞬间"十分难把握，最后两组就是在这"瞬间"被打倒的。

该自己上了。此时的曹德荣准备自己战胜这个"瞬间"。他向副团长杨怀年缴了全连最后的一次党费，然后把三个炸药包捆在一起，抱起炸药包就向峭壁冲去。冲出不远就被敌射手发现，一梭子子弹打进他的腹部，鲜血从衣裤里流了出来。一名战士倒下了，腹部中弹后他倒在了峭壁前，这一倒麻痹了敌射手。

打倒了眼前的，机枪手开始远射。这个"瞬间"，他用尽气力从牺牲的战友身边继续向前爬去。终于爬到了峭壁下却发现这峭壁是用湿黄土筑起的，峭壁干了以后陡立而且光滑，根本无法安放炸药包。

此时此刻，每一分每一秒的延误都会有更多战友牺牲。曹德荣命令掩护他的战士滚下山坡，他用手举起三个炸药包紧靠在峭壁上拉响了导火线。

"轰隆"一声巨响,浓烟滚滚处峭壁被炸出一个斜坡,这个斜坡成了攻占三营子的通道。战友们冲上峭壁,消灭了敌人。

后面冲上来的战友在通过这个斜坡时,发现了他一只挂着三个炸药包拉环的手。他33岁的年轻生命定格在了皋兰山主峰营盘岭上。

战后,第六军追授曹德荣为"特级爆破英雄",为七连记集体一等功,授予"皋兰山爆破英雄连"称号,第一野战军在总结兰州战役时,彭德怀司令员亲自表扬了曹德荣的献身精神,并把七连命名为"曹德荣连"。

第三节　杨顺文　马家山上的孤胆英雄

杨顺文和很多英雄烈士一样，除了他的英名以外，个人留存在世公开的资料很少。

杨顺文，1926年生于河北省，1946年参军，1948年入党。兰州战役时，任六十五军一九三师五七九团二营四连二班班长，参加攻占马家山的战斗。这是我们能够查到的所有资料。

马家山在兰州东南榆中县和平镇西部，由国民党马家军精锐八十二军一〇〇师防守。杨顺文所在的一九三师是主攻师，所在的五七九团是主攻团，所在的四连是全团的尖刀连，所在的二班为尖刀班。在8月21日的初攻中，五七九团付出了重大的牺牲。在后来的总攻中，五七七团接替了五七九团的主攻任务。

8月25日6时，总攻开始。在炮火的掩护下，五七七团和五七八团二、三营冒着敌人强大的火力向古城岭发起全线攻击。战斗到中午，敌我双方一直在第二道和第三道战壕之间进行残酷的拉锯战。12时许，一九三师命令五七九团二营、三营和五七八团一营投入战斗。

一九三师既要守住第二道战壕还要夺取第三道战壕，马家军则要坚决守住第三道战壕还想夺回第二道战壕。为了守住阵地，五七八团三连已经连续打垮了马家军的14次反击。

整个马家山此刻都是战场。马家山大山上有小山包，每一个山包都是一个战场。杨顺文接到投入战斗的命令后就带领二班战友冲上山头，炸掉敌人的两个暗堡，占领了眼前的这座小山头，打退了敌人多次疯狂的反扑。

这天中午，杨顺文已经不期望能吃一口饭或者喝一口水了，眼下的他将要独自面对马家军的又一轮冲锋。马家山到处都是枪声，唯独他的阵地上很安静。

他的军装已经多处被打烂,满身是血。他没有疼痛,只有仇恨。全班战士都牺牲了,他这个班长要为战士们报仇。他擦了一把流进眼睛的鲜血,抓紧给机枪配足子弹,选择最佳的射击位置,还不时地抬头看看山上马家军进攻的方向。

整个无名高地上就他一个"血人"坚守着阵地。

下午 2 时,敌人又一次反扑。100 多个国民党马家军朝着他疯狂扫射,子弹在耳旁嗖嗖飞过,打得身边的黄土噗噗作响。杨顺文知道,这是他为国献身的时刻。

他抱着机枪分秒不停地向敌群扫射,他用气势迟滞着敌军的进攻节奏。站立不倒的"血人",分秒不停地扫射,马家军被眼前的"血人"镇住,不敢向前半步。

就在这时,六十五军命令五七七团、五七九团、五七八团、五八一团所有指战员举行集团式进攻。当战友们看见他僵硬地站在原地,不停地射击,直到流尽最后一滴血,他还以"血人"的血性站立在马家山阵地上。

战后,解放军第六十五军为一人守住一个阵地的"孤胆英雄"杨顺文追记特等功。

第四节　李锡贵　一线战场上的政工模范

在兰州战役英模榜单上，李锡贵是标签比较多的人："穷大胆"放羊娃，"铁眼窝"机枪手，足智多谋的政工模范，等等。其实他是真正的贫困山区穷人家里出生的孩子。

坪坊村，属于陕西省旬邑县湫坡头镇。湫坡头镇是个文化古镇，著名的陕北公学（中国人民大学的前身）于1937年在该镇看花宫村创建。这里在旬邑县的西北，与陕北、与甘肃庆阳正宁县相望，是典型的黄土高坡。

生在农家得靠土地，但李锡贵却出生在佃户家中。1917年8月31日，他降生在湫坡头镇坪坊村的一孔破窑洞里。等他明白事儿以后才知道他们家祖孙三代11口人只有两孔破窑。上无片瓦，家无耕地，仅靠父亲和四个哥哥在外当长工、打短工勉强度日。1923年，因生活所迫，全家迁到甘肃省正宁县三嘉乡林家坡当佃户。7岁那年李锡贵到一个何姓地主家去放羊，开始了长工生涯。

都说穷人家孩子早当家，李锡贵是家穷人小胆子大。到十二三岁时，胆大到他亲手打死一只咬伤羊羔的野狼。当他知道了野兽怕烈火，还真的把牧草点燃，用熊熊的烈火吓跑了豹子。羊群和自己的性命保住了，却因为烧了牧草得罪了地主，地主扣了他的工钱。人小胆大的李锡贵为此气得和地主吵了起来。

老实的父亲和哥哥担心他胆大性急闹出人命，干脆把他送到更西边的张洪镇张地主家当长工。敢打野狼，敢惹地主，因这两件事，他得了个"穷大胆"的绰号。

张洪镇是共产党人带着穷人闹过暴动的地方。在长工队伍里他知道了共产党、知道了刘志丹，当旬邑游击队偷袭了张洪镇警察所，为老百姓出了气，李锡贵当下就结识了旬邑游击队队员崔平原。

1933年10月，李锡贵长途跋涉来到照金。本来是来寻找崔平原的，却为红二十六军带路打下了合水县城。这是他第一次亲眼看着红军英勇杀敌为民除害，他十分激动。战后，班长崔平原把他介绍给了刘志丹，见到刘志丹李锡贵首先提出要当红军。刘志丹很欣赏他，但想得更长远，他要把打狼驱豹的李锡贵"放虎归山"。李锡贵更是争气，他明白了刘志丹的意思，他顾不上回家，先拉上童年伙伴门善德一起参加了县游击队。同样贫苦出身的门善德扎根游击队一直干到了营长，干到了解放。

1935年，在新正县游击队六支队当通信员的李锡贵当上了机枪班班长。1936年春，六支队攻打马栏镇，遭到防守民团一个排的顽抗。李锡贵架起机枪，一个长点射，撂倒了三个，其他的钻进碉堡，他和队员们冲过去，缴了敌人的枪。战后，李锡贵因枪法准，游击队员送他个瞄得准的"铁眼窝"，同年他实现了梦寐以求的梦想，加入中国共产党。

全民族抗日战争时期，李锡贵任新正县保安大队三连指导员，率部先后驻守淳化县城、新正县下墙等地，多次粉碎国民党顽固派的挑衅和进攻。他创造了抗日战争期间关中分区"反摩擦"斗争的"下墙战斗"典型战例，在全分区推广。

1947年2月起，他随着部队一路作战一路学习，参军时大字不识一个，参军后凭韧劲和钻劲，不但摘了文盲的帽子，还成了"土秀才"，能宣讲《抗日救国十大纲领》《论持久战》等著作。1947年底，李锡贵被任命为旅政治部组织科长。他组织培育推广了一批基层部队建设标兵。第四纵队政委张仲良称赞他，"铁眼窝"文武双全，德才兼备，是块好料。

扶眉战役的关键是能不能抢在敌军之前占领罗局镇和眉县火车站。第一野战军将迂回穿插任务交给了第四军十师，十师是扶眉战役的尖刀师，三十团是尖刀师中的尖刀团，十师师长刘懋功亲自随尖刀团行动。

1949年7月11日下午3时30分，接到命令的三十团政委李锡贵与团长武自升率全团出动，冒着酷暑前进，摸黑赶路，一夜急行军75公里，赶在12日4时一举占领罗局镇和眉县火车站，截断了正沿陇海铁路撤至眉县火车站的国民党六十五军前卫团的退路，毙其团长，俘千余人，全歼该团。

此时，如梦方醒的胡宗南命令国民党第三十八、六十五军发疯般地炮轰三十团罗局镇以东阵地，掩护步兵冲击。在打退敌五六次冲锋后，三十团一营、三营伤亡惨重，情况危急。

这时，李锡贵让团长武自升坚守阵地，自己跃出坑道，穿过硝烟，来到右翼三营阵地，他命令营长马成林："这里关系着战役全局，剩一个人也要坚决顶住！"得到营长满意的表态后又奔入左翼一营阵地。他看到战士们因缺水昏迷，急忙让战士们嚼玉米秆解渴，同时急令民运干事尽一切办法往阵地上送水。

在师机关干部组成的送水队将水送来后，三营阵地再次发生激战，李锡贵又急速跑回三营，营长马成林已牺牲，三营阵地面临被敌突破的危险，他高喊："共产党员们，要顶住！"并抓起轻机枪猛烈扫射。这时，师政委左爱带警卫员冲上来参与阻击，战士们插上刺刀，武自升团长率领预备队一起出击，友邻部队发起冲锋，终于打退敌人的反扑。

铜墙铁壁三十团，死死守住阵地，直至扶眉战役胜利结束。三十团在最酷热的季节连续14个小时，急行军75公里后又激战12个小时。连续26个小时在酷暑炎日下行军、作战，睡不成觉，吃不上饭，喝不到水，靠的就是这支队伍领头人的坚强意志培养出来的顽强拼搏精神。

战后，彭德怀称赞十师三十团不愧为"一把尖刀"，一野授予三十团"罗局战斗英雄团"的光荣称号，该团三营被授予"罗局战斗英雄营"称号。

扶眉战役三十团伤亡800余人，战后补充了1000多名俘虏兵，占全团兵力一半多。这些俘虏大多是穷苦农民，军事素质过硬。解放战争后期，解放军兵员主要靠俘虏兵补充。这些俘虏只要加以教育，就会成为能征善战的"解放战士"。20多天的行军路，成为政治思想教育的课堂，在后来增援沈家岭的战斗中，三十团的"解放战士"中涌现出了不少战斗英雄。

兰州战役中，四军把拿下马家军三大主阵地之一沈家岭的艰巨任务交给了十一师；十师配合十一师攻占沈家岭西侧的狗娃山。十师要全面锻炼部队，派扶眉战役中担任宝鸡方向警戒的二十八团攻击狗娃山，让英雄团三十团作为预备队，在西果园集结待命。

9月25日，血战沈家岭的三十一团已经遭到马家军11次疯狂反扑。中午，马家军急调杨修戎、马璋两个师5个团驰援沈家岭。三十一团只剩下170多人，团长王学礼已经把团机关、后勤等所有人员集中起来拼死反击。在紧急时刻，十师政委刘懋功命令武志升团长、李锡贵政委率三十团增援沈家岭。

李锡贵和副团长李有益带领三营率先从敌人炮火封锁区穿过，与敌人展开拼杀。李锡贵鼓励战士们"在强敌面前不后退，才是真正的英雄"，他始终在一线指挥战斗，哪里打得最激烈，他就出现在哪里，根据战局状况随机应变，指挥战士们冲锋、追击，与敌人展开激烈的拉锯战。

战斗越来越残酷，三十一团、三十团三营、西侧的三十二团战士的子弹、手榴弹打完了，就用马刀、斧头与敌人肉搏，战场上一片喊杀声，鲜血染红了脚下的土地。敌人一次次被战士们顽强击退，又在督战队的威逼下，一次次蜂拥而来。

此时，李锡贵发现我方兵力太少，严重影响向敌阵地纵深发展和反击敌人整团整营的反扑能力。关键时刻，被三十一团打掉又复活的敌军堑壕多处暗火力点阻挡着第一、二营。李锡贵向三十一团团长王学礼说："你照顾前面，我去把一、二营带上来，把侧后这几个碉堡收拾掉。"他想带队打掉侧后的碉堡，缓解正面的压力。

参谋郭振民拉住他胳膊说："政委，太危险，让我去！"李锡贵告诉郭参谋，"你在这协助王团长，如果我到不了对面，你也要用旗语把这里的情况报告团长"。旋即冒着弹雨跃起，朝着一、二营的方向刚跑出去20米，被两侧暗堡飞来的子弹击中胸膛。

警卫员赶来抢救，他捂住胸部喷出的血，命令警卫员："不要管我，快去报告团长，一、二营快上……"继而，半跪着倒向了沈家岭主峰方向。李锡贵为砸开兰州锁钥流尽了最后一滴血，在共和国诞生前夕倒下了，时年32岁。

按照家乡的风俗，落叶归根，人亡外地，应该安葬在故乡。李锡贵兄弟五个，李锡贵最小，李新荣排行老四。得知噩耗后，四哥李新荣和三哥一起赴兰州搬运弟弟的遗体。

1949年10月4日，新正县政府给李新荣开具了一封介绍信：

"皋兰县政府公鉴：我军十师三十团政委李锡贵同志于解放兰州战役中壮烈牺牲。现有其兄李新荣同志前来搬尸，请贵县帮忙找觅。"当时皋兰县就在兰州，介绍信便开到了皋兰县。

那时候，交通不便，李新荣哥俩靠两条腿，艰难地走了一个月，才赶到兰州市郊的皋兰县。李新荣哥俩在皋兰县和驻军同志陪同下，来到弟弟牺牲的沈家岭，陪同的解放军同志告诉他，部队已经给地方各级人民政府打了招呼，并为他们开了一封介绍信，要求从兰州到旬邑沿途做好护送烈士遗体回家乡的接送工作。

从兰州到旬邑，500多公里路。按照部队和地方政府的安排，每个村负责一段，路上走了整整一个月。进入旬邑县境已是1949年11月底，家乡人民按照当地风俗，举行了隆重的安葬仪式。

第五节　马克忠　触雷献身的副团长

1919年生于河南清丰，1938年参加八路军，后加入中国共产党。

兰州战役中，马克忠任第一野战军四军十一师三十二团副团长，担任沈家岭右侧助攻任务。接到上级命令后，马克忠立即带领指挥员到前沿阵地观察地形，研究作战方案。

1949年8月25日凌晨总攻开始后，马克忠亲自指挥担任突击任务的三营指战员立即向敌人前沿阵地发起冲击。顿时，枪声、炮声、手榴弹爆炸声响成一片，战斗非常激烈。马克忠不断鼓励指战员"要勇往直前，胜利一定是我们的"，并组织担任突击任务的八连，集中所有冲锋枪向敌扫射，压住敌人火力，打退了敌人三次冲锋，巩固了第一道战壕。

天亮后，三十二团三营又向敌人第二道防线发起猛攻。马家军用密集的炮火封锁了所有地段，战士们每前进一步，都要付出血的代价。

指战员们同敌人激战3小时，才攻到第二道防线，但敌人更加顽固地死守阵地，炮火更加疯狂。进攻部队受到峭壁阻拦，马克忠看到部队冲锋严重受阻，十分焦急，不顾敌人密集的炮火，带着参谋和警卫员就要爬上峭壁，参谋和警卫员拉不住他，他敏捷地爬上阵地前的峭壁观察敌情，寻找最佳进攻方式。马家军的峭壁上挂着地雷和航空弹，马克忠副团长在爬上峭壁时不幸触雷，壮烈牺牲，时年30岁。

第六节　周万顺　王成般的红旗手

窦家山战场的战斗是兰州决战中最具个性的战斗。一是双方都派出了善打山地战的精锐。马继援派出的精锐主力第八十二军第一〇〇师，他其实是要保存这个精锐师，重点是依仗着他的嫡系警卫部队青海保安第一团，这个团不能用现在的眼光看"保安"两字，那个时代的"保安"几乎是全能警卫队，骑射、枪法、山地战都是一流的。海拔2089米的窦家山是兰州东南的天然屏障，攻下窦家山等于打开了进入兰州的东大门。所以彭德怀和杨得志把主攻任务交给六十三军，并亲自点名让擅长打山地战的一八九师五六六团担任主攻团。

二是窦家山战场带有为西路军河西雪耻的鲜明特征。由于指挥攻击窦家山的六十三军军长郑维山在13年前是红四方面军三十军八十八师政委，在西路军最后一战，郑维山率部战斗到最后一刻，终因寡不敌众，他仅带出十多人突围。郑维山曾发誓，有朝一日，一定要为战友们报仇，洗清这笔血债！今天，他要与曾给他留下惨痛记忆的马家军做最后的较量。所以战场上曾经喊出"为西路军报仇"的口号。

第三，也就是最后一个特点：用红旗为炮兵导航，为步兵指路。窦家山有各种形态的小山，大兵团作战时这些山头既影响炮兵的视线，也影响步兵在战场上力量的合成。按照战前商定，红旗插到哪里，旗的前方就是炮兵火力集中打击的目标；在行进中，红旗所指的方向就是炮兵射击的目标。

主攻团五六六团确定三连为突击连。三连是红军连队，解放太原时荣获"立功太原"的大旗，是个能打硬仗的连队。哪个连担任突击连，旗手就出自哪个连队。确定旗手前，一排长苏权民告诉一班长，让一班长挑个扛旗的，跟着突击队插旗，并叮咛他选的这个人"一定胆子要壮"。

部队有个"三乎乎"，特指黑乎乎、憨乎乎、傻乎乎的可爱战士。这时黑乎乎、憨厚壮实又很利索的周万顺自告奋勇地喊道："我去！班长，我保证突击队冲到哪里，我这杆红旗就插到哪里。"

其实，都知道，旗手是炮兵、步兵重点打击的对象，选择了做旗手等于选择了牺牲。为此，出征前连长王殿忠和指导员魏应吉专门为他举行了授旗仪式。接过红旗的周万顺以洪亮的声音发出了坚定的誓言："请首长放心，我人在红旗在！"

进攻前，六十三军调集了78门各种口径的火炮，为了尽可能有效支援步兵，还将40门山野炮拉到了离敌只有500米左右的地方隐蔽起来，准备直接抵近直瞄射击，到24日夜一切准备就绪，就等最后的总攻。

25日上午10时20分，窦家山总攻开始。六十三军的炮兵按照提前测好的目标向着敌方阵地发出了密集的炮火，不到半个小时，就摧毁了敌人的大部分工事和火力点。周万顺举着红旗随着突击连像小豹子一样迅速冲了上去。

对面山上师指挥所师领导从5000米外用望远镜盯着阵地，杜师长说"扛大旗的真能干""红旗看着真明显"；参谋说"红旗进二道沟了，真快！"在指挥所能看到，炮弹直朝着旗子前面敌人的阵地砸，一点伤不着自己人。

但红旗也招来马家军的注意，一排重机枪打过，旗杆被打断了。周万顺扔掉半截旗杆，发现旗帜上出现了很多弹洞，但举起来更加招展。

战士跟着红旗冲，突击三连猛插敌前沿。恰在这时，在断崖的拐角处，敌人的一个暗堡"复活"了，射出的弹雨压得战士们抬不起头，十几个战士倒在血泊中。三连副连长王勇禄抓起两颗手雷，迎着泼水般的弹雨，攀缘而上。敌人的火力非常猛烈，他不幸身中数弹，在爬行的土地上留下一道道殷红的血迹。但王勇禄没有停下来，终于靠近暗堡，用最后一点力气将手雷甩进敌暗堡，用自己的生命为突击队扫清了道路。

炮击过后便是近距离的火拼。由于旗杆少了半截，旗帜一直要举着前进。始终举着旗的周万顺胳膊发酸，满脸汗水。部队停下他就把旗帜插起来，突击队进攻他就举着旗前进。

进入二道沟，为了让后面的战友能看清楚进攻方向，周万顺就把红旗插在了眼前最高的地堡上。此时,马家军集中枪炮射向红旗,山包周围的土都让炮弹打疏松了,周万顺多处负伤还在守护着红旗。又一排子弹飞过来打断了旗杆,周万顺抓住旗杆,接着几颗子弹又射中了他,全身是血的周万顺借着身子倒下去的重力,又牢牢把红旗插在了阵地上,用身体簇拥着红旗不倒。

第七节　滑宏坤　沈家岭战场上的"神炮手"

大炮，是兰州战场上的重型武器。由于兰州城市攻坚战打的是山地战，装甲车战车营尚未赶到，能杀伤敌集团目标并有效保护步兵的重武器只能靠大炮了。滑宏坤就是一野二兵团四军十一师三十三团的炮兵连长。

滑宏坤，这位1945年10月在定边随新十一旅起义的陕西省三原县的汉子，在起义两个月后就凭着自己的突出表现光荣地加入中国共产党。

1948年11月在勾龙村战斗中，担任警八团特务连连长的滑宏坤主动请战，带领一个班的战士进攻一个大院的敌人，他一人就俘敌19名，缴获六〇炮两门，步枪6支，荣立了大功。1949年担任炮兵连长后，荣立大小战功数次。

1949年8月19日，四军部署十一师三十二团、三十三团左右"两个箭头"直奔兰州。十一师决定，8月21日晨趁敌人立足未稳拿下沈家岭制高点。8月20日下午，三十二团和三十三团迅速拿下了沈家岭前哨阵地雪卯岭，天色擦黑时两团从左右两侧直逼沈家岭。两个团各派出一个尖刀营同时插进沈家岭两侧深沟。晚上10时左右，马家军从两个侧翼向插入的两个尖刀营猛烈反击。十一师命令炮兵群进攻。滑宏坤的炮兵连阵地随三十三团在沈家岭的右侧腰部。两个营被压在两侧山坡上，这里山大沟深，地形不熟，上不去下不来，处在沈家岭右侧山腰部的炮兵又打不到，两个营损失严重。

8月25日拂晓，滑宏坤看到信号弹升起，总攻开始了。已经看到沈家岭整个防御体系，在步兵进攻中，炮兵连的战士们提前将雷管塞进扎好的炸药包，绑上木杆，插进拆除引信的炮弹里，然后瞄准目标，让八二迫击炮抵近发射。炮弹打出去后，在炸点上空，撕裂飞起的炸药包漫天炸开，一炸一大片，滑宏坤配合步兵一鼓作气端掉了敌人的好几个地堡火力点。

随着沈家岭拉锯战开始，炮火阵地上的滑宏坤和指导员孔繁德、副连长罗振兴心急如焚：炮弹打光了。没有炮弹掩护部队，滑宏坤就带领炮兵连把手榴弹集中起来支援前沿阵地。

在向前沿阵地前进中，滑宏坤和二营营长一起用手榴弹打退一股敌兵，占领了敌人一个重机枪阵地和一个八二迫击炮阵地。已经跑到步兵阵地的滑宏坤看到，疯狂反扑的敌人距离他们抢占的阵地只有 80 米左右，由于炮架和炮盘很重，把整个大炮拉上来费时间，情急之下，滑宏坤让战士送上来一个八二迫击炮管。他接过炮身将炮管底部垫上鞋子靠在地上，左手抱着炮管，右手装填炮弹，连续发了 16 发炮弹，弹无虚发，炸得敌人四散奔逃。

随后，滑宏坤和他带出来冲到前沿阵地的 5 名战士一起，迅速架起 2 门炮，前线的步兵给他传递炮弹，现场指挥他打远、打近、打左、打右，从 80 米一直打到 700 米纵深，消灭了大量敌人。

黄昏时分，沈家岭的敌人全线溃退。炮弹打完了，敌人撤退了，30 岁年轻力壮的滑宏坤倒在战壕里昏睡过去，一直睡到 8 月 26 日天亮。

由于他有力地炮火追击，有力地支援了步兵战斗，他荣立了特等功，被授予"特等战斗英雄"称号，被全团指战员亲切地称为"英雄炮手"。

滑宏坤入伍以来，作战勇敢，先后荣立特等功 1 次，大小功 5 次，荣获"战斗英雄"2 次，1951 年光荣地出席了第四军和西北军区首届英模大会。

让滑宏坤更自豪的是，1955 年全军授衔时滑宏坤作为英模代表参加观礼，那一期《解放军画报》封面上，海陆空军三位代表人物中就有滑宏坤。

第八节 数不尽的战斗英雄

一、战斗英雄陈全魁

陈全魁是湖北当阳人,1947年3月入伍,1947年11月入党,在整个解放战争中他立特等功一次,大功4次,小功11次。

兰州攻坚战中,他是担任营盘岭主攻任务的五十团三营七连"尖刀连"的排长。8月21日在第一次攻击时,七连就占领了敌人阵地前的小房子,但由于敌人的疯狂反扑,部队伤亡惨重,七连奉命撤退。

撤退时陈全魁带领的一个排与连队失去了联系而孤守在阵地上。此时,敌人在山头上有两个营的兵力正向他们猛烈射击。在形势十分严峻的情况下,陈全魁组织大家用刺刀在断壁上挖了两个洞,让全排隐蔽起来监视敌人,整整坚持了两个昼夜,全排无一伤亡。

25日总攻时,七连打突击,陈全魁带领的排担任突击爆破土围墙的任务。全排分成两个梯队,每人扛25公斤炸药,隐蔽式向山顶敌阵地接近。陈全魁在火力掩护下,带领第一梯队很快冲了上去,将炸药包摆在土围墙脚下,正当引爆的时候,敌人一阵密集的子弹打过来,有的同志当场牺牲,陈全魁负了重伤。这时,他把成束的手榴弹投入敌阵,仍然坚持不下火线,直到打下兰州。

陈全魁因机智勇敢,不怕牺牲,荣立一等功。1950年出席全国战斗英雄代表大会并被授予"全国战斗英雄"的光荣称号。

二、文武双全的胡青山

胡青山是河南滑县人,是抗日英雄,1943年他带领两个战士炸毁日军碉堡，俘虏一个班，缴获一门山炮和12支枪。

在兰州战役营盘岭攻坚战中，胡青山任六军十六师四十六团一营参谋。在营盘岭攻坚战中他同本营二连一起行动，不顾自己负伤，接连冲过敌人三道防线。当看到100多个敌人退到山头碉堡企图顽抗时，他和二连连长韩成各端起一挺机枪在前面开道，战士们随后跟进，将敌人全部消灭。

在一次又一次的冲锋中，二连战士大部分伤亡，他率领幸存的30多名战士又发动夜袭，终于同友邻部队一起占领了营盘岭，为兰州战役的胜利立了大功。由于他多次参战多次立功，荣获的光荣称号有："文武双状元""特等战斗英雄""彭德怀特电嘉奖""全国战斗英雄"等。

三、自制长矛杀敌的张保英

张保英1922年生于甘肃省武山县，1946年8月参军，1947年入党。参加大小战斗63次，负伤7次，身上被穿过26个窟窿，荣立特等功1次，大功3次，小功5次，荣获"模范共产党员""特等战斗英雄""全国战斗英雄"称号。

张保英善于钻研近距离杀敌技巧。在兰州决战中，这位被战友们称作"断骨英雄"的张保英买了一根两米多长的杆子，将一支锋利的刺刀安在上面，专门用来对付"马家军"的马刀。

8月23日凌晨5时，七八百敌人摸黑爬上山，偷袭狗娃山上二十八团三营阵地，张保英带领七连一个排，连续4次打垮敌人的正面进攻。当全团发起反攻时，他手持长矛，冲在最前面，直冲敌人而去。一个敌人刚一回头，他迎面一矛，结果了敌人性命；接着发现有两个爬在土坎下面，他冲过去一矛刺死一个，另一个慌忙向他开枪，趁着没被打中的当口他跨上一步，结果了敌人的性命。这时，有一个敌人挥刀向他砍来，他一矛先把马刀打飞，接着又是一矛结果了敌人性命。

8月25日中午，部队向狗娃山的敌人发起攻击，张保英带领一个排和一个工兵班打冲锋，接连夺下两个阵地。在同敌人短兵相接的搏斗中，他的嘴上、腿上、右臂上也多处负伤，但他用长矛刺死11个敌人，荣获"特等战斗英雄"称号，出席了一野和全军的英模代表大会。

四、立功大王丁兴发

沈家岭战斗是从 8 月 25 日凌晨开始的，十一师三十一团在炮兵的掩护下，向驻守沈家岭的敌方马继援部一九〇师发起猛攻，守敌部队也不断疯狂反扑，敌我展开了拉锯战。主攻团三十一团顽强作战，连续打垮了敌人的数十次进攻后，部队伤亡严重，部队总人数由 2500 人锐减至 176 人，英雄团长王学礼也在此牺牲，四军便命令丁兴发所在的三十团支援三十一团。

当丁兴发带着四连冲上沈家岭时，恼羞成怒的敌人在军官督战队的威逼下，不顾一切地向我军阵地冲来。作为四连副连长的丁兴发冷静地侦测了敌方局势，决定利用地形，采取灵活的战术打击敌人。他把突击排分成手雷、刺刀、机枪三个组，要求突击排战士们先扔手雷，再趁烟雾冲锋。战士们一排手雷甩过去，成片敌人倒了下去。趁此时机，他迅速带两个排冲了上来。这时七班副班长牺牲了，丁兴发怒火中烧，和战士们一起高声喊着"冲啊"冲上前去，搭着人梯越过了一丈多深的壕沟，堵住了敌人的退路。

这时，碉堡里的敌人冲了出来，三个敌人提着马刀，迎面向丁兴发砍来，丁兴发掏出驳壳枪想要还击，不料手枪卡了壳。他急中生智，顺手抄起敌人丢下的刺刀，猛扑上去，一刀刺透了一个敌人的胸膛。由于用力过猛，刺刀拔不出来，他机智地随手捡起地上一条被炸断的人腿，猛力转身一扫，打下去了剩下的两个敌人。

赢得一丝时间后，他迅速拿出手榴弹炸倒了前来追杀的敌人。接着，他再次跑上前去，拿起敌人的马刀，冲向敌群，十几个敌人把他团团围住，一个敌人端着刺刀向他猛刺，他敏捷地闪身躲过，一刀砍断了敌人的左臂，其他敌人吓得畏缩不前。这时，追赶敌人的二排赶到，敌人只得乖乖地投降，正因为无数像丁兴发一样机智又勇敢的战士，第一野战军将胜利的红旗插上了沈家岭。

丁兴发是陕西旬邑人，参加革命后，身经百战，战功卓著，先后荣立 2 次特等功、7 次大功、4 次小功，1950 年获得"全国战斗英雄"的荣誉称号，光荣出席英模代表大会，受到毛泽东主席等党和国家领导人的亲切接见。

五、三十二团的搏杀

三十二团是兰州战场上牺牲人数最多、付出代价最大的团。由于8月21日的初攻伤亡过重，总攻时主攻团才调整成三十一团的。总攻时三十二团本来是预备队，战斗打响后的任务在从西侧攻打沈家岭的主力。

8月24日夜，三十二团以夜色为掩护，三营在前、二营在后向沈家岭西侧迂回前进，战略意图是插入敌腹地钳制和斩断马家军增援部队，减轻正面作战的三十一团的压力。夜行7个小时，刚刚越过西面的大沟攀上沈家岭陡坡，就被马家军发现，开始向三十二团发起攻击。担任前卫的二营五连派出一排长褚永魁作为突击队，突击队翻过了三道近10米高的峭壁进入第四道峭壁时与马家军的3个连的兵力展开血战，打退3次进攻后四连排长宋东生带领一个排前来助战。全排剩下3个人时，遍体鳞伤的排长还在与敌人展开肉搏战。战后，褚永魁、宋东生荣立特等功。

25日天亮以后，马家军守在沈家岭的所有部队发起反扑，从西侧攻上山头的三十二团部队遇到马家军"羊群战术"包抄，他们背着长枪、挥舞战刀、沿着山边堑崖将三十二团冲上去的6个连队全部包围在山顶上。

冲到山顶的战士们勇猛顽强地与强敌展开激战。他们每个连形成一个战斗集体，冲锋枪排和每连9挺轻机枪发挥速射的威力，敌人成片倒下。但马家军在督战队和指挥官的威逼下，又潮水般地拥了过来，战士们把手榴弹投光、子弹打完后与敌人展开肉搏战。经过两个小时殊死的拼杀，终因敌我力量悬殊，冲上山顶的6个连队共计600名指战员全部壮烈牺牲。

攻打沈家岭的战斗越打越艰苦，越打越残酷。副团长马克忠带领部队进攻时牺牲在前沿阵地。三十二团组织被马家军堵在战壕峭壁下的团机关和通信人员编入教导队，从阵地上抽调三营重机枪排做掩护，从侧后继续进行攻击战斗。

随着国民党马家军一阵炮火的攻击，成群的敌人又扑上来。三十二团的战士们从黄土中爬起来，把脸上血水一抹，端着打弯的刺刀，瞪着血红的眼睛向敌人扑去。敌人的尸体越来越多，堆满沈家岭的土地。

三十二团的伤亡也在增加。机枪手老张头歪在枪托上牺牲了，他头上、脸上、身上到处是伤，鲜血染红了机枪，两手还紧紧地握住枪托，扣住扳机。八连17岁的司号员杨森林在连首长牺牲后决意要给战友报仇，谁牺牲他便背起谁的枪，用他自己的冲锋枪一直战斗到最后，牺牲后他还背着连长、指导员的手枪和通信员的联络旗，手里紧紧握住司号员的冲锋枪。

秦有贵身负三处重伤，排长齐乃俊让他下去，他说："不，擦破点皮算不了啥，不把敌人全部赶下沈家岭不下去……"话没说完，一颗子弹又打中了他的胸部。排长齐乃俊把他从血泊中扶起，他浑身是血，面色苍白，脸上浮起了一丝笑意，断断续续地说："排长……消灭……敌人。"一边说，一边用尽力气用手指着上衣口袋，就闭上了眼睛。排长从他上衣口袋里掏出一个被鲜血染红了的小纸包，上面歪歪斜斜地写着几个字"这是我的党费"。排长含着眼泪，久久凝望着这位不满20岁的青年战士。

战后清理战场时救活了一位指导员。他是通信连指导员刘玉秀。他拿着手枪在战壕里与马家军遭遇，被马家军的战刀砍了11刀，浑身血迹斑斑，脸上几处刀伤，整个一个血人昏倒在阵地上。清理战场时，他还有微弱的气息，后把他救活了。

17岁的九连司号员在进攻中掉入马家军挖土接雨水的枯水窖里，尽管他大声呼叫，终被枪声、炮火声遮盖，直到战斗结束才被救上来。

担负西侧进攻的三十二团两个营，在清理战场时一共找到两个活着的人，整个三十二团经过8月21日初攻和25日总攻，这个1300多人的团活下来的只有几十个人，他们是兰州决战中付出牺牲最大的团。

3天后，三十二团补来1000多名解放战士，各连恢复了原建制。在兰州休整10天后，该团向河西走廊进发，在张掖又补进来一个改编团的人员，10月10日离开武威，11月1日到达临洮，后进驻康乐县苏家集，担负起临夏剿匪建政任务。

兰州决战，仅南山战场就有数不尽的英雄人物和英雄故事。

南山不倒，英雄不朽。

第十九章 支前情怀

进军西北，创造了我军最高级别将领负责后勤保障的历史。贺龙、习仲勋组织新老解放区15万民工支援前线；山西真情欢送，陕西热情迎接，甘肃全力保障；皋榆工委送情报，筹粮食，做向导；临洮150名女生徒步进新疆。

支前，本是与作战一体的战役行为。古语云："兵马未动，粮草先行。"

也可能是传承，中国的"粮草军"大都是当地的农民。

抑或是一种传统，早期的毛泽东提出工农红军离不开工农群众的观点，后来发端于延安的双拥运动迅速在各解放区兴起，深刻反映了中国军民血肉相连的本质特征。

就世界范围看，前方打胜仗、后方支前忙，具有鲜明的中国特色。

第一节　高规格大范围支援

跨越西北五省的战略大进军大决战，不论是从陕西向兰州进发，还是从兰州向银川向新疆进军，虽然走的是丝绸古道，但也是千里万里之遥。西北地广人稀，第一野战军42万大军要在国民党统治区实施进攻性前进，为作战部队提供后勤保障，让人能想起千年古道上耳边的驼铃声。

一、高规格支援

为保障后勤，党中央、中央军委决定，由西北军区司令员贺龙和政治委员习仲勋负责第一野战军解放大西北的后勤保障工作。在解放军历史上，由级别如此之高的将领专门负责后勤保障工作是从来没有过的。

高规格是大局面决定的。第一野战军从陕西向兰州进军，人多、马多、车多、山多、毫无遮拦的路途多、国民党县级政权及一路上的兵匪多。与此相对应的是粮食少、人口少、工厂少、物资少、饮用水少、可供部队休憩的场所少。这"六多六少"再加上与凶狠剽悍的顽敌马家军一路上的各种战斗，决定了决战兰州需要高级别的后勤保障领导机构。

第一野战军充分估计了征战的诸多困难。一野政治部于8月5日专门下发了《解放大西北的政治动员令》，号召全军指战员要克服一切困难，为全面彻底地解放大西北而努力奋斗！

军队要克服困难，地方就要解决困难。有关资料显示，为解放大西北，在贺龙、习仲勋等精心筹划和组织下，解放区先后动员民工70万人，筹备大车约10万辆，牲畜200万头，各种小车不计其数。兰州战役，仅从山西、陕北、陇东等老区就动员了15万群众随队保障，这个数目相当于此时兰州市的总人口。彭德怀无不感慨地说："如果没有西北群众的支前参战，我们要想取得胜利，做梦也是梦不到的。"

二、秦晋支援

华北军区第一、第二兵团此刻改称为十八、十九兵团，两个兵团入陕部队20多万大军西进时，党中央和中共中央华北局、中原局、西北局和所经晋、豫、陕各省都给予了充分的车辆、渡船、粮食和人力准备，预拨了经费，保证了部队顺利开进。

中华民族是有浓郁故乡情结的民族。十八、十九兵团向相对偏僻旷远的西北大地进军，好多华北籍战士知道，迈开这一脚将距离家乡更远，思乡情化作了告别故乡的泪。

自古以来的秦晋交通渡口禹门此刻一派繁忙，各级党组织派员对禹门通向陕西的三条公路进行了勘查修整，修复了渡船，架设了浮桥，准备了121条渡船。中央军委调拨西北野战军150匹驮骡驮运武器，华北局和中原局自黄河下游调集了能调集的所有船只来装运火炮渡河，华北局在部队入陕前全部发齐了一切军用装备。陕西的各级党组织总共计划动员民工72355人、牲口17319头、大车4944辆、担架9230副。

山西的老百姓用浓浓的家乡话语和真情行动给华北野战军的战士们燃烧着奔向新战场的自豪。晋南地区组织支前、渡河机构，动员大批民工、船工和车辆、牲口，不仅给养、民力多，而且处处都有粮油肉食供应站。据统计，华北大军过境时，仅晋南地区就供应粮食910万公斤、草490余万斤、油肉菜等80余万斤、柴炭860余万斤，动员民工16万多人，准备了牛、马、骡、驴等牲畜16万多头。

向西挺进的十八、十九兵团一进入陕西土地，沿途党政各界和广大人民群众大力支援和热情迎送，处处洋溢着"军爱民，民拥军"团结动人的场面，各地都展示着第二故乡热情的场面。

西北局4月28日发出《对支前工作准备与计划的指示》，要求各地必须把迎接和支援我军前进，作为当前首要任务，全力做好各项战勤工作。

为解决华北兵团入陕粮草问题，西北局又向新解放区筹措征购了4万石折合 200 万公斤的粮食。入陕后又向群众借粮 45 万石折合 2250 万公斤。

扶眉战役前，贺龙、习仲勋发出指示，要求地方大力配合与支援野战军主力作战。此战仅关中新区就支援第一野战军粮食 1.95 亿斤，军鞋 55 万双，出动担架 9300 副、大车 2700 辆，基本上保证了作战部队的需要。

扶眉战役后，习仲勋组织来自新老解放区 15 万多民工跟随部队向兰州进发，给第一野战军提供了强有力的后勤保障。

有数据表明，一野在陕北战场时，平均每 5 个战士就有 1 个支前民工；到了关中战场，平均每八九个战士就有 1 个支前民工；兰州决战前夕，30 万一野大军挥师甘肃，15 万民工紧跟其后，陕北的随军担架队有的跟随一野西进到了酒泉。一路上顶烈日、战酷暑，有的倒在路上，有的牺牲在战场上。

1949 年供应前线的粮食 8740 万公斤粮食，缴获敌人的仅占 28%，其他都是由人民群众赶着毛驴、马车送往前线的。人民群众是夺取兰州战役胜利的力量源泉。

三、情报和统战支援

甘肃是西北地区最早建立中共组织的省份之一。甘肃省党组织和全国有党组织的省、市一样，在领导人民争取独立解放的斗争中，经历了由小到大、由弱到强的发展过程。兰州战役前夕，党的力量大发展，在中共甘肃工委的领导下，新老解放区的甘肃人民，可以说开展了全方位的支援大进军活动。

报情和情报。省情、地情报告和敌兵情报是关系战役布局的大事。中共甘肃工委为了配合解放军作战，搞好解放后的接管工作，在战役前加强了调查研究和情报工作。各工委通过各种渠道收集情报，编印了《甘肃敌兵力调查》《甘肃工业、政治情况及国民党在甘肃的组织活动概况》，对一野进攻经过的天水、西峰、平凉、陇西、兰州等城市重点七座城镇绘制了平面图，详细标明敌人兵力部署点、仓库方位、交通要道等，为一野进攻、布防、后勤保障和及时接管提供了重要的情报支持。

中共陇南工委完成了《天水城市初步调查资料》和各县情况调查资料，上报中共甘肃工委。

中共皋榆工委的党员，冒着生命危险，化装潜入敌军南山阵地侦察，将敌军部署绘成地图后巧妙地送到解放军手中，为解放兰州提供了宝贵的情报。

针对甘肃多民族聚居的特点，中共甘肃工委还组织力量，调查编印了《甘肃回民调查概况》《回民问题的一般简况》《甘肃番民（藏民）概况》《甘肃西南边区藏民生活概况》《蒙古人》等资料，为解放军前进中制定行军纪律、争取群众、优化驻地的备战环境等提供了可靠的依据。

四、舆情和宣传支援

舆情研判和思想引导，为大进军做宣传引导。国民党甘肃省当局在扩军备战的同时，成立戡乱建国动员委员会，召开党政军应变座谈会，大肆进行反动宣传，诬蔑、攻击中国共产党和人民解放军。

在中共甘肃工委的领导下，各工委采取各种形式，宣传党的各项政策，宣传人民解放军胜利的消息，扩大中国共产党的影响，安定人心，迎接解放。中共皋榆工委、中共陇南工委等组织党员针锋相对，书写张贴《中国人民解放军布告》（即《约法八章》）等文件和标语口号，秘密油印、手抄毛泽东为新华社写的《将革命进行到底》的新年献词和《新民主主义论》《论联合政府》等文章，通过亲友、师生、同事等途径广泛传播。

1949年6月间，中共陇右工委秘密印发各种材料1000多份，在党员和群众中传阅。针对兰州知识分子相对集中的特点，中共皋榆工委还组织刻印了毛泽东《在延安文艺座谈会上的讲话》等文章，在识字的群众中传播，让更多的知识分子对党的政策有更多了解。

各组织还通过散发传单、写信等方式劝告国民党的党、政、军官员，要他们认清形势，抛弃幻想，立功赎罪，自觉地站在人民一边，与反动势力彻底决裂。

地下党的广泛宣传，揭穿了国民党反动派散布的谎言，解除市民的疑虑困惑，争取了国民党下层官兵，安定了民心。

五、统战瓦解

各级地方党组织，一方面，通过争取教育在国民党基层政权工作的人员参加革命，形成"外白内红"的两面政权；另一方面，加强对国民党高级党、政、军人员的统战和对敌军的策反工作。在武装斗争配合下，接收地方政权，迎接解放军到来。

陇西县国民党的党、政、团、特等首恶分子，在一野部队到达前几日便逃之夭夭，城内由自卫队副总队长张世雄支撑局面。陇右人民游击队写信规劝自卫队认清形势，及早起义。张世雄表示拥护解放军，派陇西城内"八大绅士"与游击队代表进行谈判。游击队在派遣代表进城谈判的同时，调集2000多人，集结在陇西县城附近待命。双方经谈判达成协议，决定由游击队派人进城接管，成立陇西县人民政府。但是，自卫队副队长伍云亭却反对起义，准备杀害游击队代表。陇右游击队和解放军左路军共同行动，将伍云亭部缴械，伍云亭潜逃时被抓获。8月12日，陇西实现了真正解放，组成新的人民政府。

国民党渭源县自卫队有300多人，大队长王南坡和两个中队长及部分分队长、班长、士兵是中共党员。这支自卫队是打着国民党自卫队旗号，实际由共产党所掌握的武装，该县地方政权也为中共地下党组织所控制。因此，渭源县的解放十分顺利。8月13日，解放军接近渭源县城，8月14日拂晓，王南坡根据工委指示率领自卫队起义，逮捕了敌县长、县党部书记长、三青团头目、便衣队头目等，占领了渭源县城。随后陇右人民游击队300多人进入城内，成立了渭源县临时委员会，渭源县宣告解放。

会川县城当时驻有国民党1个团管区司令部和1个独立连，连长周志毅是中共党员，县自卫队长和不少士兵都是中共党员。当解放军逼近会川时，团管区司令部向岷县方向逃窜。中共陇右工委决定趁机发动起义。8月13日，会川自卫队在队长刘占华带领下在城外首先起义。当晚，又前往罗家磨配合周志毅连举行起义。

马家军部队突然到来，导致了起义计划的改变，起义部队原计划打回会川。这时，甘肃保安旅陈学浩部 5000 多人突然进占了会川，马家军韩起功部 1 万多人进抵临洮。面对敌情变化，起义部队改独立起义为迎接和配合解放军进军会川。8 月 14 日，中共陇右工委与左路军第一兵团第二军取得联系，8 月 15 日，第二军向会川守敌发起攻击，一举解放了会川县。8 月 16 日，成立会川县人民政府。

第一野战军在向甘肃进军，从陕西到甘肃的几千公里的道路上，奔走着数不清的支前队伍。送弹药的，抬担架的，救护伤员的，运粮食的，昼夜不停，浩浩荡荡。

陇东千里追击战解放军到达平凉后，刚刚解放的平凉人民在平凉地区党组织领导下节衣缩食，用待打碾的新粮做抵押，向有粮户借粮等办法支援解放军西进。全区各县共组织担架、车辆、驮畜等折合工日 49 万多个，借粮 1000 多万公斤，做军鞋 10 万多双。而且民工队及大车、骡马随一野行动，向兰州运输物资，有力地支援了兰州决战。

第二节　地下党、鸡毛信与农民向导

一、榆中近距离全域支前

8月16日六军一部进入榆中县城。彭德怀便在榆中县连搭乡乔家营设立了第一野战军指挥部，杨得志、李志民在定远镇猪嘴岭设立了十九兵团指挥部，罗元发、张贤约在和平镇邵家泉设立了六军指挥部，六十三军在金崖镇尚古城设立了政治部，在歇驾嘴和李家庄设立了战地医院，在清水驿和甘草店设立了后方医院。

正义战争必然得到人民的支援。榆中是兰州最早得到解放的县。榆中人民见证了解放军决战兰州南山各个战场的奋勇和艰难。

从8月中旬起，在榆中地区活动的皋榆工委所属的金崖工委会同兰州东区工委，成立了迎接解放军的工作机构——皋榆工委协军团，由金崖工委书记陆长林任团长，8月14日起公开挂牌，开展迎接解放军活动。皋榆工委协军团还成立了包括协军团自身和甘草、青城3个支前总站，7个支前分站。同时解放军先后在榆中县甘草店、清水、歇驾嘴、李家庄、邵家泉、祁家坡、和平等地建立了野战医院和后方医院。在甘草店建立了165兵站，各村的协军团成员及进步学生积极地组织开展支前工作，开展了近距离全域支前大行动。

金崖碾粮　金崖地区的粮食都还没有打碾，而且绝大部分粮食还没有堆上打碾场，堆积在各个田间地头，给筹集粮食带来很大困难。负责筹集粮草的协军团成员，一面动员群众快拉快运快打碾，边碾边送交；一面动员存有旧粮的农户，把粮食拿出来支援前线。金崖地区共给部队筹集粮食800多石以及一大批猪、羊、鸡等。

甘草店借粮 甘草店支前站采取自筹和外借结合法为解放军筹集了小麦100多石。其中向当地20多家粮店筹集了50多石，在外地预借了60多石，发动当地的七八家面粉加工作坊昼夜加工，同时发动有小石磨的农户帮助加工。车辆组准备了大小车辆60多辆，运送粮食和转运伤员。

青城送粮 青城支前站从榆中解放到兰州战役胜利结束后的9月初，共筹措粮食9万公斤，派出支前民工2500人次，支前牲畜2200多头次。27日，中国人民解放军十九兵团经过青城沿黄河北上解放宁夏，支前委员会动员羊皮筏子40多个，木船3艘，护送解放军横渡黄河。这些水手护送解放军过河后，有86名技术好身体好的水手被选为皮筏手，由高璠负责随十九兵团北上，宁夏解放后才回到家乡。

来紫堡百姓家里驻军 榆中来紫堡乡和金崖乡是相邻的两个乡，自古以来金崖就是丝绸之路上的一个重镇，因特殊地理位置，人们思想开明，在解放前期，涌现了许多革命志士。张颐武是这里领导共产党的地下组织开展革命活动的先驱者，张颐武和他的同学陈成义（原甘肃省副省长）领导当地人民开展革命工作。为了避开国民党的抓捕和迫害，张颐武来到来紫堡乡黄家庄堡子里，隐藏在谈作彪家秘密领导开展工作，后来认为堡子里是一个城堡包围的村子，如果被敌人发现，不易逃脱。据兰州市公安局民警张欣回忆，谈作彪和他爷爷张继祖关系密切，经协商傍晚将张颐武接到他家（黄家村委会上午营小村）。张欣家100多年前祖辈修建了一所四合院，属于一进两院的大院子大房子，张颐武就在上西厢房居住并开展革命工作。张欣的祖母火氏负责做饭照顾，张颐武在他家居住工作了一个多月。在此期间，张颐武深居简出，白天在房间起草文件、整理材料，傍晚时分在院内散步，思考工作，晚上和同志们开展革命工作。

兰州决战前夕，8月19日，解放军驻扎在紫堡乡黄家庄村，张欣家对面的晾晒麦子的场上摆满了各种重型武器，因为他家是四合院，场地相对宽阔，家里驻扎了解放军的一个排，堂屋墙上挂满了枪支，现在挂枪的钉子孔还依稀可见。有一天的下午，他家里人和战士们一起包饺子，忙活了一下午的解放军官兵，将包好的饺子摆放在各个房间的案板上，在他家大门口架起了行军大锅，大锅中的水烧开后，包好的一部分饺子下到锅中，大家兴高采烈地等待着吃一顿热气腾腾的饺子。这时解放兰州打仗的军号吹响了！所有解放军官兵立刻拿起武器，整队出发了！

战士们没有吃上一口饺子就开赴前线，仗打了一晚，当战士们再回到他家时只剩下三四人。张欣强调说，一个排的解放军只剩下三四人，大家看着摆放的饺子都为战友的牺牲失声痛哭！张欣说，我们来紫堡乡的老百姓是把解放军当亲人看待的。

8月16日到9月10日，不到一个月时间，榆中县共为部队筹集粮食3万多石，人均800多斤，相当于一个农民两年的口粮。出动支前民工3.5万多人次，支前牲畜1.66万多头次，支前大车1500多辆次，为支援解放兰州和大西北做出了重大贡献。

二、皋榆工委探秘

第一野战军兵临兰州城下，兰州城陡然戒备森严，白色恐怖四处弥漫，但一张珍贵的马家军驻兰城防示意图，却在敌人的眼皮底下由一个"放羊娃"及时送到了彭德怀手中。

谁能绘制这张图？得到解放军要进军兰州的消息后，为一野提供一张兰州的城防图成了皋榆工委的一件大事。皋榆工委首先想到了康冠五。康冠五是西北民主同盟盟员，当时担任西北军政长官公署参谋处科长。康冠五利用职务便利，采用集腋成裘的办法把国民党军队在兰州地区的防御阵地、工事位置以及兵力配置图，分三次送给化名杨厚德的皋榆工委书记罗扬实。

在隐蔽战线工作的皋榆工委所属各工委党员也在利用各种途径抓紧搜集各种情报。东区工委共产党员陈毅生搜集到了国民党在平凉、临夏等地驻军、调动情报。皋榆工委地下党员陆俊林等人还绘制了兰州市内国民党机关、据点、交通草图。

工委所属地下党员汪治华以国民党兰州自卫队大队副兼中队长的身份，经常参加国民党的军事会议，主动和国民党城防部队官佐以及特务军官接触，搜集了国民党城防设施及驻军情报，也就是马家军在兰州市内的机关、据点和交通布置的草图，拿到了兰州战役前夕马家军城防部署的最新情报。

这些情报由地下党组织派在自卫队当文书的王应蛟迅速转交工委书记罗扬实手中进行分析汇总。

罗扬实还安排共产党员王受天利用自己长年居住南山山麓，熟悉这一带的社情民意的优势，多次化装改扮，以放羊、种地、抓药、走亲戚为名，到狗娃山、沈家岭一带侦察国民党军修筑的防御工事和兵力状况。

地下党绘制的兰州城池图

三、一封"鸡毛信"

罗扬实将各类情报分类、汇总后，先藏在后五泉地下党员王受天家中的羊圈里和房后，准备寻找机会，将这些重要资料送到解放军手上。1949年7月，西区工委不幸遭到敌人破坏，几位负责人先后被捕，皋榆工委书记罗扬实也遭到全城通缉。

突如其来的变故，使得皋榆工委最初的计划被打乱，罗扬实派人通知所属各工委、支部马上隐蔽，自己躲藏到了王受天家中。

1949年8月上旬，随着解放军兵临兰州城下，兰州战役即将打响，这份情报要抓紧送出去。但马家军加强了交通管控，各个路口、关卡的盘查极其严密，致使城内与城外完全失去了联系，兰州南面的几座山几乎成为禁区。

王受天和罗扬实经过一夜的冥思苦想和各种方案推测，终于想出来一个好办法：让王受天的3个儿子，赶上自家的50多只羊和一头小毛驴以放羊做掩护，罗扬实、王受天夹杂在羊群当中，装扮成逃难的农民出城。

第二天天蒙蒙亮，罗扬实就剃光了头发，换穿了一件破烂衣服，将敌人防守兰州的军事部署图复制成一张小图并藏于贴身衣服里。

当天，王受天的老伴孔繁锦早早地为他和儿子们做了一顿饭。饭菜准备停当后，作为母亲的孔繁锦含泪端起一杯酒为儿子和老伴儿壮行。

出发前，王受天把老伴安排到亲戚家躲藏好，把想好的对策告诉了三个孩子，便和二儿子王应魁、三儿子王应麒、四儿子王应豹赶上50多只羊出发了。

当天他们从后五泉山登上皋兰山，皋兰山朝东是祁家坡，朝西是七道梁，朝南的这一片山坡秋草正茂，是牧羊的好时节。整个皋兰山今天格外空旷，除了马家军和挟持的当地村民在各个阵地上整修碉堡、修筑战壕外，几乎再看不到老百姓。一群羊走在一座荒凉的山上从远处看不怎么显眼。他们保持着警觉前行。看见远处的敌人他们就放慢速度，两个大人就躲起来，到没敌人的地方再加快脚步赶路。他们冒着生命危险爬陡坡、穿河谷，尽量不走大路，极为艰辛地护送罗扬实到达了阿干镇东南方向的烂泥沟。三个孩子守着羊群，王受天带着罗扬实来到好友宋正忠家里。

宋正忠是王受天的一位可靠的农民朋友。在他家的窑洞里暂时住下后，宋正忠便出门打探，得到的消息是前方不远就是人民解放军前哨部队和防守的青马部队两军阵地接合部，当日已经有过战斗，青马部队防守十分严密，要想安全穿越有极大困难。

罗扬实急得寝食难安，王受天便和老友宋正忠商议应急的办法。宋正忠深思了一会儿，想起他院内的窑洞里寄宿着一个自称老杨的无业单身汉，此人来兰州多年，生活清苦，靠四处帮工谋生，对这一带环境很熟悉。"如果让他带路,说不定就能避开马家军防地。"

三人经过慎重商议后便找到老杨,老杨听完后一口答应了下来,他说自己经常找近道赶路,这里的沟沟岔岔都走过,在两军接合部不远,有一片梢林,就是那种自生自长没人修剪的次生林,很茂密,平时人很少去。只要到深夜悄无声息地穿过树林,绕过马家军防地,再过一条小河,对面山上就是解放军的部队了。

罗扬实听后喜出望外,激动不已。他发现老杨脚上的鞋很破烂,就拿出5块银圆给了老杨,让他给自己买上一双新鞋,"今晚深夜就上路"。宋正忠被罗扬实的慷慨和老杨的精神所感动,坚决要求三人一起走夜路穿过梢林急送"鸡毛信"。

这是个没有月亮的夜晚,三人摸黑出发,四野静寂,只有风吹树林发出的声响。东方的天空刚露出曙光,他们也刚好走出了这一大片梢林来到河滩边,三人脸上、手上、腿上都被树梢刮出了密密麻麻的细小伤口。

罗扬实悄声地感谢宋正忠和老杨,并和他俩道别:"我估计快到家了,等解放后我再来看你们,酬谢你们。"说完,他快步过了眼前的小河向对面山坡上疾步走去。突然,"干什么的,站住!举起手来!"喊声刚落,从山坡上一拥下来十多位人民解放军战士,手举着上了刺刀的钢枪把罗扬实包围了起来。

此时的罗扬实很坦然地做了自我介绍。一位手握驳壳枪的指挥人员对罗扬实说要先委屈一下,而且说要搜查他带没带武器。然后命令两个战士把罗扬实送往团部。

到了团部后,罗扬实向团长、政委详细介绍了自己的身份和中共皋榆工委组织担负的任务,并提出要尽快见到彭司令员当面汇报。团长、政委这时才相信罗扬实是自己人,于是立即派出两个干部护送他前往榆中乔家营第一野战军司令部驻地。

就这样,罗扬实很顺利地在一野司令部见到了彭德怀司令员。听了罗扬实的汇报,彭德怀对中共皋榆工委的工作大加赞扬:"同志们辛苦了,你们出生入死,完成了党交给你们的任务。"

王受天在掩护罗扬实到宋正忠家以后，便和孩子们分头踏上了回程。根据罗扬实的安排，二儿子王应魁没有直接回家，而是直接奔赴安定门二姨娘孔繁云家中去传达罗扬实的指示。

王应魁返回途中到阿干镇水磨滩一带遇到了正在往山上搬运弹药的马家军。领头的马家军士兵看见王应魁后喊道："尕娃过来！把这个子弹箱子扛上去。"

"我扛不动！"倔强的王应魁回答道。

"今天就抓你这个壮丁了，扛不动东西就去给我们修工事去。"看到王应魁态度坚决地站在那里不动，几个士兵围上来就是一通拳打脚踢，年仅16岁的王应魁遭到几个身强力壮的士兵一通毒打，感觉快要没命了。这时候，从山上下来一位军官模样的人大声喝道："这么小的能干啥活？赶紧放了干活去，这么紧张的时候还不干正事！"

虎口逃生的王应魁顾不得浑身伤痛，一口气跑了20多公里到了安定门二姨娘家。稍一定魂后，他想起罗扬实让他转达的指示："解放军马上就要攻城，一定要设法通知其他的地下党同志，做好迎接解放的准备。"

说完，王应魁就瘫倒在地昏了过去，这一躺就是3年。由于受到马家军毒打后又没有及时治疗，王应魁终生体弱多病。新中国成立后，在组织关怀下身体才逐步得到恢复，还参加了当时农会和乡上的革命工作。

由地下党送出的这份城防图，让解放军攻城部队在总攻发起前，掌握了敌人兵力部署的情报，但由于马家军提前撤出战场，城市巷战又从晚上开打，这张图为后来接管兰州发挥了重要作用。

第三节　胡兴国带路

一、农民胡兴国带路杀敌

那一年，胡兴国刚满 20 岁，整天在古城岭的山沟里放羊打拳。他祖籍湖南，太爷是左宗棠帐下骁将，收复伊犁时阵亡。他爷爷跟随陆洪涛来到兰州，曾任庆阳县县长。后来在古城岭下的范家营一带安家置地，耕田习武。

胡兴国 8 岁跟随爷爷习武，喜欢和别人争斗，经常闯祸。他父亲为了不让他惹祸招灾，就打发他出去放羊。由于他长得瘦小，放羊和练武都没有引起特别注意，但放羊却让他对古城岭一带的沟沟岔岔了如指掌。

8 月 17 日，受马家军的限制，放羊的地方也越来越小了。瘦小的他没能引起马家军的注意，放羊时他可以近距离看到国民党兵抬着成筐的地雷，四处埋设。

出于放羊娃对自身和羊群的安全考虑，他仔细观察了地雷埋设的地方和一个个的地雷阵。他看到马家军搞实验时一枚航空炸弹爆炸时周围三四十米的地方都成了平地。他看到范家营村的高地上，国民党军修筑的碉堡，挖出来的壕沟，架设了铁丝网。

8 月 20 日，周围已经响起了零零星星的枪声，村子里的年轻人都躲到了山沟里。胡兴国的爷爷和几位老人坚决不进山，要留下看家。胡兴国把羊圈在一个水泉洞里，拔了一捆草，丢给羊，就和村子里的人躲进了山沟。

下午，解放军的先头部队来到村里。得知解放军进村后，山头上的国民党军向村子发起炮击，村子里浓烟滚滚。

二、解放军战场"规矩"解密

藏在山沟里的胡兴国担心爷爷,天稍微黑下来就偷偷往回跑。刚走到村子边上的一棵大树底下忽然听见有人喊:"老乡!老乡!"他四处张望,发现树上有两个解放军战士,其中一个拿着一挺机枪,机枪的支架还在晃动。

解放军战士过来说:"我们是中国人民解放军,是专门打国民党的,不打老百姓,你不要害怕。"知道胡兴国是这个村里的人,就把他带到了团部。

到了团部,胡兴国发现,团部设在国民党军的碉堡里,碉堡顶上用一层门板一层泥土进行了加固。碉堡中间支着一块门板,门板上面铺着白布画的地图。

解放军干部热情地把他拉到地图前,问他能不能看出这里是什么地方。胡兴国上过几年学,说:"这是古城岭。"那个干部很惊奇,又问他知不知道国民党的地雷埋在那里。胡兴国说:"知道!"那人更加惊奇了,胡兴国把他放羊时观察到埋设地雷的地方一一指出了,解放军逐一在地图画出范围,并做了标记。

解放军干部把他交给二营长,他跟着二营长又来到了冲锋连,冲锋连连长就让他领路。深夜,他就带着部队进山了。

周围一片漆黑,冲锋连的战士跟着胡兴国,悄悄地向山上摸去。古城岭上敌人的探照灯不时扫过来,一道道强烈的光柱,在这个空旷的山空旷的夜里显得异常诡异。胡兴国走在队伍的最前面,跟在他后面的连长告诉胡兴国,如果前面有人问口令,你就说自由太平,到了有地雷的地方,你就嘘一下。

走了不远,胡兴国听到连长对战士们下命令:"只许往前冲,不许向后看;重伤坚持不喊;轻伤不下火线。"胡兴国听明白了,这是连长在进入阵地前对战士们定的规矩。

胡兴国心里热热的,他告诉自己,今晚上不能让一个战士踩上地雷。他带着队伍,穿过了地雷阵,遇到有地雷的地方,战士们就用小铲子,挖起一堆土作为标记。然后来到古城岭的北面，部队开始向着敌人的阵地方向挖交通壕。敌人探照灯打过来战士们就爬下，过去之后接着挖，就这样接连挖了三条交通壕，逼近到敌人的铁丝网前。

天微微亮时，挖交通沟的战士被马家军发现，一排机枪扫射过来，4名战士牺牲，两名战士受重伤。大批敌人顺着交通壕从两侧向他们包抄过来。此时解放军的炮兵还没有过来，而敌人的炮兵居高临下向范家营开炮，将后续部队封锁在下面。

胡兴国和冲锋连被敌人包围了。面对着冲上来的敌人，连长一边开枪，一边问："你会用枪吗？"胡兴国摇摇头说不会。"刀会用吗？"胡兴国说："会用！"连长就将自己的战刀递给了胡兴国，这是一把从日军手里缴获的东洋刀。他左手拿着刀鞘，右手拿战刀，躲在战壕里等待着机会。

马家军很快就冲了下来，一个个袒露着上身，有些露着黑黑的胸毛，腰里倒插着揭开了盖子的手榴弹，手里提着大刀，有一个还拿着双刀。

惨烈的肉搏战开始了。一个胸口露着黑毛的国民党兵，提着大刀向胡兴国冲了过来。他的大刀劈过来，胡兴国手腕一转，身子一侧，将他的力量引开，然后顺势向他的脖子劈过去，接着一拉，这个家伙软软地躺倒在了地上。

第一刀就砍倒一个凶猛的敌人，胡兴国信心大增。在随后的刀战中，胡兴国很快熟悉了敌人的套路。他和战士们打退了敌人的第一次冲锋。马家军开始反扑，他看到马家军原来是督战队逼迫打仗的，这些马家军没有退路。胡兴国也越战越勇，战刀挥去，每一轮马家军进攻，他都能砍翻几个敌人。

从早上到下午，他们一共打退了敌人11次进攻。搏斗中，胡兴国发现他的胳膊肘上有一粒敌人打进去的手枪子弹，他自己用手把子弹头从伤口中挤了出来，连长给他做了包扎。

从20日夜里出发后，他们就没有怎么吃东西，到清晨被敌人包围的时候，已经又累又饿。国民党军的伙食极好，每顿饭一个班一只羊，体力自然要好得多。他和战士们一直坚持到下午5时后续部队上来。

后续部队上来后，胡兴国他们因为熟悉战场情况需要坚守在阵地上。在后续部队的掩护下，冲锋连继续向前推进，21日天黑后他们突破了敌人的第一道铁丝网。

这时，他们遇到了一天一夜中最大的困难。敌人在壕沟中插入了尖木桩，两侧碉堡中的机枪构成了交叉火力网。连长组织战士多次发动攻击，但是都被敌人打了下来，伤亡很大。有些战士，甚至跳进壕沟进攻，都没有成功。

这一天，进攻的成效很小。到了晚上，连长组织战士们挖壕沟，准备以壕沟破壕沟。战士们挖的壕沟穿过了敌人的壕沟，然后顺着山坡挖到了敌人碉堡的背后。

8月21日，是一野初攻受挫的一天。连长正在组织炸马家军的碉堡，突然从碉堡中扔出了一颗手榴弹在连长身边爆炸，连长牺牲了。

指导员带领战士们继续攻击，直到占领了敌人的第二道壕沟。22日晚上，后续部队给冲锋连带来了牛肉和饼子，饿极了的胡兴国一口气吃了两大块牛肉，结果吃伤了胃，此后60多年他都不爱吃牛肉了。

冲锋连接到撤下阵地的命令，全连上来时173人，下撤时只剩了28人，活着的全都是伤员。战斗中胡兴国不记得了杀了几个敌人，指导员说他杀了5个敌人，立了大功。他和战士们相互搀扶着撤下战场回了范家营村。

由于几天没有音讯，家里人都非常着急，他母亲也急出了病。看到他回来都非常高兴。陪着他一起来的刘指导员告诉家里人，他们是六十五军的，领导已经同意让胡兴国跟部队走，从此他就是解放军战士。结果，父亲舍不得他，坚决没同意。指导员只好将他们家地址记了下来，六十五军开赴了宁夏，再没有回到兰州。

1949年新中国成立后，胡兴国家意外收到了一封信，这是六十五军政治部给他父亲胡清海写来的感谢信。信中说，胡兴国给解放军带路出色地完成了任务，为兰州解放做出了贡献。信的末尾说由于国民党抢劫粮草，各地十室九空，"胡兴国生活遇到困难时，就拿这封信找当地政府，请求当地政府给予适当的帮助"。

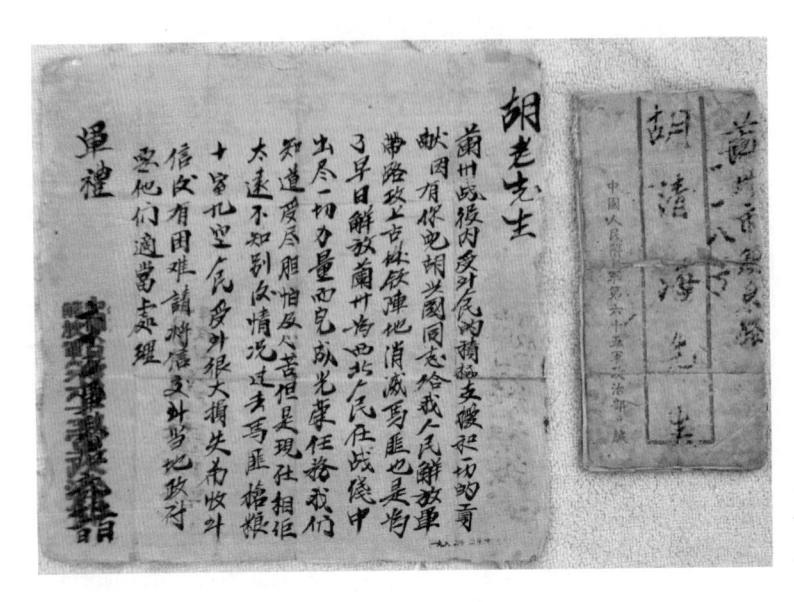

第六十五军政治部写给胡兴国的感谢信

三、四十年的珍藏

这封珍藏了近 60 年的信，胡兴国至今还能背出信的大部分内容。他还有两枚西北军政委员会颁发的奖章，一枚是"西北解放纪念章"，另一枚是"人民功臣"奖章。他记得这两枚奖章是在省政府领取的，甘泗淇代表彭德怀司令员讲话。他还能模仿甘泗淇的声音："同志们，你们是人民功臣……兰州战役有 9500 多人付出了自己的生命……"

65 岁前，他没有向政府提出任何条件。65 岁那年，他拿着奖章和信找了民政局，此时已经是 1994 年。民政局的人非常吃惊，以责怪的口气问他怎么才来，随后便按照当时的标准给予他每月 300 元生活补助金。

70 年时光匆匆而过，硝烟散尽后，他依旧过着耕读习武的生活，平淡而充实。

当年他带路的这支部队是中国人民解放军六十五军一九三师五七九团二营四连，历经改革强军，六十五军于 1985 年整编为六十五集团军，2017 年，六十五集团军与二十七集团军组建为八十一集团军。

榆中县的支前有许多感人故事。除了在古城岭上英勇杀敌的农民向导胡兴国，在攻占郭家寺阵地时勇敢地将解放军旗帜插上敌人阵地的董永福，还有为解放军带路英勇献身的白银贵、蒋得宝等。

在马家山总攻期间，解放军和马家军之间发起了一轮又一轮的冲锋和反冲锋的战斗。马家山当地的群众头顶着呼啸而过的子弹穿梭于山下的交通壕里运送弹药，有的背一箱，有的扛两箱。担架队员们把伤员、烈士抬下阵地后，有的乡亲给伤员腾房子，有的给烈士献出了自家给老人预备的棺木，有的献出了家里木柜子和白布，从来没有心疼过。

在清水驿乡后方医院还出现了人民军队爱人民的感人一幕。清水驿乡的王栓子在追赶脱缰的骡子途中，遇上了马家军，被马家军抢走了赖以生存的骡子，骗取了仅有的3块大洋，还要抓他去做脚夫。在他拼命逃走的时候，被马家军开枪打伤。战地医院对他进行免费包扎救治，在场的王栓子的岳父深情赞叹："现在西北的天真正晴了。"

兰州解放后，解放军要西出河西，南进武都，兰州市共动员担架105副，支前民工31804人，其中女性就有4456人。兰州人民成立慰问组织，为解放军征借炊具，帮助解放军解决食宿问题。

资料显示，兰州人民一天之内曾为解放军打大饼12085斤，为伤员缝洗衣服14366件，既鼓舞了士气，又保障了严守纪律的人民军队生活急需。

第四节　临洮女学生徒步进疆

临洮是兰州西南侧的一座小县城。1949年8月16日解放军第一兵团解放了临洮城。第一兵团进军临洮,前往临夏时,王震就很明白他肩负的重担,要么从西侧进攻兰州,要么将率部进入河西走廊,开赴新疆。

王震在临洮一直构思着新疆未来解放和建设的重大问题。然后果断决定,紧急成立军政干校,在临洮开始招生。王震率领的第一兵团在临洮赢得了百姓的信赖。招生的告示贴出第五天,就有1250名青年参了军,其中有150名女学生,这是一支有理想的学生队伍。

1949年10月1日,当毛泽东主席向全球宣布中华人民共和国成立的时候,在甘肃酒泉,一兵团的10万将士也收听了开国大典激动人心的报道。随后,这150名女学生和第一兵团踏上了解放新疆的漫漫征程。当时部队有四五百辆汽车在运送兵员,但王震号召更多的战士徒步行军。他说,新疆很穷,我们走路省下的车油费可以建很多农场。

本来第一兵团第二军的任务是解放北疆,但王震司令员认为,进军南疆比进军北疆的任务更困难更艰巨,因此一兵团第二军就变更为进军南疆。

进军南疆的一兵团第二军从临洮到吐鲁番,茫茫2000公里,女兵脚下这3个月的征程,她们面对的是之前根本没有想到过的艰难。

在这一路上,没有衬衣、衬裤可以替换。两腿之间被粗布衣裳磨得两条大腿都化脓了,女兵们只好从食堂里偷来牛油抹在腿上,以减轻摩擦的痛苦,继续向西挺进。从1949年10月4日到1950年3月下旬,女兵们在6个月中用脚走过河西走廊、走过荒山峡谷、走过茫茫戈壁,她们走了4000多公里,本来是到新疆部队服役的军官,她们却落脚在新疆喀什的草湖乡,成了这里第一代战斗队、生产队、工作队的兵团屯垦戍边的战士。

进军南疆的第二军教导团学生大队的女战士行进在戈壁滩上

这些临洮女学生来到茫茫的戈壁滩，和兵团人一起付出了青春韶华，书写了新中国屯垦戍边的壮丽篇章。

当年，没有新疆建设兵团，就没有现在的新疆。1954年10月，中央决定驻新疆人民解放军10.5万名官兵集体就地转业，组建新疆生产建设兵团，执行屯垦戍边的历史使命。兵团58个边境农场镇守着长达2000多公里的边境线，成为一支不穿军装、不吃军粮、不拿军饷、永不转业的战斗队。现在，新疆每三亩半耕地中就有一亩是兵团人开垦的。今天的兵团人正在遵循习近平总书记提出的"使兵团真正成为安边固疆的稳定器、凝聚各族群众的大熔炉、先进生产力和先进文化的示范区"这一定位，接过先辈的责任，谱写着新一代兵团人的荣耀。

临洮县志里有这个记录，临洮群众中还在传颂着她们当年为理想所做出的无畏选择。

第二十章

城市接管

  军队派出高规格的军管会接管兰州，从党政军机关、部队及一切公职人员进城的前三天一律禁止在市场上购买物品，到揭开兰州"渣滓洞"的秘密，从全面接收各种机构到抢修黄河铁桥，兰州市军管会体现出挺纪在前、法治思维和卓越的接管水平。

中华人民共和国成立前的中国社会阶层似乎线条单一，或者说，结构并不繁复，抑或是当年的解放军将领是"军地两用人才"，熟悉军地双方的管理运行规律。解放军每打下一座城市，就迅速成立一个军事管制委员会，这个军管会既能第一时间接管地方政权，有效管控城市，还能帮助地方很快建立起新的政权。

军事管制委员会是一种军事性、临时性的政权机关，是在地方党委、政府成立之前全权行使城市统一领导的军政一体的政权组织，是一个防止出现城市政权真空的过渡性权力机构。

随着第一野战军占领各省会城市和较大城市，先后成立了兰州、西宁、银川、酒泉军事管制委员会。

第一节　执纪在前的军管会

"一战定四省"以后，兰州市的军管会主任明显高于其他城市军管会的级别。兰州市军事管制委员会主任是第一野战军排在第一位的副司令员张宗逊，西宁市是一兵团第一军的副政委兼政治部主任冼恒汉，银川市则由第十九兵团司令员杨得志兼任。

其实，兰州军管会和甘肃党政组织是在兰州战役决战之前成立的。新成立的兰州市军事管制委员会鲜明的工作特点表现在挺纪在前、法治思维、抢修黄河铁桥，以及卓越的接管成就几个方面。

一、军管会成立

兰州市军事管制委员会、甘肃行政公署、中共甘肃省委都是在兰州战役之前成立的。其中，兰州市军事管制委员会成立最早，是在扶眉战役胜利后成立的第一个组织。8月4日，兰州市军管会在陕西陇县召开第一次会议，拉开了工作序幕。8月8日，陕甘宁边区政府决定成立甘肃行政公署，任命王世泰为主任，霍维德、吴鸿宾为第一、第二副主任。8月14日，定西解放后，中央西北局于19日定西会议上决定中共甘肃省委成立，张德生任书记。同一天，也就是8月19日，中共甘肃省委第一次会议在定西召开，宣布甘肃省委成立，中共甘肃工委完成了历史使命。

1949年8月26日，兰州解放当天，兰州市军事管制委员会正式开展工作。当年位于兰州市城关区静宁路72号的三爱堂，是兰州战役前国民党西北军政长官公署所在地，此时是彭德怀司令员的临时指挥部，是兰州市军事管制委员会的办公场所。

兰州市军事管制委员会主任为张宗逊。

副主任为张德生、吴鸿宾、韩练成、任谦；秘书长为辛兰亭，副秘书长何承华；警备司令员为郭宝珊，政委为李宗贵。

军管会设立7个委员会，12个处：

财经委员会：张宗逊为主任，史唯然、黎化南为副主任；

文教委员会：赵守攻为主任，鲁直为副主任；

公安委员会：孙作宾为主任，李甫山为副主任；

公教人员处理委员会：李培福为主任；

工资研究委员会：强自修为主任，杨一木为代主任；

公共房产管理委员会：孙作宾为主任，王再兴为副主任；

被难烈士家属抚恤委员会：韩练成为主任，李培福为副主任。

兰州市军事管制委员会主任张宗逊

首批任职的还有：李培福为政务处长，李甫山为公安处长，李夫克为军事处长，范明为联络处长。随后还任命了企业处长、工商处长、农林处长、金融处长、教育处长、新闻处长、文化处长、交际处长等。

二、兰州市情与一野供需矛盾

兰州是随着战争出现人口剧增的城市。1935年，兰州城市人口只有 9.6 万人。抗战时，由于兰州地处西北中心，这里是中国空军的重要训练基地，也是第八战区司令长官部的所在地。由于远离抗战前线，兰州成为大批沦陷区的民众移民的首选之地。到了 1944 年，人口就增长到了 17 万人，不到 10 年时间，人口就增加了近一倍。

抗战胜利后，许多商号返回原址，大批移民东返。到兰州战役前夕，在兰州 126 平方公里城区土地上实际人口不足 20 万。国民党在兰州市设 9 个区和皋兰县，区名以序数排列。榆中县属定西专区，永登县属武威专区。1951 年 8 月 13 日，皋兰县直隶于省政府。军管会在接管旧政府的同时，重点接管了区级政权。

8 月 29 日，9 个旧区依次改为 9 个区公署，管辖范围不变，由区委书记、区长、公安分局长、组织科长、宣传科长组成区管委会。

战后兰州的经济形势十分严峻。物价飞涨，企业凋敝，公务人员欠薪，市场供应不足。抗战前，兰州每市斤肉类价格平均 0.28 元，到 1948 年涨到 113 万多元；1949 年 4 月下旬，物价指数从 10.2 倍的基础上上涨了 1800 倍；全市有 16 家工业企业，产值 1004 万元，产业工人 4000 余人，全市各种商业点 2798 家，很多已处于倒闭状态。战役决战前，马步芳大量搜刮粮食、布匹和日用品，随后把一部分粮食、布匹运到了西宁，导致市场供应更加匮乏；1949 年 4 月至 7 月间，兰州欠省、县两级公务人员薪金达 200 多亿元。再加上个别不法商人操纵市场价格、囤积居奇、哄抬价格、串通涨价。此等状况，如果不加节制，将会导致进城部队无法站稳脚跟。

兰州决战前夕的 8 月 20 日，尚未就任兰州市军管会主任的第一野战军副司令员张宗逊收到一份一野后勤部发的统计报告。当时一野后勤部在定西，后勤司令员是刘志丹的弟弟刘景范（刘志丹曾用名刘景桂），后勤部部长是黎化南，方仲如为副司令员兼后勤部政委。这份在行进中制作的报告虽然数据比较粗略，但也引起了张副司令员的重视。

从这个统计数据看，即将进驻在兰州城周围的部队人数大致有 26 万人。其中第十九兵团 11.5 万人，第二兵团 10 万人，总部直属部队 2 万人；需要部队解决供应的地方人员和支前民工 5000 人，随队俘虏 2 万名；有牲口马匹 3 万头。

这说明什么？说明一野后勤部的供应有压力了。进驻兰州的这 26 万人需要多少供给呢？据一野后勤部测算，"月需粮十三万市石，料五万市石，草九百万斤"。这一市石先要折合成市斤，当时 1 斤为 16 两，按照实打实的一石也就 150 斤计算，一市石粮大致 75 公斤。那么，第一野战军每月需要 13 万石粮，经折算，月需供 975 万公斤粮，5 万市石食料折合 375 万公斤，草 900 万斤折合 450 万公斤。这么多的粮秣从哪里筹措？

三、三日内不准购物

面对巨额缺口，第一野战军和兰州市军管会采用了特殊的"开源节流"法：一野负责"开源"，兰州市军管会负责"节流"。

总攻前的 8 月 23 日，兰州市军管会连发两道通知，一道是《关于稳定金融物价的通知》，一份是《关于启用关防的通知》。其中，稳金融稳物价是事关当时兰州社会稳定的大事；而"关防"则是清代以来沿用明制，向军政及社会各界公布的政权印章。其中，正规职官用正方形官印称"印"，临时派遣的官员用长方形的官印称"关防"。到了 8 月 26 日，才发出《兰州市军事管制委员会关于该会成员组成的通知》。这种先发布稳金融的规定后发布班子组成的通知，表明干事在前。

兰州市军管会眼睛向内，先限制和规范党政军人员的消费需求。8 月 23 日就稳定金融物价的《通知》规定，所有进入兰州市的党、政、军机关、部队及一切公职人员，在进城的前三天，一律禁止在市场上购买物品。"各机关部队入城前准备好三天食用物品"，上述所属单位通知到全体人员，严格遵守这一规定。市军管会把握大势，以民为先，当属挺纪在前的模范。

第一野战军规定，进兰州的军队及所有随军人员所需的粮食、军马草料一律从静宁、会宁、定西和榆中等地征筹。具体的征集筹措地方和标准是：静宁 4 万石折合 300 万公斤，会宁 3 万石折合 225 万公斤，定西 5 万石折合 375 万公斤，榆中 3 万石折合 225 万公斤，皋兰 3 万石折合 225 万公斤，通渭 4 万石折合 300 万公斤，六县共计 22 万市石折合 1650 万公斤的粮食。

此任务下达后的情景，当年有一首歌曲表达得很准确，这首歌叫《姐妹喜晒战备粮》：

> 姐妹们喜晒战备粮，
> 簸的簸来扬的扬。
> 一粒粮食一片心，
> 咱为国家选好粮选好粮。

在西北高原，刚刚翻身得解放的农民在黄土筑起的打麦场上把新收割的小麦通过摊场、碾场、扬场，再通过姐妹妯娌的筛子筛干净，碾成雪白的面粉，派年轻的后生送进兰州城。人民群众用这种方式感恩这支军队让他们做了主人，也确保了兰州城金融物价的稳定。

四、名人旧居不得入住

军管会进驻兰州前，彭德怀发出了关于部队进入兰州后有关事项的通知，其中对文化古迹采取点名保护实名制规范。兰州当时有大小清真寺、班禅住所、成吉思汗陵寝等各种文化古迹，并有外国人及其住宅及邓宝珊、周嘉彬等人的"公馆"。通知要求：第一，所有清真寺、班禅住所、教堂，除持枪抵抗者外，军队概不得进行武装搜查，亦不得驻扎，所有用器，概不得搬移借用；第二，对成吉思汗陵寝须派武装看守，加以保护，陵寝内的各种古迹遗存、祠堂、庙宇均不得破坏；第三，军队不得与外国人谈任何问题，凡涉及侨民事务，概由军管会管理；第四，凡外国人及邓宝珊、周嘉彬等同类人的私人住宅，军队不得驻扎，用具不得搬用。

五、黄金烟土等任何人不得占用

由于国民党军政各级官员携款逃跑，留下来的实物、档案本就不多。尽管这样，军管会依然逐笔做了统计。比如接管地政局时，该局只有黄金 16.55 两，白洋 4 元，银圆券 31.3 元，烟土 155.6 两，枪 18 支；接受法院黄金1.865两，银圆142.4枚；接受卫生单位黄金2.5两，医疗器械138箱，X光机7架等，贵重物品都逐件逐两逐钱登记清楚。在城区战斗中解放军缴获的商车战后发现是马家军借用或征用的企业机关车辆，当即将当初的战利品全部物归原主。

第二节　法治思维

兰州市军事管制委员会在接管中的法治思维主要体现在职能规范和程序规范上。

职能确定法。军管会的主要职能：一是自上而下地对国民党党、政、军机关进行接管，责成旧职人员向人民政府办理移交，并分类进行安置；派出军代表接管工矿企业，企业所属机构、人员暂维持原状，迅速恢复生产；对私营工商业一律保护，正常经营；对学校及文化教育机关严格保护，学校尽快复课。二是加快肃清反动残余武装、特务、匪徒，维护社会秩序稳定。三是迅速恢复工农业生产，整顿金融，废除金圆券，禁止银圆流通，推行人民币，平抑物价，稳定市场。四是筹粮筹款，支援解放军向青海、新疆、宁夏进军。

分步实施法。兰州市军管会是围绕接管和建政两个方面进行。接管市、区政权，陆续成立了兰州市政府，由吴鸿宾任市长，孙剑锋任副市长；随后成立了中共兰州市委，强自修任书记，李景亭任副书记。

分类推进法。进城前20天里，重点是建立政权，清理战场，肃清特务。接着，按照任务由各专业委员会分头抓推进：各级党组织全力组织支前行动；部队公安整顿市容，清查户口，维护稳定；宣传组织群众，解决群众困难；改造旧政权；摧毁保甲制度。

保甲制度是国民党南京政府为维护其长期统治，在县以下设立的基层行政制度，1941年兰州设市后就建立了这种制度。

保甲制度，触角深入到户，并以户为单位，有户长；十户为甲，有甲长；十甲为保，设一保长。县长对选任的保长有否决权。这种制度的建立否定了所谓公知人员关于国民党政府没有县以下行政机构的观点。

军管会用两个半月就顺利摧毁了保甲制度。国民党设立的9个区公署、81保、1132个甲被彻底摧毁，在城区建立了街政府，下设组；在农村和郊区，设立乡政府，下设村。

全市9区共辖52个街政府、685个行政组和28个乡政府、238个行政村。城区设街长、组长；农村设乡长、村长。实行选举和委派相结合的方式产生。

人民政权顺利建立后，军管会责成国民党的政权、军事、党部等机构的公职人员办理移交手续后，其机构随之解散；对官僚资本的工厂、矿山、农牧场派军事代表接管，并迅速恢复生产；对私营工商业一律保护合法经营；对学校以及文化机关严格保护，大、中、小学校9月10日前后开课。

在整个城市接管中，市军管会以鲜明的法治思维统揽整个军事管制过程，军事管制政务公开，透明管制，赢得了民心。

从现有档案资料看，8月31日之前，军管会在8月26日当日发布了《兰州市军事管制委员会关于该会成员组成的通知》，随后以管字第一号和文字第一号发出了《兰州市军事管制委员会关于车辆管理的命令》《兰州市军事管制委员会关于接受并办理私立学校及文教机构登记事宜的通知》《兰州市军事管制委员会关于制定报纸刊物通讯社处理办法的通告》。

9月起，制定了大量的规章，包括《兰州市军事管制委员会关于私车登记行驶办法》《关于处理旧公教人员的办法》《兰州市交通管制暂行规则》《兰州市各私立中等学校登记办法》《兰州市交通管制规则实施办法》《兰州市工商登记暂行办法》《兰州市户籍管理暂行办法》等法规，从而使整个接收、管制工作在依法依规的前提下公开透明进行，体现出中国共产党在接管城市后高超的社会管理治理能力。

第三节　接管成就

对于旧政权，是通过接管，摸清底数，再建立新政权的。接管，包括政务机构、军事机构、交通运输、公安、学校，以及没收官僚资本及其企业等方面。

一、接管的政务机构

接管有甘肃省政府以及民政、司法、卫生和政府部分单位20余家单位。

接管的民政系统有甘肃省民政厅、地政局、考铨处、社会处、示范救济院、山西儿童保育会、被服鞋袜生产社、美龄托儿所。

接管的卫生系统有省立卫生处、中央医院等8家医疗保健机构，其中五七医院和二四九医院由野战军接管。

接管的法院系统有省高等法院、地方法院、甘肃第一监狱、地方法院看守所。

接管的其他机构有省参议会、省府秘书处、人事室、省府运输处、宁夏省驻兰办事处、阿拉善旗驻兰办事处。青海和宁夏驻兰办事处的资财在战争混乱中被人抢劫一空。

甘肃省政府的接管分两次接收。9月29日，从兰州跑到酒泉、哈密后又返回酒泉的代理国民党甘肃省政府工作的秘书长丁宜忠带领14名官员向酒泉军管会移交了部分物品。10月13日，解放军护送这一行14人回到兰州，向兰州市军事管制委员会政务处移交了甘肃省政府的大印和各厅、处、局、专员公署、县政府铜质印章26枚，并送上丁宜忠等投诚人员简历名册。

至此，兰州市军管会共接管国民党政府及所属单位150多个。

二、接管的军事机构

军事机关接管单位类别复杂，当时的接管是按照作战军事方面划分的，既有军事设施、航空设施，还有电讯、服装等设施设备。接管中根据不同情况采取不同的处理方式。

军事设施有八十二军办事处、八十一军办事处、七里河营房、土门墩营房、拱星墩营房、通信团第一营房。总计接管资财有破旧汽车2辆、院落10座、房屋1635间、迫击炮14门及炮弹35发、机枪6挺、步枪352支、子弹6552发、短炮22门及炮弹211发。

航空设施接管有中国航空公司兰州办事处、中央航空公司兰州办事处、中交部民航局兰州电台、中央气象局兰州气象台、甘肃省气象所、西固城飞机场、空军254供应中队、空军司令部、空军医院、第八油库、第五器材库、空军子弟学校、空军粮服库。航空机构和设施总计接管331人，飞机3架、发电机12部、飞机发动机57部、螺旋桨146叶、零件6818件、汽车11辆、大车2辆、发报机21部、收报机31部、粮食2000公斤、银圆132枚、黄金4873两、房产10处840间、信号枪5支、炸弹及附件932件、航空汽油5966加仑、杂油23000加仑。

电讯机构和设备分两类。一类是国民党交通部第八区电讯管理局，有513人，无线电发报机16部、收讯机12部、载波机5部、发电机7部和百门电话总机7部、单机356部、汽车3辆、铁丝8200公斤、电池4400只、汽油5873公升、自有房160间、租房124间、黄金101两、银圆5581枚。二类是地理测量，接管了兰州仅有的第七测量队13人、制图发电机1部、仪器45台、大车2辆、平房52间。

被服厂的机器被马家军在战前全部运到西宁，空军系统的装备也大部被撤走，一些厂家的单位主管人逃走，有的一线管理人员散赴兰州附近。只有兰州面粉厂、第十二军用汽车修理厂、第一制呢厂、电讯局等单位设备完好无损。

军管会军事处对兰州的企业采取了接管和尽快恢复生产相结合的策略，

先是对部队急需的骨干单位，如第十二军用汽车修理厂、兰州面粉厂、电讯局组织复工，为解放大军支前服务。第十二军用汽车修理厂的职工，战前有地下党员在此工作，工人积极护厂，解放后工人热情很高，不但迅速复工，还抽调了部分职工抢修黄河铁桥，登记用工149个。

电讯局于兰州解放的当天复工，次日市内基本恢复电讯联络。到9月中旬，兰州电讯全面恢复了与各解放区的无线电联络。

兰州面粉厂一直照常上班，接管后日产面粉9000公斤，最高1万公斤。接管被服厂后先将库存的被服及时发给军队，然后抓紧生产。制呢厂人员机器齐全，但缺乏煤炭及原料，只有部分手工作业复工，夜以继日地开始生产。

国民党联勤系统后勤人员及空军人员被接管后不属于复工范围，但他们接受接管的各项规定，军事处则对这部分人暂时予以集训。

军代表在接管上述单位资财时，每接管一个单位，都组织成立一个以工人为主体的清查委员会或监交委员会，按原有资财造册移交。在移交中，对军队缴获的马家军的商车，凡是征用借用企业、机关的车辆，改起初的战利品为借用品，登记造册后物归原主。

三、没收官僚资本及其企业

没收官僚资本及其企业，是接管城市的重要任务。

国民党统治时期，甘肃的经济命脉掌握在官僚资本家手中。随着甘肃的解放，军管会对甘肃的官僚资本及其企业采取和对待国民党政权机关完全不同的办法，即先按照原来的组织机构和生产系统，保持原职、原薪、原制度，由军管会接收，实行监督生产，然后逐步进行民主改革和生产改革，将其直接转变为国营经济。

整个接收过程是按企业性质分军事、交通、公安、民政、企业、工商、金融、教育、文化、新闻等分系统进行，由当地军事管制委员委派军代表接管。随着甘肃各城市的解放，军管会责令各单位、企业原有供职人员负责保护资财、机器、图表、账册、档案等，听候军代表的清点和接管。

从 1949 年 8 月开始到年底，甘肃省共接管没收交通、邮电、文化教育、新闻、卫生、农牧、水利、工矿、贸易、金融等单位 360 多个。

接管的官僚资本金融企业中，有四大家族在甘肃的"四行两局库"，即中国银行、中央银行、交通银行、中国农民银行，中国信托局、邮政储金汇业局、中央合作金库，以及在甘肃的分支机构等 6 个金融单位，还有地方官办金融机构甘肃省银行总行、甘肃省合作金库和陕西、青海、绥远等省银行在甘肃的办事处。

接管的轻工业有第一、第二制呢厂，天水被服厂、兰州面粉厂、西北马政局马衔（口子边）山牧场、蹄铁工厂、被服总厂、第八补给区所属各单位、第十二军用汽车修理厂。

上述官僚资本企业共有职工 1890 人，除面粉厂外，其他企业共有步枪 222 支，轻机枪 8 挺、子弹 20171 发，两个制呢厂还有银圆 4799 枚。

四、接管的交通运输业

交通部门接管的单位有第七区公路工程管理局（简称公路局）、七局运输处及所属汽车配件制造厂、汽车修理厂，甘宁青邮政管理局、甘肃省政府建设第二科、甘肃省车辆监理所，阎锡山官僚资本所办的裕兴长途汽车公司。

这类企业也是情况各异。兰州战役前，邮政局的地下党员力量最强，外逃人员最少，复工最快。解放的当天下午，邮政局职工兴高采烈，自代理局长以下职员差不多全部报到，复工后秩序井然，企业出现了工人当家作主、翻身解放的喜悦感。七局运输处所属兰州汽车修理厂、汽车配件制造厂，因为工人齐心协力，也于次日复工。其他单位由于受国民党蛊惑，外逃人员较多，关键岗位人员携带着文件、档案、资财逃向酒泉方向，恢复生产的节奏比较慢。

交通部门的移交清点工作，主要在邮政局、公路局和七局运输处进行。邮政局也是由于有地下党员的支持，最早成立清查委员会，接管速度快质量好，在解放后 20 天即查交完毕。公路局吸收各部积极分子参加监交委员会，将 10 年来的库存材料进行彻底清查，很多废弃的有用之材派上了用场。

交通运输在刚刚解放时对防止城市交通瘫痪，加快城区战场清理等涉及经济民生方面的工作都十分重要。

七局运输处，也就是国民党交通部公路总局第七运输处及所属部门是国民党在甘肃的公管运输企业，营业路线跨越陕甘宁青绥川 6 省，长约 6000 公里，有汽车 700 辆，日常行驶 371 辆。沿途设置分处、段、站、修理厂、场、救济站、材料库、行车管理室、招待所、医院、大小机构百余所。马家军仓皇西逃时，调运了部分车辆驶往酒泉，其中约 22 辆被特务挟持开往新疆，下落不明，所存车辆完好的只有 4 辆。

军管会首批接管了七局运输处及在兰机构，加强了对该处复工工作的领导，对七局运输处所属兰州汽车配件制造厂、汽车修理厂要求复工后集中力量修车支前。到 11 月底，修好军车、装甲车 187 辆，配制、制造大炮零件炮鞍、炮架、轮胎、机器等 6555 件。还派车参加了清理黄河铁桥障碍物、配制修理了两孔桥架，还承制享堂峡悬索桥铁件工程。

交通运输恢复工作进展迅速。从 10 月份起，所有得到解放的路线，货运正式通车，客运班车定期发车运营。10 月份兰州通行了五条重点路线：兰州至西安线 722 公里，兰州至酒泉线 737 公里，兰州至天水线 372 公里，兰州至岷县线 266 公里，兰州至靖远线 152 公里，共达 2249 公里。10 月份货物运力为 95506 吨/公里，到 11 月上升到 11 万吨/公里。沿线还恢复了 28 个段、站、厂、场、室等交通运输机构，对尽快恢复兰州经济，恢复市民信心发挥了不可估量的作用。

对公私合营企业采取没收官僚资本、保护民族工业的政策，接收官股，私股仍归个人所有。

五、公安接管

公安接管是许多影视剧后来创作的题材，因为它不可控、过程曲折，结果不好预测。这种接管主要包括治安、肃特和特殊人员的监督改造三个主要方面。

治安是事关城市秩序、事关接管各项工作能否顺利和安定人民生活的大事。公安处贯彻以治安为主的方针，迅速建立各级公安组织机构。军管会公安处对所有的旧警察经过收容、审查后录用了392人，在市区重要路口恢复了24处交通岗哨，恢复了交通秩序。

清查户口既是掌握城市人口底数的大事，也是发现肃清敌特潜伏的重要手段。军管会公安处召开群众大会，宣传政策，消除群众疑虑；揭穿敌人谣言，打击潜伏特务；发现积极分子，建立了群众治安组织等，两三个月积极有效的工作就初步清楚掌握人口底数，建立基本安定的社会秩序。

肃特是为了安民。随着城乡社会秩序渐趋安定，军管会公安处着手肃特，主要采取登记、宽大、争取、使用的办法。解放初期，军管会坚持尽量少捕或不捕，达到了摧毁敌特组织，安定民心的目的。尽管这样，两个月内还是破获特务案件32起，逮捕43人，缴获电台3部，枪10余支，文件、档案、弹药一批。

从9月17日到11月18日间，前来登记的特务412人，通过这些登记者公安处掌握了1055名特务及嫌疑分子名单，还管理教化特务97人。破获抢劫、偷盗、诈骗案件80起，涉及201人，收缴长短枪428支，掷弹筒18个。

从整个接管情况看，在兰州解放初的2个月里，收缴武器1000余件，300余名特务分子登记或投案，收容散兵游勇5000余人。先后破获中统特务潜藏的"武装工作总队"案，军统特务潜藏电台案，马匪策划的阴谋暴动案，以及阎锡山的"西北工作队"案等，大胆地有条件地使用了一批悔过自新者，在全市肃清了敌特组织。

肃清农村反动地主武装后，由各区成立的治安小组和民兵组织负责农村社会安全秩序管理。

军管会公安处的监督是放权于民的监督，是群众监督，即对登记悔过的特务和释放的人犯交群众监督改造，视其转变程度，恢复他们的公民权；对一般胁从或悔过较好者，安置适当工作。

公安处把监督检举特务活动与做好烈士家属抚恤相结合。兰州一解放，公安处就发布启事联络烈士家属，先后联络到70多人，并通过烈士家属和其他知情人寻找和挖掘被害烈士遗体。

六、学校接管

对大、中、小学的接管以兰州大学为重心展开。

先后接管了国立兰州大学、国立西北师范学院、国立兽医学院、国立西北农业专科学校等大专院校。

接收的中专及以下学校有兰州师范、兰州市中学等11所，接受的公立小学44所，私立小学26所。

当时，兰州大学用办公室和教室安置了1800多名解放军伤员和医护救治人员，西北师范学院也安置了将近400名伤员和医护人员。到9月份开学时，军管会要求这两所大学妥善安置伤员医治，腾出教室供学校开学。

七、接收公共文化设施

主要有国立甘肃科学教育馆、省立兰州图书馆和国立兰州图书馆，还包括兰州大学图书馆、西北师院图书馆、国立兽医学院和国立西北农业专科学校图书馆在内的"四校三馆"，共有中文藏书29756种、203606册，有外文书籍4358种、20992册，有拓片保存的省立兰州图书馆和西北师院两家共有522张，其中省立兰州图书馆就有492种；各馆还有杂志2545种、41157册等。军管会接管的于1939年成立的甘肃科学教育馆，后来成为国内最早成立的综合性博物馆——甘肃省博物馆。

八、封闭妓院

妓院是不可回避的社会毒瘤，近代兰州妓院始于1914年。中华人民共和国取消娼妓制度始于北京，随后各地效仿北京的做法，通过调查摸底，出台规定，由解放军和公安人员一举关闭妓院，对妓女进行从良教育，让她们重新做人；对老鸨则视当年剥削程度和现实表现实行转行经营或给予劳动改造等，使妓院及娼妓制度在兰州被彻底根除。

兰州最早开业并公开营业的妓院有泰和里、太平里、大金台三家，分别在城隍庙后面、通渭路、张掖路,每处约有甲、乙、丙三个等级的一二十家妓院;抗战期间,兰州的"烟花巷"在南城壕,到解放前夕,光南城壕就有妓院31家,妓女234人。1950年5月30日,甘肃省人民政府委员、兰州市市长吴鸿宾及副市长孙剑峰给省人民政府的一份报告中明确提出:"明令宣布妓院为非法之营业,并进行封闭。"

自古青楼多怨声。"1950年7月全省所有妓院实行封闭。至1952年11月,妓院禁绝,共解救妓女1300余人。"在《甘肃省志·大事记》里记载的这短短30多个字,为我们道出了这一具有历史意义的史实。1950年6月23日,执行封闭任务的战士和干部组成的行动组奔向南关今天的中山路一带、顺城巷即当年的南城壕等妓院集中的地区,给每个妓院的每个房间门窗上都贴了封条,封闭了所有妓院。

至此,绵延了千年的社会毒瘤被革除。随后,兰州又设立了"生产教养院"。一方面,对妓院老板、干娘、茶役等进行教育,使其参加生产或改营正当职业;另一方面,对妓女进行教育改造,让她们阅读《北京妇女》等刊物,看《白毛女》等电影,对不愿意返回外省原籍的给予妥善安置,使其逐渐成为服务于社会的自食其力的劳动者。

第四节　抢修黄河铁桥

抢修黄河铁桥是军管会的第一要务。被称为天下黄河第一桥的黄河铁桥，是当年兰州通向黄河北岸直至青海、宁夏、新疆的唯一出口。

1949年8月26日，彭德怀通知张宗逊抢修铁桥。下午6时许，一野副司令员兼兰州市军事管制委员会主任张宗逊组织人员对铁桥受损情况进行了检查，发现铁桥南端两孔18节木桥面全部及部分纵梁烧毁，一根斜拉杆被炮火击断，桥面被烧毁的部分只剩钢梁；南端第一孔与第二孔之间还有马家军两辆弹药车逃跑中被击破的轮胎，车上弹药还在不时地爆炸，黄河铁桥交通中断。

看完铁桥，张宗逊决定立即组织抢修。27日凌晨，军管会副主任"影子将军"韩练成派参谋黡可庄找到刚刚公开地下党员身份的建筑师任震英，要求当天天亮后开始修桥。

接到命令的黡可庄和建筑师任震英开始寻找修桥专家。他俩乘一辆吉普车，从中山林附近起，沿现在的白银路、旧大路至一只船的私营陆大铁厂（后来的兰州柴油机厂），找到厂主、工程师陆之顺，天已大亮。他们三人折回时，桥南端两孔上的桥面已烧光，两辆汽车的残骸歪踞在桥上。他们随即以桥南东侧的晏公庙（后为甘肃省军区招待所处、中山宾馆）为场所，开始部署铁桥抢修工作。

据兰州军区政治部干部部副部长柳栋考证，当时修桥的工作有三项内容：第一是在现有条件下，维持最低限度的桥上交通。办法是在桥两边人行道搭上杉木杆，上面垫上沙袋，供行人和单匹骡马通行；第二是木工们用锛子把圆木按要求规格劈成方木，铺桥面用；第三是桥东侧有一根斜拉钢带被炮火打断，得设法焊接。

这座桥是20世纪初由德国人按走大轱辘车的荷重要求设计建造的，后来改行汽车，而汽车的自重、载重当时都已经5吨，所以修复后的载荷重量是修桥首先要考虑的问题。

27日上午开始紧张抢修铁桥。兰州市几乎调集了所有的土木建筑工程师和电焊、木工等技术工人，但人手仍然不足，张宗逊果断调用第二兵团六军工兵营和城防部三十五团一个排搬运木料，协助修桥。

修桥指挥部由张宗逊主任安排第一野战军副参谋长、军管会副主任兼军事处处长李夫克领导。军管会派在修桥指挥部的日常负责人先是隰可庄，并派后勤军需部的杨国斌同志专管后勤工作。10天左右隰可庄回军管会工作，由高宪岗接任，直到全部竣工。

任震英以军管会代表和工程技术人员双重身份自始至终主持修桥工作。柴应龙、陆之顺、陈卓尔和陆祖福出了大力。修桥的技术问题，由公路局总工程师孙发端负责。修桥所需的主要物资是木材，由野战军政治部联络部从小西湖骚泥泉（今西津东路小西湖立交桥西侧至雷坛河以西一带）附近的私人木厂征集，圆木具体提供者是"陕西儒商"柳鼎臣经营的兰州木材行"祥泰公"木厂。当时由柴应龙的老友许岂生工程师去骚泥泉木厂，挑选直径40厘米、长5米的大圆木源源不断地运到大桥铺设桥面的工地现场。

全部修复工程中绝大部分是木工活，由柴应龙负责抢修桥面面板，他建议将已找来的木器店的木工换成棺材铺会使用锛斧的木工，并带领木工们把大圆木砍成30厘米见方的方木，直接横铺在铁桥桁架上，用蚂蟥钉连成整体，其上再顺铺10厘米厚的木板，形成大型木龙骨加面板的平坦桥面。

钢桁架修补是铁桥的技术难题。在修桥指挥部和军管会的协调下，请来尚未接管但整体进步的国民党辎重汽车某团的412厂厂长陈卓尔和焊工陆祖福等，研究补修钢桁架问题。电焊工陆祖福被仰面捆绑在木板上悬在铁桥下面，在不断摇荡中焊接好拉杆后，又在南边补焊了五六十英寸长的两块铁板，在弧光下昼夜连续工作了12个小时，他和电厂10余名技工一起昼夜连续工作，完成了大小9处电焊工作。

兰州人民积极抢修黄河铁桥

9月10日黄河铁桥抢修竣工。电焊工陆祖福指着桥兴奋地说："这个活，要是在国民党手里，至少修两个月。现在是为人民，为自己，早日修好，好让咱们的军队去追击马匪。"

过桥部队十分珍惜爱护这座天下黄河第一桥。为了减轻桥梁负荷，部队在过桥时步兵以连为单位，分两列保持距离分批过桥；驮载火炮辎重的畜力与大炮分离，火炮用人力拉运，单畜单行行进过桥。

中山桥修复竣工后，第一野战军副司令员、兰州市军管会主任张宗逊在接管建政任务十分繁重的情况下，要求彭德怀司令员一起在澄清阁设宴招待了任震英、孙发端、陆祖福、陈卓尔、周文斌、黄震亚、许屺生、柴应龙等24位工程师与技师。

在抢修黄河铁桥中柳家无偿捐助的木材对抢修有功，而且柳鼎臣的孙子柳含润长得酷似周恩来，西北军区接收他入伍到第一野战军战斗文工团。由于柳含润普通话不标准，加上又吃不了文艺兵排练的苦，不到半年就离开文工团，后来走上了建筑报国的道路，终身从事建筑事业。

第五节　建立新政权

一、兰州的"渣滓洞"

兰州的"渣滓洞",这是后来人们对兰州沙沟秘密监狱的称呼。它位于现在的黄河北面庙滩子以东李家湾,原本是一包姓人家所开的骆驼店。抗战初期由国民党负责甘、青、宁的第八战区建立的杀害共产党员和进步人士的秘密场所。

1938年,国民党中统局在兰州设立中统局西北区,委任特务头子孙步墀为区长,并以中统局督导员名义督导"陇东保卫区"及"甘肃调统室"工作,从此加强了中统西北地区的反共活动。

孙步墀担任了中统在兰州的区长以后,向第八战区交涉将沙沟监狱拨归中统局,由中统局指挥管理,1948年7月,沙沟监狱更名为"管训室"。

沙沟监狱是因一条沟而得名。由于黄河北通往罗锅沟一带的一条沟被称为沙沟,黄河北庙滩子桥被当地人俗称沙沟桥,秘密监狱距离这条沟最近,这条沟又是杀害共产党员和进步人士的场地,所以人称沙沟监狱或大沙沟秘密监狱。

监狱东北依山而建,黄土夯筑的高墙如城墙般坚固厚重,院内有前后两座院落,前院有9间房,6间为把守监狱的宪兵住所,另3间是犯人的伙房。后院是监狱,由3间大房隔成大小囚室12间,重要的"政治犯"都关押在这里,监狱靠山根还有三间房子和一个大号子,关押其他犯人。

沙沟秘密监狱是国民党中统特务机关囚禁和关押共产党人、革命进步人士和其他"异己分子"的牢笼,也是制造大量惨案、冤案的"魔窟"。张学良的秘书、西安事变后担任《解放日报》首任总编的丛德滋被关押在此并被害死在监狱中；中共甘肃工委副书记罗云鹏及其妻子、女儿当年也关在这里，罗云鹏还被活埋在沙沟里；"西部歌王"王洛宾也曾被关押在这里。

沙沟秘密监狱由于地域偏僻，中统禁止所有亲属探监，因而与世隔绝。一直到1951年全国镇压反革命运动中，隐藏在兰州的国民党特务被侦破抓获后，特务招供了秘密监狱情况，这座类似于重庆白公馆、渣滓洞的人间地狱——沙沟秘密监狱的内幕才被世人知晓。

兰州军管会公安处仅在沙沟秘密监狱两次就挖出36名烈士忠骨，然后让烈属认领、安葬，举行追悼会，随之开展了宣传烈士事迹，抚恤烈属活动，以此推动了崇尚英雄、伸张正义的社会氛围。

组织烈属成立肃特协会是寻找烈士、褒扬英烈、检举特务的有效途径。由于国民党喜欢搞暗杀，许多烈士家属被这些特务跟踪过、追捕过、审讯过，这些幸存者对特务有一定的了解。烈属肃特协会先后检举特务41人，其中有8名军统特务、14名中统特务，其他特务1人，非法持枪犯6人，涉嫌12人。

在兰州军管会支持下，兰州大学举行了被害师生陈仙洲、程万里、魏郁、焦洁如、陈敬宇、李承安、杨怀仁等7名烈士追悼大会，兰州大学揭发出了特务学生贾水生、特务职工任振邦、卫峻英，捕送公安处处置。

军管会还广泛开展了统一战线工作，民族事务工作和收容登记、安排工作与遣送工作。民政方面积极组织开展了支前、建政、救灾、拥军优属工作。

兰州市军事管制委员会通过卓有成效的工作，企业迅速恢复了生产，学校很快实现了复课，肃清了反动残余武装、特务、匪徒，实现了社会稳定；整顿金融，废除金圆券，禁止银圆流通，推行人民币，平抑了物价，实现了市场稳定；进行积极有效的筹粮筹款，支援了解放军向青海、河西走廊、新疆、宁夏进军。

二、新政权新篇章

1949年7月，中共中央西北局经过讨论并经中央批准成立了甘肃省委、甘肃行署、甘肃军区。8月19日成立的甘肃省委由书记、副书记及各个部组成。

中共甘肃省委张德生任书记，孙作宾任副书记；组织部长魏怀礼，第一副部长贾长明，第二副部长高健君；宣传部长赵守攻；社会部长李甫山；秘书长陈成义，副秘书长何承华；工委书记强自修，副书记肖彩丰。至此，领导地下党工作的甘肃工委完成历史使命。

甘肃行署：王世泰任主任，霍维德任第一副主任，第二副主任为吴鸿宾。

甘肃军区：司令员为王世泰，第一副司令员为徐国珍；政治部主任为王再兴。

1949年9月，中共兰州市委成立。强自修，这位1935年秋进入苏区参加革命，曾任陕甘边苏维埃政府秘书，此时，从中共陕北区黄龙地委书记兼陕北军区黄龙军分区政治委员的岗位上出任中共兰州市委书记，李景亭任中共兰州市委副书记。

中共兰州市委委员10人：强自修、李景亭、吴鸿宾、孙剑峰、罗扬实、刘振锡、赵子明、薛浩平、袁力刚、张世俊。

1949年9月，兰州市人民政府成立。吴鸿宾，这位1926年在北平大学法学院读书时就加入中国共产党，曾任中共北平西城区区委书记；1933年12月起担任中共甘宁青特委书记，担任杨虎城的秘书；抗战时来到兰州八办，协助谢觉哉工作，兰州战役之前出任兰州市军事管制委员会副主任，市政府成立后任兰州市人民政府首任市长，孙剑峰任副市长。

兰州市划设9个区、53个街政府、685个行政组、28个乡政府、238个行政村。这9个区第一区、第二区是现在的城关区，第三区曾经是东岗区后来撤销归并到城关区，第四区为七里河区，第五区为西固区，第六区曾是盐场区后来归并到城关区，第七区为安宁区，第八区曾是阿干区后归并到七里河区，第九区撤销。

同时，兰州警备司令部成立，郭宝珊，这位1934年10月起义参加红军，曾任陕甘边红二十六军旗下的西北抗日义勇军司令员，此时任司令员，李宗贵任政治委员。

1949年11月1日,兰州市各界人民代表第一届第一次会议召开,兰州市军事管制委员会主任张宗逊做《组织人力量,建设新兰州》的报告。会议通过了进一步巩固革命秩序及有关恢复和发展生产、金融贸易、文教卫生、难民安置、少数民族、中苏友好等提案,会议选举产生了15人组成的常务委员会作为常设机构。随后更名为兰州市各界人民代表会议协商委员会,代行地方人民代表大会职权,作为兰州市地方国家最高权力机关,直到1954年7月,兰州市第一届人民代表大会召开。

会议召开一周后的11月8日,接管工作基本结束。作为旧政权向新政权鼎革之中的军管会,为人民政权的建立做出了不可磨灭的历史功勋。

1949年11月18日,中国民主同盟甘肃省临时工作委员会在兰州成立,主任委员为吴鸿宾,副主任委员为任谦,委员有杨子恒、许寿琪、王犁、魏自愚、陈丹鸿、吴剑夫、贺凤悟等,全省约有盟员500人。

1949年12月10日,新民主主义青年团在甘肃省工委成立,袁力刚任书记。

1949年12月2日,中华人民共和国中央人民政府第四次会议决议建立甘肃省人民政府,并通过了甘肃省人民政府委员会人员组成。

从1949年8月开始到年底,全省共接管交通、邮电、文化教育、新闻、卫生、农牧、水利、工矿、贸易、金融等单位360多个;兰州市军管会共接管了原国民党政府及所辖单位150多个。1949年11月初,军管会的工作告一段落,其工作移交甘肃行署负责,对外仍保留军管会的名义。

三、甘肃省人民政府

1950年1月8日,甘肃省人民政府成立,甘肃行政公署撤销,全省城市接管工作结束。

甘肃省人民政府组成。主席:邓宝珊;副主席:王世泰、张德生、马鸿宾;委员25人,依姓氏笔画为序:任谦、辛安亭、余建新、李甫三、李培福、吴鸿宾、周祥初、俞方皋、徐国珍、马丕烈、马思义、马锡五、马济川、孙作宾、郭福金、许光达、陈成义、张一悟、黄正清、黄静波、杨一木、杨子恒、杨复兴、薛兰斌、魏自愚。

1950年1月8日的兰州,为了庆祝甘肃省人民政府正式成立,兰州市民像过节一般,兰州市区彩旗飘扬,兰州市各机关、学校、团体等一律放假一天。

中午12时,成立典礼隆重举行,会场上红星高照,贺幛、锦旗、对联把会场点缀得喜气洋洋。邓宝珊宣布甘肃省人民政府成立,24门礼炮齐鸣,兰州变成了喜庆欢乐的海洋。

从这一天开始,甘肃人民盼来了渴望已久的自己的新政府,旧时代彻底结束,甘肃600多万各族同胞从此进入了社会建设的新时代。

《甘肃政报》1951年第三期发布的《甘肃省人民政府布告》显示,甘肃省第一届各界人民代表会议于1950年10月12日选举邓宝珊为甘肃省人民政府主席,王世泰、张德生、马鸿宾为副主席。王治岐、史鼎新、余建新、吴鸿宾、李甫山、李培福、辛安亭、周祥初、俞方皋、段永新、孙作宾、徐国珍、马丕烈、马思义、马培清、马锡武、马济川、郭福金、陈成义、黄正清、黄祥、黄静波、杨一木、杨子恒、杨复兴、赵元贞、刘允中、蒋云台、薛兰斌、魏自愚等30人为委员。

尾声 英雄征路

　　一野愈战愈强,血脉在西北大地传承;驰骋在西北广袤大地上的第一野战军随着军委精简整编而载入史册;各兵团、各军组建为空军、装甲兵、铁道兵,更多的是组建成生产建设兵团……

作为西北战场雄狮，第一野战军在紧张激烈、艰难复杂的西北战场上不断发展壮大，部队人数从西北野战军时的两万多人发展成解放大西北的主力部队。在战火的考验中，第一（西北）野战军走出了一条成功的扩军之路。

动员解放区的翻身农民参军是基本路径。1947年到1949年，陕甘宁、晋绥和晋南解放区先后有3万余名青壮年补入西北野战军，成为野战军兵员中的骨干力量。

俘虏兵的教育补充是主渠道。俘虏兵被称为"解放战士"，整个解放战争期间，仅第一、二、三、四、六军就补充解放战士14万人，占野战军兵员补充来源的70%。这些兵有一定的军事技术，通过思想教育就可以"即俘即补即战"，部分很快就成为战斗骨干。

俘虏兵的思想改造是壮大军队的法宝。我党我军历来优待俘虏，讲究革命不分先后，欢迎对方军人投诚。1949年3月以后，西北人民军队补充了大量的被称为解放战士的俘虏兵，有的连队解放战士占比达到80%以上。部分解放战士有"吃谁家饭就当谁家兵"的雇佣思想。在解放军物资供应极端困难、作战任务十分繁重的情况下，惧怕艰苦的有之、贪生怕死的有之、违反群众纪律的现象有之，影响着部队战斗力的提高。其实被国民党军抓的兵大部分都是穷苦出身，他们只是没有解决好为谁当兵、为谁打仗的问题。1947年11月27日，彭德怀、张宗逊向中央军委报告，经批准后，西北野战军在当年12月到1948年2月中旬，集中两个半月时间开展了冬季整训即"一诉三查"运动，通过诉苦运动和查阶级、查经济、查斗志，纯洁了思想、纯洁了组织，激发了战斗力。在随后开展的练兵运动中，创造出官教兵、兵教官、兵教兵的练兵方法，部队空前团结、战斗力空前提高、对党的信任空前提升。毛泽东主席称之为"新式整军运动"，并向全军做了推广。担任狗娃山主攻任务的十师二十八团就是1946年横山起义部队的一部分，起义的另一部分便是郭宝珊的四军十二师。

改编起义部队是有效补充。兰州决战，一野采用军事打击和政治争取相结合的方式争取到国民党8个军另6个师和旅起义，加上团以下的起义部队共计16.9万余人。对这些部队，均按照人民军队的建军原则和政治工作制度加以改编，列入第一野战军及各兵团、各军编制，使其成为人民军队重要的组成力量。

兰州决战胜利之后，十八兵团和一兵团七军、一野直属的十九军加入解放西南的战斗，第一军留驻青海，第二、六军进军新疆，第四军留甘肃，十九兵团挥师宁夏担负解放、剿匪、建政任务。在完成西北解放大业后，一野还配合西南军区进军西藏，又创造性地建立了新疆军区生产建设兵团。

1950年，毛泽东主席亲自发话，要在10年内把铁路修到迪化。于是，彭德怀调第一野战军第十九兵团所属三个军和二兵团的四军、七军8万部队投入铁路建设。铁道胜利铺轨的当天，毛泽东主席专门题写"开国创业，首立显功"表彰一野，也揭示了有史以来中央政府援疆显功最卓著的历史。

军队的设置历来受国际、国内两个因素的影响。1952年6月，为适应国防建设和国家经济建设的需要，中央军委对人民解放军进行精简整编，撤销了第一野战军番号，所属各兵团及兵团所属各军重新改编。

第一兵团改编为新疆军区。

第二兵团改编为中央军委装甲兵司令部。

第十九兵团入朝作战。

第二十二兵团改编为新疆军区生产建设兵团。

第一军的改编最为复杂。先是与第三军合并，编为陆军第一军。下辖三个师，分别是第一师，由原第一军一、三师合编；第二师，由原第三军八师与第一军二师合编；第七师，由原第三军第七、九师合编。1952年6月，第一军军部改编为重装军军部。

第三军司令部、干部部和后勤部改编为空军第十一航校；政治部改为西北军区军政干校。第七师师部改编为重装师师部，第九师师部改编为炮兵第十五师师部；第八师师部改编为空军歼击航空兵第二十七师师部。

第二军军部改编为南疆军区。第四师改编为步兵第四师，第五师改为农建第一师，第六师改为农建第二师。

第四军军部改编为军委城防高射炮兵学校，第十师师部改编为炮兵第十师师部，第十、十一师合编为第十一师，第十二师改编为公安第二十师。

进疆部队垦荒种田

在帕米尔高原上巡逻的第一野战军边防部队

第六军军部改编为西北空军机关。第十六师改编为在新疆的农建第五师，第十七师改编为农建第六师，第十八师改编为公安第四师。

第七军军直一部充实到第一高级步兵学校，其余与西北军区航空处合并组成西北军区空军司令部。第十九师改编为铁道兵工程第五师，第二十师师部改编为炮兵第七训练基地司令部，第二十一师师部改编为炮兵第四训练基地司令部。

第八军原留在华北军区作战，1949年5月与绥蒙军区合并为绥远军区，归华北军区建制。

第九军军部与第二十二兵团部合并为新疆生产建设兵团。第二十五师改编为农建第七师，第二十六师改编为农建第八师，第二十七师改编为农建第九师，骑兵第七师改编为农建第十师，骑兵第八师改编为工建第一师。

第十九军军部并入陕西军区。第五十五师调归西北军区领导，第五十七师改编为石油工业第一师。

起义改编部队也随着全军的精简整编进行了改编转隶。由新疆起义部队改编的中国人民解放军第二十二兵团及其所属的一个军五个师与第九军军部、第二军、第六军部分部队全部改编为新疆军区生产建设兵团。

由新疆民族军改编的第五军军部改编为伊犁军区。所属三个师中第十三师改编为喀什军分区，第十四师改编为农建第三师，第十五师改编为农建第四师。

在甘肃岷县起义的国民党军甘肃省自卫司令部等及国民党第一二〇军第一七三师先改编为西北独立第一军，1949年11月下旬整编为西北军区独立第一师，后归第六十二军领导，入川作战。

由宁夏中卫起义的国民党第八十二军改编为独立第二军，后来改编为在宁夏的农建第一师。

由在甘肃武都起义的国民党军第一一九军改编的独立第三军缩编为西北军区独立第七师。

第一野战军编制虽然撤销了，但一野全体官兵所建立的不朽功绩将永载史册，一野军威永存，红色基因代代相传！

参考书目

1. 中国人民解放军第一野战军战史编审委员会编：《中国人民解放军第一野战军文献选编》第二卷，解放军出版社 2000 年 8 月第 1 版。

2. 兰州部队党史资料征集委员会办公室　甘肃人民出版社革命回忆录编辑室编：《兰州战役》，甘肃人民出版社 1983 年 7 月第 1 版。

3. 中国人民解放军第一野战军战史编审委员会著：《中国人民解放军第一野战军战史》，解放军出版社 1995 年 5 月第 1 版。

4. 一野战史编委员会编著：《中国人民解放军第一野战军战例选编》，解放军出版社 1999 年 7 月第 1 版。

5. 甘肃省档案馆编：《兰州解放》，中国档案出版社 2009 年 8 月第 1 版。

6. 宁夏回族自治区档案馆编：《宁夏解放》，中国文史出版社 2017 年 4 月第 1 版。

7. 青海省党史资料征集委员会，青海省军区政治部编：《解放青海》，青海人民出版社 1987 年 10 月第 1 版。

8. 全国政协文史和学习委员会编：《西北战场亲历记》上下册，中国文史出版社 1986 年 9 月第 1 版。

9. 中华人民共和国民政部编：《中华著名英烈》27 卷，中央文献出版社 2003 年 5 月第 1 版。

10. 中共中央党史研究室著：《中国共产党历史》第一卷上下册，中共党史出版社 2002 年 9 月第 1 版。

11. 《习仲勋文选》编辑委员会编：《习仲勋文选》，中央文献出版社 1995 年 12 月第 1 版。

12. 中共甘肃省委编：《习仲勋与甘肃》，甘肃人民出版社 2013 年 11 月第 1 版。

13.《彭德怀自述》编辑组编：《彭德怀自述》，人民出版社 1981 年 1 月第 1 版。

14.《中国人民解放军步兵第十一师战史》，内部资料。

15. 中共陕西省委党史研究室　中共甘肃省委党史研究室编：《陕甘边革命根据地》，中共党史出版社 1997 年 11 月第 1 版。

16.《王世泰传》编委会著：《王世泰传》，甘肃人民出版社 2015 年 5 月第 1 版。

17. 中共甘肃省委党史研究室编：《毛泽东与甘肃》，中共党史出版社 1995 年 7 月第 1 版。

18. 中共甘肃省委党史研究室著：《中国共产党甘肃历史》第一卷，中共党史出版社 2009 年 12 月第 1 版。

19. 陈庆荣、王一楠著：《第一野战军十虎将》，中共党史出版社 2006 年 9 月第 1 版。

20. 全国政协文史和学习委员会编：《宁夏三马》，中国文史出版社 2016 年 1 月第 1 版。

21. 余秋雨著：《中华文化四十七堂课》，岳麓书社 2011 年 6 月第 1 版。

22. 王厚卿主编：《战役学教程》，解放军出版社 1989 年 5 月第 1 版。

23. 甘肃省军事志编纂委员会编：《甘肃军事大事记》，中国文史出版社 2015 年 11 月第 1 版。

24. 中共兰州市委党史研究室编：《红色记忆》上下册，中共党史出版社 2009 年 11 月第 1 版。

25. 甘肃省文史研究馆　刘醒初主编：《甘肃文史精华》，甘肃人民出版社 2009 年 9 月第 1 版。

26. 兰州市地方志编纂委员会　兰州市文物志编纂委员会编纂：《兰州市志·文物志》，兰州大学出版社 2006 年 1 月第 1 版。

27. 中共兰州市委党史办编著：《中国共产党兰州历史上卷》，甘肃人民出版社 2002 年 6 月第 1 版。

28. 王国俊主编：《青春战歌》，甘肃人民美术出版社 2013 年 3 月第 1 版。

29. 马效忠著：《马步芳传》，中国文史出版社 2012 年 10 月第 1 版。

30. 陈秉渊著：《马步芳家族统治青海四十年》，青海人民出版社 1986 年 3 月第 2 版。

31. 胡耀忠著：《民国陆军》，中国文史出版社 2017 年 2 月第 1 版。

32. 中国人民解放军国防大学编著：《中国人民解放军简史》，江苏人民出版社 2007 年 8 月第 1 版。

结　语

在中共十八大之后，我有幸成为讲述者；之前我倡导军休文化，在移交地方休养的军队干休所工作，是军休文化的首倡人并积极进行了探索。

在军干所工作的时候我就很奇怪，那些耄耋老人谈起他当年参加的兰州战役和后来的抗美援朝来咋就滔滔不绝呢？

后来我到了兰州战役纪念馆。来了就开始做展厅的重新布展，新建的展厅正式对外开展以后，我开始由施工建设单位负责人向战役史研究人员转变，去研读那段历史，不为别的，只为有个"馆长接待日"，我得给从中央所属，中央军委所属及省、市所属的党史、军史研究机构来的学者，给兰州区域内各类单位的主题党课和研学游的参观者讲点与讲解词不一样的说辞。

2013年到职，2014年才开始阅读战史，随后又去读党史。其间，在北京大学进修时我才感受了党史的魅力。于是我把党史、军史一起学，结合起来讲解，受到参观者的好评。

纪念馆是博物馆的组成部分，其鲜明的特征是社会教育。兰州战役馆的社会教育可以简单归纳为"654、321"。每周开馆六天，实行"五免+服务"，每年四个专题展，全年接受教育30万人次，外出巡展20次以上，一个品牌服务项目是共建基地。经过五年的持续努力，馆校共建七里河区华林路第一小学"智勇红色文化校园"获得全省社会教育示范项目。

纪念馆生存的合法性依据是陈列展览，第一职能是讲好中国故事，衡量价值是让受众群体进得来、留得住、带得走、传得开、回得来这样的良性循环，最高价值追求是鼓舞人、培养人、塑造人，激发参观者的爱国情怀和为人民大众服务的价值观。这一切，都是通过文物、讲解与观众的互动来实现的。

讲昨天是为了让历史照进现实,讲过去是为了让历史告诉未来。"讲好"是讲解技巧、学术研究、理论功底的综合运用。讲好战役史更需要扎实的研究做基础。

战争是特定背景下的战争。背景要有清晰的战争过程,过程中要有清晰的作战场景,场景中要求鲜活的人物,这是讲解前的功课。讲完后要给听众以清晰的记忆留存,不论是人物是场景,还是过程。

为了讲好,我先后做过3次有规模的编辑整理。先走进那20几本书里,再去听老兵的回忆,然后去查找当年的起义人员甚至是敌人是怎么回忆和评价那场战争的。把这些信息梳理好以后再去读党史,读抗战史,读长征史,看血脉怎么传承,看信念如何凝练,看道路如何选择,看制度如何形成,看理论如何熔炼成行动,看这些从苦难中走来的将帅怎么对付当年的顽敌,又怎么对待满身苦难与辉煌的他们自己。看了,读了,想了,接下来就该继续写了。

于是我按照我的理解把这场战争重新讲述了一遍,讲述无非是对各种研习资料的重新归拢,对散落的口述史重新整理,对各种互不映衬甚至相互矛盾的时间和事件设法订正,给时间本来就不够用还得去书海里遨游寻觅的讲解人员、一些关心关注本场战役的读者提供一个线条比较清晰的简要读本。在这本书的撰写中,我和我的前辈编研老师所不同的是,我把这场战争划分为四种方式、四个阶段来表述。其中兰州决战是一场正在血拼却突然停下来的战斗,当然这样的表述也受到当年撰写这段军事史的前辈的首肯。

战事已经久远,但研究和传播一直在接续进行,而且必须讲求接续的持续性才对。我要感谢那些长期以来对兰州战役热衷执着的研究者,包括范文会、高治华、魏其荣等;感谢那些不断丰富战史的传承人,更要感谢我所在的纪念馆,王丽娟、吴丹、王璟、魏婷等10多名讲解人员每天都在一遍一遍的讲述中,催促我尽快出书,帮助她们丰富讲稿,副馆长李永强不停地找资料与我做事实校正,崔国玉还主动担纲了照片的专门拍摄制作。

我要感谢省市文物部门,每年的绩效考核中的研究成果倒逼我每年要整理一些文字,马玉萍局长听取并同意我的构思,要求我早出成果;我要感谢市委党史部门，毕燕成主任每年制定的研究文集都要给我几万字让我"补白"；感谢省委和市委宣传部宣教处，王爱科、钱焕玉、刘牧生等处长不断要求纪念馆要成为社会教育的坚强阵地，鼓励我尽快把书写出来；我要感谢孟凡声，作为市退役军人事务局的首任局长，他把我编著的《一战定四省》抽空看完后支持我尽快拿出新成果；当然更要感谢当下的新时代，让我自信革命文化能够创造性转化和创新性发展，并为这个时代凝聚磅礴的力量。这些都是我敢于讲述这场战争的底气。

最早撰写的动议是为了培训自己的讲解队伍和志愿者讲解员，写一个方便做培训的教程；后来是延安书局给了我勇气，编辑程家文告诉我可以把成熟的教本固定下来，也算是对 70 年前的那场战争的时代性回望。于是我从中华人民共和国成立 70 周年那一年的大年初一开始，对原稿按照普及性、可读性的要求进行修改。写作基本上要在晚上进行，而且得不到诸如稿酬、职称评定等任何"甜点"，这种劳动首先得到哥哥、弟弟及女儿和我的弟子的鼓励与初校帮助；参战老兵的子女们给予我更多关怀，沈家岭篇章初稿是三十一团政委张平山的儿子张保权校对的，王学礼的篇章是经过英雄的儿子王进贤过目的，王团长的小孙女王艳是我们之间的资料传送者；时任三军七师政委梁仁芥的孙子、军事科学院战争研究院研究员梁韬博士给我寄来了爷爷的手稿等许多资料；四军副军长、政委高锦纯的儿子高治华先生多次到北京某机构专门帮我查找资料并随时为我排忧解难；七师九团副团长申伟范三女儿申兰萍多次去申团长离休的单位查找父亲的资料，给这个一生不愿意讲述自己的伤病英雄团长补充了一部分资料；还有主动给纪念馆提供照片的兰州人顾新辉，讲述父亲丁兴发故事的儿子丁和平和孙女丁娟，以及多次讲述沈家岭战场故事的李应邦的战友何志瑛，等等，包括媒体记者谯喜龙、林经泉、李海生、朱旭东以及作家王琰等许多媒体人，都对这本书的编撰给予了帮助和鼓励。

在这本书即将出版之际，退役军人事务部等 10 家单位联合发出文件，部署开展以缅怀英烈、传承英烈精神为重点的主题宣传教育活动。这个部署使我馆的行政主管部门——兰州市退役军人事务局和业务主管部门——省文物局、市文物管理部门对纪念馆的要求实现了无缝衔接，为这本书的出版提供了顺畅的通道。

战争远去后，英雄留心中。纪念馆属于博物馆系列，博物馆是国宝的守护者，纪念馆是精神的守护者。讲好红色故事，传承红色基因，弘扬革命精神，始终是纪念馆人的神圣职能。

只是受本人能力和水平所限，拙笔无法达到对这场伟大的战争、西北的军魂和英雄的气概的完美表述。但，作为纪念馆培训教程的初衷，基本上可以实现了。

瓮志义

2020年2月于兰州